café com Deus pai

Editora Vélos
Itajaí - Santa Catarina
Tel.: 47 3083-8555
contato@editoravelos.com.br
www.editoravelos.com.br

Quaisquer citações nesta obra estão adaptadas ao Acordo Ortográfico de 1990, vigente desde janeiro de 2009.

Erratas e arquivos de apoio poderão ser encontrados no site da editora com a devida correção e/ou material aplicável à obra relativa.

A obra é comercializada na forma em que está. Não há direito a suporte técnico ou orientação pessoal/exclusiva ao leitor.

Direção geral
Junior Rostirola

Editor responsável
Michele Rostirola de Lima

Editor-assistente
Joshua Santos

Supervisão editorial
Marcos Ferreira

Edição
Josemar Pinto

Copidesque
Amanda Stofela
Glaucia Peixer
Marcos Ferreira
Fabio Peixer

Revisão de provas
Manuela Condack
Gisele Romão

Diagramação
Jonatas Ilustre

Capa
Amanda Stofela
Jonatas Ilustre

Ilustrações
Carlos Eduardo Chá
Jonatas Ilustre

Fotografia
Carlos Furtado

Impressão e Acabamento
Gráfica Geográfica

Dados Internacionais de Catalogação na Publicação (CIP)
(Câmara Brasileira do Livro, SP, Brasil)

Rostirola, Junior
Café com Deus Pai: porções diárias de transformação / Junior Rostirola. -- Itajaí, SC : Editora Vélos, 2024.

ISBN 978-65-85930-01-7

1. Deus (Cristianismo) 2. Devoções diárias 3. Literatura devocional 4. Vida cristã I. Título.

24-215789 CDD-242

Índices para catálogo sistemático:
1. Literatura devocional : Cristianismo 242
Tábata Alves da Silva - Bibliotecária - CRB-8/9253

café com Deus pai

PORÇÕES DIÁRIAS DE TRANSFORMAÇÃO

JUNIOR ROSTIROLA

vélos

trans
for
ma
ção

Este **café com Deus Pai** pertence a:

SOBRE O SEU

café com Deus Pai

Este livro propõe uma jornada diária para conduzir você a viver um ano extraordinário sob a direção daquele que pode todas as coisas!

365 **365:** uma página para cada dia do ano com uma mensagem muito especial direto do coração de Deus Pai para você.

† **LEITURA BÍBLICA:** leia os capítulos sugeridos a cada dia e, ao findar o ano, você terá lido grande parte da Bíblia!

★ **FRASE-DESTAQUE:** todo dia uma frase única e específica relacionada ao tema do devocional.

PALAVRA-CHAVE: uma palavra para você guardar no coração e lembrar-se dela ao longo do dia.

! **ANOTAÇÕES:** anote as suas descobertas. Sempre que Deus falar ao seu coração e direcionar algo durante a leitura, escreva na hora para não perder nada!

PÁGINAS INTERATIVAS: ao longo da jornada, haverá oportunidades para você interagir com as páginas deste livro.

DESFRUTE AO MÁXIMO

- Seu momento Café com Deus Pai será mais proveitoso se você deixar por alguns instantes a agitação do dia a dia e investir um tempo a sós com Ele, assim como faz quando deseja ficar a sós com alguém especial.
- Faça um café delicioso e escolha um lugar agradável, onde você se sinta bem.
- Livre-se das distrações e tenha um tempo de qualidade para aproveitar tudo o que Deus Pai tem para você!

DICA

PARA VOCÊ OU PARA PRESENTEAR ALGUÉM.

Caso você inicie a sua jornada no decorrer do ano ou até mesmo mais próximo do final, leia a página do dia em que estivermos no calendário e inclua uma do início. Assim, você fará duas leituras diárias, e o seu momento com o Pai será especial.

Mas lembre-se: é realmente muito importante que você leia com prioridade a mensagem da data específica em que estivermos, combinado?

Compartilhe o que Deus tem falado ao seu coração e marque @cafecomdeuspai e @juniorrostirola.

Dessa forma, vamos incentivar muitas pessoas a convidarem Deus Pai para um café diário!

MOTIVOS DE GRATIDÃO

com certeza não faltam, não é mesmo?

Anote-os aqui e volte sempre que precisar tanto para relembrar como para escrever novas razões para preencher nestas páginas.

Ao término deste momento, tenho certeza de que você se sentirá bem e com o coração em paz.

Alegre-se, porque Deus tem cuidado de você!

MEU QUERIDO! MINHA QUERIDA!

Na vida, é natural mudarmos de ideia, e muitas vezes não há nada de errado com isso. Faz parte do processo de amadurecimento que velhos hábitos e formas de pensar deem lugar a novas perspectivas.

Um médico desenvolveu um estudo nos anos de 1950 após avaliar seus pacientes. Ele notou eles precisavam de 21 dias para se adaptar aos novos hábitos que foram submetidos.

Sabe, quando falamos em mudar um hábito, é sempre bom lembrar que cada pessoa tem seu próprio tempo. O fato é que, você é único.

Mas que tal estabelecer prazos aqui para realmente concluir suas metas? Ao finalizar cada dia, preencha a lacuna correspondente aqui ao lado e acompanhe sua evolução.

Está lançado o desafio.
Vamos juntos?

Ao ter este livro em mãos já vou te deixar o primeiro hábito registrado:

CRIE HÁBITOS DIÁRIOS

café com Deus Pai

Momento diário Café com Deus Pai

01 02 03 04 05 06 07 08 09 10 11 12 13 14 15 16 17 18 19 20 21

01 02 03 04 05 06 07 08 09 10 11 12 13 14 15 16 17 18 19 20 21

01 02 03 04 05 06 07 08 09 10 11 12 13 14 15 16 17 18 19 20 21

01 02 03 04 05 06 07 08 09 10 11 12 13 14 15 16 17 18 19 20 21

01 02 03 04 05 06 07 08 09 10 11 12 13 14 15 16 17 18 19 20 21

01 02 03 04 05 06 07 08 09 10 11 12 13 14 15 16 17 18 19 20 21

01 02 03 04 05 06 07 08 09 10 11 12 13 14 15 16 17 18 19 20 21

01 02 03 04 05 06 07 08 09 10 11 12 13 14 15 16 17 18 19 20 21

01 02 03 04 05 06 07 08 09 10 11 12 13 14 15 16 17 18 19 20 21

A **TRANSFORMAÇÃO** SÓ É POSSÍVEL QUANDO RECONHECEMOS NOSSA NECESSIDADE DE **MUDAR**.

@juniorrostirola

Assista ao vídeo com a palavra e oração para este mês.

janeiro

café
com
Deus
pai

PRONTO PARA A MARATONA?

Sendo assim, não corro como quem corre sem alvo e não luto como quem esmurra o ar.

1CORÍNTIOS 9.26

café com Deus pai

Há quem diga que a arte imita a vida; então, assim como na arte, muitas vezes a jornada de uma pessoa pode passar por inúmeros desafios, como um longa-metragem apresenta, em que há momentos de alegria, euforia, tristeza, drama, suspense, medo, pavor e tantos outros sentimentos que demonstram quão desafiadora é a caminhada.

Com este novo ano, uma nova jornada se inicia hoje. Então, você precisa considerar que não se trata da prova mais rápida do atletismo, os 100 metros rasos, mas de uma maratona, e como em toda maratona situações não previstas podem surgir durante o percurso. Quer dizer que temos de desistir? De modo nenhum. Não desista; antes, prossiga, pois no final valerá a pena!

Todo maratonista planeja o melhor para sua corrida. Ele controla a respiração, calcula o trajeto, organiza-se com os melhores equipamentos, quando necessário toma um copo de água como se estivesse recebendo um fôlego novo, e então prossegue até a linha de chegada.

Isso me ensina que esta temporada não pode ser vivida sem preparo, sem a escolha do trajeto, sem os itens necessários para que as conquistas sejam alcançadas e, claro, sem os momentos de pausa para receber um fôlego novo.

Lembre-se de celebrar suas conquistas. Não se cobre a ponto de se esquecer dos avanços. Cada um de nós está numa estação da vida; portanto, não se compare a ninguém, muito menos fique preso às mentiras e aos erros do passado e as vozes que muitas vezes não emitem nenhum estímulo, mas servem somente para criticar e tumultuar o percurso. A pista está pronta, os apitos já anunciaram a largada, e em Deus você pode ser campeão nesta maratona. Corra com toda a sua força e acredite com toda a sua fé!

Na maratona da vida, sua atitude é o primeiro passo para grandes conquistas.

@juniorrostirola

365 DEVOCIONAL
01/365

LEITURA BÍBLICA
GÊNESIS 1

PALAVRA-CHAVE
#PERSEVERANÇA

ANOTAÇÕES

COMECE BEM

"Porque sou eu que conheço os planos que tenho para vocês" – declara o SENHOR – "planos de fazê-los prosperar, não de causar dano, planos de dar a vocês esperança e um futuro".

JEREMIAS 29.11

café com Deus pai

Quem caminha com Deus não erra o caminho.

@juniorrostirola

DEVOCIONAL 365
02/365

LEITURA BÍBLICA
GÊNESIS 2

PALAVRA-CHAVE
#DIREÇÃO

ANOTAÇÕES

O início deste ano é propício para ter as esperanças renovadas e gerar grandes expectativas para a nova temporada que nos aguarda. Iniciar nossos dias com um tempo devocional é o primeiro passo e a melhor decisão para uma vida transformada e completa.

Transformar significa mudar fundamentalmente, renovar completamente, abrir caminho para uma nova realidade. Assim como a borboleta, ao superar seu tempo de recolhimento, deixa seu casulo para trás para poder voar, este é o convite para esta nova estação: deixar para trás o que não serve mais; permitir que novas oportunidades e experiências descortinem nosso futuro.

Há um caminho desconhecido a ser trilhado, e não sabemos quais obstáculos encontraremos nele, de modo que não podemos simplesmente ser negligentes e trilhá-lo sozinhos. Precisamos, sim, ser sábios para fazer uma boa viagem e chegar totalmente seguros ao destino. Mas para isso precisamos fazer uma escolha: convidar Jesus para estar conosco durante este ano.

À medida que caminharmos nesta jornada chamada ano novo, lembre-se de que a fé e a esperança são os alicerces que não nos deixarão desistir, independentemente de quaisquer situações que possam surgir. Saiba que Deus está no controle de tudo e tem as melhores intenções para cada um de nós. Como a lamparina ilumina o caminho à nossa frente, ele é a luz que guia os nossos passos.

Qual é a sua escolha para este novo ano? Caminhar ao lado daquele que traz direção, ou simplesmente caminhar conforme as suas próprias vontades? Assim como o nascer do sol traz um novo dia, Deus está sempre pronto para nos orientar, trazendo direção e força, pois ele sabe o que é melhor para cada um de nós. Tenha certeza: os planos dele são os melhores para a sua vida.

NÃO DESISTA

"Não fui eu que lhe ordenei? Seja forte e corajoso! Não se apavore, nem se desanime, pois o SENHOR, *o seu Deus, estará com você por onde você andar."*

JOSUÉ 1.9

Toda vez que você se levanta e toma a decisão de fazer algo grande, que Deus o orientou a fazer, os gigantes se erguem para o paralisar. Não pense que comigo é diferente. Tenho inúmeros testemunhos de conquistas em minha vida, mas todos eles foram antecedidos por grandes lutas. Se você está lendo *Café com Deus Pai* hoje, não pense que ele é algo que surgiu do nada, ou que já veio pronto.

Meu primeiro livro devocional não se chamava *Café com Deus Pai*. Aquele projeto não saiu da maneira que eu gostaria, de modo que, frustrado, desisti. Passados seis meses, em uma tarde sozinho em minha sala, eu orava a Deus, e ele me respondeu: "Filho, por que você desistiu de algo que eu entreguei nas suas mãos? Não desista, pois eu nunca desisti de você! Esse é um projeto grande, para ministrar ao coração de milhares de vidas".

Em lágrimas, respondi: "Pai, jamais quero te decepcionar, e, se essa é a tua vontade, aqui estou, pronto para recomeçar. Só tenho um único pedido: inspira-me a respeito de como chamar esse livro", pois eu estava tão desanimado que nem podia ver o livro mais na minha frente. No mesmo instante, Deus me falou: "Ele se chamará *Café com Deus Pai*!". Imediatamente chamei a minha equipe e compartilhei a experiência. Na hora, todos celebraram, e, por ter ouvido a voz de Deus, hoje esta mensagem chega até as suas mãos.

O fato de não desistir o fará pisar em lugares onde você nunca esteve e nunca imaginou. Então, hoje, encorajo você a continuar. Por mais que possa parecer difícil, ou sentir-se sem forças, você não pode desistir, porque Deus pode alcançar muitas vidas com aquilo que ele colocou em suas mãos. Busque em Deus as respostas para as suas inquietações, porque ele não vai desamparar você.

Nunca desista daquilo de que Deus não desistiu.

@juniorrostirola

365 DEVOCIONAL
03/365

✝ LEITURA BÍBLICA
GÊNESIS 3

PALAVRA-CHAVE
#CONTINUE

ANOTAÇÕES

ACESSO LIBERADO

De fato, até o dia de hoje, quando Moisés é lido, um véu cobre os seus corações. Mas quando alguém se converte ao Senhor, o véu é retirado.

2CORÍNTIOS 3.15,16

café com Deus Pai

Nada pode nos separar do amor de Deus.

@juniorrostirola

DEVOCIONAL 365
04/365

LEITURA BÍBLICA
SALMOS 1

PALAVRA-CHAVE
#INTIMIDADE

ANOTAÇÕES

A trajetória de Moisés se destaca como um fascinante relato de comunhão com o Pai. Após liderar o êxodo do Egito, Moisés frequentemente subia ao monte para dialogar diretamente com Deus. Ao descer de lá, seu rosto brilhava, e Moisés colocava um véu sobre ele para que os israelitas não vissem que o brilho ia diminuindo gradativamente.

Esse véu, além de ser uma barreira física, simbolizava a separação entre o divino e o humano. No entanto, com a chegada de Jesus, essa distância foi completamente abolida. A morte de Cristo na cruz rasgou o véu do templo de alto a baixo, o que simbolizou a eliminação das barreiras que nos separavam de Deus, e também nos convidou a uma relação direta e íntima com o Pai, sem intermediários.

Pode ser que você alguma vez tenha se sentido distante de Deus, talvez barrado por um véu de vergonha, medo ou pecado. Muitas vezes, criamos nossos próprios véus que nos impedem de nos achegar a Deus com confiança. Mas a mensagem do evangelho é clara: Jesus veio para rasgar o véu e nos convida a viver uma relação de proximidade com Deus, sem barreiras ou impeditivos.

Hoje, esse convite permanece aberto. Não importa qual é o véu que você tenha colocado ao redor do seu coração, Jesus está pronto para removê-lo. O primeiro passo na direção a uma vida plena em Deus pode ser dado agora. O caminho está aberto; posicione-se, reconheça aquilo que o separa e entregue-se totalmente ao Pai. Só assim você viverá a plenitude dos sonhos dele para a sua vida.

MANTENHA-SE FIRME

Deus é o nosso refúgio e a nossa fortaleza, auxílio sempre presente na adversidade.

SALMOS 46.1

café com Deus pai

Quantas vezes nos propomos a iniciar o ano de maneira diferente, almejando ser uma pessoa melhor, alcançar metas específicas, ou nos dedicar mais a Deus e à sua Palavra? Esses desejos motivam mudanças como emagrecer, iniciar uma faculdade, frequentar a academia, entre outros. No entanto, é comum que, diante dos desafios e adversidades do dia a dia, muitos desistam no meio do caminho.

Persistência é a chave para vencer qualquer jornada. O entusiasmo inicial pode ser abalado pelos ventos contrários, lutas e provações, mas é crucial permanecermos firmes naquilo que nos propomos, confiando nossos propósitos a Deus. Não podemos caminhar simplesmente por emoções, pois elas se abalam facilmente, mas por propósito, pois ele anda lado a lado com a fé.

Já fiz muitas coisas na vida que, aos olhos humanos, pareciam loucura, como a construção do templo sede da Igreja Reviver, para o qual não tínhamos recursos financeiros, mas tínhamos uma Palavra. Recebi muitas críticas por tamanha ousadia, mas decidi obedecer, e gradativamente provamos do milagre, até que a obra foi concluída, tudo foi pago de maneira surpreendente, e o nome de Deus foi glorificado. Entenda isto: sempre que você estiver fazendo algo grande, haverá alguém para criticá-lo.

Talvez você tenha iniciado projetos que não concluiu, sonhos que não realizou, por causa de situações contrárias que acabaram impedindo-o, mas a partir de hoje encorajo você a agir com fé e confiança, ouvindo somente a Deus, porque ele sabe o que é melhor para você e tem poder de levá-lo a grandes conquistas. A chave da concretização dos milagres está em você permanecer. Mantenha-se firme!

De nada adianta o ano novo se você ainda é quem era no ano passado.

@juniorrostirola

365 DEVOCIONAL
05/365

LEITURA BÍBLICA
SALMOS 2

PALAVRA-CHAVE
#OUSADIA

ANOTAÇÕES

A MENSAGEM DA CRUZ

café com Deus pai

Naqueles dias surgiu João Batista, pregando no deserto da Judeia. Ele dizia: "Arrependam-se, porque o Reino dos céus está próximo".

MATEUS 3.1,2

É feliz quem tem Jesus no coração.

@juniorrostirola

DEVOCIONAL 365
06/365

LEITURA BÍBLICA
GÊNESIS 4

PALAVRA-CHAVE
#SALVAÇÃO

ANOTAÇÕES

João Batista foi um homem muito importante para o Reino de Deus, ele tinha como missão anunciar a vinda de Jesus, expressando a mensagem da cruz, ou seja, pregar o arrependimento, fazendo com que as pessoas reconhecessem que precisavam de um Salvador, porque ele estava próximo.

Por exemplo, quando estamos com algum problema de saúde e vamos a um médico, ele busca chegar a um diagnóstico. O fato é que procuramos a cura, a solução para nosso problema, mas sem passar pelos procedimentos para saber o que está nos acometendo, não saberemos como tratar o problema. E a mensagem da cruz é como um raio-x, nos levando a refletir nosso interior nos mostrando que sem Jesus estamos fadados a viver como escravos de nossas próprias vontades, com as emoções adoecidas, enfim, em uma vida sem propósito. Por isso a mensagem de João Batista é tão importante.

Entendo que essa mensagem não pode ser contida, mas compartilhada. João Batista pouco tempo depois foi preso, e até tiraram sua vida, o mesmo ocorreu com grandes homens e mulheres de Deus que dedicavam suas vidas para anunciar a mensagem do Evangelho, e mesmo em meio a perseguição da época, não se acovardaram. Mesmo nessas condições tão adversas, a mensagem da cruz não foi interrompida ou afetada, mas seguiu firme, a ponto de mais de dois mil anos depois, ter chegado a mim e a você.

Se você ainda não convidou Jesus para entrar em sua vida, este é o momento! Ele está à porta lhe esperando. Se você abrir, ele entrará e sentará à mesa com você. Ainda que os dias sejam maus, quando estamos com ele, a tristeza é transformada em alegria, as inquietações dão lugar à paz, as feridas são curadas, os pecados são perdoados e a salvação é alcançada.

O PODER DA ORAÇÃO

Assim, aproximemo-nos do trono da graça com toda a confiança, a fim de recebermos misericórdia e encontrarmos graça que nos ajude no momento da necessidade.

HEBREUS 4.16

café com Deus pai

Muitos de nós sentimos um vazio profundo, uma sensação persistente de que nos falta algo essencial. Isso nos leva a buscar soluções temporárias que, no fim, só aprofundam essa sensação de vazio. Esse desejo, essa lacuna que sentimos, não é algo que possa ser preenchido por soluções mundanas ou prazeres carnais.

A verdadeira cura para esse vazio espiritual reside na aproximação e no fortalecimento de nosso relacionamento com Deus. Assim como cada órgão em nosso corpo tem um propósito específico e vital, nosso coração tem um espaço reservado para Deus, algo que é indispensável para que possamos ter uma vida plena e que caminha em direção a um propósito.

Reconhecer que somos filhos de Deus e permitir que ele habite em nós é fundamental, e o Pai nos deixou instrumentos para nos aproximarmos dele, como, por exemplo, a oração. Por meio dela, nos comunicamos com o Espírito Santo e nos tornamos sensíveis aos apontamentos dele para nossa vida. A prática da oração é como um filho que se assenta aos pés de seu pai, para contar a respeito de seu dia, abrindo o coração em relação a seus sentimentos, expondo suas necessidades, e recebendo conselhos e direção.

Entendo que a oração é essencial para uma vida plena, e isso fica claro quando olhamos para as Escrituras, pois há diversos registros que evidenciam que até mesmo Jesus orava constantemente. Ela é o alimento para um espírito faminto e a única fonte capaz de saciar nossa sede. Hoje, encorajo você a adotar a prática da oração diária, pois assim você encontrará a plenitude que sua alma tanto anseia.

Quando as suas orações chegam a Deus, você é tocado pelos céus.

@juniorrostirola

365 DEVOCIONAL
07/365

LEITURA BÍBLICA
GÊNESIS 5

PALAVRA-CHAVE
#ORAÇÃO

ANOTAÇÕES

VENCENDO AS FRUSTRAÇÕES

Porque o SENHOR *não o desprezará para sempre. Embora ele traga tristeza, mostrará compaixão, tão grande é o seu amor infalível.*

LAMENTAÇÕES 3.31,32

café com Deus pai

Diante das frustrações da vida, em Deus sempre haverá cura, transformação e alegria.

@juniorrostirola

DEVOCIONAL 365
08/365

LEITURA BÍBLICA †
GÊNESIS 6

PALAVRA-CHAVE
#SUPERAÇÃO

ANOTAÇÕES

Existem momentos na nossa vida que somos presenteados com um acontecimento que nos traz alegria, seja por uma conquista, seja pela presença de alguém que amamos, seja por qualquer outra coisa que faça o nosso coração se aquecer. Mas pode acontecer que, de repente, em um piscar de olhos, a alegria se esvai.

Quando eu era criança, um vizinho muito solidário com as necessidades da nossa família instalou uma piscina no nosso quintal. Era uma piscina simples de lona plástica e armação de ferro, mas para mim e para minhas irmãs aquilo era uma grande realização, algo que nos deixou muito felizes. Mas aconteceu que a alegria não durou muito tempo, pois no mesmo dia, depois de tomarmos o primeiro banho numa tarde ensolarada, meu pai, ao chegar em casa embriagado no final de tarde, em um momento de fúria, pegou uma faca e cortou a piscina inteira. Eu me lembro, como se fosse hoje, da água se espalhando pelo quintal e da dor que foi ver o meu motivo de alegria desaparecer tão rapidamente.

Talvez você também já tenha vivido algo parecido, de alegria interrompida. Percebi ao longo da minha vida que outras decepções vieram, sonhos que foram por água abaixo que me levaram à frustração. Mas, a partir do momento em que eu comecei a entender que a vida não poderia estar focada nas circunstâncias contrárias, e sim em Deus, tudo começou a mudar. Eu convido você a fazer o mesmo.

RECOMEÇOS

Boaz perguntou ao capataz dos ceifeiros: "De qual família é aquela moça?" O capataz respondeu: "Esta é a moça moabita que voltou de Moabe com Noemi".

RUTE 2.5,6

café com Deus Pai

Boaz estava observando Rute enquanto ela realizava a colheita, e essa cena nos comunica algo interessante, pois ela estava passando por um momento difícil, onde buscava reconstruir sua vida após enfrentar a morte do marido. Boaz mandou chamá-la, e tomou atitudes visando ajudá-la. Vejo que nos momentos mais difíceis da vida, nunca estamos sozinhos. Deus Pai sempre envia pessoas ou usa situações para demonstrar seu cuidado conosco.

Ao indagar sobre Rute, Boaz descobre apenas a superfície de sua jornada, desconhecendo as profundas marcas causadas pelas perdas que ela enfrentou e decisões difíceis que tomou. Rute escolheu seguir adiante para reconstruir sua vida. Esse relato nos lembra que por mais que nos vejamos expostos, ninguém realmente conhece as batalhas internas que enfrentamos, as dores e alegrias que moldam nosso ser.

Hoje talvez você se identifique com Rute, onde teve perdas que até o momento você não consegue entender, o fato é que não é fácil mesmo, mas não é impossível ser resiliente e transformar suas dores em combustível para seguir adiante. Encorajo você a não desistir, olhe a sua volta e com certeza encontrará motivos para seguir em frente. Tenho aprendido que cada pessoa carrega experiências únicas, boas e ruins, de lutas e vitórias, visíveis apenas para si.

Que nossa abordagem seja sempre pautada pelo amor e empatia, reconhecendo que atrás de cada rosto há uma história rica, digna de respeito e compreensão. Rute encontrou em Boaz a oportunidade de um lindo recomeço, formando uma família e marcando não apenas sua vida, mas toda uma geração. Que a partir de hoje você possa se permitir ser curado das feridas que te causam tantas dores para viver os planos de um recomeço em Deus.

Quem não desiste encontra motivos para um novo amanhã.

@juniorrostirola

365 DEVOCIONAL
09/365

LEITURA BÍBLICA
GÊNESIS 7

PALAVRA-CHAVE
#PROSSEGUIR

ANOTAÇÕES

A ARMADILHA DA COMPARAÇÃO

café com Deus pai

Acaso busco eu agora a aprovação dos homens ou a de Deus? Ou estou tentando agradar a homens? Se eu ainda estivesse procurando agradar a homens, não seria servo de Cristo.

GÁLATAS 1.10

A sua liberdade está em ser quem você é.

@michellerostirola

DEVOCIONAL 365
10/365

LEITURA BÍBLICA
GÊNESIS 8

PALAVRA-CHAVE
#AUTENTICIDADE

ANOTAÇÕES

No vasto universo das redes sociais, encontramos uma grande quantidade de opiniões, às vezes inflamadas por ideologias e preconceitos, gerando discórdias e ódio. Além disso, somos inundados por perfis que exibem uma vida aparentemente perfeita, mas, nos bastidores, revelam-se realidades distintas.

Quantas pessoas, retratadas como felizes, vivem uma vida vazia e distante da imagem que projetam *on-line*. Essa situação triste, porém real, destaca a necessidade de mudarmos nossa forma de enxergar e viver a vida. Muitos acabam caindo na armadilha da comparação e perseguem, assim, padrões irreais e inalcançáveis, gerando frustração e desânimo.

Tudo isso vai, aos poucos, distorcendo nossa imagem, levando-nos à tentativa de nos adequar a padrões e comportamentos que não condizem com quem verdadeiramente somos. Saiba que você foi criado de maneira única e especial por Deus, e suas características, sejam físicas ou de personalidade, fazem parte de sua essência, e é justamente por meio delas que Deus age.

Hoje convido você a se desfazer de toda e qualquer máscara e, assim se firmar, em sua verdadeira identidade. Não permita que a comparação o leve a buscar padrões irreais, mas valorize aquilo que o Pai colocou em você, pois a autenticidade fará com que descubra e viva plenamente sua identidade e seu propósito. Deus Pai criou você de maneira única e especial; portanto, valorize isso e desfrute da verdadeira liberdade que está disponível a todos nós.

CRESCENDO EM DEUS

Antes, seguindo a verdade em amor, cresçamos em tudo naquele que é a cabeça, Cristo.

EFÉSIOS 4.15

café com Deus Pai

Em todas as áreas da nossa vida, devemos estar em um constante processo de aprimoramento. No que diz respeito à vida espiritual, não é diferente. É fato que todos nós desejamos viver milagres e experiências com Deus, mas para isso precisamos de maturidade. Deus Pai não nos leva a uma realidade da qual não estejamos prontos e maduros o suficiente para lidar. Por exemplo, quando fui dar a primeira bicicleta para meu filho João Pedro, tive o cuidado de comprá-la com rodas auxiliares, para que ele aprendesse no processo e tivesse condições de avançar e se aprimorar. Com Deus não é diferente.

No texto que lemos, Paulo destaca a importância do crescimento no caráter, refletindo a semelhança com Cristo. Apesar dos desafios relacionados ao processo, o amadurecimento se torna essencial, pois é por meio dele que Deus Pai entrega aos seus filhos as ferramentas necessárias para que possam manifestar plenamente sua vontade.

Por isso, precisamos crescer espiritualmente, e esse processo é gradativo, não instantâneo ou automático. Conforme amadurecemos, o Pai confia coisas ainda maiores às nossas mãos, para que possamos ir ainda mais longe em nosso propósito, desfrutando de uma vida cada vez mais repleta de testemunhos.

Saiba que cada processo que você enfrenta em sua vida faz com que você amadureça e assim possa ir ainda mais longe. Por isso, não busque caminhos alternativos ou atalhos, mas se submeta à vontade e à direção do Espírito Santo. Mantenha-se firme nos processos e esteja pronto para muito em breve avançar para outros níveis.

Quando valorizamos os pequenos começos, Deus nos confia grandes conquistas.

@juniorrostirola

365 DEVOCIONAL
11/365

LEITURA BÍBLICA
SALMOS 3

PALAVRA-CHAVE
#AMADURECIMENTO

ANOTAÇÕES

DIA A DIA COM DEUS

café com Deus Pai

De manhã ouves, SENHOR, o meu clamor; de manhã te apresento a minha oração e aguardo com esperança.

SALMOS 5.3

Traga para o seu mundo a presença de Deus e descubra o verdadeiro mundo preparado para você.

@juniorrostirola

DEVOCIONAL 365
12/365

LEITURA BÍBLICA
SALMOS 4

PALAVRA-CHAVE
#CONEXÃO

ANOTAÇÕES

Há mais de três décadas, A. W. Tozer observou que a crescente complexidade da civilização moderna tornava a vida devocional praticamente inviável. Essa afirmação ressoa ainda mais nos dias de hoje, na era dos *smartphones*, das redes sociais e de uma variedade de dispositivos tecnológicos concebidos para poupar tempo, mas que, paradoxalmente, muitas vezes nos escravizam.

No entanto, não são os aparelhos eletrônicos ou a tecnologia em si que prejudicam nossa vida devocional. O verdadeiro obstáculo reside em nossos hábitos e na relutância em nos dedicarmos ao relacionamento com Deus. É uma questão de disposição do coração e reconhecer a importância de reservar um tempo de qualidade para o Pai em meio às demandas do cotidiano.

É fundamental admitir nossa falha em priorizar o tempo com Deus em vez de nos perdermos em distrações supérfluas. O relacionamento com o Pai é mais essencial do que qualquer outra atividade que possamos considerar importante. Às vezes, nossos próprios pensamentos podem se tornar armas contra nossa saúde emocional, destacando a necessidade de um plano deliberado para nutrir nosso relacionamento espiritual.

O fato de você estar lendo *Café com Deus Pai* já diz muito a seu respeito. Ele é uma ferramenta valiosa nesse processo, ajudando-nos a cultivar uma conexão mais profunda com Deus. Fico muito feliz, ao saber que juntos estamos construindo um relacionamento com o Pai. Assim como o alimento é vital para o corpo físico, o relacionamento com Deus é essencial para o nosso crescimento espiritual. Portanto, comprometa-se a reservar um tempo diário para se dedicar à presença do Senhor, nutrindo sua alma e fortalecendo sua fé.

A MELHOR ESCOLHA

"Eu sou a porta; quem entra por mim será salvo. Entrará e sairá, e encontrará pastagem."

JOÃO 10.9

café com Deus pai

Jesus, ao se autodenominar "a porta", usa uma linguagem que vai muito além do mero simbolismo. Nas antigas cidades fortificadas, as portas não eram apenas entradas físicas, mas barreiras que demarcavam limites e segurança. Uma porta fechada indicava proteção e limite, enquanto uma porta aberta representava um convite, permissão para acesso irrestrito. Essa metáfora revela que Jesus não é apenas uma opção de passagem, mas a única via essencial.

Nossa salvação, portanto, está intimamente ligada ao cruzar essa porta. Perceba que ele nos faz um convite, de modo que quem quiser atravessá-la pode fazê-lo, desde que decida por isso. Não há restrições para alguém começar a seguir Jesus. Costumo dizer que você não precisa mudar para vir a Cristo, mas, quando você vem, tudo muda, porque é impossível permanecer igual após atravessar essa porta.

Aos meus treze anos de idade, tomei essa decisão, e tudo mudou. Passei a entender que tinha um Pai, um amigo ao meu lado que jamais me abandonaria. O fato é que, quando você decide atravessar essa porta e entrega a Jesus seu caminho, passa a seguir na direção que ele aponta. Foi assim que descobri que minha vida tinha propósito, fui curado dos meus traumas e então habilitado para viver uma vida abençoada, diariamente guiado por Jesus.

Talvez até hoje você não tenha tomado a decisão de cruzar essa porta, e acredito que essa seja a escolha mais importante que você possa fazer em sua vida, porque foi assim na minha. Convido você a decidir por Jesus, porque somente nele você encontrará a paz, o amor e a esperança que há tanto tempo tem procurado.

Com Jesus tudo se renova e ganha sentido.

@juniorrostirola

365 DEVOCIONAL
13/365

LEITURA BÍBLICA
GÊNESIS 9

PALAVRA-CHAVE
#DECISÃO

ANOTAÇÕES

ALÉM DAS EXPECTATIVAS

O homem olhou para eles com atenção, esperando receber deles alguma coisa. Disse Pedro: "Não tenho prata nem ouro, mas o que tenho, isto lhe dou. Em nome de Jesus Cristo, o Nazareno, ande".

ATOS 3.5,6

Não se limite diante da grandeza de Deus.

@juniorrostirola

DEVOCIONAL 365
14/365

LEITURA BÍBLICA †
GÊNESIS 10

PALAVRA-CHAVE
#EXPECTATIVAS

ANOTAÇÕES

Nessa passagem, vemos que o aleijado, ao abordar Pedro e João, queria simplesmente esmola, na esperança de receber alguma migalha; afinal, essa era sua maneira de viver, sua rotina diária. Mas o fato é que ele acabou recebendo muito mais do que esperava: foi surpreendido com uma intervenção de Deus e curado de sua condição física.

Essa história é mais um lindo exemplo de que Deus não faz nada pela metade; pelo contrário, ele sempre supera nossas expectativas. Muitas vezes, achegamo-nos a Deus Pai com poucas expectativas. Mesmo buscando uma intervenção dele e acreditando que ele é capaz, limitamos o seu poder. O fato é que Deus pode fazer grandes coisas, intervindo em não só uma necessidade nossa, mas indo muito além do que pedimos ou pensamos.

Não se deixe envolver pela mentalidade de escassez. Nosso Deus é especialista em nos surpreender e fazer grandes coisas, por isso nunca espere pouco dele. Muito além de bênçãos terrenas, Deus Pai nos oferece cura, restauração e o mais importante de tudo: salvação.

Não sei o que você tem passado ou de que maneira está a sua vida, mas sei que a solução está em Deus. Talvez você esteja esperando do Pai uma cura ou um milagre, mas ele deseja ir além, realizar uma transformação completa em sua história. Não espere pouco de Deus, porque o que ele tem para você supera qualquer expectativa. Não se trata do tamanho do seu sonho, mas do quanto você está disposto a confiar no poder de Deus sobre a sua vida, porque ele é a resposta que você há tanto tempo procura.

UM NOVO TEMPO

Eis que faço uma coisa nova, agora sairá à luz; porventura não a percebeis? Eis que porei um caminho no deserto, e rios no ermo.

ISAÍAS 43.19, ACF

Deus Pai nos oferece oportunidades todos os dias para trazer transformação à nossa realidade, por isso já é hora de deixarmos o passado no lugar certo e abraçarmos o presente com fé. Não fomos criados para uma vida mediana, mas para viver plenamente os extraordinários sonhos de Deus para a nossa vida. Os céus já estão abertos, e a mudança que você tanto procura está mais próxima do que imagina, mas para isso devemos olhar para a frente.

Quando olhamos para trás, vemos o que passou, as vitórias e também as derrotas. Mas o presente é um novo tempo concedido por Deus, repleto de novas oportunidades. Devemos deixar o passado com seus erros e acertos no seu devido lugar, levantar a cabeça e viver o hoje em direção a um futuro de grandes transformações e mudanças.

Costumo dizer que não há como colher novos frutos plantando as mesmas sementes, por isso é necessário tomarmos novas decisões, deixar velhos hábitos para trás e caminhar em obediência e em direção aos propósitos de Deus. Não podemos mais perder tempo tentando viver da nossa maneira, sem consultar a Deus e submeter todos os nossos sonhos ao Pai.

Não se preocupe com suas limitações e não tenha medo. Deus Pai deseja fazer coisas extraordinárias em você e por meio de você. Ele o capacitará para cada nova estação. Mas para isso é necessário confiar, manter as expectativas elevadas, sair da zona de conforto e dar passos de fé, porque ele tem planos grandiosos para a sua vida. Vamos juntos?

O novo vem para aqueles que perseveram.

@juniorrostirola

365 DEVOCIONAL
15/365

LEITURA BÍBLICA
GÊNESIS 11

PALAVRA-CHAVE
#TRANSFORMAÇÃO

ANOTAÇÕES

VALORIZE A PRESENÇA

Não escondas de mim a tua face, não rejeites com ira o teu servo; tu tens sido o meu ajudador. Não me desampares nem me abandones, ó Deus, meu salvador!

SALMOS 27.9

café com Deus Pai

Descobrir sua identidade faz você operar com base em quem você é.

@juniorrostirola

DEVOCIONAL 365
16/365

LEITURA BÍBLICA
GÊNESIS 12

PALAVRA-CHAVE
#PRIORIDADES

ANOTAÇÕES

Davi, ao escrever esse salmo, sabia que poderia viver sem reino, coroa ou palácio, mas não poderia continuar sem a presença de Deus. É por isto que ele é conhecido como o homem segundo o coração de Deus, pois para ele o mais importante não era ter *status*, prestígio e riquezas terrenas, mas sim a presença do Pai.

Aprendo com Davi que o que importa não é quão longe podemos chegar, nem o que somos capazes de conquistar, mas se estamos ou não agradando a Deus. Não sei quais são hoje as suas prioridades ou companhias, mas Davi escolheu o companheiro mais importante de todos e, apesar dos seus tropeços, sempre se arrependeu e deu a volta por cima, pois seus olhos estavam voltados para o lugar certo.

Durante um período da minha vida, tudo que eu queria era ficar isolado, sem ninguém por perto, mas isso era uma fuga por tudo aquilo que eu enfrentava em casa e na escola. Quando, porém, me encontrei com Deus Pai, ele me falou três coisas que mudaram a minha vida e quero compartilhar com você: ele me disse quem eu era, quem eu não era e em quem eu iria me tornar. Então, descobri que eu não era a minha circunstância e as mentiras que eu ouvia; ele tinha planos extraordinários para a minha vida.

Não sei qual é a sua realidade, mas quero que saiba que nada neste mundo pode ser mais valioso do que andar na presença do Pai, pois só nele temos nossa realidade transformada e as mentiras desfeitas. Nada adianta você estar nesta vida e não saber quem é, ou ser definido por circunstâncias e opiniões alheias. Qual é a sua decisão? Valorize aquilo que verdadeiramente importa e viva os planos de Deus para a sua vida.

É POSSÍVEL IR ALÉM

O ministério que trouxe a morte foi gravado com letras em pedras; mas esse ministério veio com tal glória que os israelitas não podiam fixar os olhos na face de Moisés por causa do resplendor do seu rosto, ainda que desvanecente.

2CORÍNTIOS 3.7

café com Deus pai

Deus deseja gerar transformação na vida de seus filhos. Não fomos criados para uma vida distante do Pai, mas de proximidade e intimidade com ele. Isso fica claro pelas páginas da Bíblia, onde percebemos que os homens e mulheres que Deus tanto usou para que seus propósitos se cumprissem na terra eram pessoas de muita intimidade com ele.

Deus anseia por transbordar na sua vida, gerando transformação ao seu redor. Sua jornada terrena não se reduz a simplesmente acumular cada vez mais, mas para receber, celebrar e repartir. Ele deseja usá-lo de maneira gloriosa, mas isso requer compreensão da Palavra e alinhamento aos propósitos divinos. Moisés, por exemplo, nos ensina muito por meio de sua vida. Ele regularmente buscava a presença de Deus, cultivando um relacionamento de muita proximidade.

Para vivermos uma vida acima da média, é necessário mudar nossos hábitos. Não há como viver o melhor de Deus se não o buscarmos de todo o coração. Há uma vida completamente transformada para nós, porém nossa entrega ao Pai deve ser total. E essa é uma característica que é facilmente percebida em grandes homens e mulheres de Deus ao longo da história.

Hoje, convido você a ir mais profundamente em seu relacionamento com o Pai. Ele deseja curar, capacitar e empoderar você em direção ao novo. Coloque Deus no centro da sua vida e permita que a intimidade com ele abra portas e o leve a lugares que você jamais imaginou chegar.

A transformação de Deus em nossa vida ocorre de acordo com o nível da nossa entrega.

@juniorrostirola

365 DEVOCIONAL
17/365

LEITURA BÍBLICA
GÊNESIS 13

PALAVRA-CHAVE
#INTIMIDADE

ANOTAÇÕES

MOVIDOS PELO ESPÍRITO SANTO

Mas Estêvão, cheio do Espírito Santo, levantou os olhos para o céu e viu a glória de Deus, e Jesus de pé, à direita de Deus, e disse: "Vejo o céu aberto e o Filho do homem de pé, à direita de Deus".

ATOS 7.55,56

café com Deus pai

Só consegue agir de acordo com a vontade do Espírito Santo quem aceita ser dirigido por ele.

@juniorrostirola

DEVOCIONAL 365
18/365

LEITURA BÍBLICA
SALMOS 5

PALAVRA-CHAVE
#PRESENÇA

ANOTAÇÕES

Em meio às altas demandas do dia a dia, muitos acabam não dando atenção às orientações do Espírito Santo. É como se tivéssemos um oceano de oportunidades diante de nós, mas estamos nos contentando apenas em molhar os pés na beira da praia.

A Bíblia nos chama a profundas experiências, a ter uma vida debaixo da liderança do Espírito, como Estêvão teve. Esse homem foi perseguido e morto por sua fé em Jesus e, prestes a morrer, intercede por aqueles que o matariam e clamou a Deus para que perdoasse os pecados de seus opositores assassinos. Você acredita que um ser humano por si só conseguiria agir dessa maneira? Esse comportamento de Estêvão só foi possível pois, como o texto diz, ele estava cheio do Espírito Santo.

Como Estevão, somos desafiados a viver em constante comunhão com o Espírito, permitindo que ele transforme cada aspecto de nossa vida. Mas isso requer mais do que uma simples disposição, exige humildade, rendição, obediência e uma busca constante por sua presença. O Espírito Santo é um presente que Deus dá àqueles que o amam, e visa a nos capacitar para enfrentar os desafios de maneira sobrenatural, preparados por Deus para cumprir os seus propósitos aqui na terra.

Neste dia, Deus está chamando você para uma vida de intimidade com ele, para navegar nas águas profundas de sua presença. Busque com ainda mais intensidade o Espírito Santo, esteja sensível à direção dele, e assim seja capacitado para uma jornada transformadora.

O ESPELHO DE DEUS

Então, de agora em diante, vivam o resto da sua vida aqui na terra de acordo com a vontade de Deus e não se deixem dominar pelas paixões humanas.

1PEDRO 4.2

café com Deus Pai

Algo que acaba acontecendo com muitas pessoas e as leva a caminhos completamente prejudiciais na vida, é perder a identidade. Acabar aceitando uma versão de si mesmo baseada nos moldes e nas expectativas da sociedade, anula completamente quem você é. Quando nos damos conta, já estamos com uma visão distorcida acerca de nós mesmos. Isso ocorre porque nossa identidade não está firmada em Deus.

Cada um de nós foi criado de maneira única e personalizada com características e dons singulares, que foram confiados a nós com um propósito, portanto, ao tentarmos nos moldar a outros padrões, nos afastamos daquilo que fomos criados para ser. Precisamos fazer uma escolha, nos enxergarmos através do espelho dos padrões do mundo, ou de Deus.

Você não precisa a todo custo buscar a aceitação da sociedade, porque já é aceito pelo Pai, e conhecer essa verdade é libertador. A visão dele é a correta, pois foi ele mesmo quem criou você. Ao olharmos pelo espelho de Deus, eliminamos as distorções de nossa imagem, e passamos a operar com base em quem de fato somos. Abrindo assim o caminho para uma vida leve, sem cobranças excessivas ou tentativas de suprir expectativas alheias.

Deus Pai conhece sua história, capacidades e o propósito que colocou em você. Não se enxergue mais pelo espelho da sociedade, mas sim pelo de Deus, pois ele vê você de maneira única. Saiba que assim sua identidade vem à tona e você desfruta de uma vida autêntica, livre de rótulos, mentiras e opiniões.

Viver fora da sua identidade é enganar-se a si mesmo.

@juniorrostirola

365 DEVOCIONAL
19/365

LEITURA BÍBLICA
SALMOS 6

PALAVRA-CHAVE
#AUTENTICIDADE

ANOTAÇÕES

OS SONHOS DE DEUS

Tudo posso naquele que me fortalece.

FILIPENSES 4.13

café com Deus pai

Em Deus, é possível sonhar além dos nossos limites.

@juniorrostirola

DEVOCIONAL 365
20/365

LEITURA BÍBLICA
GÊNESIS 14

PALAVRA-CHAVE
#SONHAR

ANOTAÇÕES

Iniciamos este novo ano com uma convicção poderosa: nunca devemos deixar o Espírito Santo fora dos nossos planos e projetos. É uma bênção poder recomeçar, reconstruir e criar algo novo em nossa vida. Mas lembre-se: essa jornada não precisa ser solitária; temos a força de Deus operando em nós, guiando-nos passo a passo em direção a um futuro frutífero e próspero.

Sonhar é o ponto de partida, e Deus nos chama a sonhar grande, pois ele é capaz de realizar infinitamente mais do que pedimos ou imaginamos. Não subestime os pequenos começos, pois por meio deles grandes sonhos ganham vida. Deus usa aqueles que sonham e estão dispostos a arriscar e falhar, crescer em fé e, sobretudo, nunca desistir.

À medida que caminhamos juntos nesta jornada, precisamos nos lembrar de construir nossos sonhos com o Espírito Santo. Tenha fé em Deus, não dependa da aprovação das pessoas, conserve sua energia para o que realmente importa e remova os obstáculos que impedem seus sonhos. Por meio da fé, somos chamados a viver uma vida que transborda a graça de Deus, testemunhando o poder do Espírito Santo em nós.

Encorajo você a refletir acerca de seus próprios sonhos: eles estão alinhados com a vontade de Deus? Este é o momento de preparar bases fortes, embasando nossos sonhos e ações na fé inabalável de que, com Deus, todas as coisas são possíveis. Que neste novo ano possamos juntos sonhar e construir um futuro abençoado sob a orientação e a força do Espírito Santo.

NO TEMPO CERTO SE CUMPRIRÁ

Então disse Deus: "Tome seu filho, seu único filho, Isaque, a quem você ama, e vá para a região de Moriá. Sacrifique-o ali como holocausto num dos montes que lhe indicarei".

GÊNESIS 22.2

Muitos debatem com o dilema de uma fé sem frutos, e questionam o porquê de suas orações parecerem sem resposta. O exemplo de Abraão nos ensina sobre a necessidade de confiança e entrega total, mesmo que ainda não vejamos os resultados. Quando Deus testou sua fé pedindo Isaque em sacrifício, Abraão demonstrou sua inabalável confiança no Pai, disposto a entregar até mesmo o que tinha de mais valioso.

Abraão não viu em vida sua descendência ser tão numerosa como as estrelas do céu, como Deus lhe havia prometido, mas ele creu que isso aconteceria, o que de fato ocorreu muitos anos depois de sua morte. Isso me ensina que a fé não se baseia em resultados imediatos, mas em crer que Deus é poderoso para transformar qualquer realidade.

A fé é o alicerce de nosso relacionamento com Deus. Sem ela, não conseguiremos prosseguir. Deus também a estabeleceu como uma métrica de nossa confiança e dependência dele. Ter fé significa confiar e se entregar plenamente mesmo sem entender, assim como Abraão, que, ao ser solicitado, dispôs-se a sacrificar seu próprio filho, pois acreditava que Deus era poderoso para ressuscitar Isaque (Hebreus 11.19).

Como está sua fé? Muito além de confiar, precisamos entregar. Seja qual for o lugar que você esteja neste momento ou qualquer situação que esteja enfrentando, saiba que o poder de Deus é transformador, por isso deposite sua confiança naquele que tem o poder de mudar sua realidade.

O nível de fé que você deposita em Deus será o nível de transformação que você viverá.

@juniorrostirola

365 DEVOCIONAL
21/365

LEITURA BÍBLICA
GÊNESIS 15

PALAVRA-CHAVE
#FÉ

ANOTAÇÕES

O VERDADEIRO ALÍVIO

"Venham a mim, todos os que estão cansados e sobrecarregados, e eu lhes darei descanso."

MATEUS 11.28

café com Deus pai

Quando Deus está no centro, tudo ao seu redor faz sentido.

@juniorrostirola

DEVOCIONAL 365
22/365

LEITURA BÍBLICA
GÊNESIS 16

PALAVRA-CHAVE
#RESSIGNIFICAR

ANOTAÇÕES

Você sabia que a maioria dos nossos problemas reflete em nossa saúde emocional? É nesse âmbito que as questões de distorção de identidade aparecem. Muitas vezes, quando escavamos a fundo nossa história, descobrimos que houve momentos em que as coisas não ocorreram como esperávamos. Em vez de receber acolhimento, fomos abandonados; no lugar do abraço e da atenção de nossos pais, fomos compensados com um presente; em vez de sermos impulsionados, fomos rejeitados. Enfim, nem sempre foi como idealizamos, e agora, à medida que crescemos, parece que algumas coisas nunca dão certo, não é mesmo?

Há alguns anos, fui visitar alguns parentes de minha linhagem paterna. Então, pude entender porque muitas coisas aconteceram na minha vida. Lá fiquei sabendo que meu pai cresceu em um ambiente totalmente disfuncional e violento, sem amor e esperança. É verdade que ele foi responsável por todas as decisões que tomou, mas ninguém é capaz de dar o que nunca recebeu. Ele não ganhou o devido cuidado e amor de seus pais; aliás, perdeu sua mãe ainda criança, aos sete anos.

Talvez sua trajetória tenha sido carregada de tristeza ou de um vazio que parece impossível de ser preenchido, mas hoje trago boas notícias. A partir do momento em que você tiver um encontro verdadeiro com Deus Pai, tudo mudará, assim como foi comigo. Somente ele pode lhe dar a paz que você há tanto tempo procura, pois hoje ele estende a mão e o puxa para fora dos escombros do seu passado. Creia nisso, entregue-se totalmente e desfrute do alívio e da nova vida que o Pai tem para você.

CONFIAR EM DEUS

O tentador aproximou-se dele e disse: "Se você é o Filho de Deus, mande que estas pedras se transformem em pães". Jesus respondeu: "Está escrito: 'Nem só de pão vive o homem, mas de toda palavra que procede da boca de Deus'".

MATEUS 4.3,4

Em que você tem depositado sua confiança? Se você quer virar a chave para ter uma vida em abundância e intimidade com Deus, é preciso confiar nele. Mas confiar pode não ser tão simples e fácil quanto parece, pois haverão oposições, porque sempre que nos levantamos em direção aos planos e propósitos de Deus, há uma outra parte que também se levanta, visando nos distrair, e consequentemente nos afastar do Pai.

No versículo que lemos, vemos claramente isso. Momentos antes de ir ao deserto e enfrentar diversas tentações, Jesus havia sido batizado. A partir dali ele daria início ao grande ministério que o Pai lhe havia confiado, mas assim que ele foi levantado por Deus, houve também grande oposição.

Saiba que em nossas vidas não é diferente, por isso não pense que após decidir caminhar com Deus, o trajeto será calmo e sereno. Assim como Jesus, enfrentaremos oposições. Aprendi que para alcançarmos grandes vitórias, é necessário primeiro travarmos grandes batalhas, e Deus as permite para que nossa fé amadureça e nossa confiança nele aumente, pois assim chegaremos mais longe.

Neste início de ano, saiba que é natural que as oposições surjam, pois é o que acontece quando Deus levanta seus filhos, mas quando elas baterem à sua porta, não desanime. Pelo contrário, apenas confie, pois Deus começou algo em sua vida, e irá completar essa grande obra. Por isso, apegue-se firmemente às promessas, não se deixe levar pelas adversidades, e então viva tudo aquilo que o Pai sonhou para você neste novo ano.

Nossa vida brilha na medida em que confiamos ela a Cristo.

@juniorrostirola

365 **DEVOCIONAL**
23/365

✝ **LEITURA BÍBLICA**
GÊNESIS 17

PALAVRA-CHAVE
#CONFIANÇA

ANOTAÇÕES

café com Deus pai

VOCÊ TEM UM PAI

Pai para os órfãos e defensor das viúvas é Deus em sua santa habitação. Deus dá um lar aos solitários, liberta os presos para a prosperidade, mas os rebeldes vivem em terra árida

SALMOS 68.5,6

A paternidade de Deus o cura de todos os traumas do passado.

@juniorrostirola

DEVOCIONAL 365
24/365

LEITURA BÍBLICA
GÊNESIS 18

PALAVRA-CHAVE
#FILIAÇÃO

Por um longo tempo, fui prisioneiro do medo, um menino assombrado por receios simples da vida. Até atividades cotidianas, como participar da aula de educação física, provocavam tensão e conflito, pois duvidava de minha capacidade, sentindo-me incapaz e comparando-me às outras crianças. Minha busca por refúgio era literal: eu desejava viver escondido sob a proteção de minha mãe. Hoje, reconheço que minha fragilidade e insegurança se originaram de crises familiares constantes e da ausência paterna, um vazio deixado pela figura do meu pai.

Talvez possa parecer dramático para quem não enfrentou a orfandade, mas para quem viveu em um lar disfuncional e carente de paternidade, essa experiência faz todo o sentido. O pai desempenha papel fundamental, fornecendo amor, proteção, provisão, correção e direção, moldando nosso destino.

As paralisias humanas, como medos, inseguranças e vergonhas, frequentemente têm suas raízes na ausência de paternidade. Muitos vivem sem vontade, sonhos ou propósito, como resultado desse vácuo. Ninguém planeja viver uma existência vazia; posso afirmar isso com convicção, pois experimentei essa realidade.

Preciso, porém, dizer a você que eu encontrei um Pai, e todo o meu vazio foi preenchido e deu lugar à alegria de uma vida cheia de propósito. Independentemente de como sua vida está hoje, fruto da ausência paterna ou não, ainda há tempo de você realinhar sua trajetória. Deus é um Pai real e perfeito, que jamais nos decepciona ou abandona. Aceite sua filiação, passe a se relacionar com o Pai e então permita-lhe restaurar tudo aquilo que um dia lhe causou feridas.

ANOTAÇÕES

É IMPOSSÍVEL, MAS DEUS PODE

Desde os tempos antigos ninguém ouviu, nenhum ouvido percebeu, e olho nenhum viu outro Deus, além de ti, que trabalha para aqueles que nele esperam.

ISAÍAS 64.4

café com Deus pai

Em cada página da história e nas linhas de nossa vida, Deus se revela como o maestro de uma grande sinfonia, transformando impossibilidades em esperança, morte em vida, perdas em ganhos. Para Josué, ele fez o sol estacionar no céu; para Moisés, abriu caminho pelo mar; para uma viúva desesperada, multiplicou azeite, garantindo-lhe sustento; e para uma multidão faminta, multiplicou pães e peixes, revelou que, mesmo diante do impossível, há uma saída quando depositamos nossa fé em Deus Pai.

Esses milagres narrados nas Escrituras não são meras histórias antigas, mas testemunhos vivos da capacidade infinita de Deus de intervir em nossas circunstâncias, por mais desfavoráveis que pareçam. Ele é aquele que molda o tempo e as estações, capaz de destronar reis e estabelecer impérios, de conceder sabedoria aos sábios e revelação aos que buscam discernimento.

Por anos, vivi questionando os desígnios de Deus, lutando contra a desesperança, indagando até quando as batalhas continuariam. No entanto, houve um momento em que tudo começou a mudar. Embora ninguém ao meu redor pudesse perceber a transformação, ou ainda acreditar na possibilidade de uma reviravolta, Deus estava trabalhando no extraordinário.

Portanto, hoje eu pergunto a você: qual é o seu impossível? Lembre-se de se entregar sem reservas a Deus. Ele é o único capaz de intervir e transformar qualquer cenário, trazendo vida onde só existe sequidão. Por isso, simplesmente confie, pois Deus Pai permanece o mesmo ontem, hoje e sempre.

A vitória de amanhã começa com a escolha de confiar hoje.

@juniorrostirola

365 DEVOCIONAL
25/365

LEITURA BÍBLICA
SALMOS 7

PALAVRA-CHAVE
#ENTREGA

ANOTAÇÕES

VOCÊ JÁ TEM O NECESSÁRIO

Moisés respondeu: "E se eles não acreditarem em mim nem quiserem me ouvir e disserem: 'O SENHOR não lhe apareceu'?" Então o SENHOR lhe perguntou: "Que é isso em sua mão?" "Uma vara", respondeu ele.

ÊXODO 4.1,2

café com Deus Pai

Deus é poderoso para fazer além da nossa incapacidade.

@juniorrostirola

DEVOCIONAL 365
26/365

LEITURA BÍBLICA
SALMOS 8

PALAVRA-CHAVE
#CAPACIDADE

ANOTAÇÕES

Moisés, marcado por inseguranças e uma crise de identidade, enfrentou desafios ao não se sentir pertencente nem à sua cultura de criação nem à sua cultura materna. Sua autopercepção o limitava, fazendo-o se sentir incapaz de realizar algo relevante. Ao ser chamado pelo Senhor, Moisés tentou justificar sua insegurança, ao argumentar que ninguém acreditaria ou daria crédito a ele.

Contudo, Deus não se deteve nas desculpas de Moisés. Em vez disso, perguntou-lhe sobre o que ele já possuía. Moisés, ao mostrar a vara que usava para conduzir ovelhas, foi lembrado de que já tinha em suas mãos os recursos necessários para liderar seu povo em direção à liberdade.

Por muitos anos, identifiquei-me com Moisés, uma pessoa fragmentada, duvidando da minha capacidade para realizar o que Deus me havia prometido. Não me via apto a falar em público, por exemplo. Hoje, compreendo que o Pai escolhe os improváveis e os molda para o extraordinário. Ele revela que tudo o que precisamos já está em nossas mãos. Assim como Moisés, eu e você somos escolhidos por Deus para grandes feitos.

Não permita que a timidez ou a baixa autoestima o convençam do contrário. Deus Pai já depositou em suas mãos tudo o que você precisa para superar desafios e alcançar novos patamares. Reconheça a incrível capacidade que reside em você, pois o mesmo Deus que capacitou Moisés também o capacita. Você é um instrumento dos céus, que não foi criado para se omitir ou esquivar-se das grandes coisas que Deus tem para fazer em você e por meio de você. Por isso, creia, faça a sua parte, e saiba que é ele quem o qualifica.

UM TEMPO PRECIOSO

Depois de dizer isso, Jesus olhou para o céu e orou: "Pai, chegou a hora. Glorifica o teu Filho, para que o teu Filho te glorifique".

JOÃO 17.1

café com Deus Pai

No momento mais desafiador do ministério terreno de Jesus, quando a hora se aproxima e a jornada está prestes a terminar, todos se afastam, enquanto ele enfrenta a dor iminente. Jesus, consciente do que estava por vir, se entrega completamente em oração diante do Pai.

A oração era vital para Jesus, uma conexão essencial com o Pai. Todos os dias, devemos nos dedicar à oração, não apenas para expressar gratidão pelas bênçãos recebidas, ou para fazer nossas petições, mas também, e acima de tudo, para buscar sua presença.

Quando Paulo instruiu os primeiros cristãos sobre a oração, destacou a importância da intercessão, da súplica e da ação de graças, mostrando que, ao nos dirigirmos ao Pai, devemos primeiro reconhecer nossa condição limitada pelo pecado.

Em qualquer relacionamento significativo, a comunicação é fundamental. A oração é, portanto, uma conversa autêntica e sincera com nosso Pai celestial, revelando nossa profunda dependência de sua graça e misericórdia.

A oração é tanto um ato de dependência quanto um momento de intimidade. Jesus orava ao Pai não apenas para buscar orientação, mas também para exemplificar a importância de estarmos profundamente ligados a ele.

Devemos manter uma vida de oração constante, pois, cada vez que nos dirigimos a Deus, algo dentro de nós é transformado. Embora possamos não ver os resultados imediatos, cada momento no lugar secreto, ou seja, o tempo que passamos com Deus, nos encoraja, fortalece, direciona, acalenta e nos impulsiona a prosseguir. Quer um conselho? Priorize isso. Afinal, um momento com Deus é capaz de mudar tudo.

Nossa oração é indispensável para mudar a nossa história.

@juniorrostirola

365 DEVOCIONAL
27/365

LEITURA BÍBLICA
GÊNESIS 19

PALAVRA-CHAVE
#ORAÇÃO

ANOTAÇÕES

SEJA UM SEGUIDOR INFLUENTE

café com Deus pai

Sigam o meu exemplo como eu sigo o exemplo de Cristo.

1CORÍNTIOS 11.1

Mude a história da sua vida para inspirar a vida de alguém.

@juniorrostirola

DEVOCIONAL 365
28/365

LEITURA BÍBLICA
GÊNESIS 20

PALAVRA-CHAVE
#COMPARTILHAR

Vivemos em uma era onde tudo ocorre em uma velocidade muito grande, e o alcance das informações é instantâneo. E neste cenário o alcance e influência das pessoas também vai muito além de onde seus pés podem chegar, ganhando milhares de seguidores, que os acompanham e até mesmo se espelham em suas opiniões.

Apesar de existirem ótimas influências nas redes sociais, também existe muita gente dando conselhos errados por aí, conduzindo multidões para uma direção oposta àquela que Deus deseja que venhamos a seguir. Tome cuidado com aquilo que tem influenciado você, pois muitas vezes o que pensamos ser inofensivo, gradativamente pode acabar tomando nosso coração e direcionando nossos pensamentos para longe de Deus.

Você pode não ter muitos seguidores em suas redes sociais, mas se as pessoas que te seguem estão recebendo de você um testemunho de vida que as leva a buscarem mais de Deus, tenha a certeza de que você é conhecido pelos céus. Você pode até não sair nas fotos, ou ser convidado para eventos importantes, mas você tem ganhado as curtidas de Deus, e tem sido convidado a viver na presença dele, pois escolheu a melhor parte.

Eu o convido a refletir: Você tem influenciado positivamente os ambientes em que está presente? Saiba que sua maneira de agir, pode influenciar de forma positiva ou negativa, por isso a importância de estar na presença de Deus e testemunhar daquilo que ele tem feito. Posso afirmar que Deus transformou minha vida, e hoje testemunho dos seus grandes feitos a ponto de influenciar pessoas e levá-las à sua presença. A escolha está em suas mãos. Decida hoje ser um canal de transformação na vida de alguém.

ANOTAÇÕES

PAZ EM MEIO À TEMPESTADE

Entrando ele no barco, seus discípulos o seguiram. De repente, uma violenta tempestade abateu-se sobre o mar, de forma que as ondas inundavam o barco. Jesus, porém, dormia.

MATEUS 8.23,24

Em meio ao rugir da tempestade, Jesus encontrou descanso. Imagine: enquanto as ondas ameaçavam engolir o barco, ele dormia, um retrato de serenidade em meio ao caos. Esse momento nos ensina algo profundo: a paz não é ditada pelas circunstâncias, mas vem de uma fonte mais alta, que não se abala mesmo enfrentando a pior das tempestades.

Esse episódio não é apenas uma história; é uma lição de vida para todos nós. Encaramos nossas próprias tempestades diárias: doenças, rupturas familiares, vícios, desafios financeiros. Essas adversidades sacodem o barco de nossa existência, ameaçando a nossa paz interior com o medo e as inquietações.

Contudo, a mensagem de Jesus é clara: a verdadeira paz, aquela que permite descansar mesmo em meio à tormenta, só pode ser encontrada nele. Quando confiamos nossa vida a Jesus, adquirimos a capacidade de enfrentar nossas tempestades com uma calma sobrenatural. Ele nos oferece uma paz que não é deste mundo, uma serenidade que vai além das circunstâncias, permitindo-nos dormir tranquilamente, sabendo que, sob sua guarda, estaremos seguros.

Ao depositarmos nossa fé em Jesus, somos equipados com autoridade sobre as adversidades. Com ele, podemos ter a certeza de que, após a tempestade, virá um novo dia, repleto de luz e esperança. Jesus tem o poder de clarear os céus nublados de nossa vida, abrindo caminho para dias ensolarados. Independentemente do que você esteja enfrentando, saiba que é possível descansar em meio às tempestades, quando navegamos com Jesus.

Eleve seu nível de confiança a ponto de dormir durante a tempestade.

@juniorrostirola

365 DEVOCIONAL
29/365

LEITURA BÍBLICA
GÊNESIS 21

PALAVRA-CHAVE
#PAZ

ANOTAÇÕES

O PROPÓSITO DA VIDA

Prossigo para o alvo, a fim de ganhar o prêmio do chamado celestial de Deus em Cristo Jesus.

FILIPENSES 3.14

café com Deus pai

Metas me dizem aonde posso chegar; propósitos me levam além do que posso imaginar.

@juniorrostirola

DEVOCIONAL 365
30/365

LEITURA BÍBLICA
GÊNESIS 22

PALAVRA-CHAVE
#PROPÓSITO

ANOTAÇÕES

Diversos filósofos ao longo da história refletiram sobre o sentido da vida, uma questão que naturalmente toma o imaginário humano há muitos séculos. No entanto, essa resposta não está dentro de nós, especialmente porque somos seres criados por um Deus perfeito, que delimitou um propósito para cada um de nós e nos adotou como seus filhos.

Ao reconhecer nossa filiação, abrimos as portas para viver plenamente em alinhamento com os planos de Deus. Paulo, ao falar sobre sua jornada espiritual, deixa evidente a paixão que tinha por seu propósito, de modo que deixou todo o seu passado para trás e se entregou plenamente para viver com intensidade os planos e sonhos de Deus.

Vejo que focar exclusivamente no "eu" é um grande problema, apesar de ser a direção que a sociedade tem tomado atualmente. A vida de pessoas inspiradoras sempre está associada a quanto amaram, serviram, se entregaram, foram generosos, cumprindo seu propósito, não só a quantos bens acumularam. Direcionar a vida a um caminho de autossatisfação é muito perigoso, e nos leva a viver de forma vazia, buscando prazeres momentâneos e acabando por nos desvirtuar dos planos de Deus.

Viver com o foco em Deus não significa ignorar o que acontece na terra; pelo contrário, é compreender que, quando focamos no que é eterno e buscamos primeiramente o Reino de Deus e a sua justiça, as demais coisas são acrescentadas. Por isso, convido você a seguir em direção ao chamado de Deus que o levará a viver dias incríveis, cumprindo o seu propósito.

ORAÇÃO RESPONDIDA

"Vá dizer a Ezequias: Assim diz o SENHOR*, o Deus de seu antepassado Davi: 'Ouvi sua oração e vi suas lágrimas; acrescentarei quinze anos à sua vida'."*

ISAÍAS 38.5

café com Deus Pai

Onde há uma semeadura de oração, sempre haverá uma colheita da manifestação do poder de Deus.

@juniorrostirola

365 **DEVOCIONAL**
31/365

† **LEITURA BÍBLICA**
GÊNESIS 23

PALAVRA-CHAVE
#FIDELIDADE

Ezequias buscou governar de acordo com a vontade de Deus. Em seu reinado, manteve uma aliança com o Senhor. Ele restabeleceu o culto no templo e a celebração da Páscoa. Por essa razão, a Bíblia diz que Deus abençoava seu reinado e atendia às suas orações.

Contudo, mesmo sendo um homem alinhado com a vontade de Deus durante boa parte de sua vida, Ezequias passou por dias difíceis. Ele ficou muito doente e foi informado pelo profeta Isaías que sua vida aqui na terra estava chegando ao fim. Naquele momento, o rei virou o seu rosto para a parede, chorou amargamente e orou, mantendo sua fidelidade e dependência para com Deus.

Entendo que notícias ruins também chegam para pessoas boas e tementes ao Pai. Viver uma vida de devoção e entrega a Deus não quer dizer que não haverá dias maus. A diferença é que essas pessoas buscam a presença dele mesmo em meio à tristeza e à aflição. Isso é algo que devemos entender, pois nossa fidelidade a Deus não pode estar atrelada ao que ele faz por nós, mas a quem ele é. Compreender isso muda tudo, porque passamos a não mais ser movidos por sentimentos ou emoções, mas pela fé em um Deus que pode todas as coisas e que é poderoso para mudar qualquer cenário.

Neste dia, Deus fala conosco sobre a importância de ter um coração alinhado com o dele. Pessoas conectadas ao Pai não são desamparadas, mesmo quando passam por adversidades. Assim como ocorreu com Ezequias, Deus quer e pode intervir na sua vida. Independentemente do que você esteja enfrentando, saiba que ele é fiel e não deixará suas orações sem resposta, porque você tem uma aliança com ele.

ANOTAÇÕES

café com Deus pai

NÃO DEIXE O **BARULHO** DA OPINIÃO ALHEIA **ABAFAR** QUEM VOCÊ É.

@juniorrostirola

Assista ao vídeo com a palavra e oração para este mês.

fevereiro

café com Deus pai

REDEFINA SUA AGENDA

Tenham cuidado com a maneira como vocês vivem; que não seja como insensatos, mas como sábios, aproveitando ao máximo cada oportunidade, porque os dias são maus.

EFÉSIOS 5.15,16

Em meio à correria diária, nossos dias parecem voar, escorrendo entre os dedos como se o tempo acelerasse mais a cada dia que passa. Ao contemplarmos o início da história com Adão e Eva no Éden, percebemos que Deus se encontrava com eles todos os dias, e isso nos ensina que o plano original do Pai é que tenhamos um relacionamento diário com ele, como uma rotina.

Para que isso aconteça, é crucial definirmos bem nossas prioridades e gerenciarmos adequadamente nosso tempo, porque facilmente as distrações podem tomar conta de nossa agenda, afastando-nos completamente de Deus Pai. Assim como eu e você precisamos de oxigênio para que nosso corpo sobreviva, nosso espírito de igual modo anseia pela oração e pela meditação na Palavra de Deus.

Somos os administradores de nosso tempo, por isso não é viável darmos apenas desculpas, porque a vida acaba sendo corrida para todos, e, se não priorizarmos aquilo que mais importa, rapidamente nos perderemos no caminho. Separar um tempo diariamente para Deus é um ato de amor e dedicação, sendo essencial para ter uma vida alinhada aos propósitos dele.

Como está sua agenda? Hoje, convido você a reduzir o tempo com aquilo que é superficial e dedicar-se ainda mais ao seu relacionamento com Deus. Ele deseja conduzir você a uma vida repleta de significado e propósito, direcionando cada um de seus passos. Mas lembre-se: para ouvir claramente os apontamentos do Pai, é necessário reduzir o volume das distrações da vida.

café com Deus Pai

Para viver o sobrenatural, você precisa abandonar toda a distração e focar em Jesus.

@juniorrostirola

365 DEVOCIONAL
32/365

LEITURA BÍBLICA
SALMOS 9

PALAVRA-CHAVE
#PRIORIDADES

ANOTAÇÕES

MAIS QUE VENCEDOR

"Não fui eu que lhe ordenei? Seja forte e corajoso! Não se apavore, nem se desanime, pois o SENHOR, *o seu Deus, estará com você por onde você andar."*

JOSUÉ 1.9

café com Deus Pai

Vencedores vencem dores!

@juniorrostirola

DEVOCIONAL 365
33/365

LEITURA BÍBLICA
SALMOS 10

PALAVRA-CHAVE
#VITORIOSO

ANOTAÇÕES

Na vida enfrentamos desafios diários. Como se diz popularmente, lutamos contra um leão a cada dia. O que não pode acontecer é nos sentirmos sozinhos ou desamparados, com a mente obstruída para as verdades de Deus.

No texto que lemos, Deus Pai dá uma injeção de ânimo e de realidade em Josué, empoderando-o para seguir adiante, pois ele não estaria sozinho em momento nenhum. Essas palavras de encorajamento vêm em um momento muito difícil, pois Moisés, seu líder, havia morrido recentemente e, em virtude disso, o desânimo tomava conta. Sei que na vida existem momentos difíceis, de batalhas intensas e barreiras que parecem insuperáveis, mas o lembrete do Pai permanece o mesmo: "Seja forte e corajoso!".

É fato que as tempestades virão, e você sairá delas não apenas vitorioso, mas fortalecido. O navio pode estar seguro no cais, mas seu verdadeiro destino é enfrentar os grandes mares. Aquele que envia os ventos da mudança é o mesmo que sustenta você firmemente, garantindo que seu destino seja alcançado. Percebo que, quando nos aproximamos de mudanças radicais e somos forçados a abandonar uma zona de conforto estabelecida há muito tempo, o coração se enche de pânico, naufragando em tempestades mentais mesmo antes do barco zarpar.

A jornada exige fé, resiliência e comprometimento com Deus. Precisamos ter a certeza de que não lutamos sozinhos. Não sei quais são suas batalhas ou quais leões tem enfrentado, mas sei que sua vitória já estará garantida, se você se mantiver firmado no Pai. Não permita que o desânimo tome o controle, mas levante a cabeça, porque em Deus a vitória já é sua.

03 | FEV

QUEBRANDO PADRÕES

Respondeu Jesus: "Eu sou o caminho, a verdade e a vida. Ninguém vem ao Pai, a não ser por mim. Se vocês realmente me conhecessem, conheceriam também o meu Pai. Já agora vocês o conhecem e o têm visto".

JOÃO 14.6,7

Crescer sem a presença e o afeto de um pai terreno marcou profundamente minha jornada, deixando um vazio que parecia insuperável. Confesso que vencer essa ausência foi uma batalha repleta de desafios e emoções turbulentas. Contudo, na adolescência, um encontro transformador com Jesus me revelou o amor incondicional de meu Pai celestial.

Essa revelação foi um bálsamo para a minha alma. Ensinou-me que meu pai terreno apenas reproduzia o ciclo de erros e vícios que ele mesmo experimentou, pois nem ele nem meus avós paternos haviam conhecido o amor verdadeiro de Deus Pai.

Quando me dei conta disso, entendi: a responsabilidade de escolher um novo caminho agora repousava sobre meus ombros. Decidi, com firmeza que, se tivesse a bênção de formar minha própria família, dedicaria cada momento para nutri-la com o amor e o cuidado que ansiava em minha juventude. Hoje, ao compartilhar minha história, quero ressaltar que, independentemente de nossas origens ou feridas, possuímos a liberdade de reescrever nosso destino sob a orientação e o cuidado de Deus.

A jornada de reconstrução não é fácil. É possível que esteja sob você a responsabilidade de quebrar padrões nocivos que vêm sendo trazidos de gerações anteriores, mas saiba que, com o auxílio do Espírito Santo, você sairá vitorioso. Sua decisão de abrir o coração ao Pai e permitir que ele guie seus passos é fundamental para que uma nova história passe a ser escrita em sua vida, e assim novos padrões sejam estabelecidos, que influenciarão não apenas você, mas toda a sua geração.

café com Deus pai

Entenda o que Deus preparou para você neste tempo e viva uma nova história.

@juniorrostirola

365 **DEVOCIONAL**
34/365

LEITURA BÍBLICA
GÊNESIS 24

PALAVRA-CHAVE
#SUPERAÇÃO

ANOTAÇÕES

VENCENDO A TIMIDEZ

Disse, porém, Moisés ao SENHOR: *"Ó Senhor! Nunca tive facilidade para falar, nem no passado nem agora que falaste a teu servo. Não consigo falar bem!" Disse-lhe o* SENHOR: *"Quem deu boca ao homem? [...] Não sou eu, o* SENHOR?*"*

ÊXODO 4.10,11

café com Deus Pai

Quem crê em Deus não se limita às coisas pequenas desta vida.

@juniorrostirola

DEVOCIONAL 365
35/365

LEITURA BÍBLICA
GÊNESIS 25

PALAVRA-CHAVE
#CAPACITADO

ANOTAÇÕES

O texto que lemos narra um episódio no qual a insegurança de Moisés fala mais alto do que sua fé. Mesmo após experiências extraordinárias, como o encontro na sarça ardente e a de ter ouvido audivelmente a voz de Deus, Moisés deixa sua insegurança falar mais alto. Seja por questões de dicção, seja por mera hesitação diante de falar em público. Sua resposta a Deus sugere que o Pai havia cometido um erro ao escolhê-lo, o que obviamente não acontecera, pois Deus não erra. Ele sabia exatamente quem era Moisés e conhecia profundamente o seu coração.

Algo que talvez muitos não saibam a meu respeito é que enfrento uma batalha constante contra a timidez. Isso pode surpreender alguns, considerando que Deus tem me colocado para falar a grandes públicos, mas essa luta é real. A origem desse desafio remonta à minha criação, em um ambiente que me condicionou ao silêncio, atrofiando minhas emoções, meus sentimentos e minhas ações. Por isso, até hoje enfrento a timidez, mas sei que o Pai me capacita a vencer essa batalha todos os dias.

É possível que, em muitos momentos, você também tenha sido paralisado por inseguranças. No meu caso, falar diante de uma multidão parecia intimidador no início, levando a crer que eu não era capaz, mas você pode imaginar quantas oportunidades teria perdido de falar do amor de Deus? Talvez hoje você se encontre paralisado nas oportunidades destinadas a você.

Todavia, saiba que, tendo Deus como Pai, ele o sustentará e proverá às suas necessidades, mesmo diante da ansiedade e insegurança. Saia da zona de conforto e confie, porque, se Deus escolheu você para determinada missão e o chamou, ele o capacitará. Não permita que a timidez o paralise, enfrente seus medos, porque você não está sozinho. Hoje Deus o chama para além das suas limitações!

RENÚNCIAS QUE GERAM VIDA

Ana não foi e disse a seu marido: "Depois que o menino for desmamado, eu o levarei e o apresentarei ao SENHOR, *e ele morará ali para sempre".*

1SAMUEL 1.22

café com Deus Pai

Muitos corações vivem aprisionados pela culpa e o medo, e muitas vezes isso acaba impedindo-os de desenvolver um relacionamento sincero com o Pai. Esses sentimentos distorcem a verdade do amor incondicional de Deus, criando uma imagem equivocada dele como um juiz implacável que está pronto para condenar. Certamente, Deus não se agrada do pecado, mas sua essência é o amor, e por meio do reconhecimento de nossos erros temos acesso ao perdão, ao acolhimento e à restauração.

A história de Ana, inicialmente estéril, destaca-se como um testemunho de fé, ousadia e comprometimento ao dedicar seu filho Samuel ao Senhor. Sua vida serve como inspiração, pois, ao receber algo que há muitos anos buscava em oração, de livre vontade resolveu renunciar e consagrar seu filho, de modo que ele viveria seus dias como um sacerdote na casa de Deus. Após isso, Ana foi honrada ainda mais pelo Pai e teve outros filhos.

Na vida, já me vi diante de situações nas quais pude escolher entre renunciar ou não a determinadas coisas. Todas as vezes em que optei pela renúncia, Deus derramou bênçãos inimagináveis, como, por exemplo, no dia em que renunciei a um excelente emprego, no qual eu havia sido promovido. No mesmo dia da promoção, comuniquei ao vice-presidente da empresa que eu era grato e, ao mesmo tempo, pedi meu desligamento, pois estava convicto de que Deus estava me chamando para a sua obra, e fui pastorear de forma voluntária.

Esse costuma ser o caminho mais difícil no primeiro momento, e pode até não fazer sentido aos olhos humanos, mas, sempre que se é movido pela fé em Deus, isso resulta em colheitas extraordinárias. Muitas vezes, é necessário dizer não ao mundo para recebermos o sim que há tanto tempo temos buscado de Deus.

A fé é o combustível da coragem, é o acreditar da promessa.

@juniorrostirola

365 DEVOCIONAL
36/365

LEITURA BÍBLICA
GÊNESIS 26

PALAVRA-CHAVE
#RENUNCIAR

ANOTAÇÕES

LUZ DA VIDA

café com Deus Pai

"Por isso não tema, pois estou com você; não tenha medo, pois sou o seu Deus. Eu o fortalecerei e o ajudarei; eu o segurarei com a minha mão direita vitoriosa."

ISAÍAS 41.10

Jesus sempre será a luz para os dias mais sombrios de sua vida.

@juniorrostirola

DEVOCIONAL 365
37/365

LEITURA BÍBLICA
GÊNESIS 27

PALAVRA-CHAVE
#COMPANHIA

ANOTAÇÕES

A solidão é um sentimento que assola cada vez mais pessoas no mundo, marcado por uma profunda falta de pertencimento aos ambientes que frequentam e nos quais vivem. Aqueles que enfrentam a solidão frequentemente têm dificuldade em estabelecer laços e relacionamentos, não se identificando com a realidade que os cerca. Entre as várias causas da solidão, o isolamento acaba sendo um mal devastador.

Falo com propriedade tudo isso, pois passei por longos períodos assim, vivendo em completo isolamento. Isso é algo muito nocivo, pois o sentimento que se tem é que você está aprisionado, como se estivesse trancado em uma cela emocional. Ao longo do tempo, esse isolamento gera inseguranças, medos e um vazio existencial crescente.

Lembro-me vividamente desse período desafiador. Mesmo após encontrar Jesus e ser liberto, as vozes da solidão persistiram, e fui sendo curado dia após dia. Agradeço a Deus diariamente pela libertação que encontrei em Jesus, o que testemunha que podemos dizer não à solidão quando vivemos para Cristo. Seja qual for sua situação atual, saiba que a solidão não está nos planos de Deus para sua vida.

Se você se sente angustiado, oprimido, desamparado, com um sentimento de abandono, entenda que a solidão muitas vezes está ligada a feridas não tratadas e à ausência de amor. Mas esse não é o seu destino. Em Cristo, há uma resposta para a solidão, uma jornada que nos conduz para fora desse estado de reclusão, guiada pelo amor que preenche e restaura, afasta a escuridão e nos leva à luz. Com Deus, você nunca estará só!

A FONTE DA SABEDORIA

Toda a Escritura é inspirada por Deus e útil para o ensino, para a repreensão, para a correção e para a instrução na justiça, para que o homem de Deus seja apto e plenamente preparado para toda boa obra.

2TIMÓTEO 3.16,17

café com Deus Pai

É comum tomarmos decisões com base no que nossos olhos veem, não é verdade? Por exemplo, olhamos para o céu para ver se devemos sair de casa levando um guarda-chuva; antes de fazer uma viagem, utilizamos aplicativos para verificar como está o tráfego, para fugirmos de congestionamentos. Buscamos de toda forma antecipar acontecimentos futuros, para nos precaver, tomando medidas de segurança. Mas, quando se diz respeito à fé, a Bíblia tem sido o fundamento que dá a você paz e segurança para tomar decisões no dia a dia? Ela tem influenciado seus posicionamentos?

Da mesma forma que temos acesso a previsão do tempo e informações de tráfego, Deus Pai nos deixou sua Palavra como guia. Seu amor nos presenteou com um "manual de instruções do fabricante". Na Bíblia, encontramos segurança para direcionar nossa vida, pois ela é infalível e inerrante. Há milênios permanece a mesma e se manterá assim até o fim.

Desde que me converti, aprendi que a Bíblia deve ser meu principal instrumento de orientação, e tem sido assim até hoje. É ela quem nos dá segurança e revela muito acerca da vontade do Pai para a nossa vida, pois todo o seu conteúdo é inspirado por ele. Aprendi a priorizar a Palavra de Deus acima de qualquer opinião.

Diante das decisões que você enfrenta ou das dúvidas que surgem em sua jornada, a Palavra de Deus oferece direção e convicção do caminho certo para sua vida. Em meio às críticas, ela alinha seu coração ao que verdadeiramente importa. Deixe a Palavra de Deus guiar sua vida, e assim viva no centro da vontade do Pai.

Não buscar instruções na Palavra de Deus é o mesmo que andar no escuro.

@juniorrostirola

365 **DEVOCIONAL**
38/365

LEITURA BÍBLICA
GÊNESIS 28

PALAVRA-CHAVE
#ESCRITURAS

ANOTAÇÕES

VALORIZE OS SEUS DIAS

café com Deus Pai

Ensina-nos a contar os nossos dias para que o nosso coração alcance sabedoria.

SALMOS 90.12

Sua agenda revela suas prioridades.

@juniorrostirola

DEVOCIONAL 365
39/365

LEITURA BÍBLICA
SALMOS 11

PALAVRA-CHAVE
#TEMPO

ANOTAÇÕES

O tempo é um grande presente de Deus, e gosto de dizer que a cada 24 horas temos novas oportunidades e novos começos. No texto que lemos, o salmista pede ao Pai que o ensine a valorizar seus dias e não desperdiçá-los. Isso me leva a refletir acerca de como estamos vivendo.

Todos os dias temos a oportunidade de amar, perdoar, aprender e sonhar, e isso é maravilhoso! A Bíblia diz que as misericórdias do Senhor são inesgotáveis e se renovam a cada manhã, ou seja, a cada novo amanhecer Deus Pai nos dá novas chances, um ânimo renovado, uma possibilidade de recomeçar. Por isso, cada momento deve ser valorizado, pois é único, e as oportunidades de ontem podem não se repetir no dia de hoje, e assim por diante.

O fato é que nem sempre aproveitamos o tempo como deveríamos por tomar más decisões, e isso faz parte da vida. Mas aprendo que não podemos viver presos aos nossos erros do passado, pois, ainda que boas oportunidades tenham ficado para trás, Deus Pai tem coisas ainda melhores reservadas para o presente. Entendo que não devemos desperdiçar nossos dias com reclamações, brigas, futilidades e guardando rancor, pois tudo isso apenas toma nosso tempo. Em vez disso, podemos buscar a Deus, passar bons momentos em família, enfim, valorizar os dias que Deus Pai nos deu.

Como você tem utilizado seu tempo? Valorize-o e o dedique àquilo que verdadeiramente importa. Eu o convido a olhar para as suas últimas 24 horas e analisar se elas foram bem vividas, com amor, perdão e dedicação a Deus. Faça seus dias valerem a pena, pois o Pai tem o melhor para cada um deles.

PALAVRA DE VIDA

Ele respondeu: "Antes, felizes são aqueles que ouvem a palavra de Deus e lhe obedecem".

LUCAS 11.28

café com Deus Pai

Pelas livrarias mundo afora, e também pela internet, encontramos uma infinidade de conteúdos de autoajuda, boa parte deles com ótima intenção: auxiliar as pessoas a mudarem hábitos, melhorar de vida, enfim. Mas o fato é que, apesar de serem efetivos até certo ponto, não há nada neste mundo que possa transformar verdadeiramente a história de uma pessoa para sempre como a Palavra de Deus pode fazer.

A Bíblia é incomparável. Ela tem o poder de abranger profundamente todas as áreas de nossa vida, pois é a voz de Deus falando diretamente conosco. Muitos questionam como e o que devem fazer para ouvir o que o Pai deseja falar, mas o fato é que ele nos deixou a Bíblia como manual não apenas de fé, mas de vida, e as palavras ali contidas vieram diretamente do coração dele para mim e para você.

Então, você só consegue embarcar em uma jornada extraordinária e de mudança completa de mente e hábitos por meio da Palavra de Deus; não há outra forma. Por outros caminhos, tudo é paliativo. Temos a oportunidade de ouvir a voz de Deus todos os dias e de conhecer os pensamentos dele por meio de sua Palavra. Saiba que ela não é apenas um livro que tornou-se velho e antiquado, ofuscado pela modernidade; pelo contrário, é viva e eficaz. Como disse Billy Graham, "a Bíblia é mais atual que o jornal de amanhã".

Quero encorajar você a ler a Bíblia e a se relacionar ainda mais profundamente com a Palavra de Deus. Faça dela sua parceira diária, porque somente assim você terá sua mente renovada e a sua vida completamente transformada. "Tua palavra é uma lâmpada para os meus pés, e luz para o meu caminho" (Salmos 119.105, BKJ).

A Bíblia é um farol para iluminar este mundo de escuridão.

@juniorrostirola

365 **DEVOCIONAL**
40/365

LEITURA BÍBLICA
SALMOS 12

PALAVRA-CHAVE
#TRANSFORMAÇÃO

ANOTAÇÕES

LIBERTE-SE DA AMARGURA

Finalmente, irmãos, tudo o que for verdadeiro, tudo o que for nobre, tudo o que for correto, tudo o que for puro, tudo o que for amável, tudo o que for de boa fama, se houver algo de excelente ou digno de louvor, pensem nessas coisas.

FILIPENSES 4.8

café com Deus pai

Não permita que o ressentimento e a amargura deixem o céu nublado diante de você.

@juniorrostirola

DEVOCIONAL 365
41/365

LEITURA BÍBLICA
GÊNESIS 29

PALAVRA-CHAVE
#CURA

ANOTAÇÕES

Infelizmente a vida machuca, e muitos estão vivendo às sombras de um luto, abuso, sonhos destroçados e feridas profundas. Sei quanto é difícil, mas essas circunstâncias, fugindo do controle, aprisionam, lançando-nos em um mar de amargura, o qual se enraíza em nossa alma e resiste quando nos esforçamos para retirá-la.

Minha própria história se desenrolou em um lar disfuncional: o álcool destruiu a vida do meu pai, gerou nele atitudes que nos feriam, criou uma orfandade emocional em minha vida. A sensação de que a vida carecia de propósito dominava meus pensamentos, e eu me sentia acorrentado a essa situação ruim. Diversas vezes, desejei a morte do meu pai, tamanha a amargura que havia no meu coração por tudo o que ele nos fazia passar. Minha mãe, contudo, me corrigia e ensinava vez após vez, ao dizer que, no fundo, meu pai era um homem bom.

Certo dia, porém, um encontro com o amor de Jesus me transformou completamente. Esse amor deu significado à minha existência, revelando que eu não era definido pela minha circunstância, mas que havia sido criado com um propósito maior. A graça de Jesus limpou completamente meu coração de todo sentimento ruim relacionado a meu pai, me encheu de paz e alegria e me impulsionou para um novo destino.

Não permita que a amargura cresça no seu coração, mas entenda que um encontro com Jesus pode mudar tudo. Seja honesto com Deus, olhe para o seu interior e reconheça qual área está em ruínas e precisa urgentemente de um encontro com a maravilhosa e salvadora graça de Jesus, porque a amargura escraviza, mas o amor de Deus liberta.

TRÊS SEGUNDOS PARA A MUDANÇA

[...] Jesus disse ao paralítico: "Filho, os seus pecados estão perdoados". "[...] Levante-se [...]". Ele se levantou, pegou a maca e saiu à vista de todos, que, atônitos, glorificaram a Deus, dizendo: "Nunca vimos nada igual!"

MARCOS 2.5-12

café com Deus pai

Nessa passagem, vemos a história de um homem paralítico que, com uma frase de apenas três segundos, teve sua vida completamente transformada por Jesus. A frase para que tudo mudasse foi: "Filho, os seus pecados estão perdoados". Esse relato nos leva a refletir sobre como usamos o nosso tempo e como Deus pode agir rapidamente em nossa vida.

Imagine uma ampulheta, símbolo do tempo. Assim como ela, nossa vida está em constante movimento. Mas, mesmo quando parece que o tempo está se esgotando, Deus pode realizar maravilhas em apenas alguns segundos. Ainda que faltem apenas alguns grãos caírem para que o tempo se esgote, é tempo suficiente para Deus agir.

Refletindo sobre nossas próprias limitações, percebemos que medo, rejeição, frustração e desânimo podem nos paralisar. No entanto, em um encontro com Jesus, tudo pode mudar em um piscar de olhos, mas aceitar o convite dele para a transformação é essencial. Em meio às lutas espirituais, ele nos oferece aceitação, proteção, perdão e condições plenas para uma nova vida. Ele nos olha nos olhos e diz: "Filho, os seus pecados estão perdoados".

Portanto, que possamos reconhecer nossas limitações e buscar a presença de Jesus para vivermos uma verdadeira transformação. Ele não nos condena, mas nos acolhe, nos ama e nos dá uma nova oportunidade. Independentemente do que você tenha feito, ou em qual circunstância você se encontre, basta uma decisão sua para que tudo mude. O perdão está disponível, e três segundos podem estar separando você de uma nova vida em Cristo. Portanto, não perca mais tempo: tome essa atitude e viva uma verdadeira transformação.

Se Deus determinou, ele é o Senhor do tempo.

@juniorrostirola

365 DEVOCIONAL
42/365

LEITURA BÍBLICA
GÊNESIS 30

PALAVRA-CHAVE
#TEMPO

ANOTAÇÕES

UMA NOVA DIREÇÃO

A palavra do SENHOR veio a Jonas pela segunda vez com esta ordem: "Vá à grande cidade de Nínive e pregue contra ela a mensagem que eu vou dar a você".

JONAS 3.1,2

café com Deus pai

Ninguém será grande culpando os outros pelo seu fracasso.

@juniorrostirola

DEVOCIONAL 365
43/365

LEITURA BÍBLICA
GÊNESIS 31

PALAVRA-CHAVE
#ARREPENDIMENTO

ANOTAÇÕES

O arrependimento é o ponto de partida para um novo capítulo em nossa vida, por isso é crucial reconhecer que sem Deus Pai não conseguimos seguir adiante; convide-o para fazer parte da sua jornada. O arrependimento surge quando dirigimos nosso olhar a Deus, enquanto o remorso está sempre presente ao nos voltarmos para nós mesmos. Saiba que a resposta para suas aflições está em Deus; portanto, se até então você não tem trilhado o caminho correto, saiba que é possível fazer diferente.

No texto que lemos, Jonas se arrepende de ter ido contra a vontade do Pai e resolve obedecer. Ele não foi desprezado por Deus após errar, mas acolhido, e lhe foi dada uma nova chance. Assim é comigo e com você. É preciso tirar da cabeça o conceito de que Deus é um juiz severo que está a todo momento pronto para nos castigar; pelo contrário, ele é um Pai que ama seus filhos, por isso naturalmente os corrige quando necessário, para que não se percam no caminho.

Talvez até hoje você tenha vivido da sua maneira, negligenciando os propósitos que Deus tem para sua vida, deixando-o longe de seus planos. Mas saiba que você tem um Pai à sua espera, pronto para estender a mão e lhe dar uma nova oportunidade a cada dia.

As promessas de Deus são sementes que não perecem facilmente. Independentemente de onde você tenha andado ou o que tenha feito, saiba que elas ainda estão vivas. Mas é necessário um posicionamento seu, assim como fez Jonas, que reconheceu seu erro e aceitou o rumo que Deus havia estabelecido para ele. Não perca mais tempo, pois sua obediência o levará a viver o inédito traçado por Deus.

O PODER DA DECISÃO

Aquele que anda com os sábios será cada vez mais sábio, mas o companheiro dos tolos acabará mal.

PROVÉRBIOS 13.20

Diariamente tomamos diversas decisões, escolhemos quem ouvir, o que fazer, qual caminho trilhar, às vezes até mesmo sem perceber. Constantemente somos influenciados por aqueles que estão ao nosso redor, o que acende um alerta para percebermos que tipo de pessoa estamos ouvindo, e o texto que lemos reflete bem essa verdade.

Costumo contar uma história que me fascina muito. Um garoto se encontrava diariamente com o sábio, mas não conseguia fazer uma pergunta que ficasse sem resposta. Então, um dia ele pensou consigo, vou levar um passarinho em minha mão e vou perguntar ao homem o seguinte: O que tenho em minha mão? Ele então responderá que é um passarinho. E eu perguntarei novamente: Ele está vivo ou morto? Se ele responder morto, eu soltarei o passarinho com vida, se ele disser vivo, eu o esmagarei até que ele morra. Pensou que assim finalmente faria o sábio errar, mas ao chegar na casa do homem, fez então a pergunta: O pássaro em minha mão está vivo, ou morto? E o sábio respondeu: Você é quem decide.

Essa história ilustra vividamente que possuímos o poder de decisão sobre nossas vidas, principalmente com relação às nossas companhias. Precisamos caminhar com pessoas sábias, que andam debaixo da vontade de Deus e que possuem propósitos e princípios claros, caso contrário, podemos acabar mal.

Seja você a amizade sábia que influencia positivamente a vida dos que estão ao seu redor, porque a verdadeira sabedoria é adquirida à medida em que permitimos que o caráter de Deus Pai se forme em nós.

café com Deus Pai

Tem problemas que obtemos sozinhos, mas que só sairemos com a ajuda de pessoas de fé.

@juniorrostirola

365 DEVOCIONAL
44/365

LEITURA BÍBLICA
GÊNESIS 32

PALAVRA-CHAVE
#SABEDORIA

ANOTAÇÕES

VOANDO ALTO

Bendiga ao SENHOR, ó minha alma, e não se esqueça de nenhuma das suas bênçãos! [...] quem satisfaz de bens a sua existência, de modo que a sua juventude se renova como a águia.

SALMOS 103.2,5

café com Deus pai

A renovação que você quer está na mudança que você precisa.

@juniorrostirola

DEVOCIONAL 365
45/365

LEITURA BÍBLICA
SALMOS 13

PALAVRA-CHAVE
#RENOVAÇÃO

ANOTAÇÕES

A majestosa águia, símbolo de poder e renovação ao longo dos séculos, encanta povos ao redor do mundo com sua imponência e a habilidade de ressurgir diante dos desafios. Inspirando-se na águia, Davi, nesse salmo, celebra a grandiosidade e a misericórdia do Pai, que enfatiza não apenas a força da águia, mas o cuidado de Deus.

Davi nos convida a mergulhar numa reflexão profunda: trazermos à memória tudo aquilo que o Senhor tem feito por nós. Esse exercício fortalece nossa alma e impede que nos percamos no meio do caminho; é um chamado à gratidão e ao reconhecimento da bondade de Deus. Nos dias difíceis e sombrios, essa pode ser a injeção de ânimo que tanto precisamos para prosseguir.

Encorajados pelo exemplo da águia, somos chamados a abraçar nossa própria capacidade de resiliência e renovação, sem perder o amor, a gratidão e a dependência de Deus, pois o próprio Jesus nos disse que, sem ele, não podemos fazer nada (João 15.5) e nos encoraja a não desanimarmos. Embora estejamos desgastados, nele somos renovados dia após dia.

Portanto, diante de qualquer sentimento de abandono, fraqueza ou incapacidade, lembre-se de que herdamos de Deus tudo o que precisamos para alçar voos cada vez mais altos. Assim como a águia se renova e se eleva com graça, força e vigor, nós também, amparados pelo amor de Deus, somos capazes de superar adversidades e voar rumo às alturas, com a confiança de que somos cuidados e amados por um Pai que criou cada um de nós para um propósito único e especial.

LUGAR SECRETO

De madrugada, quando ainda estava escuro, Jesus levantou-se, saiu de casa e foi para um lugar deserto, onde ficou orando.

MARCOS 1.35

Vivenciar uma profunda intimidade com o Pai é essencial para todos os filhos de Deus. Da mesma forma que um filho busca proximidade com seu pai terreno, é natural e vital para os filhos de Deus cultivarem comunhão com ele.

Observando a prática de Jesus, vemos como ele iniciava seu dia. De manhã cedo, buscava um local isolado, reservado para orar. Muitos desejam ter proximidade com Deus, mas não se posicionam para que isso aconteça, e Jesus nos ensina justamente a importância de todos os dias separarmos um tempo para estar diante do Pai. Quando dedicamos momentos exclusivos a ele, demonstramos quanto desejamos a sua presença.

Ao analisar o ministério de Jesus, percebemos que ele ensinava, curava, expulsava espíritos malignos e realizava em todo tempo grandes feitos. Contudo, mesmo em meio a essas atividades intensas, ele encontrava tempo para se retirar e estar a sós com o Pai. Isso acaba nos constrangendo, pois por vezes acabamos justificando nossa ausência no lugar secreto com Deus em virtude de nossa agenda cheia, mas definitivamente o tempo de Jesus era mais escasso do que o nosso.

Por isso, hoje pergunto a você, como está seu tempo de intimidade com o Pai? É muito importante que você seja alguém que prioriza sua agenda com Deus, pois nada adianta conhecer a Deus e não se relacionar com ele. Então, não permita que as demandas cotidianas tomem de você esse momento tão especial com Deus, pois é no secreto que recebemos capacitação e empoderamento para viver uma vida que realmente vale a pena.

O secreto com Deus nos faz sentir o que fora dele jamais sentiríamos.

@juniorrostirola

365 DEVOCIONAL
46/365

LEITURA BÍBLICA
SALMOS 14

PALAVRA-CHAVE
#ORAÇÃO

ANOTAÇÕES

CRESCENDO EM MEIO ÀS LUTAS

café com Deus pai

Por isso, por amor de Cristo, regozijo-me nas fraquezas, nos insultos, nas necessidades, nas perseguições, nas angústias. Pois, quando sou fraco é que sou forte.

2CORÍNTIOS 12.10

Mudança é uma porta que se abre por dentro.

@juniorrostirola

DEVOCIONAL 365
47/365

LEITURA BÍBLICA
SALMOS 15

PALAVRA-CHAVE
#RESILIÊNCIA

ANOTAÇÕES

Como reagimos diante das adversidades revela muito sobre nossa verdadeira natureza. Diante das dificuldades da vida, alguns se entregam ao vitimismo, enquanto outros demonstram resiliência, visão ampla e a capacidade de crescer em meio às crises. As situações desafiadoras não são apenas obstáculos, mas oportunidades de progresso.

Na história, observamos que, mesmo em eventos negativos, o esforço humano em auxiliar o próximo e a capacidade que temos de nos reinventar em meio às crises são impressionantes. Pessoas cheias do Espírito Santo transformam desafios em revoluções, evidenciando que é na provação que nossa fé é verdadeiramente testada. Em meio às tempestades da vida, podemos demonstrar nossa força, determinação e coragem.

Falar de fidelidade quando tudo vai bem é fácil; contudo, a verdadeira prova ocorre nos momentos críticos. Precisamos discernir e enxergar valor nas situações difíceis, pois nelas temos a oportunidade de ser aprimorados. Ao refletir sobre personagens bíblicos como José, moldado na escravidão, e Noé, forjado pelo dilúvio, compreendemos que os momentos difíceis provaram quanto eles eram homens de fé.

Assim, cultivar resiliência e sabedoria que recebemos do Espírito Santo é essencial. Em meio à crise, é possível despertar uma versão ainda melhor de nós mesmos, capaz de chegar ainda mais longe e viver o que até então não era possível. Qual a sua escolha? Permanecer onde você está, vitimizando-se com as dores do passado, ou ser resiliente e crescer em meio às crises?

EM PAZ COM TODOS

Sejam completamente humildes e dóceis, e sejam pacientes, suportando uns aos outros com amor.

EFÉSIOS 4.2

Quem verdadeiramente se entrega a Jesus e acolhe sua paz não pode mais se envolver em divisões e desavenças a todo momento. Pelo contrário, ele se torna um pacificador, um agente de reconciliação neste mundo que necessita tanto de unidade. A Palavra nos instrui a fazer todo o possível para viver em harmonia com todos, portanto devemos ser semeadores da paz de Deus a cada relacionamento ou encontro.

Já reparou que as pessoas estão se afastando cada vez mais umas das outras? Uma simples discordância de opinião é suficiente para amizades ou até relacionamentos familiares serem rompidos.

Quando temos um encontro real com Jesus, nossa vida muda completamente, e nosso temperamento também deve ser transformado. Brigas e discussões devem ser deixadas de lado. Mesmo ao sermos confrontados, nossa resposta deve ser mansa e pacífica. Em Provérbios 15.1, a Bíblia diz que a resposta calma desvia a fúria, mas a ríspida desperta a ira. Ou seja, dependendo da nossa atitude, podemos colocar mais lenha na fogueira, mas na verdade fomos chamados para a pacificação e o diálogo.

O fato é que, quando nos entregamos a Jesus, tudo muda, e dia a dia desenvolvemos o fruto do Espírito, que é amor, alegria, paz, paciência, amabilidade, bondade, fidelidade, mansidão e domínio próprio. E sabe, é libertador poder viver dessa forma. Desenvolvemos um senso de autocontrole nas situações desafiadoras, que vai além da nossa capacidade humana, algo que realmente só em Deus alcançamos.

Neste dia, convido você a lançar suas inquietações, fragilidades e desafios diante de Jesus e, então, ser um instrumento para levar o amor e a paz à vida das pessoas, por meio de boas atitudes, atuando como um agente de reconciliação com o temperamento transformado. Vamos juntos?

Quanto mais perto de Jesus, mais parecido com ele você fica.

@juniorrostirola

365 DEVOCIONAL
48/365

LEITURA BÍBLICA
GÊNESIS 33

PALAVRA-CHAVE
#TRANSFORMAÇÃO

ANOTAÇÕES

UM RELACIONAMENTO SINCERO

Ele respondeu: "Bem profetizou Isaías acerca de vocês, hipócritas; como está escrito: 'Este povo me honra com os lábios, mas o seu coração está longe de mim'".

MARCOS 7.6

café com Deus pai

Quando Jesus toma conta de um coração, tudo é transformado.

@juniorrostirola

DEVOCIONAL 365
49/365

LEITURA BÍBLICA
GÊNESIS 34

PALAVRA-CHAVE
#RELACIONAMENTO

A passagem que abordamos revela a crítica de Jesus à hipocrisia dos fariseus, que, em vez de orientarem as pessoas a se aproximarem de Deus, impunham regras rigorosas, criando barreiras e empecilhos, acabando por afastar as pessoas do Pai. É crucial diferenciarmos religiosidade de espiritualidade.

Enquanto a espiritualidade representa uma conexão genuína com Deus, a religiosidade tende a criar rótulos e padrões para essa conexão, muitas vezes resultando em uma separação em vez de facilitar o relacionamento com Deus. Sempre que introduzimos rituais, regras ou padrões humanos como condição para a proximidade com Deus, construímos um sistema legalista que complica o relacionamento em vez de facilitá-lo.

Devemos compreender que a religiosidade é prejudicial nesse contexto, pois impõe rótulos e padrões, enquanto a Bíblia enfatiza a necessidade de um coração sincero para se relacionar com Deus. Diariamente, é essencial avaliar nosso vínculo com o Pai, pois a hipocrisia, que consiste em falar sem praticar, pode minar a autenticidade desse relacionamento.

Deus Pai deseja uma conexão pura e sincera conosco. Como uma conversa de pai e filho, sem a necessidade de rituais ou grandes formalidades, assim devemos ser com ele. Convido você a refletir sobre seu relacionamento com o Pai, pois muitas vezes, sem perceber, criamos barreiras e introduzimos formalidades, onde deveria imperar o amor e a sinceridade. Ele está chamando você para uma conexão real e sincera, que supera toda e qualquer barreira. Aproveite este momento para conversar com Deus, abrindo seu coração, pois ele está à sua espera. Deus deseja tomar café com você.

ANOTAÇÕES

O IMPACTO DAS PALAVRAS

As palavras do sábio lhe trazem benefícios, mas os lábios do insensato o destroem.

ECLESIASTES 10.12

A verdade e o amor devem caminhar lado a lado, porque uma verdade proferida sem amor pode ser cortante, magoando pessoas e arriscando a perda de relações valiosas. Por outro lado, o amor desprovido de verdade é frágil, incapaz de sustentar a base sólida de que os relacionamentos necessitam. Portanto, é essencial que toda verdade seja carregada de amor, a fim de que promova mudança e aprimoramento, não sendo simplesmente uma crítica destrutiva.

As palavras mal colocadas podem ferir profundamente, por isso precisamos ser sábios. A sabedoria nos chama a medir nossas palavras com cuidado, especialmente em momentos de ira, para evitar o arrependimento posterior. Palavras ditas no calor do momento são impossíveis de ser apagadas e, se mal escolhidas, podem causar grandes danos.

Evitar a fofoca é também um ato de sabedoria, pois, embora muitos a considerem um pecado menor, não é o que a Bíblia mostra, comparando-a a outros pecados de extrema gravidade. Palavras possuem o poder imenso de construir ou destruir, de fortalecer ou desfazer laços de família e amizades. Antes de falar, pergunte-se: Minhas palavras serão verdadeiras? Prejudicarão alguém? Nem tudo que é verdade precisa ser dito, especialmente se não for construtivo ou necessário.

Gosto de encarar as palavras como oportunidades de marcar profundamente a vida das pessoas. Devemos utilizá-las para aconselhar, expressar amor, cuidado e carinho. Por isso, convido você a usar suas palavras para transformar realidades, refletindo, assim, o amor de Deus.

Toda a verdade dita sem amor perde a razão.

@juniorrostirola

365 **DEVOCIONAL**
50/365

LEITURA BÍBLICA
GÊNESIS 35

PALAVRA-CHAVE
#SINCERIDADE

ANOTAÇÕES

NÃO SE AMOLDE AO PADRÃO DESTE MUNDO

Então Saul vestiu Davi com sua própria túnica. Colocou-lhe uma armadura e um capacete de bronze na cabeça. Davi [...] disse a Saul: "Não consigo andar com isto, pois não estou acostumado". Assim tirou tudo aquilo.

1SAMUEL 17.38,39

café com Deus pai

Não há espaço para a glória de Deus onde a grandeza do homem quer resplandecer.

@juniorrostirola

DEVOCIONAL 365
51/365

LEITURA BÍBLICA †
GÊNESIS 36

PALAVRA-CHAVE
#AUTENTICIDADE

Em nossa jornada, frequentemente enfrentamos a tentação de nos moldar a estilos de vida que não nos correspondem, gerando frustrações e desencontros com nossa essência. Tal como a armadura de Saul, que não se ajustava a Davi, somos cercados por expectativas e padrões que não foram desenhados para que neles nos encaixemos, pois não contribuem para a construção do Reino de Deus.

Aquela armadura, feita sob medida para Saul, simbolizava mais do que proteção física; representava um modo de vida que não se alinhava aos propósitos divinos para Davi. Da mesma forma, as "armaduras" modernas — seja a busca incessante por bens materiais, seja a obsessão por padrões de beleza inatingíveis, seja o culto ao sucesso a qualquer preço — muitas vezes nos aprisionam em ciclos de insatisfação, solidão e mal-estar emocional.

No entanto, a verdadeira beleza e o propósito de nossa existência residem nas coisas simples que Deus criou — no curso sereno de um rio, na vastidão verde dos campos, no voo gracioso de um pássaro. São essas maravilhas, muitas vezes capturadas em documentários e vídeos sobre a natureza, que nos lembram do magnífico trabalho das mãos divinas.

É importante refletir sobre a natureza do verdadeiro reino, que não é de ostentação e poder terreno, mas marcado pela humildade e sacrifício de um Rei cuja coroa foi tecida de espinhos e cujo trono não era neste mundo. Esse Rei, Jesus, nos mostrou que o valor de nossa vida não se mede pelas riquezas acumuladas, mas pela capacidade de vivermos alinhados aos valores eternos.

Portanto, lembremo-nos de que não é o brilho deste mundo que iluminará nosso caminho para a eternidade, mas sim a luz que refletimos ao viver de acordo com os princípios dos céus, celebrando a criação em sua forma mais pura e simples.

ANOTAÇÕES

VOCÊ É UM VENCEDOR

Eu lhes disse essas coisas para que em mim vocês tenham paz. Neste mundo vocês terão aflições; contudo, tenham ânimo! Eu venci o mundo

JOÃO 16.33

café com Deus pai

Em certos momentos, as circunstâncias sinalizam negativamente, o cenário da vida parece desanimador e somos confrontados com a sensação de que perdemos o controle. Nessas situações, nossos projetos parecem desmoronar diante de nós. A realidade é inegável, e admitir que enfrentamos desafios é essencial, mas quem prometeu uma jornada fácil, certamente não disse a verdade. Jesus Cristo, em suas palavras, antecipou que no mundo enfrentaríamos aflições. O fato é que a vida frequentemente escapa do nosso planejamento.

Gosto de comparar nossa vida com as mudanças do clima, que alterna entre dias ensolarados, chuvosos e nublados, no entanto, cada dia é um presente de Deus. Mesmo quando não vemos o sol, ele está lá, e da mesma forma, em meio às lutas, com a graça de Deus permanecemos de pé. Diante desses desafios, é crucial aprender a agir nos dias difíceis.

Jesus não apenas alertou sobre as aflições, mas proclamou que havia vencido o mundo, ou seja, mesmo em meio às lutas, é necessário saber que nossa vitória já foi garantida. Em Cristo, somos protagonistas da nossa própria história, e não podemos nos deixar paralisar pelos dias maus. Algumas pessoas ao enfrentar dificuldades simplesmente travam, enquanto outras transformam as dificuldades em trampolins que as levam a novos níveis.

Qual tem sido sua abordagem diante das adversidades? Reconheça o fato de Jesus já ter garantido a vitória através do que ele realizou na cruz do calvário por mim e por você, e então você terá assim a força necessária para vencer cada luta que enfrentar, porque em Jesus a vitória já está garantida.

Com Jesus, as circunstâncias nunca serão maiores que as vitórias.

@juniorrostirola

365 **DEVOCIONAL**
52/365

LEITURA BÍBLICA
SALMOS 16

PALAVRA-CHAVE
#VITÓRIAS

ANOTAÇÕES

ESCOLHA SER FIEL

Escolhi o caminho da fidelidade; decidi seguir as tuas ordenanças.

SALMOS 119.30

café com Deus Pai

Não desista porque Deus não fez no seu tempo. O tempo dele sempre é o melhor.

@juniorrostirola

DEVOCIONAL 365
53/365

LEITURA BÍBLICA
SALMOS 17

PALAVRA-CHAVE
#FIDELIDADE

ANOTAÇÕES

A fidelidade é uma característica essencial nas relações humanas; afinal, não é comum esperarmos que outra pessoa seja infiel, por isso ela é a base para um bom relacionamento. Sermos fiéis a Deus diz respeito a caminhar em obediência, seguindo os preceitos determinados por ele.

Ao agirmos com fidelidade para com Deus, encaminhamos nossa vida na direção dos propósitos que ele estabeleceu para nós. Na vida, tenho aprendido que fidelidade e propósito andam lado a lado. Algo importante a saber é que nem sempre as coisas ocorrerão conforme o planejado, mas, mesmo nesses momentos, mantenha-se fiel.

Um exemplo disso foi quando fui chamado para ser pastor em uma cidade do interior de São Paulo. Fui até lá crendo que a partir daquele momento minha vida seria naquela cidade e que não mais voltaria à minha cidade natal. Mas meu período em Presidente Prudente foi mais curto do que eu imaginava. Pouco tempo depois, tive que voltar a Itajaí, completamente sem entender o que Deus estava fazendo. Mas me mantive fiel e obediente, e um novo capítulo foi inaugurado em minha história. As coisas aconteceram de forma diferente do que eu havia planejado, mas os sonhos de Deus foram muito maiores e melhores.

Não sei o que você tem enfrentado, mas sua fidelidade e obediência a Deus certamente colocarão você em um lugar onde jamais imaginou chegar. Ainda que você não esteja entendendo o processo, saiba que Deus Pai preparou coisas extraordinárias para sua vida, mas a fidelidade a ele é a chave para acessá-las.

O QUE TEM DIRIGIDO SUA VIDA?

Pois dei descanso aos exaustos e alegria aos aflitos.

JEREMIAS 31.25, NVT

café com Deus Pai

Todos os dias saímos da nossa casa em direção ao trabalho, à escola e a outros lugares que costumamos frequentar. Dessa forma todos estamos em constante movimento, até mesmo o planeta Terra, sem que percebamos, está em seu movimento de rotação, e os pequenos átomos que compõem toda a matéria também estão em constante movimento. Ou seja, tudo que existe está sendo dirigido por algo.

Talvez você não se dê conta, mas todo indivíduo é dirigido por alguma coisa, e com você não é diferente. Pode ser que um problema tenha tomado sua mente e esteja, inconscientemente, fazendo você pensar e agir de determinada maneira, ou que você possa estar preso a algo que aconteceu em seu passado e que deixou marcas no seu coração. Mas minha pergunta para você é esta: O que tem dirigido você neste exato momento?

Hoje eu o convido a reconhecer o que tem influenciado seus pensamentos e atitudes, porque mágoas e traumas do passado, quando não resolvidos, podem conduzir nossa vida na direção oposta à vontade de Deus. Mas o fato é que, quando somos dirigidos pelo que o Pai diz a nosso respeito, passamos a caminhar na direção certa.

Saiba que você nasceu com um propósito, e Deus o criou para desfrutar de uma vida no centro da vontade dele. Portanto, não permita que os traumas do passado ou as preocupações do futuro dirijam você, mas que seu combustível para avançar esteja nas verdades de Deus a seu respeito. Olhe para frente, pois o mesmo Deus que ama e criou você para um lindo propósito, quer conduzi-lo pela mão em direção àquilo que ele tem planejado para você.

Você é resultado daquilo que acredita ou fala.

@juniorrostirola

365 **DEVOCIONAL**
54/365

LEITURA BÍBLICA
SALMOS 18

PALAVRA-CHAVE
#DIREÇÃO

ANOTAÇÕES

SUA MELHOR VERSÃO

"Fui crucificado com Cristo. Assim, já não sou eu quem vive, mas Cristo vive em mim. A vida que agora vivo no corpo, vivo-a pela fé no Filho de Deus, que me amou e se entregou por mim."

GÁLATAS 2.20

Sustente os princípios de Deus, e eles o sustentarão.

@juniorrostirola

DEVOCIONAL 365
55/365

LEITURA BÍBLICA
GÊNESIS 37

PALAVRA-CHAVE
#AVANÇAR

ANOTAÇÕES

Não podemos nos acomodar na atual situação; a cada dia, precisamos estar em busca da versão melhor de nós mesmos. Passar anos mantendo as mesmas rotinas e hábitos resultará apenas no envelhecimento, sem proporcionar mudanças reais. Não podemos esperar viver coisas novas se apenas repetirmos os mesmos atos.

Essa busca é sobre nos tornarmos mais semelhantes a Cristo: pacientes, justos e íntegros em nossas ações e em nosso caráter. Isso refletirá ao nosso redor: teremos relacionamentos saudáveis, seremos bons pais, bons filhos e bons servos de Deus.

Em nossa jornada espiritual, não podemos permanecer estagnados. Manter uma fé superficial, que molha apenas dos pés aos joelhos, é insuficiente. Precisamos de mudanças profundas, uma vida que verdadeiramente reflita as transformações propostas pelo evangelho de Jesus. A Bíblia nos convida a ir a águas profundas, onde nossos pés não tocam o chão e somos conduzidos pelo Espírito Santo.

Ao observar a vida radicalmente transformada daqueles que atenderam ao chamado do Pai, como Davi, Pedro e Paulo, percebemos que a trajetória com Deus implica grandes mudanças. Davi, de pastor de ovelhas a rei; Pedro, de pescador de peixes a pescador de homens; Paulo, de perseguidor de cristãos a pregador do evangelho.

Esses exemplos se destacam pela entrega e decisão de viver em obediência ao chamado de Deus. O extraordinário na vida vem quando nos conectamos ao Pai e vivemos os sonhos dele. A partir de hoje, dê passos intencionais em direção à sua melhor versão.

NASCER DE NOVO

Nicodemos perguntou: – Como é que um homem velho pode nascer de novo? [...] Jesus disse: – Eu afirmo ao senhor que isso é verdade: Ninguém pode entrar no Reino de Deus se não nascer da água e do espírito.

JOÃO 3.4,5, NTLH

café com Deus Pai

Jesus e Nicodemos promoveram um dos mais emblemáticos encontros registrados na Bíblia, no qual Cristo ilustrou de modo simples o que é necessário para se alcançar a salvação. Certamente foi um debate marcado pela curiosidade por parte de Nicodemos, pois ele desejava muito compreender a fundo esse conceito explicado por Jesus.

O novo nascimento foi apresentado a Nicodemos como uma experiência única e transformadora. Simbolizando uma entrega completa, deixando para trás os velhos hábitos e se submetendo à vontade e ao senhorio de Cristo. E é essencial eu e você entendermos isso.

Jesus usa a figura do novo nascimento, pois é isso que Deus Pai espera de nós. Uma nova vida, novos hábitos, pensamentos, e consequentemente, novos horizontes. Quando conheci Jesus, tudo mudou, passei a ter uma nova perspectiva da vida, pude reconhecer minhas mazelas e passei a agir de modo diferente. Quando comecei a plantar novas sementes, consequentemente passei a colher novos frutos.

Nicodemos teve dificuldade em entender essa verdade, mas ela não está oculta aos nossos olhos atualmente, pois através da Bíblia temos acesso a grandes revelações a respeito da vontade e do caráter de Deus Pai. Essa e outras chaves importantíssimas estão disponíveis nas Escrituras, nas quais facilmente podemos acessá-las.

Se permita nascer de novo, pois Deus deseja que seus filhos entreguem suas vidas completamente a ele porque é só assim que encontramos a verdadeira vida. Deixe para trás tudo aquilo que aprisiona você, e comece daqui para frente a desfrutar de uma nova vida que só em Deus é possível viver.

Só em Jesus é possível nascer de novo.

@juniorrostirola

365 **DEVOCIONAL**
56/365

LEITURA BÍBLICA
GÊNESIS 38

PALAVRA-CHAVE
#NASCIMENTO

ANOTAÇÕES

PLANTE NOVAS SEMENTES

Quem fica esperando que o vento mude e que o tempo fique bom nunca plantará, nem colherá nada. Semeie de manhã e também de tarde porque você não sabe se todas as sementes crescerão bem, nem se uma crescerá melhor do que a outra.

ECLESIASTES 11.4,6, NTLH

Quem planta boas sementes colhe bons frutos.

@juniorrostirola

DEVOCIONAL 365
57/365

LEITURA BÍBLICA
GÊNESIS 39

PALAVRA-CHAVE
#SEMEADURA

Nessa passagem, a Bíblia ensina uma lição muito valiosa para nossas vidas. O fato é que tudo aquilo que plantarmos, iremos colher. E essa não é uma lei que se restringe a agricultura, mas é aplicada também em nossas vidas por meio de princípios espirituais, portanto para termos uma colheita extraordinária, é necessário nos dedicarmos ao processo de semeadura. Como foi escrito pelo apóstolo Paulo em Gálatas 6.7: "[...] Pois o que o homem semear, isso também colherá".

Se você decide iniciar uma nova fase em sua vida, começar uma dieta, mudar de carreira ou fazer qualquer outra mudança significativa em sua rotina, é necessário tirar as ideias do papel e colocá-las em prática, caso contrário, você cairá na procrastinação e isso irá apenas gerar frustração. Talvez você esteja nessa situação hoje, mas entenda, Deus nos dá os apontamentos, mas colocá-los em prática é nossa responsabilidade.

O fato é que a nossa mente sempre luta contra sair da zona de conforto, pois traz à tona novamente medos, inseguranças e incertezas. Mas é necessário vencer essas barreiras e dar o pontapé inicial rumo à mudança. Dessa forma estaremos plantando novas sementes, que consequentemente gerarão novos frutos.

Então, é preciso foco e fé para não olharmos para os ventos contrários antes de semear e termos a coragem para caminhar, um dia de cada vez, em direção ao futuro que Deus reservou para nós. Vá em frente, tire da gaveta os sonhos e projetos que Deus lhe deu, mas que estão lá guardados há tanto tempo. A partir de hoje, saia de sua zona de conforto, se posicione e comece a dar os passos em direção a uma nova vida.

ANOTAÇÕES

UM LEGADO DE FÉ

O justo jamais será abalado;
para sempre se lembrarão dele.

SALMOS 112.6

café com Deus Pai

Na infância, alimentamos sonhos grandiosos, ansiosos por deixar nossa marca no mundo, seja por meio de uma profissão, seja por outros feitos. À medida que envelhecemos, a realidade adulta se desenha diante de nós, e esses sonhos muitas vezes vão sendo apagados. Enquanto construímos carreira e vida, surge a reflexão sobre o legado que deixaremos para as próximas gerações.

Muitos associam legado a bens materiais, riquezas e *status* social. No entanto, a verdadeira essência do legado vai além desses elementos e está associada a riquezas imateriais e ao bom testemunho que deixamos: uma vida justa e íntegra, de dedicação e amor à família e ao próximo, especialmente do quanto nos dedicamos a Deus.

Dinheiro, posses e *status* podem desaparecer, mas o impacto duradouro reside na inspiração de uma vida íntegra e consagrada a Deus Pai. O legado autêntico é o exemplo que deixamos, a capacidade de influenciar positivamente a vida das pessoas simplesmente por nossa fé e maneira de agir diante das circunstâncias. Muitos dedicam todo o tempo que têm em busca de acumular ainda mais riquezas, mas elas cedo ou tarde perecerão; todavia, um legado de amor e obediência a Deus tem o poder de impactar não apenas uma família, mas gerações.

Se você partisse hoje, qual legado deixaria para aqueles que o cercam? Você tem a oportunidade de impactar muitas vidas por meio de um legado de fé e confiança em Deus. Seja uma inspiração não apenas em palavras, mas em atitudes. Paute sua vida na justiça e no amor de Deus e, assim, construa uma história que será lembrada por gerações.

Aquilo que temos, amanhã poderemos não ter; aquilo que doamos, nunca perderemos.

@juniorrostirola

365 DEVOCIONAL
58/365

LEITURA BÍBLICA
GÊNESIS 40

PALAVRA-CHAVE
#LEGADO

ANOTAÇÕES

O TEMPO

Pois ele diz: "Eu o ouvi no tempo favorável e o socorri no dia da salvação". Digo-lhes que agora é o tempo favorável, agora é o dia da salvação!

2CORÍNTIOS 6.2

café com Deus pai

Suas escolhas influenciam seu amanhã.

@juniorrostirola

DEVOCIONAL 365
59/365

LEITURA BÍBLICA
SALMOS 19

PALAVRA-CHAVE
#TEMPO

ANOTAÇÕES

Há uma expressão muito utilizada para descrever a perda de uma oportunidade, onde é dito que algo "escapou por entre os dedos". Essa expressão me traz a sensação de tentar segurar a fina areia da praia, que suavemente escorre por entre os dedos e de forma tão rápida deixa minhas mãos vazias.

Quando deixamos uma boa oportunidade escapar de nossa vida, sentimo-nos mal, não é verdade? Às vezes, por falta de atenção ou percepção, temos a sensação de que deixamos de dar passos importantes.

Em meu escritório, há uma ampulheta. Vez ou outra, eu acabo virando-a, fazendo que a areia desça, e o tempo passe a ser contado. Ao fazer isso, consigo observar quão depressa o tempo corre, porque, quando me dou conta, a areia se esgota. Isso é apenas uma questão de percepção, pois o fato é que todos os dias têm as mesmas 24 horas. Contudo, entendo que cabe a nós escolher a melhor forma de administrar nosso tempo.

Como você tem administrado as horas do seu dia? Muitas vezes, as despendemos com trivialidades e tantas coisas que acabam ocupando aquilo que deveria ser prioridade. Quantas vezes deixamos de nos relacionar com Deus, de estar com a nossa família, ou mesmo trocamos algo superficial por aquilo que de fato é importante. Decida hoje mesmo rever suas prioridades. Se tiver que realocar a agenda, o faça, pois grandes são as promessas de Deus para a nossa vida e, se não estivermos atentos, elas escaparão por entre os nossos dedos.

Passe a ser ainda mais intencional em relação a seu tempo, invista-o da melhor maneira possível. Você não tem tempo a perder!

café com Deus pai

DE NADA ADIANTA O **ANO NOVO** SE VOCÊ AINDA É QUEM ERA NO **ANO PASSADO**.

@juniorrostirola

NO FINAL DA SUA **HISTÓRIA**, O QUE MAIS VAI VALER A PENA É O **QUANTO** VOCÊ **AMOU**.

@juniorrostirola

Assista ao vídeo com a palavra
e oração para este mês.

março

café com Deus pai

COMPARTILHANDO AMOR

Nenhuma palavra torpe saia da boca de vocês, mas apenas a que for útil para edificar os outros, conforme a necessidade, para que conceda graça aos que a ouvem

EFÉSIOS 4.29

café com Deus pai

As marcas que deixamos na vida dos outros não são esquecidas facilmente. Palavras, gestos e atitudes podem ser instrumentos de bênção ou destruição. Muitas vezes perdemos a oportunidade de abençoar, e acabamos amaldiçoando, porque negligenciamos o cuidado com nossas palavras.

É crucial nos dias atuais, vigiarmos nossas palavras, especialmente em meio aos desafios e estresses cotidianos. Em tempos de provação, é fácil ceder à ira e proferir palavras que magoam ou ferem. No entanto, como filhos de Deus, somos chamados a pacificar conflitos e não a permitir que o Inimigo nos conduza ao erro. Porque na maioria das vezes, ao deixarmos a raiva tomar conta, descontamos em quem está ao redor, como nossa família, e acabamos ferindo pessoas amadas.

Como filhos de Deus, nosso chamado é levar luz, alegria e amor por onde quer que estejamos, mesmo diante das adversidades e dos momentos difíceis, não podemos permitir que nosso coração seja contaminado pelas circunstâncias, e acabe nos levando ao erro.

Em vez de retribuir o mal com o mal, somos chamados a ser sábios e prudentes, a declarar palavras de paz e bênção até mesmo sobre aqueles que nos amaldiçoam. Entenda que o amor é nossa maior arma, capaz de transformar ingratidão em gratidão, caos em paz e ódio em perdão. Torne-se uma fonte de paz, marcando as vidas ao seu redor com palavras, gestos e atitudes que glorificam a Deus. Neste dia, escolha propagar o amor por onde quer que você passe.

Marque a vida de alguém amando-o.

@juniorrostirola

365 **DEVOCIONAL**
60/365

LEITURA BÍBLICA
SALMOS 20

PALAVRA-CHAVE
#AMAR

ANOTAÇÕES

MÃOS À OBRA

Para isso eu me esforço, lutando conforme a sua força, que atua poderosamente em mim.

COLOSSENSES 1.29

café com Deus Pai

Sua atitude em Deus determinará aonde você irá chegar.

@juniorrostirola

DEVOCIONAL 365
61/365

LEITURA BÍBLICA
SALMOS 21

PALAVRA-CHAVE
#PERSEVERANÇA

Celebrar as vitórias, sejam pequenas ou grandes, é essencial na jornada da vida. Muitas vezes, ao enfrentar desafios, esquecemos de reconhecer os pequenos avanços que nos aproximam das grandes conquistas planejadas. Assim como o Apóstolo Paulo que, ao reconhecer seu esforço e dedicação, destacou sua dependência completa de Jesus, devemos fazer o mesmo.

Na Bíblia, toda vez que Deus Pai chamou alguém para uma grande missão, encontrou essa pessoa trabalhando, dedicada a algo. Como Davi que no momento que seria ungido estava pastoreando ovelhas, Gideão que estava malhando trigo, ou Eliseu que arava a terra, entre tantos outros exemplos.

Com isso aprendo que para viver os propósitos que Deus tem para as nossas vidas, não podemos estar parados, de braços cruzados esperando algo acontecer. O esforço e a perseverança são peças fundamentais nas conquistas que Deus Pai tem para nossas vidas.

Muitas vezes estamos deixando as bênçãos passarem, pois não estamos dispostos a lutar. Saiba que talvez Deus esteja esperando algo de você, porque a fé não é necessariamente um sentimento passivo que nos faz esperar, mas uma força que nos faz avançar, tomar decisões e perseverar. Deus Pai deseja abençoá-lo poderosamente, mas ele conta com você nesse processo. Entenda algo hoje: não é que os céus vão se abrir, os céus já estão abertos. Depende só de você.

ANOTAÇÕES

DECIDA PERDOAR

Portanto, confessem os seus pecados uns aos outros e orem uns pelos outros para serem curados. A oração de um justo é poderosa e eficaz.

TIAGO 5.16

café com Deus Pai

Perdoar e receber o perdão é algo transformador; é uma entrega incondicional que reflete o caráter de Jesus. A verdadeira proximidade com o Pai é inacessível se o nosso coração permanece selado pela amargura ou pelo orgulho provenientes da falta de perdão.

A incapacidade de perdoar endurece o nosso coração e nos distancia dos planos de Deus para a nossa vida. Libertar-se desse fardo começa com o arrependimento, o passo inicial para se desfazer do peso que carregamos. O amor de Cristo, evidenciado ao perdoar aqueles que o feriram, serve como nosso maior exemplo. Ele nos ensina que, no auge da dor, o perdão pode ser a expressão mais pura de amor.

Refletindo sobre Judas Iscariotes e Pedro, vemos dois caminhos distintos diante do erro: enquanto Judas se afundou no desespero, Pedro, embora tenha negado Jesus, encontrou forças para se arrepender. Essa contraposição destaca uma verdade profunda: o perdão estava ao alcance de ambos, mas apenas Pedro soube buscá-lo corretamente.

Esse paradoxo ilustra que, por mais complexo que o perdão possa parecer, ele permanece acessível por meio de Jesus, porque, perdoando a humanidade e reconciliando-a com Deus por intermédio de seu sacrifício, ele nos deixou o grande exemplo do perdão, como um ato de amor. Somos convidados a refletir sobre a essência do perdão em nossa vida, pois ele é uma força transformadora, que tem poder para quebrar algemas e libertar corações. Não viva preso à falta do perdão, não carregue esse peso desnecessário. Assim como somos perdoados em Jesus, decida hoje perdoar quem feriu você.

O não perdoar é viver doente atrás de uma cura que só é possível por meio do perdão.

@juniorrostirola

365 **DEVOCIONAL**
62/365

LEITURA BÍBLICA
GÊNESIS 41

PALAVRA-CHAVE
#PERDOAR

ANOTAÇÕES

UM ENCONTRO TRANSFORMADOR

"Mas receberão poder quando o Espírito Santo descer sobre vocês, e serão minhas testemunhas em Jerusalém, em toda a Judeia e Samaria, e até os confins da terra."

ATOS 1.8

café com Deus pai

Quando permitimos que o Espírito Santo de Deus entre, a transformação é inevitável.

@juniorrostirola

DEVOCIONAL 365
63/365

LEITURA BÍBLICA
GÊNESIS 42

PALAVRA-CHAVE
#EXPERIÊNCIA

ANOTAÇÕES

No Pentecostes, que era uma festa de grande celebração, Deus escolheu manifestar seu amor e poder de uma maneira extraordinária. Nesse dia memorável, o Espírito Santo desceu sobre os discípulos, depositando em cada coração uma paixão extraordinária que os capacitou a levar as boas-novas do evangelho por todo o mundo.

Ao entregarmos nossa vida a Jesus, somos cheios do Espírito Santo. Essa entrega não é meramente um ato simbólico, mas uma transformação profunda, pois ele passa a habitar dentro de nós e nos empodera com dons e sabedoria.

A presença do Espírito Santo em nossa vida é um divisor de águas, uma força que nos transforma e conduz a uma vida além do comum, que prova do sobrenatural de Deus. Lembro-me de uma experiência pessoal que ilustra essa verdade. Durante um retiro na minha juventude, vivenciei um encontro profundo com o Espírito Santo. Até então, minha vida parecia fragmentada, pois precisava ainda alinhar algumas áreas dela. Naquele momento de comunhão, senti uma restauração completa, e uma nova direção foi traçada para minha jornada. Deus curou meu coração e me libertou das cadeias da rejeição e do sentimento de orfandade.

Essa mesma experiência está ao alcance de todos. Independentemente dos traumas ou dores, o Espírito Santo está disponível, pronto para transformar sua vida. Seja qual for sua luta — rejeição, orfandade ou qualquer outro desafio —, o convite para um encontro transformador com o Espírito Santo permanece aberto. Permita-se ser tocado por essa força renovadora e descubra o caminho para uma vida plena e abençoada.

CALCULANDO RISCOS

[...] Eles disseram uns aos outros: "Por que ficar aqui esperando a morte? [...] Vamos, pois, ao acampamento dos arameus para nos render. Se eles nos pouparem, viveremos; se nos matarem, morreremos".

2REIS 7.3,4

café com Deus pai

A história dos leprosos que é apresentada nessa passagem nos ensina sobre a necessidade de correr riscos. Como foi dito por Ayrton Senna: "Vencer sem correr riscos é triunfar sem glórias". Se o Evangelho chegou até nós é porque muitos tiveram literalmente de entregar sua vida para que hoje tivéssemos acesso a ele.

Assim como o Evangelho alcançou o mundo por meio de jornadas repletas de desafios e sacrifícios, nós também somos chamados a avançar com fé, apesar das incertezas. Ao estabelecermos um plano de ação guiado pela fé, devemos começar confiando firmemente nas promessas de Deus, pois são elas que nos motivam e impulsionam a prosseguir.

Os leprosos da narrativa bíblica nos lembram de que, ao avaliarmos os riscos, devemos confiar na intervenção do Senhor. Devemos entender que arriscar é uma parte vital de nossa jornada espiritual, e fazê-lo com a certeza de que ele está conosco em cada passo é essencial. Arriscar com fé é servir a Deus incondicionalmente, mesmo que isso envolva sacrifícios pessoais. Em Colossenses 3.3, o apóstolo Paulo nos ensina que nossa vida está em Cristo, portanto nossa confiança deve estar plenamente alicerçada nele.

Assim como esses homens demonstraram coragem e arriscaram, somos chamados a avançar com fé e determinação diante dos desafios que surgem em nosso caminho. Com Deus ao nosso lado, podemos não somente enfrentar cada obstáculo com ousadia, mas ter a plena convicção de que a vitória já está garantida.

Viver pela fé é arriscado, mas viver sem fé é fatal.

@juniorrostirola

365 **DEVOCIONAL**
64/365

LEITURA BÍBLICA
GÊNESIS 43

PALAVRA-CHAVE
#ARRISQUE

ANOTAÇÕES

SUA VIDA TEM PROPÓSITO

Então disse Deus: "Façamos o homem à nossa imagem, conforme a nossa semelhança. Domine ele sobre os peixes do mar, sobre as aves do céu, sobre os animais grandes de toda a terra e sobre todos os pequenos animais que se movem rente ao chão".

GÊNESIS 1.26

Não permita que suas lutas o distanciem do propósito para o qual você nasceu.

@juniorrostirola

DEVOCIONAL 365
65/365

LEITURA BÍBLICA
GÊNESIS 44

PALAVRA-CHAVE
#PROPÓSITO

Acredito que você já se questionou, em algum momento de sua vida, a respeito de qual é o propósito de sua existência. É natural fazermos indagações como essas, mas o fato é que todas elas têm resposta significativa em Deus. Ele é o único capaz de nos fornecer o entendimento correto a respeito de tudo isso.

Para entendermos para o quê fomos criados, é interessante saber quem somos. Você foi planejado meticulosamente por Deus. Cada um de nós foi sonhado por ele, possui uma identidade única e foi destinado a um propósito. Essas verdades devem estar enraizadas em nosso coração, porque, quando não sabemos quem somos nem para onde vamos, qualquer caminho serve.

Deus enviou seu Filho e, por meio dele, nos deu acesso à verdadeira vida, libertando-nos da escravidão do pecado e abrindo um novo horizonte diante de nós. Não mais andamos perdidos e sem rumo, mas conduzidos por Jesus em direção a uma vida próspera, alegre, cheia de amor e paz. Em Deus, o vazio de seu coração encontra plenitude, pois ele é o nosso Criador.

Não sei em quais mentiras você tem acreditado, que dizem que para você não tem mais jeito. Suas lutas se tornaram tamanhas a ponto de, muitas vezes, você perder a vontade de viver. Mas Deus marcou este encontro com você por meio das páginas deste livro para dizer que não acabou, pois Deus tem sonhos para realizar em sua vida. Apenas mantenha-se firme e saiba que você tem um Pai que o ama profundamente e está esperando-o de braços abertos para lhe dar uma nova vida.

ANOTAÇÕES

INFLUENCIE POSITIVAMENTE

07 | MAR

Eu não era pessoalmente conhecido pelas igrejas da Judeia que estão em Cristo. Apenas ouviam dizer: "Aquele que antes nos perseguia, agora está anunciando a fé que outrora procurava destruir".

GÁLATAS 1.22,23

Você já parou para pensar que sua reputação muitas vezes chega antes mesmo dos seus próprios passos? Enquanto você precisa de pés para andar, seu testemunho, por outro lado, não requer sua presença física. É possível que você tenha sido mencionado por outras pessoas muito antes de ser encontrado pessoalmente. Um exemplo disso é a situação de Paulo, cujo testemunho o precedia. Antes mesmo de sua chegada, sua reputação como perseguidor implacável já era conhecida, como evidenciado quando Ananias hesitou em visitá-lo, logo após sua conversão.

Assim como Paulo, cuja conversão gerou um impacto que ultrapassou seus próprios pés, nosso testemunho pode criar um legado de alcance muito além de nossa presença física. Recordo da minha infância, na qual minha família era mais conhecida pelo testemunho negativo de meu pai como o homem bêbado da rua do que por quem realmente éramos.

Hoje, ao refletir sobre a transformação que Deus operou em minha vida, percebo como é possível mudar nosso testemunho e construir um legado positivo. O impacto que tenho gerado em meus filhos e esposa é completamente diferente da realidade que vivi com meu pai.

Saiba que suas atitudes e decisões têm o poder de influenciar positivamente pessoas e ambientes, de modo que sua mudança pessoal também inspira outros a mudarem. Independentemente de como foi seu passado ou pelo que você era conhecido, saiba que em Cristo você tem a oportunidade de recomeçar e de construir um lindo testemunho, que, além de honrar a Deus Pai, abençoará você e todos que estiverem ao seu redor.

café com Deus Pai

Suas escolhas terão influência e ecoarão nas gerações futuras.

@juniorrostirola

365 **DEVOCIONAL**
66/365

† **LEITURA BÍBLICA**
SALMOS 22

PALAVRA-CHAVE
#TESTEMUNHO

ANOTAÇÕES

UM CORAÇÃO DE SERVO

Respondeu Maria: "Sou serva do Senhor; que aconteça comigo conforme a tua palavra". Então o anjo a deixou.

LUCAS 1.38

Servir ao próximo o torna mais parecido com Jesus.

@juniorrostirola

DEVOCIONAL 365
67/365

LEITURA BÍBLICA
SALMOS 23

PALAVRA-CHAVE
#DEDICAÇÃO

ANOTAÇÕES

Ao percorrer as páginas da Bíblia, nos deparamos com inúmeras histórias de mulheres que serviram a Deus com fidelidade e honra, sendo Maria uma das mais notáveis em todas as gerações. Agraciada por Deus para dar à luz Jesus, sua concepção foi um milagre que transcendeu séculos, marcou a humanidade de maneira única, destacando-a como uma serva leal ao Senhor.

Ao refletir sobre Maria e seu legado, encontro paralelos significativos em minha própria vida, especialmente ao considerar a importância vital da minha mãe. Assim como Maria se dedicou a Jesus com preocupação e zelo, minha mãe desempenhou um papel fundamental em minha infância e adolescência. Sua presença ao meu lado em todos os momentos me trouxe conforto e moldou meu entendimento a respeito do que é ser cuidado e amado.

Maria foi de fato uma mulher agraciada por Deus. Temos muito a aprender com suas palavras e seu coração. Olhando para a sua maneira de se relacionar com Deus e para a forma em que ela entendeu a divindade de Jesus, vemos suas palavras registradas nas Escrituras, e uma das mais belas está em Lucas 1.46-55, onde ela engrandece ao Senhor, reconhece que ele é o seu Salvador e se coloca no lugar de serva.

A lição que extraímos da atitude de Maria é poderosa. Cada um de nós é chamado a ser adorador e servo, semelhantemente a ela. Maria nos inspira a vivermos não apenas como participantes das bênçãos, mas como servos dedicados, conscientes de que cada capítulo de nossa história tem um propósito em Deus. Que ao contemplarmos o legado dessa mulher de Deus, sejamos incentivados a viver com uma entrega semelhante, confiando na soberania do Pai sobre nossa vida e tendo Jesus como nosso único caminho de salvação.

OUÇA A VOZ DO BOM PASTOR

"Depois de conduzir para fora todas as suas ovelhas, vai adiante delas, e estas o seguem, porque conhecem a sua voz. Mas nunca seguirão um estranho; na verdade, fugirão dele, porque não reconhecem a voz de estranhos."

JOÃO 10.4,5

café com Deus pai

Seguir a Jesus vai muito além de aderir a uma religião; é abraçar um relacionamento íntimo com o Criador e comprometer-se com alguém que nos ama a ponto de sacrificar sua vida por nós. Na passagem em que Jesus se revela como o Bom Pastor, ele demonstra um cuidado profundo e um conhecimento íntimo sobre cada ovelha. Se você deseja ir a fundo nesse relacionamento e permitir que Jesus oriente sua vida, tenha a certeza de que será a melhor decisão que você poderá tomar, pois ele nos conduz à paz e à segurança.

Ele é a porta que nos conduz a pastos verdes, simbolizando uma transformação do deserto para uma vida plena. Ainda que você caminhe por um vale, ou por um local árido, seco, ele é o único capaz de conduzi-lo a uma vida de refrigério, pois nele temos a certeza de que o deserto não é um lugar de morada, mas de passagem.

Jesus é a Luz do mundo, o Bom Mestre, o nosso Salvador, nosso Advogado junto ao Pai, o Caminho, a Verdade e a Vida, o Príncipe da Paz. É aquele que mudou minha vida aos treze anos, e desde então nunca mais fui o mesmo. Ele deu sentido à minha vida e um propósito para os meus dias. Em meio a tantas batalhas e dores que eu enfrentava, nele encontrei cura e alívio, algo que eu tanto necessitava.

Não sei como você se encontra, mas de uma coisa sei: o Bom Pastor está de braços abertos, pronto para conduzir você a uma vida debaixo de seus cuidados. Não perca mais tempo trilhando caminhos que Deus não estabeleceu para a sua vida, mas olhe para Jesus e veja um novo horizonte se abrir diante dos seus olhos.

Viver com Jesus é olhar para além daquilo que limita você.

@juniorrostirola

365 DEVOCIONAL
68/365

LEITURA BÍBLICA
SALMOS 24

PALAVRA-CHAVE
#SEGURANÇA

ANOTAÇÕES

ELE ESTÁ COM VOCÊ

"Vocês planejaram o mal contra mim, mas Deus o tornou em bem, para que hoje fosse preservada a vida de muitos."

GÊNESIS 50.20

café com Deus Pai

A maneira de você reagir às feridas da vida revelará o seu nível de transformação em Deus.

@juniorrostirola

DEVOCIONAL 365
69/365

LEITURA BÍBLICA
GÊNESIS 45

PALAVRA-CHAVE
#SUPERAÇÃO

ANOTAÇÕES

As respostas para os problemas que você enfrenta podem estar mais perto do que imagina. As promessas de Deus permanecem de pé quando cremos verdadeiramente nele, ainda que as circunstâncias se agravem e pareça que não há mais jeito de dar a volta por cima. Foi assim na vida de José, que por anos enfrentou batalhas dificílimas, mas nunca teve sua fé abalada.

No livro *Encontrei um Pai*, relato minha história, expondo o impacto que a orfandade causou em minha vida. Por muitos anos, sofri emocionalmente e vivi imerso em um profundo sentimento de abandono. Passei por muitas dificuldades, desejei inclusive não viver mais, porque não enxergava maneiras de sair daquela situação.

Então, um dia tive um encontro com Deus Pai. A partir dali, passei a iniciar o processo de restauração da minha identidade e descobri que eu não era as mentiras que pensavam e diziam a meu respeito. Deus tinha um lindo propósito para cumprir em minha vida. Eu teria, sim, uma família saudável e a oportunidade de fazer o que meu pai não pôde fazer por mim.

Deus está vendo sua dor, sua angústia e suas lágrimas, está assistindo você, pois só ele é capaz de transformar tudo isso em um testemunho de fé e superação. Assim como eu, você deve abandonar os sentimentos de amargura, rejeição, ressentimento e falta de perdão para que possa avançar em direção à cura. Está nas suas mãos a mudança da sua história. Entregue o controle de tudo a Deus, para que ele possa guiá-lo rumo a uma transformação completa, pois só o Senhor tem o poder de transformar qualquer realidade e o levar a inaugurar um novo capítulo em sua história.

SIMPLESMENTE OBEDEÇA

E Noé fez tudo como o SENHOR lhe tinha ordenado

GÊNESIS 7.5

Neste trecho bíblico, somos transportados para o episódio em que o Senhor instrui Noé a construir uma arca, pois a terra seria devastada por um dilúvio, por causa da impiedade dos seus habitantes. Noé, mesmo não sendo jovem, aceita o desafio e, ao longo de muitas décadas, constrói a arca segundo as especificações que Deus lhe dera, demonstrando coragem, fé e obediência.

Essa história é repleta de lições sobre coragem. Note que Noé enfrentou um desafio gigantesco. Ele teve que aplicar fé e mostrar comprometimento, mesmo quando aos seus olhos parecia impossível construir aquela arca. Imagino que Noé enfrentou muitas críticas, pois o que estava fazendo, aos olhos humanos, parecia uma completa loucura, mas mesmo assim ele decidiu obedecer.

Da mesma forma, Deus deseja obediência de cada um de nós. Muitas vezes, tomei decisões ousadas que não pareciam fazer sentido no primeiro momento, mas eu sabia que estava sendo direcionado pelo Pai ao tomá-las. Nem sempre o resultado foi imediato, mas ele sempre veio e foi surpreendente. Por isso, aprendi que obedecer a Deus, muitas vezes, é ir contra a maré, exige fé e confiança, mas sempre vale a pena.

O chamado de Deus para viver o extraordinário implica, muitas vezes, desafios que demandam coragem, mas as promessas se concretizam com a soma da interação da vontade de Deus e a nossa decisão em obedecer a ele. Se você quer viver novos níveis de experiências com Deus, realizando grandes projetos e sonhos, precisa de coragem para dar um passo de fé e obediência, mesmo que aos seus olhos físicos pareça impossível. Lembre-se: "O que é impossível para os homens é possível para Deus" (Lucas 18.27).

café com Deus Pai

Há coisas que você não vai entender. Apenas obedeça.

@juniorrostirola

365 DEVOCIONAL
70/365

LEITURA BÍBLICA
GÊNESIS 46

PALAVRA-CHAVE
#OBEDIÊNCIA

ANOTAÇÕES

UMA VIDA TRANSFORMADA

[...] "Eu sou o caminho, a verdade e a vida. Ninguém vem ao Pai, a não ser por mim."

JOÃO 14.6

café com Deus pai

A mudança é uma porta que se abre por dentro.

@juniorrostirola

DEVOCIONAL 365
71/365

LEITURA BÍBLICA
GÊNESIS 47

PALAVRA-CHAVE
#ESPERANÇA

ANOTAÇÕES

O sofrimento sempre desencadeia dúvidas sobre o futuro, levando muitos a desistir de sonhar. Entendo bem o que é isso, pois eu mesmo já estive nesse lugar. Houve um tempo em que eu não via alternativas para um futuro melhor, pois tudo o que eu enfrentava no meu dia a dia com meu pai, que era alcoólatra, tirava completamente minhas esperanças.

No entanto, ao conhecer Jesus, descobri a capacidade de transformar minha história e a daqueles ao meu redor. Em Deus, aprendi a superar as dificuldades e sofrimentos, pois passei a enxergar uma esperança na nova vida que recebi em Jesus.

Apesar das incertezas e dores, lutei. O Inimigo tentou plantar mentiras sobre meu futuro, como a ideia de que eu não seria ninguém ou que eu nunca constituiria uma família. Ao me entregar a Jesus, o Espírito Santo agiu em meu interior. Mesmo enfrentando dificuldades, sentia-me constantemente impulsionado pelo Pai a seguir adiante, e toda a minha tristeza se transformou em alegria, pois a cada dia eu vejo as promessas de Deus se cumprirem na minha vida. Se você me perguntar qual foi o segredo para ter a vida transformada, ou para ter superado tantas dificuldades e dores, é muito fácil responder: só consegui porque conheci Jesus.

Ele é o Caminho, a Verdade e a Vida. Somente por meio dele encontramos nosso verdadeiro propósito e a força para continuar. Ele foi, é e sempre será minha esperança. Não sei quais são as dificuldades que você tem enfrentado, mas o convido a entregar sua vida totalmente a Jesus, pois a partir disso uma nova história passará a ser escrita.

VOLTANDO PARA CASA

"Caindo em si, ele disse: 'Quantos empregados de meu pai têm comida de sobra, e eu aqui, morrendo de fome! Eu me porei a caminho e voltarei para meu pai, e lhe direi: Pai, pequei contra o céu e contra ti'."

LUCAS 15.17,18

café com Deus Pai

Ao examinarmos a parábola do filho pródigo, nos deparamos com a história de um jovem que, de maneira inesperada, decidiu abandonar o conforto da casa de seu pai e optou por seguir um caminho pouco convencional. A narrativa relata que esse filho, almejando uma vida desprovida de responsabilidades, solicitou sua parte na herança e acabou desperdiçando-a de modo imprudente. Entretanto, após esgotar todos os recursos, teve que trabalhar cuidando de porcos e acabou passando fome. Mas ele despertou para a realidade e reconheceu seu grande erro, percebendo que os empregados de seu pai tinham comida de sobra e eram tratados com dignidade.

Muitas vezes, nossas escolhas nos distanciam de Deus, a ponto de nos distrairmos com o pecado, os desejos e as tentações da vida. Algo incrível a respeito de Deus Pai é o fato de ele nunca negar o perdão e a reconciliação a qualquer um de seus filhos. Independentemente do nosso estado atual, basta uma atitude de arrependimento e a decisão de voltar para a casa do Pai para sermos recebidos de braços abertos.

Talvez você esteja distante de Deus, e as decisões que tomou o levaram a vivenciar circunstâncias difíceis, relacionamentos abusivos, vícios, escassez, pecado, enfim. A casa do Pai é um lugar de abundância, paz, amor e perdão. O filho pródigo pôde provar isso quando se arrependeu e retornou para o seu lar. Hoje você tem a mesma oportunidade. Deus o convida para retornar para casa e ocupar sua posição de filho.

Sempre haverá renovo para um coração disposto.

@juniorrostirola

365 **DEVOCIONAL**
72/365

LEITURA BÍBLICA
GÊNESIS 48

PALAVRA-CHAVE
#RECONCILIAÇÃO

ANOTAÇÕES

OUVINDO A DEUS

Os planos bem elaborados levam à fartura; mas o apressado sempre acaba na miséria.

PROVÉRBIOS 21.5

café com Deus pai

A presença do Espírito Santo traz a certeza de que você está no caminho certo.

@juniorrostirola

DEVOCIONAL 365
73/365

LEITURA BÍBLICA
SALMOS 25

PALAVRA-CHAVE
#PLANOS

ANOTAÇÕES

Na jornada da vida, cada passo demanda um planejamento sábio e cuidadoso. O rei Salomão nos lembra de que fazer planos não é um mero exercício de cálculos, mas uma busca pela direção de Deus em todas as áreas da vida.

Ao olhar para o céu estrelado, contemplando a grandiosidade do universo e da criação, devemos nos lembrar de que o mesmo Deus que criou as estrelas está presente em nossa vida e se importa conosco. O Espírito Santo nos auxilia e direciona em cada passo que damos, desde que estejamos atentos e sensíveis.

Portanto, entregue-se ao processo de planejamento, ao buscar a orientação do Espírito Santo em cada etapa. É ele quem aponta a direção e provê os recursos necessários, por isso não podemos fazer nada independentemente do Pai. Nos planos de Deus, temos a garantia de promessas extraordinárias, que vão muito além das coisas terrenas e permeiam a eternidade. A Bíblia diz que o coração do homem pode até fazer planos, mas a resposta certa sempre vem do Pai. Ele, em sua sabedoria, traçou um caminho único para cada um de nós, que está disponível ao nos submetermos à liderança e à direção do Espírito Santo em nossa vida.

Hoje, encorajo você a sonhar junto com Deus. Entregue a ele seus desejos, vontades e projetos, para que sejam alinhados ao coração do Pai. Se for necessário mudar a direção, permita que Deus altere o caminho, porque o importante é estar debaixo de sua vontade, pois, quando plantamos obediência, colhemos frutos extraordinários.

PERSEVERE

Quem examina cada questão com cuidado,
prospera, e feliz é aquele que confia no SENHOR.
O sábio de coração é considerado prudente;
quem fala com equilíbrio promove a instrução.

PROVÉRBIOS 16.20,21

café com Deus Pai

Uma vida extraordinária carrega consigo a decisão de perseverar.

@juniorrostirola

A negatividade e a murmuração são verdadeiras doenças da alma que impedem nosso progresso. Ao mostrar um copo d'água pela metade, alguns o veem como meio cheio, enquanto outros o enxergam como meio vazio. Essa dinâmica simples destaca que, diante da mesma situação, perspectivas diferentes geram respostas opostas. O otimista vê suficiência para saciar a sede, mas o pessimista vive em uma mentalidade de escassez, onde nada parece ser o bastante.

O pensamento negativo distorce a visão da realidade, criando alarmismo e travando nossa mente, fazendo-nos enxergar apenas o problema, quando, na verdade, Deus pode estar querendo nos revelar uma grande oportunidade. Como líder de grandes equipes, sempre enfatizo e encorajo cada um a dar o seu melhor em cada momento, superando o cansaço e os desafios que tendem a nos fazer desistir.

É essencial não permitirmos que uma visão de pessimismo e murmuração se instale em nossa vida, pois isso afeta completamente nosso presente e acaba paralisando o futuro que Deus sonhou para cada um de nós.

Diante dos desafios que enfrentamos, a mensagem é clara: não desista até esgotar todas as tentativas para acertar, conquistar e vencer, pois nossa fé deve ser perseverante. Não é porque caminhamos com Deus que acertaremos sempre na primeira tentativa, contudo não permita que o desânimo e a negatividade tomem conta do seu coração. Se for preciso corrigir a rota, corrija, mas sempre siga adiante com fé e determinação, pois assim você caminhará rumo a um destino promissor, em que o não desistir e ser otimista terá valido a pena.

365 **DEVOCIONAL**
74/365

LEITURA BÍBLICA
SALMOS 26

PALAVRA-CHAVE
#DETERMINAÇÃO

ANOTAÇÕES

ELE ESTÁ ESPERANDO POR VOCÊ

café com Deus Pai

Algum tempo depois, o rei Ben-Hadade, da Síria, levou todo o seu exército para lutar contra Israel e cercou a cidade de Samaria. Por causa disso, a falta de alimentos naquela cidade foi tão grande [...]

2REIS 6.24,25 NTLH

Reconhecer nossas falhas é uma questão de humildade.

@juniorrostirola

DEVOCIONAL 365
75/365

LEITURA BÍBLICA
SALMOS 27

PALAVRA-CHAVE
#OPORTUNIDADES

ANOTAÇÕES

Imagine o contexto desesperador e opressor em que o povo de Samaria estava vivendo. A fome se instalou na região em decorrência do cerco imposto pelos inimigos. Como consequência, o preço dos alimentos subiu muito, e o povo começou a passar fome. Era uma situação realmente desesperadora.

Nesse momento da história, o povo de Israel estava em uma condição de muita idolatria, vivendo de qualquer maneira, e tinha se esquecido completamente de Deus. Mesmo diante da infidelidade do povo, Deus não foi infiel com eles. Na sequência, o profeta Eliseu anuncia que Deus Pai interviria e mudaria aquele cenário, o que faria os Sírios se dispersarem e fugirem, revertendo aquele cenário caótico.

Isso me ensina que mesmo quando erramos, Deus Pai está pronto para estender a mão e nos dar uma nova chance, pois ele não pode negar seu caráter misericordioso, de um Pai que ama seus filhos, mesmo quando eles insistem no erro. O fato é que Deus faz isso para nos dar uma nova chance, para que possamos olhar e nos arrepender de nossos maus caminhos e tomar um novo rumo na vida. Infelizmente o povo de Israel voltou a pecar e se manteve afastado do Pai após esse ocorrido, mas eu e você podemos fazer diferente.

Talvez você tenha andado por caminhos obscuros, e tomado decisões contrárias à vontade de Deus, mas a partir de hoje, saiba que mesmo que sejamos falhos com o Pai, ele não é conosco. Ainda há tempo de mudar de rumo, se reconciliar com ele e viver coisas extraordinárias, no centro da vontade de Deus. Por isso não perca mais tempo, Deus Pai está esperando por você.

QUANDO O IMPOSSÍVEL SE TORNA POSSÍVEL

"Pois nada é impossível para Deus."

LUCAS 1.37

"Impossível" é uma palavra que, ao ecoar em nossos ouvidos, muitas vezes soa como um ponto final, restringindo completamente as chances de algo ser realizado. Contudo, quando caminhamos com Deus, essa palavra não tem o mesmo efeito, pois para ele nada é impossível. Mesmo assim, quando ouvimos essa palavra, costumamos desanimar e nos concentramos mais nas barreiras do que nas promessas.

Em um dos meus primeiros empregos, enquanto trabalhava como entregador de autopeças, sofri um acidente de moto que resultou em uma fratura no pé. A situação se agravou, e um médico sugeriu a amputação, uma sentença que eu e minha mãe recusamos. Assumimos a responsabilidade pela alta hospitalar, buscamos uma segunda opinião médica, que, embora pessimista, não desestimulou nossa fé. Naquele momento, tínhamos fé de que haveria sim solução, pois nada é impossível para Deus. Ao seguir os procedimentos médicos e orar intensamente, Deus operou um milagre, e meu pé foi curado.

Na jornada da vida, é crucial crer em milagres mesmo quando os diagnósticos são desanimadores. Você pode estar enfrentando circunstâncias contrárias agora, mas lembre-se de que para Deus nada é impossível.

Todos nós estamos sujeitos a enfrentar um diagnóstico desafiador, mas saiba que a fé em Deus é o combustível para viver milagres. Quando enfrentar desafios ou ouvir que algo é impossível de ser realizado, não tema, pois Deus Pai não pode ser limitado por nossas circunstâncias contrárias. Permita que seu impossível se torne o terreno fértil para viver o milagre.

Em Deus, suas impossibilidades se transformam em milagres.

@juniorrostirola

365 **DEVOCIONAL**
76/365

LEITURA BÍBLICA
GÊNESIS 49

PALAVRA-CHAVE
#CRER

ANOTAÇÕES

NÃO ANDE SOZINHO

É melhor ter companhia do que estar sozinho, porque maior é a recompensa de trabalho de duas pessoas. Se um cair, o amigo pode ajudá-lo a levantar-se. Mas pobre do homem que cai e não tem quem o ajude a levantar-se!

ECLESIASTES 4.9,10

café com Deus pai

Valorize as pessoas hoje, pois amanhã pode ser tarde demais.

@juniorrostirola

DEVOCIONAL 365
77/365

LEITURA BÍBLICA
GÊNESIS 50

PALAVRA-CHAVE
#RELACIONAMENTO

ANOTAÇÕES

A internet e as redes sociais têm proporcionado a aproximação de pessoas que estavam distantes geograficamente, nos fazendo matar a saudade daquele parente ou amigo que reside em outro estado ou nação. Mas o fato é que, ao mesmo tempo em que nos possibilita aproximação com os que estão longe, muitas vezes nos afasta de quem está perto. Soa contraditório, mas é exatamente o que acontece.

Somos seres humanos, criados por Deus para a comunhão, o relacionamento, e não para nos isolarmos. E por mais que possamos manter bons relacionamentos pela internet, eles jamais podem tomar o lugar de nossas relações pessoais. Costumo dizer que se você quer chegar rápido a algum lugar, vá sozinho, mas se quiser chegar longe, vá acompanhado. Se nos isolarmos, jamais chegaremos aonde Deus planejou, e não tocaremos nas promessas que ele tem para nossas vidas.

Isso fica evidente ao olharmos para a criação, quando Deus em Gênesis 2.18 diz: "Não é bom que o homem esteja só [...]", ele deixa claro que não fomos criados para vivermos de maneira independente e isolada, saiba disso.

É bom lembrar que devemos andar com pessoas que tem uma visão correta, pois más companhias podem nos afastar dos caminhos de Deus. Devemos ter ao nosso lado pessoas fortes e cheias de fé, que possam nos ensinar e amparar quando já não tivermos mais forças para caminhar, este é o sentido de viver em comunidade, ajudar e ser ajudado.

Você tem valorizado as pessoas que estão ao seu redor, e investido tempo de qualidade? Convido você a refletir sobre suas escolhas, pois elas te levarão a uma vida de recompensas ou arrependimentos. Seja alguém que estende as mãos para ajudar e abraçar.

SUA CONTA ESTÁ PAGA

"Sou eu, eu mesmo, aquele que apaga suas transgressões, por amor de mim, e que não se lembra mais de seus pecados."

ISAÍAS 43.25

café com Deus Pai

Imagine-se com uma dívida pendente, uma conta a ser saldada com a justiça, quando, de repente, sua ficha é limpa. Pense em todas as suas dívidas desaparecendo, ao verificar seu cartão de crédito e financiamentos, e perceber que estão completamente quitados. Imagine que alguém pagou todas essas contas para você.

Foi exatamente isso que Jesus fez na cruz do Calvário: ele pagou uma dívida que era nossa, ele pagou o preço do pecado que era nosso, levou sobre si as nossas dores e transgressões. Embora os pecados tenham sido pagos por Jesus na cruz, essa verdade só permeia nossa vida quando acreditamos e reconhecemos Jesus como Salvador e Senhor, ao quebrar todo o nosso orgulho, reconhecer nosso pecado e admitindo que precisamos do seu perdão.

Tudo que o Diabo quer é levar-nos a uma cegueira espiritual, a ponto de não enxergarmos o caminho, mantendo-nos sujos e sobrecarregados pelo pecado. Mas hoje você tem a oportunidade de viver uma nova vida, livre de todo pecado, limpo de toda imundícia, convicto do seu propósito em Deus. Viva em santidade e adore aquele que merece todo o louvor e toda a glória.

Considerando a grande obra de Jesus por amor a todos nós, hoje podemos ser o sal da terra e a luz do mundo para aqueles que ainda estão nas trevas. Assim como Deus Pai quer aliviar seu fardo porque o ama incondicionalmente, ele também deseja vê-lo livre de todas as amarras para que possa fazer a diferença onde estiver. Faça a melhor escolha: entregue-se totalmente a Jesus, reconhecendo os seus pecados, e receba perdão e salvação. Trilhe então uma nova caminhada em novidade de vida. Você não é o seu pecado e a sua circunstância; você é um filho amado de Deus Pai.

Só em Jesus encontramos perdão e salvação para a nossa vida.

@juniorrostirola

365 **DEVOCIONAL**
78/365

LEITURA BÍBLICA
JOÃO 1

PALAVRA-CHAVE
#PERDÃO

ANOTAÇÕES

A LIDERANÇA DO ESPÍRITO

"Se vocês, apesar de serem maus, sabem dar boas coisas aos seus filhos, quanto mais o Pai que está no céu dará o Espírito Santo a quem o pedir!"

LUCAS 11.13

café com Deus Pai

Deixe de ser governado pela opinião alheia ou por suas emoções e simplesmente permita que o Espírito Santo guie você.

@juniorrostirola

DEVOCIONAL 365
79/365

LEITURA BÍBLICA
JOÃO 2

PALAVRA-CHAVE
#DIREÇÃO

ANOTAÇÕES

A generosidade de Deus vai muito além da nossa compreensão. Diante disso, Jesus ressalta que se nós, seres humanos, apesar de nossa natureza falha, conseguimos dar boas coisas aos nossos filhos, como não esperar que Deus Pai faça ainda mais? A graça e o amor do Pai são extraordinários e impactantes, e essa verdade precisa estar firmada em nossa vida.

Um grande exemplo da generosidade de Deus foi o fato de ele nos ter deixado um presente valioso, que nos guia em direção ao caminho certo a ser trilhado, nos consola em meio às dificuldades e nos capacita para vencer a luta contra o pecado: o Espírito Santo. É impossível viver uma vida que agrada a Deus ignorando completamente a existência e a ação do Espírito.

Você tem um Pai que faz que tudo coopere para o seu bem. Isso, entretanto, não significa que tudo ocorrerá conforme o seu plano pessoal, mas segundo a vontade dele. E isso não pode ser motivo de preocupação, mas sim de paz, porque, quando nos submetemos a Deus e aceitamos seus caminhos, vivemos nosso propósito. Você não está sozinho, mas tem um auxiliador que o ampara em meio às suas fraquezas e necessidades, dado a nós por meio da infinita generosidade do Pai ao decidirmos caminhar com Jesus. Ele é justamente o Espírito Santo.

Quanto mais intensos em nosso relacionamento com Deus, mais sensíveis estaremos às orientações do Espírito Santo e mais assertivos seremos em nossas decisões diárias. A partir de hoje, permita-se viver uma vida debaixo da liderança do Espírito, pois ele é o grande presente de Deus, disponível a todos aqueles que pedirem.

HÁ MILAGRES PARA QUEM CRÊ

E ordenou que a multidão se assentasse na grama. Tomando os cinco pães e os dois peixes e, olhando para o céu, deu graças e partiu os pães. Em seguida, deu-os aos discípulos, e estes à multidão.

MATEUS 14.19

café com Deus pai

Na narrativa da multiplicação dos pães e peixes, Jesus desafia os discípulos a fornecerem comida para a multidão. Incapazes de compreender a missão, questionam como isso seria possível. Eles então conseguem cinco pães e dois peixes, uma quantidade claramente insuficiente para o número de pessoas que ali estavam, mas não contavam com o grande milagre operado por Jesus.

A Bíblia é repleta de milagres incríveis, que edificam nossa fé e demonstram o poder de Deus. Porém é necessário compreender que eles não acontecem aleatoriamente, mas sempre carregam um propósito. Eles não se restringem a apenas intervir em uma situação momentânea, mas trazem profundas lições, ensinamentos e mudanças de rumo.

Saiba que os milagres vêm quando nosso coração está alinhado ao de Deus. A Bíblia diz em 1João 5.14 que, quando pedimos algo de acordo com a vontade do Pai, ele nos ouve. Por isso, é essencial alinharmos nossa vontade à dele para alcançarmos o milagre. Penso que, se recebêssemos tudo aquilo que pedimos a Deus, as coisas iriam acabar mal, pois não passaríamos pelos processos necessários para chegar ao amadurecimento e acabaríamos nos perdendo.

Por isso, entenda que tanto o sim quanto o não de Deus visam o melhor para você. Da mesma maneira, na criação de meus filhos, eu não dizia sim a tudo o que me pediam, pois nem sempre o que eles desejavam era o melhor para a vida deles. A partir de hoje, busque alinhar seu coração ao do Pai por meio de um relacionamento profundo e sincero e saiba que no tempo certo ele intervirá, e você viverá o seu milagre.

Sua ação será determinante para o seu milagre.

@juniorrostirola

365 **DEVOCIONAL**
80/365

✝ **LEITURA BÍBLICA**
SALMOS 28

PALAVRA-CHAVE
#MILAGRES

ANOTAÇÕES

DE VOLTA PARA CASA

café com Deus pai

"Eu me porei a caminho e voltarei para meu pai, e lhe direi: 'Pai, pequei contra o céu e contra ti'."

LUCAS 15.18

Ao reconhecer sua filiação a Deus Pai, sua realidade muda.

@juniorrostirola

DEVOCIONAL 365
81/365

LEITURA BÍBLICA
SALMOS 29

PALAVRA-CHAVE
#RECONHECIMENTO

ANOTAÇÕES

Deus nos concede a liberdade de escolha, permitindo-nos viver conforme nossas decisões e colher aquilo que semeamos. Por isso, as sementes que plantamos hoje determinarão a colheita futura. Deus nos ama tanto que nos dá a liberdade de escolha. Nessa passagem, o filho decide sair de casa e seguir o seu próprio caminho. Chega, porém, o momento em que ele se encontra no fundo do poço, e vem a lembrança do pai, e com isso ele decide voltar para casa.

A verdadeira liberdade é descoberta no momento em que nos reconhecemos como filhos de Deus, ovelhas de seu rebanho, sabendo que o preço de nossa redenção foi inteiramente pago por Cristo em seu sacrifício. Quando deixamos de lado nossa rebeldia e voltamos para a casa do Pai, somos recebidos não com reprovação, mas com uma celebração de alegria. O Pai nos vê retornar da morte para a vida, e todo o nosso passado marcado por falhas é esquecido. Ao aceitarmos Cristo, renascemos, ao abandonar nossa antiga vida para um novo começo.

Em Jesus, somos verdadeiramente libertos. Não se deixe enganar pelas mentiras que nos dizem que a liberdade está em usufruir de prazeres e curtos momentos de felicidade, pois, no fim das contas, eles nos escravizam em vícios e dependências emocionais, que se mostram apenas ilusão e nos levam a uma vida vazia e sem esperanças.

Não sei por onde você tem andado ou quais decisões tem tomado em sua vida, mas hoje é tempo de reavaliar. Jesus está de braços abertos para receber você, pronto para perdoar todos os erros e pecados, resgatá-lo da escravidão do vício, e assim você poder iniciar uma nova vida. A decisão está nas suas mãos, de abrir o coração e deixar Jesus transformar sua realidade.

CONFIE PLENAMENTE

Ele me perguntou: "Filho do homem, esses ossos poderão tornar a viver?" Eu respondi: "Ó Soberano SENHOR, só tu o sabes". Então ele me disse: "Profetize a estes ossos e diga-lhes: Ossos secos, ouçam a palavra do SENHOR!"

EZEQUIEL 37.3,4

A humildade de Ezequiel diante da pergunta de Deus é algo que me chama a atenção. Quando confrontado com a visão impactante do vale dos ossos secos, Ezequiel, apesar de estar em uma conversa direta com o próprio Deus, não se apressa a dar uma resposta precipitada. Na verdade, ele teve uma atitude de prudência e humildade, pois reconheceu que somente Deus detém o poder de dar e de tirar a vida.

É crucial compreendermos o contexto dessa passagem, em que Ezequiel e o povo hebreu se encontravam cativos na Babilônia, cercados por desânimo, angústia, desesperança e humilhação. A visão que ele teve representava seu povo naquele momento, uma nação de ossos secos, um cenário desolador.

Então, a resposta de Ezequiel evidencia um coração humilde e confiante, pois apenas Deus seria capaz de intervir em uma situação tão desoladora, e assim aconteceu. Com essa história, aprendo que a chave para viver grandes milagres é justamente confiar. Quando nos desesperamos, tentamos resolver tudo da nossa maneira e depositamos as esperanças em nossa própria força, apenas nos cansamos e acabamos falhando, por isso é essencial reconhecer e depender da soberania de Deus.

Não sei quais áreas de sua vida estão como o vale de ossos secos, sem esperança ou expectativas, mas saiba que você precisa confiar plenamente, pois o mesmo Deus que ressuscita mortos pode intervir em suas circunstâncias contrárias e devolver a vida onde só existe treva.

Tudo depende da nossa resposta à dificuldade: crer ou desanimar.

@juniorrostirola

365 **DEVOCIONAL**
82/365

LEITURA BÍBLICA
SALMOS 30

PALAVRA-CHAVE
#INTERVENÇÃO

ANOTAÇÕES

VOCÊ É LIVRE

Portanto, agora já não há condenação para os que estão em Cristo Jesus, porque por meio de Cristo Jesus a lei do Espírito de vida me libertou da lei do pecado e da morte.

ROMANOS 8.1,2

café com Deus pai

Viver a liberdade conquistada por Jesus é viver na abundância dos céus.

@juniorrostirola

DEVOCIONAL 365
83/365

LEITURA BÍBLICA
JOÃO 3

PALAVRA-CHAVE
#LIBERDADE

ANOTAÇÕES

Muitos de nós pensam que, se não estão utilizando algemas, encarcerados em uma prisão, de fato usufruem de uma vida livre. Mas a Bíblia nos mostra a liberdade de uma maneira diferente e muito mais ampla. O fato é que, quando estamos distantes de Deus, lançados à nossa própria sorte, temos uma falsa sensação de liberdade.

Contudo, a verdade é que, quando estamos caminhando dessa forma, somos escravos de nossos próprios desejos e vontades. Uma característica do pecado é que ele nos mantém cativos de uma prática que paralisa nossa vida, ao mesmo tempo que sussurra em nossos ouvidos o contrário, dizendo que estamos apenas usufruindo da liberdade. No entanto, quando submetemos nossa vida em obediência a Deus é que vivemos em verdadeira liberdade, pois nada nos escraviza.

Não se engane: as correntes que nos prendiam foram rompidas por Cristo. Portanto, não permita que nada neste mundo escravize você, pois ele o chamou para a liberdade, na qual o que dirige você não são impulsos ou desejos, mas uma mente sóbria e centrada na Palavra de Deus. Quando usufruímos desse nível de liberdade, as grades que nos impediam de avançar são quebradas, e conseguimos caminhar em direção aos propósitos de Deus.

O que tem paralisado você? Quantas vezes temos a impressão de que nossa vida está estagnada, mas, ao avaliarmos cuidadosamente, percebemos estar presos a velhas práticas ou sentimentos que nos têm impedido de seguir adiante. Consequentemente, perdemos a força, o ânimo e muitas vezes até mesmo a vontade de viver. Hoje Deus marcou esse encontro para transformar essa realidade em sua vida. Declare comigo: Deus Pai, em nome de teu filho amado Jesus, eu me rendo a ti e entrego nas tuas mãos toda a minha vida. Não aceito mais nenhuma prisão que me impeça de viver a liberdade do céu na terra. Que assim seja. Amém!

ALÉM DAS ADVERSIDADES

Tendo, pois, Davi servido ao propósito de Deus em sua geração, adormeceu, foi sepultado com os seus antepassados e seu corpo se decompôs.

ATOS 13.36

café com Deus Pai

As adversidades são trampolins para nos impulsionar e nos lançar para grandes conquistas.

@juniorrostirola

365 DEVOCIONAL
84/365

LEITURA BÍBLICA
JOÃO 4

PALAVRA-CHAVE
#RESILIÊNCIA

Antes de ser o notável rei de Israel, Davi era aquele menino que cuidava das poucas ovelhas de seu pai, e neste lugar ele não era reconhecido pelas pessoas, nem mesmo por sua família, pois no dia em que o profeta Samuel foi até a casa de seu pai com a missão de ungir o próximo rei de Israel, seu pai, Jessé, apresentou ao profeta todos os seus irmãos, mas não se lembrou de Davi. Só vindo a ser chamado quando Samuel questionou se todos os filhos estavam presentes.

Davi era rejeitado por sua família, ele era aquele menino esquecido no campo, cuidando de poucas ovelhas, mas que dentro de si, possuía uma confiança inabalável em Deus, por isso a Bíblia não registra Davi abalado ou paralisado pela forma como os outros tratavam-no, mas mesmo antes de ser rei, já possuía a postura e a nobreza de um, e isso me ensina muito. Não se amolde às circunstâncias ou ao que dizem a seu respeito, mas fique com as palavras que Deus diz sobre você.

Mesmo que a sua vida tenha sido difícil e dolorosa demais, onde você pode ter sido rejeitado, traído, e até mesmo nunca tenha sido abraçado ou tenha ouvido um "eu te amo" de quem você mais esperava, independentemente do que viveu em sua história, saiba que você é amado por Deus e ele tem um grande propósito para sua vida, que vai muito além do que você pode sonhar.

A partir de hoje, não permita mais que suas circunstâncias limitem você, mas busque em Deus seu verdadeiro propósito. Permita que Deus Pai troque a dor, pela alegria; o choro, pelo riso, e assim como Davi, você será preparado para vencer grandes batalhas e cumprir o seu propósito nesta geração.

ANOTAÇÕES

UM ATO DE AMOR

"Darei a vocês um coração novo e porei um espírito novo em vocês; tirarei de vocês o coração de pedra e lhes darei um coração de carne."

EZEQUIEL 36.26

Quando perdoamos, soltamos um prisioneiro. Só depois descobrimos que esse prisioneiro éramos nós.

@juniorrostirola

DEVOCIONAL 365
85/365

LEITURA BÍBLICA
JOÃO 5

PALAVRA-CHAVE
#CURA

ANOTAÇÕES

Em 2019, compartilhei minha história familiar no livro *Encontrei um Pai*. Desde então, recebo inúmeras mensagens de pessoas que enfrentam desafios semelhantes e estão em busca de auxílio para vencer as dores e os traumas que ficaram. Uma pergunta frequente aborda o tema do perdão, pois ele é a chave principal para superarmos as dores do passado.

Ao olharmos da perspectiva de nossa humanidade, dificilmente teremos a capacidade de perdoar alguém. Mas a visão correta que devemos ter a respeito do perdão é que ele é uma ordenança da parte de Jesus. Precisamos perdoar porque fomos perdoados por Cristo. O perdão não deve ser simplesmente uma escolha humana, mas o resultado de termos nascido de novo em Deus e uma consequência de ter o coração regenerado pelo Espírito Santo.

Ao olharmos desse ponto de vista, percebemos que a falta de perdão não é compatível com a nova vida que Jesus nos proporciona, pois, ao guardar esses sentimentos no coração, somos levados a uma vida de amargura e estagnação. Somente em Jesus somos capazes de superar o ódio e liberar perdão verdadeiramente.

Hoje convido você a perdoar e, assim, se desfazer dessa tão pesada carga que você pode estar carregando. Sei que é um processo desafiador, mas é essencial permitir que o Espírito Santo trabalhe em seu coração. Não somos capazes de perdoar como Jesus sem que ele mesmo esteja em nós, por isso deixe-o transformar sua vida de dentro para fora, liberte-se do fardo da falta de perdão e siga rumo a uma vida curada, leve e extraordinária, pois perdoar é um ato de amor.

O OLHAR PERDOADOR DE JESUS

O Senhor voltou-se e olhou diretamente para Pedro. Então Pedro se lembrou da palavra que o Senhor lhe tinha dito: "Antes que o galo cante hoje, você me negará três vezes".

LUCAS 22.61

Existe um ditado popular que diz que os olhos são as janelas da alma, e o motivo disso se dá pelo fato deles transmitirem sentimentos de uma maneira muito sincera, muitas vezes impedindo-nos de esconder o que estamos sentindo. Jesus, em certa ocasião, nos ensina que os olhos refletem nossa alma, evidenciando assim o que há em nós, seja luz, ou trevas.

Pouco tempo após Pedro ser questionado por várias pessoas e ter negado conhecer Jesus, ele se depara com Cristo sendo carregado por seus captores, e o olhar que Jesus lança sobre ele é um olhar de amor e de perdão. E você sabe por que ele decidiu não condenar Pedro? Porque Jesus conhece nossas fraquezas muito mais do que nós mesmos, e mesmo quando erramos, ele nos olha com amor.

Então, se em algum momento você errou, ou se algo de ruim aconteceu em sua vida e sua escolha foi colocar um ponto final, sua decisão de ler este devocional hoje coloca você exatamente no local onde Deus quer, para lhe dar um novo destino.

Deus quer recomeçar algo com você, e independentemente das circunstâncias da vida, ou dos caminhos que você trilhou até aqui, ele quer trabalhar em seu coração. Por isso não importa o que você tenha feito ou o que fizeram a você, Deus Pai o vê com amor, e está pronto para lançar no esquecimento todo o seu passado, e abraçá-lo como filho. Então sinta hoje esse olhar de amor que está sendo lançado para você, se arrependa, erga a sua cabeça e encare esse novo dia com a certeza de que você é amado e perdoado por Deus. Como Pedro, basta você se arrepender, e voltar seus olhos para Jesus.

café com Deus Pai

O arrependimento te lança novamente ao propósito.

@juniorrostirola

365 **DEVOCIONAL**
86/365

LEITURA BÍBLICA
JOÃO 6

PALAVRA-CHAVE
#PERDÃO

ANOTAÇÕES

O PRÊMIO QUE DURA PARA SEMPRE

[...] Corram de tal modo que alcancem o prêmio. Todos os que competem nos jogos se submetem a um treinamento rigoroso, para obter uma coroa que logo perece; mas nós o fazemos para ganhar uma coroa que dura para sempre.

1CORÍNTIOS 9.24,25

café com Deus pai

Só recebe o prêmio aqueles que se preparam e não desistem.

@juniorrostirola

DEVOCIONAL 365
87/365

LEITURA BÍBLICA
SALMOS 31

PALAVRA-CHAVE
#ETERNIDADE

ANOTAÇÕES

O apóstolo Paulo ganhou notoriedade como o apóstolo do mundo, dadas as suas viagens por diversas nações, pregando o evangelho. Uma estratégia inteligente e perspicaz de Paulo para chamar a atenção de seus ouvintes era incorporar elementos da cultura local em sua pregação, a fim de que pudessem se identificar com ela.

Assim, ao pregar em uma cultura greco-romana, Paulo fez alusão às competições olímpicas, bem conhecidas pelos ouvintes, para ilustrar como o cristão deve viver e se preparar para conquistar a salvação eterna, tendo Cristo como seu alvo e centro de busca.

Da mesma maneira que os atletas, que para vencer necessitam de um treinamento rigoroso e uma dieta específica, nós também, na batalha que enfrentamos neste mundo em direção ao pódio da eternidade, precisamos nos preparar. "Por isso, vistam toda a armadura de Deus, para que possam resistir no dia mau e permanecer inabaláveis, depois de terem feito tudo. Assim, mantenham-se firmes, cingindo-se com o cinto da verdade, vestindo a couraça da justiça e tendo os pés calçados com a prontidão do evangelho da paz. Além disso, usem o escudo da fé, com o qual vocês poderão apagar todas as setas inflamadas do Maligno. Usem o capacete da salvação e a espada do Espírito, que é a palavra de Deus. Orem no Espírito em todas as ocasiões, com toda oração e súplica [...]" (Efésios 6.13-18).

Reflita sobre como você tem se preparado para essa jornada em direção à eternidade. Esta é uma realidade da qual não podemos escapar. Suas escolhas não apenas afetarão sua vida aqui na terra, mas também ressoarão por toda a eternidade. Todos nós precisamos avaliar como estamos correndo e a que nos submetemos para conquistar o prêmio que não perece, mas que dura para sempre.

APENAS CONFIE

Ainda que a figueira não floresça e não haja frutos nas videiras, [...] ainda que os rebanhos morram nos campos e os currais fiquem vazios, mesmo assim me alegrarei no SENHOR*; exultarei no Deus de minha salvação!*

HABACUQUE 3.17,18, NVT

Acredito que uma das frases mais ouvidas nos dias de hoje é: "A vida não está fácil para ninguém!" É bem verdade que estamos passando por tempos desafiadores, não só em nosso país, mas também em todo o Planeta. O mundo está constantemente em guerra. Podemos ver que os dias são maus. Mas, mesmo em meio a esse cenário, eu e você não devemos permitir que as circunstâncias exteriores dirijam nossa vida.

No texto que lemos, o profeta Habacuque mostra toda a sua confiança em Deus, pois o tempo em que ele estava vivendo era difícil e turbulento, mas ele afirma que, mesmo em meio à pior das circunstâncias, sua confiança no Senhor é inabalável. E a fé desse homem deve constranger e inspirar o nosso coração nos dias de hoje.

Quantas vezes desanimamos e até pensamos em desistir, nos depararmos com problemas e oposições, não é verdade? Mas o fato é que nossa confiança deve estar inteiramente em Deus Pai, porque, ainda que nada saia conforme o planejado ou que nossas expectativas sejam frustradas, Deus continua no controle e tem o melhor para cada um de nós, por isso nossa alegria e esperança devem estar nele.

Ainda que você esteja enfrentando circunstâncias contrárias, não tema, simplesmente creia. Deus Pai está no controle de todas as coisas e tem o melhor reservado para você. Apenas seja fiel e confie plenamente. Em Deuteronômio 31.8, a Bíblia diz que Deus nunca desampara ou abandona seus filhos. Neste dia, apegue-se a esta promessa, tire seus olhos da terra, dos seus problemas, e volte-os totalmente para os céus.

café com Deus Pai

O dia mal não dura para sempre, mas o amor e a bondade de Deus, sim.

@juniorrostirola

365 DEVOCIONAL
88/365

LEITURA BÍBLICA
SALMOS 32

PALAVRA-CHAVE
#CONFIANÇA

ANOTAÇÕES

O CAMINHO ESTÁ ABERTO

Depois de ter bradado novamente em alta voz, Jesus entregou o espírito. Naquele momento, o véu do santuário rasgou-se em duas partes, de alto a baixo. A terra tremeu, e as rochas se partiram.

MATEUS 27.50,51

café com Deus Pai

Em Jesus, os seus pecados são perdoados, e ele não se lembra mais deles.

@juniorrostirola

DEVOCIONAL 365
89/365

LEITURA BÍBLICA
SALMOS 33

PALAVRA-CHAVE
#ACESSO

ANOTAÇÕES

No templo de Jerusalém, existia um lugar onde somente o sumo sacerdote tinha permissão para entrar, e isso ocorria anualmente debaixo de um rigoroso ritual judaico. Isso acontecia porque aquele lugar representava o local onde estava a presença de Deus, o que exigia muita reverência e zelo.

Mas por que trazer essas informações? Para que possamos entender a profundidade da obra e do sacrifício de Jesus. No templo, havia um véu que separava o lugar da presença de Deus, que o tornava inacessível a outras pessoas. Mas, ao Jesus consumar sua obra na cruz, esse véu se rasgou, simbolizando que agora todos nós temos acesso a Deus Pai, por meio de Jesus.

Isso significa que eu e você temos acesso à presença de Deus. Podemos nos tornar filhos e usufruir dessa paternidade que dá sentido e propósito à nossa vida. Para isso, basta reconhecer o sacrifício de Jesus por nossos pecados. Não são necessários complexos rituais ou obras que venhamos a praticar, mas apenas o sincero reconhecimento de Jesus como Salvador e a disposição de viver uma vida que agrada a Deus.

Nada do que você fez um dia fará Deus Pai amar menos você, pois Jesus morreu na cruz e levou sobre si os nossos pecados. Contudo, basta o seu arrependimento para que o perdão seja estabelecido, porque o véu já foi rasgado e a graça liberada sobre nossa vida. Saiba que o Pai tem planos, sonhos e propósitos lindos para você, por isso não perca mais tempo. Não viva como se o véu não tivesse sido rasgado, pois você tem um Pai que está de braços abertos, pronto para ter um relacionamento intencional com seus filhos, abençoá-los e amá-los. Corra para os braços do Pai, porque somente ele tem o melhor para a sua vida.

SIMPLESMENTE AME

Tornem-se meus imitadores, como eu o sou de Cristo.

1CORÍNTIOS 11.1

café com Deus pai

O amor é a essência da vida que Jesus nos ensinou. Ele não apenas o pregou; ele o encarnou até o último suspiro, estabelecendo o mais alto padrão de amor sacrificial. Para nós, amar como ele amou é o caminho para refletirmos sua imagem mais autenticamente. Paulo, transformado pelo encontro com Jesus, tornou-se um emblema de amor e sacrifício, enfrentando adversidades, rejeição e dor, não com amargura, mas com um coração transbordante por aqueles que estavam ao seu redor.

Paulo nos ensina, por meio de sua vida, que amar como Jesus significa transformar nossa dor em pontes de amor ao próximo, inclusive aos nossos opositores. Esse amor não conhece barreiras, não se resguarda diante da ofensa, mas se estende, perdoa e acolhe. Ser semelhante a Jesus é viver uma existência marcada por ações genuínas a Deus e ao próximo, uma vida que não apenas fala, mas que é um reflexo vivo do amor divino.

Como está sendo a sua jornada? Você tem vivido um estilo de vida que reflete Jesus de forma incondicional? Deus nos convoca a uma existência sobrenatural, em que amar não é uma escolha, mas a nossa natureza. Ele deseja que sejamos canais capazes de transformar ambientes e corações, mostrando ao mundo o poder de um amor que perdoa, acolhe e restaura.

Hoje, eu o desafio a mergulhar mais fundo no amor de Deus, permitindo que ele preencha cada espaço do seu ser, para enfrentar as adversidades com graça e se tornar uma testemunha viva do amor puro e transformador que só pode vir do Pai. Viver nesse amor é nossa maior missão e o caminho para uma vida verdadeiramente plena.

Amar é muito mais que um sentimento; é uma decisão.

@juniorrostirola

365 DEVOCIONAL
90/365

LEITURA BÍBLICA
JOÃO 7

PALAVRA-CHAVE
#AMOR

ANOTAÇÕES

café com Deus pai

AME COMO SE FOSSE VIVER PARA SEMPRE E **VIVA** COMO SE FOSSE MORRER AMANHÃ.

@juniorrostirola

Assista ao vídeo com a palavra e oração para este mês.

abril

café com Deus pai

O SALVADOR

Ela dará à luz um filho, e você deverá dar-lhe o nome de Jesus, porque ele salvará o seu povo dos seus pecados.

MATEUS 1.21

café com Deus Pai

A mensagem de um anjo a Maria e José ressoa até os dias de hoje: temos um Salvador. Em meio a correria do dia a dia, às vezes esquecemos dessa verdade fundamental. Deus Pai enviou Jesus para nos perdoar por nossos pecados e nos reconciliar com ele, nos capacitando a viver uma vida íntegra, de acordo com os padrões celestiais.

Jesus é o antídoto contra o pecado, o único capaz de nos conceder perdão e trazer paz ao nosso coração. Nele encontramos liberdade, amor, e respostas para nossas dúvidas. Ele já fez o necessário ao morrer por nossos pecados, agora, a decisão está em nossas mãos. É preciso escolhermos, viver a vida da nossa própria maneira, enfrentando sozinhos as batalhas, ou render-nos a Jesus e não mais caminhar sozinhos.

Abra seu coração, tome essa decisão e permita que Jesus entre em sua vida e transforme-a completamente. Quando entreguei minha vida a ele experimentei a cura para minhas dores, encontrei meu propósito, e definitivamente foi a melhor decisão que tomei.

Atualmente vemos o mundo nos prometendo diversas chaves para tornar nossa vida melhor, seja financeiramente, emocionalmente, ou em qualquer área. Alguns desses conselhos podem até ter valor, mas não se comparam, e nem trazem as soluções que somente Jesus pode trazer. A partir de hoje, se você ainda não decidiu, tome essa decisão. A Bíblia diz que com o coração devemos crer e com os lábios confessar que Jesus Cristo é nosso salvador. Não perca mais tempo, professe agora sua fé em Jesus e decida caminhar com ele, experimentando uma transformação completa em sua vida.

Quando Jesus é bem-vindo, ele permanece.

@juniorrostirola

365 **DEVOCIONAL**
91/365

LEITURA BÍBLICA
JOÃO 8

PALAVRA-CHAVE
#SALVAÇÃO

ANOTAÇÕES

A OBRA DO ESPÍRITO SANTO

"Contudo, o Conselheiro, o Espírito Santo, que o Pai enviará em meu nome, ensinará a vocês todas as coisas e fará que se lembrem de tudo o que eu disse."

JOÃO 14.26

café com Deus Pai

Somente o Espírito Santo tem o poder para realizar as transformações necessárias em nossa vida.

@juniorrostirola

DEVOCIONAL 365
92/365

LEITURA BÍBLICA
JOÃO 9

PALAVRA-CHAVE
#TRANSFORMAÇÃO

ANOTAÇÕES

Ao longo das Escrituras, somos convidados a conhecer o Espírito Santo por meio de diversas figuras reveladoras. Ele é como o fogo que incendeia os corações, como o óleo que unge e cura, como a água que jorra do nosso interior e como o vento misterioso que não podemos controlar nem sabemos para onde vai.

A obra do Espírito Santo vai além do tempo, permeando a história da revelação divina. Ele inspirou profetas, guiou a escrita das Escrituras do Antigo e Novo Testamentos e instruiu o povo de Deus em seus caminhos. Sua presença é a força que nos capacita a proclamar a verdade e a justiça.

Na jornada da salvação, o Espírito Santo desempenha um papel crucial. Ele nos desperta do sono do pecado, ilumina nossa mente para compreender a Palavra de Deus e traz convicção espiritual ao nosso coração. Ele nos confronta com a realidade e revela a justiça de Deus. Não somos deixados à mercê de nossas fraquezas, pois o Espírito Santo nos reveste com o poder de Deus. Ele nos concede coragem, amor e equilíbrio para enfrentar com confiança os desafios da vida.

Portanto, convido você a buscar um relacionamento íntimo com o Espírito Santo. Pois é desse relacionamento que jorra o poder transformador de Deus sobre nossa vida. Renda-se a ele, viva debaixo de sua orientação, e assim seja capacitado para que o Pai faça uma grande obra por meio de sua vida, pois tudo isso está à sua disposição, bastando entregar o controle e deixar o Espírito Santo encher sua vida.

DO ORDINÁRIO AO EXTRAORDINÁRIO

Dediquem-se uns aos outros com amor fraternal. Prefiram dar honra uns aos outros mais do que a si próprios.

ROMANOS 12.10

café com Deus pai

Muitas de nossas rotinas parecem normais, trazendo-nos um sentimento de que tudo está no modo automático. Todos os dias acordamos, fazemos nosso devocional, tomamos café, nos dirigimos ao nosso trabalho, conferimos as redes sociais, e assim nosso dia vai acontecendo, e vamos levando a vida, ou melhor, a vida vai nos levando. No entanto, a vontade e os planos de Deus para a nossa vida vão além do comum.

Quando passamos a ter esse entendimento, ao acordar já nos dispomos para aquilo que o Pai quer fazer em nossa vida e por meio dela. Passamos a perceber que estamos aqui com uma missão e um propósito, e que os lugares que frequentamos são ambientes que podem ser influenciados positivamente pela nossa presença, por meio do amor que recebemos de Deus.

No texto que lemos, Paulo traz uma grande verdade que poucas vezes praticamos: devemos honrar mais o nosso próximo. Isso significa muitas vezes não buscar o mérito para nós, mas priorizar e honrar aqueles que estão ao nosso redor, pois Jesus nos ensinou a agir dessa forma.

Tudo o que Deus faz tem um propósito, por isso entenda que você não levantou hoje da sua cama por acaso, e sua família, seu trabalho e o lugar onde estuda não são aleatoriedades da vida. Deus Pai quer que em todo lugar você ame e influencie positivamente os ambientes onde ele o colocou.

Por isso, saia do modo automático, peça a Deus que abra os seus olhos e guie seus passos em todo o tempo, pois nosso verdadeiro propósito está em cumprir os desejos do Pai e em caminhar ao lado dele. A partir de hoje, entenda isso e viva uma vida muito além do comum.

A humildade precede a honra.

@juniorrostirola

365 DEVOCIONAL
93/365

LEITURA BÍBLICA
JOÃO 10

PALAVRA-CHAVE
#HONRA

ANOTAÇÕES

UMA VIDA ACIMA DA MÉDIA

E respondeu-lhe Pedro, e disse: Senhor, se é tu, manda-me ir ter contigo por cima das águas. E ele disse: Vem. E Pedro, descendo do barco, andou sobre as águas para ir ter com Jesus.

MATEUS 14.28,29, ACF

café com Deus pai

Não desista daquilo que Deus não desistiu.

@juniorrostirola

DEVOCIONAL 365
94/365

LEITURA BÍBLICA
SALMOS 34

PALAVRA-CHAVE
#INTIMIDADE

Deus não tem filhos favoritos, é preciso entender isso. Há uma vida sobrenatural à disposição de cada um de nós, mas nem todos acabam acessando-a. A passagem que lemos fala sobre algo sobrenatural que ocorreu na vida de Pedro. Certa madrugada, enquanto estavam no meio do mar, Jesus apareceu aos seus discípulos andando sobre as águas. Diz o texto que Pedro, vendo que era Jesus, foi tomado por uma fé totalmente diferente dos demais tripulantes do barco.

Aprendo com Pedro que, para viver o sobrenatural, é preciso apenas duas coisas: reconhecer Jesus e querer estar junto dele. É possível afirmar isso, pois, quando temos intimidade com Deus, abrimos as portas para o impossível.

Até o dia em que recebi Jesus, minha vida não tinha nada significante; pelo contrário, era vazia e sem esperança. Eu não tinha um propósito, e era movido por mentiras e péssimas circunstâncias em que minha vida se encontrava. Mas um convite mudou a minha história. Quando olho para mim, ainda vejo as limitações do passado, mas, quando olho para Jesus, vejo tudo o que ele já fez em minha vida e o que posso fazer agora ao lado dele.

O que tem impedido você de viver o sobrenatural de Deus? Eu o convido a uma nova vida, que vai além dos sonhos que sua mente é capaz de alcançar, uma transformação e mudança que somente Jesus pode proporcionar em sua história. A partir de hoje, seja ousado e cheio de fé como Pedro, dê o passo em direção a uma vida de intimidade com Jesus e esteja pronto para viver grandes milagres.

ANOTAÇÕES

FÉ QUE GERA MILAGRES

Ele [Deus] faz grandes coisas, maravilhosas demais para entender, e realiza milagres incontáveis.

JÓ 9.10, NVT

O que vem à sua mente quando ouve a palavra "milagre"? Para mim, é algo impossível de ser alcançado sem uma intervenção sobrenatural. Entenda que não há impossível para Deus; tudo que há no universo passou a existir porque ele determinou. Veja que não conseguimos enumerar os seus feitos, não há limites, nele tudo é possível.

Como anda a sua fé em Deus? Essa pergunta é importante, porque todos os milagres se materializam por meio da fé. A fé vai além de uma simples confiança ou sentimento; diz respeito a tomar atitudes. Quem caminha com fé vive com os olhos espirituais abertos, vendo aquilo que outros não enxergam.

Lembro-me de que há alguns anos um jovem que era membro da igreja que pastoreio precisou ser hospitalizado com urgência, pois foi diagnosticada uma mancha em seu cérebro que poderia ser um tumor. Nunca me esqueço desse dia. Era uma sexta-feira, e fui até o hospital acompanhado de um pastor assistente. Lá oramos junto com ele. Quando descemos as escadas do hospital, verbalizei: ele está curado.

Recordo-me de que uma das frases daquele jovem para nós foi: "Junior, quem vai criar o meu filho?". Minha resposta foi: "Você. Você o criará".

Dias depois, foi realizada a biópsia, que só atestou o milagre de que estávamos certos que aconteceria.

Entenda que sua atitude é determinante para o seu milagre, por isso se posicione com fé. Ainda que aos seus olhos seja impossível, Deus Pai tem poder para transformar qualquer realidade quando a sua confiança está nele e em seu poder.

café com Deus Pai

Não use suas palavras para descrever a situação; use-as para transformar realidades.

@juniorrostirola

365 DEVOCIONAL
95/365

LEITURA BÍBLICA
SALMOS 35

PALAVRA-CHAVE
#MILAGRES

ANOTAÇÕES

CAMINHE COM DEUS

"O SENHOR que me livrou das garras do leão e das garras do urso me livrará das mãos desse filisteu". Diante disso Saul disse a Davi: "Vá, e que o SENHOR esteja com você".

1SAMUEL 17.37

café com Deus pai

Na vida, o melhor é sempre caminhar com Deus.

@juniorrostirola

DEVOCIONAL 365
96/365

LEITURA BÍBLICA
SALMOS 36

PALAVRA-CHAVE
#CAPACITADO

ANOTAÇÕES

A história de Davi não se inicia com sua vitória sobre Golias; antes disso, no campo cuidando das ovelhas, ele enfrentou e venceu leões e ursos. Essas experiências foram fundamentais, e Davi as usou para mostrar que Deus já o havia capacitado para a batalha, mesmo sem ele ser sequer um soldado.

Isso nos ensina muito, porque por vezes somos desafiados com novas oportunidades e temos a tendência de menosprezar nosso potencial, pensando não sermos capazes ou experientes, mas o fato é que Deus, assim como foi com Davi, nos capacita no dia a dia, no processo. Portanto, Deus é quem nos capacita a vencer, pois nossas habilidades e qualidades provêm dele. Percebo que isso era muito claro para Davi e lhe deu coragem e ânimo para saber que venceria a batalha contra o gigante, pois não lutava apenas com suas forças.

Comigo não foi diferente. Por exemplo, aos treze anos eu abandonei a escola por ser um ambiente difícil de enfrentar. Além de sofrer *bullying*, apanhar e ser rejeitado, tinha muita dificuldade no aprendizado. Anos depois, já conhecendo Deus Pai, eu consegui retornar à escola e enfrentar as batalhas que foram até os meus dezenove anos. Estas só pioraram, porém agora eu tinha um Pai que me ajudava a vencer um dia de cada vez. Eu não parei, motivo por que hoje somos milhares lendo *Café com Deus Pai.*

Qual decisão tomar diante das lutas que você está enfrentando: parar ou enfrentá-las com Deus? Convido você a levantar a cabeça e marchar em direção à vitória, independentemente dos gigantes que têm se levantado. Não caminhe sozinho nessa batalha. Decida hoje mesmo caminhar com Deus, pois ele o levará a desfrutar de grandes conquistas.

O VERDADEIRO AMOR

O amor é paciente, o amor é bondoso. Não inveja, não se vangloria, não se orgulha. Não maltrata, não procura seus interesses, não se ira facilmente, não guarda rancor.

1CORÍNTIOS 13.4,5

café com Deus Pai

Hoje em dia, é muito fácil confundir o amor com diversos outros tipos de sentimentos. Muitas vezes, achamos que estamos expressando amor, mas, na verdade, estamos contra os princípios que a Bíblia nos traz a esse respeito.

Ao ler as palavras de Paulo, minha mente se volta para a história do jovem rico, que se aproximou de Jesus com o coração sincero. Embora observasse os mandamentos, sua obediência carecia de um verdadeiro relacionamento com Deus, pois, ao Jesus pedir a ele que vendesse os seus bens, desse o dinheiro aos pobres e então o seguisse, sua fé esmoreceu. O amor que ele tinha ficou preso a seus próprios interesses, e suas riquezas falaram mais alto.

O nosso amor não deve estar atrelado às coisas deste mundo, porque, quando vivemos dessa maneira, facilmente trocamos Jesus por qualquer outra coisa. Então, como foi com o jovem rico, ao sermos confrontados, cederemos à pressão e rejeitaremos o chamado de seguir Jesus.

O amor é atemporal e não se ofende facilmente, mas, infelizmente, o jovem rico valorizava mais suas riquezas do que o Reino de Deus. A lição é clara: o melhor momento para amar é agora, pois as circunstâncias mudam, as pessoas partem e o arrependimento muitas vezes se manifesta tarde demais, mas o amor é um legado eterno.

Você tem amado acima das circunstâncias? Amar é uma decisão, não apenas um sentimento, por isso devemos amar ao próximo como a nós mesmos. O amor é um legado que transcende o tempo e que permanece para sempre. Não à toa a Bíblia nos ensina tanto acerca do verdadeiro amor. Saiba que aprendemos a amar ao olhar para Deus Pai, pois ele é a fonte do amor.

Se o amanhã não chegar, você amou para valer hoje?

@juniorrostirola

365 DEVOCIONAL
97/365

LEITURA BÍBLICA
JOÃO 11

PALAVRA-CHAVE
#AMAR

ANOTAÇÕES

VIVA O SEU CHAMADO

Então Elias saiu de lá e encontrou Eliseu, filho de Safate. Ele estava arando com doze parelhas de bois, e estava conduzindo a décima-segunda parelha. Elias o alcançou e lançou a sua capa sobre ele.

1REIS 19.19

café com Deus pai

O nível de sua renúncia determinará o quão longe você vai chegar.

@juniorrostirola

DEVOCIONAL 365
98/365

LEITURA BÍBLICA
JOÃO 12

PALAVRA-CHAVE
#CHAMADO

ANOTAÇÕES

No texto que lemos, Elias estava convidando um homem chamado Eliseu para ser seu sucessor como um grande profeta da nação de Israel. E esse chamado foi registrado na Bíblia e nos ensina muito pela forma como aconteceu. Ao perceber que estava sendo convocado por Deus para uma missão, Eliseu não hesitou, decidiu rapidamente e foi em direção ao seu chamado.

Perceba que ao ser chamado, Eliseu não estava parado de braços cruzados, mas estava trabalhando, arando a terra. Ele então imediatamente para o que estava fazendo, vai ao encontro de seus pais e se despede, após isso ele dá um banquete, e então parte em direção a seu destino profético. Além de nos ensinar a respeito da fé e confiança no chamado que Deus tinha para sua vida, mostra o quanto ele amava e respeitava sua família.

Isso me ensina que quando Deus nos dá um propósito, ele supre todas as necessidades durante o processo. Anos atrás, fui pastorear uma igreja na cidade de Presidente Prudente, em São Paulo. Na época, deixei minha cidade natal e fui em direção ao chamado de Deus, e foi um tempo de muito aprendizado e amadurecimento, onde pude ver o cuidado do Pai com a minha vida e da minha família, ele supria o necessário dia após dia, pois nossa renúncia estava firmada na fé e na confiança que tínhamos em relação ao nosso chamado.

Não estou falando para você abandonar sua vida e seguir para um lugar distante, mas sim para que você saiba que se Deus prometeu algo para você, ele cumprirá, e não deixará faltar nada durante o processo. Seja iniciar um trabalho voluntário, uma faculdade, uma empresa, a maternidade, enfim. Saiba que Deus sempre lhe sustentará, apenas se mantenha firme nos princípios dele, e viva os propósitos que ele tem para você.

DEFININDO PRIORIDADES

Sendo assim, não corro como quem corre sem alvo, e não luto como quem esmurra o ar. Mas esmurro o meu corpo e faço dele meu escravo, para que, depois de ter pregado aos outros, eu mesmo não venha a ser reprovado.

1CORÍNTIOS 9.26,27

café com Deus pai

Paulo teve uma revelação profunda sobre o propósito de sua vida. Ao ser transformado por Jesus, ele correu em direção ao alvo de sua missão: viver para Cristo. Fica claro que nada poderia se colocar à frente desse objetivo, pois ele, obstinado, sabia que seu chamado era muito valioso.

Contudo, muitas pessoas vagueiam sem um alvo claro, vivendo sem sentido, sem perceber que o verdadeiro alvo de nossa existência na terra é Cristo. Quando estamos nele, todas as áreas de nossa vida se transformam. Nossa visão e nossa mentalidade mudam; passamos a enxergar a vida com os olhos espirituais, compreendendo que as coisas deste mundo estão, muitas vezes, em oposição ao plano divino.

Estar em Cristo é viver de forma completamente diferente, e isso deve refletir em todos os papéis que exercemos em nossa vida, como pais, filhos, cônjuges, profissionais e outros. Como filhos de Deus, compreendemos que nossa vida vai muito além de nós mesmos; por isso, se desejamos alcançar a verdadeira felicidade e plenitude, é essencial fazer de Jesus o que temos de mais valioso e importante, assim como Paulo fez em sua vida.

Não sei quais têm sido suas prioridades, mas é sempre bom reavaliar os caminhos que temos trilhado. Sendo assim, não corra como quem corre sem alvo nem lute como quem esmurra o vento. Não permita que nada, por melhor que possa parecer aos seus olhos físicos, tome o lugar de Jesus em sua vida. Faça dele o centro de tudo.

Aquilo que ganha foco na minha vida sempre se expande.

@juniorrostirola

365 DEVOCIONAL
99/365

LEITURA BÍBLICA
JOÃO 13

PALAVRA-CHAVE
#ALVO

ANOTAÇÕES

CONECTE-SE A JESUS

"Eu sou a videira; vocês são os ramos. Se alguém permanecer em mim e eu nele, esse dá muito fruto; pois sem mim vocês não podem fazer coisa alguma."

JOÃO 15.5

café com Deus pai

Como o ramo não pode dar fruto por si mesmo, sem Jesus não podemos frutificar.

@juniorrostirola

DEVOCIONAL 365
100/365

LEITURA BÍBLICA
JOÃO 14

PALAVRA-CHAVE
#CONEXÃO

ANOTAÇÕES

Tenho certeza de que todos nós temos o grande desejo de frutificar, prosperar das mais diversas maneiras, não é verdade? Nessa ocasião, Jesus nos concede um valioso ensinamento a respeito de como deve ser nossa vida na terra e qual é a única maneira de frutificarmos. O texto que lemos é muito enfático, mostrando-nos o seguinte: para frutificar, precisamos estar conectados a Jesus.

O fato é que essa conexão precisa ser profunda, algo íntimo e intencional. Então, eu o convido a refletir neste dia: você tem estado verdadeiramente ligado a Jesus? Porque muitas vezes acabamos nos distraindo, desviando o olhar de Jesus. Quando isso acontece, nos perdemos completamente na caminhada e acabamos permitindo que nossos frutos apodreçam. Só frutificamos de maneira saudável quando estamos intimamente ligados a Jesus, e somente nele podemos experimentar uma vida abençoada e abundante.

Não tenha medo de ir na contramão do mundo, pois o fato é que temos escolhas a fazer. Quando buscamos agradar a Deus, frutificamos, mas, quando nos opomos à sua vontade e caminhamos na direção oposta, afastamo-nos completamente dos seus propósitos e acabamos desconectados da videira que nos transmite todo o necessário para nos mantermos vivos e frutíferos.

Saiba que estar intimamente conectado a Jesus não é algo para poucos, mas para todos os que desejam viver dessa maneira. Ele morreu a nossa morte, para que vivêssemos a vida dele em nós. Portanto, a partir de hoje decida romper com tudo aquilo que o tem afastado de Jesus. Conecte-se à verdadeira fonte de vida e veja a transformação chegar.

UM PASSO DE CADA VEZ

Irmãos, junto a mim, não julgo havê-lo alcançado, mas uma coisa faço: esquecendo-me das coisas que ficaram para trás e avançando para as que estão diante de mim, prossigo para o alvo, para o prêmio da soberana vocação de Deus em Cristo Jesus.

FILIPENSES 3.13,14 NAA

café com Deus Pai

A disciplina é algo fundamental em vários aspectos de nossa vida, pois organiza as ideias, traz sentido às prioridades e ao que realmente é importante, além de fazer com que a procrastinação passe longe de nosso dia a dia. Tenho aprendido que o segredo para vencer a falta de foco e alcançar os objetivos está diretamente relacionado aos pequenos desafios.

Na escada da vida, devemos subir um degrau de cada vez. Quando tentamos dar passos maiores do que conseguimos, corremos o risco de tropeçar e cair. No texto que lemos, Paulo deixa claro que estava constantemente caminhando, prosseguindo em direção ao seu alvo que era completar seu propósito aqui na terra, e alcançar sua salvação.

Quando nos comprometemos com grandes desafios, precisamos honrá-los, e para conseguir superá-los, é necessário saber que lidaremos com pequenos obstáculos todos os dias. Gosto de usar o exemplo de Davi para ilustrar os humildes começos, pois antes de vencer o gigante Golias e se tornar um grande comandante de uma nação, viveu por muitos anos no campo, cuidando zelosamente das ovelhas de seu pai, sem ser visto por ninguém. Mas foi lá que ele viveu experiências que o moldaram.

Hoje o convido a valorizar os pequenos começos. Talvez você esteja sentindo que atualmente está fazendo coisas pequenas e sem expressão, como Davi cuidando de um pequeno rebanho, mas saiba que se Deus o colocou onde você está, é porque é exatamente nesse lugar que você irá aprender, amadurecer e crescer. Suba pacientemente cada degrau da vida, porque no tempo certo, Deus Pai confiará grandes coisas a você.

Valorizar os pequenos começos nos prepara para grandes conquistas.

@juniorrostirola

365 **DEVOCIONAL**
101/365

✝ **LEITURA BÍBLICA**
SALMOS 37

PALAVRA-CHAVE
#CRESCIMENTO

ANOTAÇÕES

VENÇA A INCREDULIDADE

"[...] Mas, se podes fazer alguma coisa, tem compaixão de nós e ajuda-nos." "Se podes?", disse Jesus. "Tudo é possível àquele que crê." Imediatamente o pai do menino exclamou: "Creio, ajuda-me a vencer a minha incredulidade!"

MARCOS 9.22-24

café com Deus pai

Silencie a voz da incredulidade e viva os planos de Deus.

@juniorrostirola

DEVOCIONAL 365
102/365

LEITURA BÍBLICA †
SALMOS 38

PALAVRA-CHAVE
#ACREDITAR

ANOTAÇÕES

Certa vez, o Senhor Jesus levou Pedro, Tiago e João para o topo de um monte, onde presenciaram um evento extraordinário: a transfiguração do Filho de Deus. Contudo, ao descerem do monte, se depararam com um pai clamando, aflito, por ajuda para seu filho. Os discípulos ali presentes se mostraram incapazes de ajudá-lo. Então, o homem se dirigiu a Jesus com estas palavras: "Se podes fazer alguma coisa, tem compaixão de nós e ajuda-nos".

Note bem, aquele pai reconhecia o poder de Deus, sabia que Jesus podia ajudá-lo, mas a dúvida ainda assombrava seu coração. O desânimo diante das tentativas fracassadas havia minado sua confiança.

Essa cena ecoa na vida de muitos de nós hoje em dia. Sabemos que Deus é capaz de realizar o impossível, mas ainda assim somos assombrados pelo medo do fracasso.

Nosso maior desafio talvez seja vencer a incredulidade. Quantas vezes ouvimos promessas sobre o poder de Deus, mas, com o passar do tempo, nossa fé vacila, como um castelo de areia desfeito pelas ondas do mar.

Precisamos evitar que a incredulidade nos impeça de viver os planos de Deus. Contudo, é necessário alimentar nossa fé e, para isso, não basta apenas saber quem ele é; é preciso ser íntimo, conhecê-lo profundamente, para que as dúvidas não nos impeçam de viver e provar do seu agir. Desafio você a orar mais, estudar mais a sua palavra, trilhar seus caminhos em obediência, pertencer a uma comunidade de fé e não deixar de tomar um café todos os dias com Deus Pai. Afinal, um relacionamento profundo e verdadeiro o levará a uma fé inabalável para enfrentar os desafios do dia a dia, não permitindo que as circunstâncias contrárias destruam você. Ore com fervor, como se tudo dependesse dele, e empenhe-se, como se tudo dependesse de você.

DEIXE JESUS MUDAR SUA REALIDADE

13 | ABR

Todavia, como está escrito: "Olho nenhum viu, ouvido nenhum ouviu, mente nenhuma imaginou o que Deus preparou para aqueles que o amam".

1CORÍNTIOS 2.9

Nossa vida é determinada por escolhas que, por sua vez, geram consequências. É bem verdade que muitas coisas que experimentamos não necessariamente são efeitos diretos de nossas escolhas pessoais, mas sim das escolhas daqueles que de uma certa forma, tem uma influência sobre nós. Assim foi comigo, vivi em um lar disfuncional por escolhas pessoais que meu pai fez, porém, Deus Pai nunca me abandonou em meio àquele processo.

Independentemente das escolhas que efetuamos ou que fizeram por nós, Deus tem planos maiores e melhores para a nossa vida. Sou uma prova viva disso, mas só pude compreender melhor quando comecei a ter um relacionamento real com Jesus. Mesmo sem conhecê-lo muito, eu não aceitava mais a minha vida do jeito que ela era e queria experimentar uma mudança, foi aí que me apeguei a Jesus, pois ele era, e continua sendo, aquilo de mais importante em minha vida.

Com o tempo, o amor do Senhor começou a entrar em meu coração. Lembro-me de que durante esse processo, ele começou a limpar o meu passado, e eu passei a não dar mais legalidade às mentiras do Inimigo. Hoje entendo plenamente o significado de ter entregue minha vida a Jesus. Nele, realmente encontrei a salvação, cura e libertação que tanto sonhava.

Deus Pai é o único capaz de mudar sua realidade e de responder todas as suas perguntas, somente nele você encontrará restauração plena, e uma vida que realmente vale a pena ser vivida. Saiba que ele tem coisas extraordinárias reservadas para você, por isso, entregue completamente o controle de sua vida a ele, e veja a transformação completa chegar até você.

Mais do que ter fé para tocar Jesus, é necessário ter atitude para deixar ele entrar em seu coração.

@juniorrostirola

365 DEVOCIONAL
103/365

LEITURA BÍBLICA
SALMOS 39

PALAVRA-CHAVE
#RESTAURAÇÃO

ANOTAÇÕES

NADE CONTRA A MARÉ

Josué, filho de Num, e Calebe, filho de Jefoné, dentre os que haviam observado a terra, rasgaram as suas vestes e disseram a toda a comunidade dos israelitas: "A terra que percorremos em missão de reconhecimento é excelente".

NÚMEROS 14.6,7

café com Deus Pai

A sua vista pode ser a maior inimiga da sua visão.

@juniorrostirola

DEVOCIONAL 365
104/365

LEITURA BÍBLICA
JOÃO 15

PALAVRA-CHAVE
#VISÃO

Josué e Calebe foram dois homens com uma fé extraordinária, que não se deixaram levar pelo ambiente em que se encontravam, pois eles criam em Deus mais do que em suas próprias forças. Isso ficou evidente quando foram enviados doze homens para espiar a terra prometida, e os dois foram os únicos que não perderam a fé e expressaram uma atitude otimista mesmo em meio a um grande desafio. Vejo que os outros dez, que voltaram desolados e já aceitando a derrota, saíram perdedores antes mesmo de lutar.

A fé de Josué e Calebe não estava no fato de se acharem fortes ou poderosos; pelo contrário, eles sabiam que venceriam as batalhas e entrariam na terra porque Deus havia prometido. E eles não se importavam com o que os seus olhos viam, mas sim tinham total confiança naquilo que Deus já havia dito.

Isso traz um grande ensino para mim: ser uma pessoa cheia de fé é muitas vezes ser criticado, apontado até como louco, pois é nadar contra a maré. Na minha vida, diversas vezes o cenário ao redor dizia não, mas a voz de Deus dizia sim, e isso era tudo de que eu precisava. Ele sempre foi fiel, jamais me desamparou, e tudo aquilo que me prometeu se cumpriu.

Decida a partir de hoje viver pela percepção de Deus e seja impulsionado a grandes vitórias, pois nossos olhos físicos não podem atrapalhar nossa visão espiritual. Reconheça que jamais você galgará a vitória por suas próprias forças, mas sim por sua fidelidade, e Deus Pai cumprirá cada uma das promessas que fez a você. Ele é bom em todos os momentos. Então, faça como Josué e Calebe: feche os olhos da dúvida e abra os olhos da fé

ANOTAÇÕES

NÃO PERCA JESUS NA CAMINHADA

Terminada a celebração, partiram de volta para Nazaré, mas Jesus ficou para trás, em Jerusalém, sem que seus pais notassem sua falta.

LUCAS 2.43, NVT

Anualmente, José e Maria iam a Jerusalém para a comemoração da Páscoa. Quando Jesus completou doze anos de idade, subiram à festa, como de costume. Mas, depois de caminharem o dia todo na viagem de volta, perceberam que seu filho não estava com eles, pois andavam em caravanas e pensaram que ele estivesse entre as pessoas e conhecidos. Ficaram tão preocupados com outros assuntos que seus olhos e pensamentos não estavam focados na pessoa certa.

Esse relato chama a minha atenção para o perigo da rotina, do costume e das ações automáticas que podemos deixar que conduzam a nossa vida. Quantas vezes você ficou ocupado e não deu a devida atenção a Jesus? O olho é um órgão complexo e com alto grau de desenvolvimento, fundamental para perceber o que está à nossa volta, contudo ele não é capaz de focar duas coisas ao mesmo tempo. Por exemplo, o motorista de um carro não consegue simultaneamente visualizar a estrada à sua frente e a bela paisagem ao seu redor, pois, se olhar para o lado, a direção se tornará insegura. Do mesmo modo, quando nosso olhar não estiver voltado para Jesus, não seguiremos na direção certa.

Perder Jesus no caminho é andar sem direção, é percorrer qualquer rumo diante da vida. Sem ele, levantar pela manhã não é uma bênção, mas um fardo. Quantos de nós levam a vida de modo automático ou perderam a paixão por Jesus?

Hoje eu o convido a parar por um instante e refletir: onde está Jesus? Não perca o foco, mas permita que Cristo seja o centro de sua vida, pois assim você não andará mais perdido, mas será conduzido a uma vida completa, no centro da vontade de Deus.

Sua vida só terá sentido quando Jesus for o seu tudo.

@juniorrostirola

365 **DEVOCIONAL**
105/365

LEITURA BÍBLICA
JOÃO 16

PALAVRA-CHAVE
#DIREÇÃO

ANOTAÇÕES

NÃO MURMURE

E não se queixem, como alguns deles se queixaram — e foram mortos pelo anjo destruidor.

1CORÍNTIOS 10.10

café com Deus pai

Há pessoas que não fluem, porque estão presas à insatisfação e à ingratidão.

@juniorrostirola

DEVOCIONAL 365
106/365

LEITURA BÍBLICA
JOÃO 17

PALAVRA-CHAVE
#GRATIDÃO

ANOTAÇÕES

Em todos os lugares onde há multidões, há sempre alguém descontente, pronto para reclamar. Às vezes, podemos ser nós mesmos essa pessoa, enxergando o mundo com uma ótica negativa, sem apreciar as bênçãos que o Senhor nos concedeu.

Essa tendência humana remonta aos tempos antigos, como vemos após a libertação do povo de Israel do Egito. Apesar de testemunharem milagres, encontraram motivos para reclamar, até mesmo do maná que lhes era dado para sustento. Em momentos de descrença, recorreram à idolatria, demonstrando ingratidão pelas bênçãos de Deus e prolongando sua jornada rumo à terra prometida.

Na Palavra, aprendemos que a murmuração surge quando nos queixamos da nossa situação, quando nos sentimos superiores aos outros, quando invejamos ou criticamos. Essas atitudes revelam nossa falta de identidade em Deus, levando-nos às raízes da insatisfação constante e da ingratidão, que têm como consequência a murmuração.

Portanto, é crucial cultivar uma atitude de gratidão, lembrando-nos constantemente dos feitos do Senhor. Antes de reclamar, reflita sobre tudo o que ele fez por você e vem fazendo. Não deixe suas promessas serem enterradas na terra da ingratidão. Seja grato em todos os momentos. Assim como diz o salmista: "Tu és o meu Deus; graças te darei! Ó meu Deus, eu te exaltarei! Deem graças ao SENHOR, porque ele é bom; o seu amor dura para sempre" (Salmos 118.28,29). Que hoje você possa decidir adorar em vez de murmurar, orar em vez de reclamar, confiar em vez de ser pessimista, ser grato em vez de ingrato, pois isso fará de você uma bênção por onde quer que andar.

SEJA UM AGENTE DA PAZ

Então Abrão disse a Ló: "Não haja desavença entre mim e você, [...] afinal somos irmãos! Aí está a terra inteira diante de você. Vamos nos separar! Se você for para a esquerda, irei para a direita; se for para a direita, irei para a esquerda".

GÊNESIS 13.8,9

café com Deus pai

Em um mundo agitado e intenso, não é incomum haver desentendimentos entre pessoas, seja na família, seja com o cônjuge, seja no trabalho ou onde quer que você se relacionar. Entretanto, o amor e o perdão devem permear nossas relações. Não podemos ser agentes propagadores do caos e intrigas; pelo contrário, devemos ser exemplos daqueles que se dedicam a pacificar confrontos, movidos pela direção do Espírito Santo, para em todo tempo termos resoluções construtivas e harmoniosas para os problemas que enfrentarmos.

Essa reflexão nos convoca a uma profunda avaliação de nossas posturas diante das inevitáveis divergências que a vida em sociedade nos impõe. É imprescindível, portanto, buscar em Deus a sabedoria e a orientação necessárias para nos tornarmos agentes da paz.

Nesse cenário, cabe questionar: qual tem sido o nosso papel nos círculos de convivência dos quais fazemos parte? Estamos contribuindo para a propagação de desavenças, como se diz popularmente, "colocando mais lenha na fogueira", ou estamos ativamente engajados na promoção da paz, como cabe a um filho de Deus?

Por conta própria, saiba que não conseguiremos controlar os ânimos ou agir de forma sábia e paciente, pois nossa natureza luta contra isso. Entretanto, com o auxílio do Espírito Santo sim, pois está escrito em Gálatas 5.16: "[...] vivam pelo Espírito, e de modo nenhum satisfarão os desejos da carne". Por isso, a chave para ser um agente da paz é ter um relacionamento diário e intencional com o Pai, alimentando constantemente o Espírito e vencendo os impulsos da carne. Viva dessa maneira e, além de ter a vida transformada, impacte os ambientes pelos quais você passar.

Se você quer que Deus se manifeste em sua vida, demonstre compaixão, amor e graça ao próximo.

@juniorrostirola

365 **DEVOCIONAL**
107/365

LEITURA BÍBLICA
JOÃO 18

PALAVRA-CHAVE
#PACIFICADORES

ANOTAÇÕES

IDENTIDADE TRANSFORMADA

Em amor nos predestinou para sermos adotados como filhos, por meio de Jesus Cristo, conforme o bom propósito da sua vontade.

EFÉSIOS 1.5

café com Deus pai

Não permita que as pessoas definam você.

@juniorrostirola

DEVOCIONAL 365
108/365

LEITURA BÍBLICA
SALMOS 40

PALAVRA-CHAVE
#IDENTIDADE

ANOTAÇÕES

Quando mergulhamos nos traumas e rejeições que sofremos no decorrer da vida, podemos acabar enfrentando uma crise de identidade. As pressões decorrentes das adversidades podem nos levar a ter uma imagem distorcida a respeito de nós mesmos, ao nos olharmos no espelho. A dor das decepções acaba deformando nossa verdadeira identidade, afastando-nos de Deus.

Falo sobre isso por experiência, pois já estive preso em uma identidade distorcida. Além disso, reconheço que muitas pessoas vivem essa realidade nos dias de hoje. Sentimentos de incapacidade, dúvida e medo do futuro são comuns quando não temos plena consciência de nossa verdadeira identidade, trazendo ao nosso coração a sensação de inadequação, ansiedade e rejeição. Algumas pessoas estão tão aprisionadas nesses sentimentos que o simples fato de serem notadas em um ambiente já lhes traz pensamentos de que estão sendo reprovadas.

Tudo isso mostra que você não está vivendo sua verdadeira identidade, pois aquilo que você pensa a seu respeito deve ser compreendido à luz da Bíblia, não de pensamentos ou opiniões alheias, pois sua verdadeira identidade é de Filho de Deus.

Entendo que não podemos escolher nosso passado, mas temos o poder de decidir onde queremos permanecer no presente, moldando assim nosso futuro. Existe um caminho de refrigério, proteção, aceitação e refúgio para você na casa do Pai. Mesmo em meio às rejeições, há uma vida de plena aceitação para você. Você é filho, herdeiro, e alguém muito especial para o Pai, porque ainda que o mundo tenha lhe causado feridas, lembre-se de que a vida machuca, mas Deus cura.

RESPEITE O PROCESSO

Sabemos que Deus age em todas as coisas para o bem daqueles que o amam, dos que foram chamados de acordo com o seu propósito.

ROMANOS 8.28

Na vida, ainda que você seja meticuloso e organizado, há muitos aspectos que fogem ao controle. Por mais que planejemos minuciosamente, a vida frequentemente segue um curso inesperado, e isso é completamente normal. Essa sensação de falta de controle pode ser frustrante, despertando o desejo de ter um "controle remoto da vida" para saltar os momentos desafiadores. Entretanto, é crucial compreender que a vida não funciona dessa maneira; ela é uma jornada de processos.

Os processos da vida têm um propósito profundo: alinhar nosso coração, proteger nossa vida e nos fazer amadurecer para alcançarmos conquistas ainda maiores. Cada desafio, cada revés, é uma parte vital desse processo. Embora o nosso desejo seja obter resultados imediatos, é necessário entender que, sem os processos, não alcançaremos o propósito.

Refletindo sobre meu próprio caminho, percebo que meu papel como pastor não começou em uma grande igreja, mas em uma pequena garagem com apenas oito pessoas. Ao longo dos anos, Deus moldou e ampliou nosso alcance através desses processos desafiadores. Assim como eu, muitas pessoas ao redor do mundo enfrentam momentos difíceis, e a forma com que encaram esses desafios moldará o resultado que alcançarão em Deus.

Portanto, não se esquive dos processos; abrace-os. Deus Pai os usa para tirar o melhor de nós. Valorize cada desafio como uma oportunidade de crescimento e transformação, pois assim você sairá vitorioso de cada uma das batalhas, maduro e preparado para tocar em todas as promessas que Deus tem para a sua vida. Comece hoje entregando tudo nas mãos dele.

café com Deus Pai

Enquanto você fugir dos processos, não desfrutará do melhor de Deus para a sua vida.

@juniorrostirola

365 **DEVOCIONAL**
109/365

LEITURA BÍBLICA
SALMOS 41

PALAVRA-CHAVE
#PROCESSOS

ANOTAÇÕES

VIDA NOVA

Depois de ter bradado novamente em alta voz, Jesus entregou o espírito. Naquele momento, o véu do santuário rasgou-se em duas partes, de alto a baixo. A terra tremeu, e as rochas se partiram.

MATEUS 27.50,51

café com Deus Pai

O arrependimento faz parte da vida daqueles que se decidem por Jesus.

@juniorrostirola

DEVOCIONAL 365
110/365

LEITURA BÍBLICA
SALMOS 42

PALAVRA-CHAVE
#ACESSO

ANOTAÇÕES

Por meio do sacrifício, da morte e da ressurreição de Cristo, nossa aliança com o Pai foi renovada. No Antigo Testamento, Deus estabeleceu diversos meios de se relacionar com seu povo, constituídos na Lei dada a Moisés pelo próprio Deus. Contudo, os rituais eram apenas uma figura daquilo que seria consumado por meio do sacrifício de Jesus, que abriu as portas para a comunhão de cada indivíduo com o próprio Deus.

Com a vinda de Jesus, o acesso a Deus, antes restrito ao sumo sacerdote, tornou-se plenamente disponível. O véu do templo rasgou-se, simbolizando o início de uma nova aliança, levando-nos a intimidade com o Pai, por meio de Cristo. Entretanto, nem todos desfrutam dessa conquista. O fato de Jesus já ter feito o necessário aponta para a nossa responsabilidade de nos arrependermos dos nossos pecados e nos aproximarmos do Pai.

Arrependimento é sentir-se triste por causa do pecado, é decidir viver em novidade de vida. Quem de fato se arrepende não vive mais no pecado e reconhece que precisa ter novas atitudes, é humilde e procura fazer o que é correto para agradar a Deus. A palavra "arrependimento", no grego é μετάνοια (metanoia), que significa mudança de direção e posicionamento para uma nova vida.

Como vimos acima, o caminho para o Pai está aberto e pavimentado por intermédio de Cristo, que, por amor a nós, levou os nossos pecados em seu corpo sobre o madeiro. Por suas feridas fomos curados e libertos para viver em novidade de vida.

Por meio da redenção de Jesus, somos perdoados de nossos pecados, mas muitas vezes decidimos viver ainda neles, tornando-nos, assim, escravos e prisioneiros das nossas próprias escolhas. É tempo de se arrepender e desfrutar de tudo aquilo que Jesus conquistou na cruz do Calvário para você. Seja livre!

RESSIGNIFIQUE SEU PASSADO

Portanto, se alguém está em Cristo, é nova criação. As coisas antigas já passaram; eis que surgiram coisas novas!

2CORÍNTIOS 5.17

café com Deus pai

Não há cura para a alma sem um encontro verdadeiro com Cristo. Nele, todas as nossas mazelas e traumas são sarados, e recebemos uma vida nova. Aquele que está em Cristo é de fato uma nova criatura, pois seu antigo modo de viver não faz mais sentido, e tentar viver da mesma maneira após ter um encontro real com Jesus é remendar uma roupa velha com um tecido novo, não dará certo e a roupa se rasgará.

Eu observo com grande frequência pessoas que, de alguma forma, sofreram traumas por situações que elas mesmas buscaram, mas também em consequência de escolhas de outras. "Como assim?", você pode se perguntar. Mas é simples; meu pai fez minha mãe sofrer durante todo seu casamento. Essa foi a escolha dele, permanecer no álcool e consequentemente prejudicou toda nossa família. Mas para minha mãe, minhas irmãs e eu, foram as decisões dele que repercutiram na nossa vida, com consequências terríveis, em forma de dores e dificuldades.

Isso, porém, não pode ser uma desculpa que nos paralisa e prende ao passado tentando buscar culpados. Creio que essas coisas podem acabar fazendo parte da nossa jornada de vida, mesmo indesejavelmente. Erramos e acertamos na caminhada, assim como pessoas erram e acertam conosco. Todos fazemos escolhas, e na verdade, existem pessoas machucadas até mesmo em lares bem estruturados.

Convido você a erguer a cabeça, mudar o foco, ser resiliente, olhar para Jesus e não se vitimizar, mesmo tendo muitos motivos, assim como eu tinha. Entenda que reconhecer as suas feridas e decidir ser curado por Jesus o levará a viver uma nova vida, onde ele mudará o curso de sua história para sempre. Deus deseja libertá-lo das más lembranças dos dias passados, e ressignificar o seu presente, porque ele tem grandes coisas a fazer em você e através de você. Você é filho.

Ressignifique seu passado de dores e perdas, e siga rumo a uma nova vida.

@juniorrostirola

365 **DEVOCIONAL**
111/365

LEITURA BÍBLICA
JOÃO 19

PALAVRA-CHAVE
#RESSIGNIFICAR

ANOTAÇÕES

FAÇA A SUA PARTE

"Todo lugar onde vocês puserem os pés será de vocês. O seu território se estenderá do deserto do Líbano e do rio Eufrates ao mar Ocidental."

DEUTERONÔMIO 11.24

café com Deus pai

Viver o sobrenatural é uma escolha que fazemos.

@juniorrostirola

DEVOCIONAL 365
112/365

LEITURA BÍBLICA
JOÃO 20

PALAVRA-CHAVE
#ATITUDE

ANOTAÇÕES

Sabia que na Bíblia a palavra "pés" vai além de apenas uma parte do corpo? Ela simboliza os lugares de conquista. Para conquistar, é necessário avançar, dar passos adiante e reconhecer que não é pela nossa própria força, mas pela autoridade que recebemos de Jesus.

Recordo-me de muitos anos atrás, quando a Reviver, igreja que pastoreio, estava em seu primeiro ano, instalada em um prédio alugado. O Espírito Santo me impulsionou a cruzar a rua e orar no terreno vazio em frente à igreja. Quatro dias depois, o proprietário do terreno me procurou. Não nos conhecíamos, mas, ao passar em frente à igreja, ele sentiu uma forte convicção de construir uma nova sede para a minha igreja em seu terreno.

Isso foi totalmente surpreendente. Em tão pouco tempo, Deus respondeu à oração que fiz. Considerando o alto valor do terreno e o investimento necessário para a construção, somente Deus poderia providenciar algo assim.

O Senhor, por meio do seu Espírito, fala conosco. Ele nos guia na direção que devemos seguir, mas é necessário agir, para que nossos pés caminhem em direção às promessas que ele nos fez, pois elas estão ao nosso alcance. Nosso papel é ter uma fé corajosa para ouvir, acreditar e seguir na direção do que foi revelado pelo Pai.

Compartilho este testemunho de fé para aumentar ainda mais a sua esperança e expressar que, quando nossos planos, atitudes e fé estão alinhados com os propósitos de Deus para a nossa vida, podemos ir além do que vemos. O que Deus fala ao seu coração o tem impulsionado a dar o primeiro passo? Caso contrário, desafio você a fazer a sua parte. Se sim, prepare-se para ser surpreendido. Coloque o pé, e Deus dará o chão!

VEJA ALÉM

Por isso não desanimamos. Embora exteriormente estejamos a desgastar-nos, interiormente estamos sendo renovados dia após dia.

2CORÍNTIOS 4.16

café com Deus Pai

À medida que seguimos nossa jornada, é necessário lembrar constantemente daquilo que nos tem guiado, para que não nos percamos no caminho. Paulo nos oferece um ensinamento poderoso ao dizer que mesmo nos momentos de exaustão não podemos desanimar, porque, quando estamos com o propósito correto, somos renovados e fortalecidos para prosseguir.

Particularmente gosto muito de aprender com a natureza e vejo na águia uma figura inspiradora. Além de ser um majestoso pássaro, a Bíblia usa essa figura constantemente para nos ensinar sobre renovação e visão. O fato é que Deus nos chama a adotarmos uma visão elevada e renovada, enxergando além das circunstâncias, que não se abate, mas confia.

Quando completei 40 anos, tomei um tempo para refletir sobre minha vida e reavaliar algumas áreas, como saúde, família, ministério e finanças. Isso me fez mudar algumas perspectivas e tomar decisões mais alinhadas com os propósitos de Deus. Hoje, já colho frutos dessas mudanças. Quando levamos as coisas no modo automático, perigosamente corremos o risco de nos afastarmos do propósito, por isso recalcular a rota é essencial.

Agora, estendo a você o convite para essa jornada de renovação e transformação. Amplie sua visão, comprometa-se com o processo e esteja pronto para vivenciar as mudanças que virão. Não permaneça estagnado, porque Deus está renovando você dia após dia. Apenas alinhe sua visão com a do Pai, levante a cabeça e continue firme.

Deus tem uma porção nova para derramar sobre você.

@juniorrostirola

365 DEVOCIONAL
113/365

LEITURA BÍBLICA
JOÃO 21

PALAVRA-CHAVE
#RENOVAÇÃO

ANOTAÇÕES

SUPERANDO A REJEIÇÃO

café com Deus pai

A nossa cidadania, porém, está nos céus, de onde esperamos ansiosamente o Salvador, o Senhor Jesus Cristo.

FILIPENSES 3.20

Quem desfruta da paternidade de Deus não tem tempo para ressentimentos.

@juniorrostirola

DEVOCIONAL 365
114/365

LEITURA BÍBLICA
ATOS 1

PALAVRA-CHAVE
#FILIAÇÃO

ANOTAÇÕES

A rejeição é um mal profundo que afeta o ser humano, criando barreiras, muitas vezes imaginárias, que nos impedem de avançar. Esse sentimento de falta de aceitação e indignidade costuma surgir de nossa criação, em que a falta de valores, carinho, amor e atenção acaba nos levando a viver emocionalmente como órfãos.

Paulo, ao escrever aos filipenses, destaca a importância de sabermos quem somos, resgatando o fato de sermos cidadãos dos céus. Ele também enfatiza a importância de não desistir e perseverar na jornada da fé, mantendo sempre o foco em cumprir nosso chamado em Deus. Este é um lembrete vital para todos nós: avançar, deixando para trás mágoas e dores, e viver plenamente em Cristo, com base em nossa verdadeira identidade e filiação.

A boa notícia é que a porta para essa transformação está aberta. O caminho foi pavimentado pelo sacrifício de Jesus, que nos transforma de estrangeiros em cidadãos dos céus. Como coerdeiros com Cristo, não somos mais órfãos espirituais, somos filhos. Deus, nosso Pai, nos acolhe de braços abertos e nos oferece amor e aceitação incondicionais. Mesmo que o mundo tente nos rotular, rejeitar ou até discriminar, ele nos ama, aceita e liberta.

Em Cristo, você é aceito, amado e convidado a viver uma vida de liberdade e propósito, superando toda e qualquer frustração, rejeição e sensação de abandono que possam ter se instalado no decorrer da sua história. Permita-se hoje mesmo ser curado, liberto e transformado, desfrutando de sua filiação em Deus para viver uma vida completa e satisfeita.

A BREVIDADE DA VIDA

Vocês não sabem como será a sua vida amanhã, pois vocês são como uma neblina passageira, que aparece por algum tempo e logo depois desaparece.

TIAGO 4.14, NTLH

café com Deus Pai

Não viva somente para esta terra; existe uma eternidade esperando por você.

@juniorrostirola

A direção que nossa vida toma é como navegar por um caminho que traçamos, pensando minuciosamente sobre quais serão nossos próximos passos. Fazemos planos, sonhamos, sim, e isso é ótimo, mas até que ponto verdadeiramente controlamos esses trajetos?

Refletindo sobre as palavras do apóstolo Tiago, somos convidados a pensar acerca dos nossos planos e caminhos que escolhemos, pois é evidente que podemos até fazer planos, mas a resposta certa sempre vem de Deus. Nossa vida aqui na terra é breve e passageira, por isso não podemos desperdiçar nosso tempo com futilidades.

Sem a soberania de Deus sobre nós, nos encontramos vulneráveis aos abalos das incertezas da vida em diversos aspectos. Não é sábio de nossa parte tomar decisões sobre o presente ou o futuro sem trazer Deus em nosso processo decisório. A brevidade e a incerteza da vida são razões convincentes para não confiarmos cegamente em nossas próprias forças e entendimento.

Nossa vida é como o vapor, que aparece e logo vai embora. Por isso, entregar o controle incondicional de tudo a Deus nos permite navegar pelos mares da vida com a convicção e a segurança de que não estamos sozinhos, mas somos guiados por um Pai que tem o melhor para cada um de seus filhos. Entenda que a vida não acaba aqui, mas teremos uma eternidade a ser vivida ao lado de Deus Pai. Portanto, cada momento na terra é especial e deve ser valorizado e vivido da melhor maneira possível.

365 DEVOCIONAL
115/365

LEITURA BÍBLICA
SALMOS 43

PALAVRA-CHAVE
#ETERNIDADE

ANOTAÇÕES

ELE NÃO FALHA

Disse o SENHOR*: "De fato tenho visto a opressão sobre o meu povo no Egito, e também tenho escutado o seu clamor, por causa dos seus feitores, e sei quanto eles estão sofrendo".*

ÊXODO 3.7

café com Deus pai

Quando você foca nos problemas, eles se agigantam.

@juniorrostirola

DEVOCIONAL 365
116/365

LEITURA BÍBLICA
SALMOS 44

PALAVRA-CHAVE
#APRIMORAMENTO

ANOTAÇÕES

Os nossos sofrimentos nunca estarão ausentes do olhar de Deus. Por mais que não consigamos vê-lo em meio às circunstâncias difíceis, ele sempre estará presente em nossa vida. Ao contrário do que se possa pensar, não há um momento em que a presença de Deus não se manifeste, mesmo nos momentos mais difíceis. A Bíblia nos revela que no tempo certo Deus viu e ouviu o clamor do seu povo que vivia como escravo no Egito e levantou Moisés como libertador naqueles dias.

Todos nós passamos por dificuldades, mas isso não significa que Deus está distante de nós ou que não está vendo nosso sofrimento. A questão é que existe um tempo e um propósito de Deus nesse momento da nossa vida. Ele não tarda nem falha. Antes de tirar o povo da escravidão e opressão do Egito, ele estava preparando um libertador — Moisés.

Respeitar o tempo e o propósito de Deus é fundamental para a manifestação de seu poder em nossa vida. Nos dias de Moisés, aquele povo passou por um processo ainda mais intenso de sofrimento e opressão, pouco antes de ser definitivamente liberto. Aprendo que as circunstâncias contrárias vêm para tirar o melhor de nós, não o pior.

Semelhantemente à azeitona, que é prensada para que o melhor azeite seja obtido, as provações não são para nos destruir, mas sim para o nosso aprimoramento. Saiba que as circunstâncias contrárias podem ser oportunidades para Deus nos levar a um nível ainda mais elevado, tornando-nos mais maduros e preparados para enfrentar e alcançar tudo aquilo que o Pai já planejou para nós.

O CUIDADO DO PAI

Jesus continuou: "Um homem tinha dois filhos. O mais novo disse ao seu pai: 'Pai, quero a minha parte da herança'. Assim, ele repartiu sua propriedade entre eles".

LUCAS 15.11,12

Na parábola contada por Jesus, somos introduzidos ao coração do Reino dos céus, onde o pai simboliza Deus, e os filhos, nós em nossa jornada. Essa narrativa revela duas trajetórias de distanciamento: a do filho pródigo, que busca satisfazer seus desejos longe do lar, desperdiçando sua herança até confrontar sua própria miséria, e a do filho que permanece em casa, fisicamente próximo, mas emocional e espiritualmente afastado, não desfrutando da presença do pai, que é a sua maior riqueza.

A relação com nosso pai terreno, seja ela de afeto, seja de ausência, na maioria das vezes nos leva a ter uma distorção da paternidade de Deus. Mas é na sua descoberta que encontramos nossa verdadeira riqueza, propósito e sentido na vida, porque quem tem o Pai tem tudo, não tem falta de nada. Independentemente de termos nos afastado, buscando prazeres ou permanecido sob o mesmo teto sem vivenciar a plenitude dessa filiação, o convite é para um retorno, uma redescoberta — à semelhança do filho que cai em si, reconhece aquilo que até então não conseguia enxergar, que o melhor era estar na presença do Pai, e então decide voltar para casa.

Talvez seu referencial de paternidade até então não tenha sido o melhor, mas a partir de hoje saiba que você tem um Pai que o acolhe sem julgamentos, perdoa suas falhas e restaura completamente sua identidade, pois você é um filho amado.

Ao reconhecermos a paternidade de Deus sobre nossa vida, somos curados das feridas causadas pela orfandade, e temos acesso a uma herança inestimável e eterna com ele, que está aguardando cada um de nós. Não perca mais tempo, corra para os braços do Pai, pois ele está pronto para o receber, celebrar seu retorno e transformar completamente sua vida por meio de seu amor incondicional.

café com Deus pai

Tenha atitude de filho para receber tudo aquilo que o Pai tem para lhe dar.

@juniorrostirola

365 DEVOCIONAL
117/365

LEITURA BÍBLICA
SALMOS 45

PALAVRA-CHAVE
#PATERNIDADE

ANOTAÇÕES

A MOTIVAÇÃO CORRETA

café com Deus pai

Depois disseram: "Vamos construir uma cidade, com uma torre que alcance os céus. Assim nosso nome será famoso e não seremos espalhados pela face da terra".

GÊNESIS 11.4

As pessoas são abençoadas por meio da nossa vida, pois somos instrumentos.

@juniorrostirola

DEVOCIONAL 365
118/365

LEITURA BÍBLICA
ATOS 2

PALAVRA-CHAVE
#MOTIVAÇÃO

ANOTAÇÕES

Desde a Antiguidade, a busca por poder e reconhecimento molda as ambições humanas, exemplificado vividamente na figura de Ninrode, um dos primeiros homens poderosos da terra, que, segundo a tradição judaica, ambicionou erguer Babel como símbolo máximo de seu domínio. Sua tentativa de imortalizar seu nome por meio dessa cidade reflete uma vontade profunda de alcançar fama, sucesso e poder. Milênios se passaram desde então, mas esses desejos continuam tomando o coração dos homens.

O desejo por notoriedade e reconhecimento vem sendo perpetuado geração após geração, mas o fato é que não fomos criados para viver dessa maneira, tampouco com esses sentimentos em nosso coração. Nosso objetivo deve ser fazer Jesus conhecido, compartilhando amor e bondade por onde passarmos.

Quando temos um propósito bem definido e caminhamos em direção a ele, Deus provê o necessário para o alcançarmos. Se nossos objetivos estiverem associados ao Reino de Deus, todas as necessidades restantes serão supridas pelo Pai. Por isso, se sua motivação estiver correta, você chegará longe, pois Deus irá sustentar você.

Convido você a olhar não para os resultados, mas para o propósito, o motivo que o faz levantar de sua cama, aquilo que lhe faz brilhar os olhos. Nossa vida deve ter por principal objetivo honrar a Deus e abençoar as pessoas, pois, quando mantemos nossos olhos fixos no Pai, todas as nossas necessidades são supridas. Que seus esforços e conquistas não sejam um fim em si mesmo mas sim um meio de levar o amor e a graça de Deus a muitos.

SIMPLESMENTE AGRADEÇA

Graças ao grande amor do SENHOR *é que não somos consumidos, pois as suas misericórdias são inesgotáveis. [...]*

LAMENTAÇÕES 3.22

café com Deus Pai

Já parou para pensar que o fato de você estar lendo este livro, e ter levantado da cama no dia de hoje, independentemente dos leões que você esteja enfrentando, é um grande ato de amor e misericórdia da parte de Deus para comigo e com você?

Deus nos ama de tal maneira que nos resgatou por meio de seu Filho amado, Jesus, e derrama sua misericórdia dia após dia sobre a nossa vida. Não sei quanto a você, mas isso me empolga e me faz seguir adiante. Portanto, saiba que você é amado, que há um Deus cuidando de você, e ele estabeleceu você nesta terra com um propósito. Lembre-se: seu destino não é aqui, mas no céu.

Por isso, é importante saber que nada pode ser mais importante em nossa vida do que a presença de Deus. É nele que devemos depositar nossas esperanças. Muitas vezes, colocamos grandes expectativas em nosso desempenho, ou até em outras pessoas, mas o fato é que somos seres humanos, inerentemente falhos. Todavia, Deus Pai não falha nem muda, por isso saiba que, enquanto você buscar a presença dele em sua vida, todas as promessas que ele lhe fez continuarão de pé, porque grande é o seu amor e as suas misericórdias.

Neste dia, eu o convido a exercer gratidão a Deus por toda a graça que ele tem derramado sobre sua vida. Muitas vezes, as dificuldades e tribulações do dia a dia acabam nos impedindo de enxergar que temos muito mais motivos para agradecer do que para reclamar. Deposite sua esperança naquele que pode todas as coisas e alegre-se, pois Deus Pai entregou seu melhor por mim e por você.

A gratidão o coloca em lugares onde a ingratidão jamais lhe permitiria chegar.

@juniorrostirola

365 **DEVOCIONAL**
119/365

LEITURA BÍBLICA
ATOS 3

PALAVRA-CHAVE
#GRATIDÃO

ANOTAÇÕES

O JOGO DA VIDA

Semelhantemente, nenhum atleta é coroado como vencedor, se não competir de acordo com as regras.

2TIMÓTEO 2.5

café com Deus pai

Não tente vencer pela força de seu braço, mas sim pela sua confiança no Pai.

@juniorrostirola

DEVOCIONAL 365
120/365

LEITURA BÍBLICA
ATOS 4

PALAVRA-CHAVE
#VENCEDOR

ANOTAÇÕES

Assistir a uma partida de futebol ou a um vídeo interessante na internet é algo bastante prazeroso, não é mesmo? No entanto, há algo que precisamos ponderar quando nos encontramos diante da TV, navegando na internet ou nos estádios, absorvidos em um jogo: somos meros espectadores, sentados, aplaudindo, mas sem nos envolvermos ativamente naquilo que estamos presenciando.

Hoje Deus está sussurrando em nosso coração exatamente isto: ser um mero espectador pode ser satisfatório, mas participar ativamente é ainda melhor! Por isso, neste dia, mesmo que você não tenha certeza do que esperar, convido-o a sair da arquibancada, desligar a TV, afastar-se da internet e entrar no "jogo" da vida — ser parte real da corrida, da luta; enfim, da realidade que você deseja viver.

Quando criança, um dos meus maiores desejos era poder jogar futebol na escola. Os times eram formados por meio de uma escolha um tanto quanto dolorosa, em que eu sempre era excluído. No entanto, ao crescer, tornei-me o protagonista do "jogo" da minha vida. Hoje faço parte de um time que auxilia as pessoas a viverem em plenitude.

Desafio você a fazer o mesmo hoje: deixar a arquibancada da vida para trás e mergulhar de cabeça, com toda a energia, determinação e coragem, na busca do seu propósito, sendo protagonista da sua história. Aqueles que têm Jesus dispõem de todos os recursos necessários para alcançar o melhor desempenho. Portanto, acredite, Deus não nos criou para ficarmos na margem, sentados na arquibancada, apenas contemplando. Ele está nos chamando para vivermos uma temporada de vitórias e conquistas.

NÃO É
SOBRE NÃO
CANSAR,
MAS SOBRE
NÃO
DESISTIR.

@juniorrostirola

café com Deus pai

JESUS SEMPRE SERÁ A **LUZ** PARA OS DIAS MAIS **SOMBRIOS** DE SUA VIDA.

@juniorrostirola

Assista ao vídeo com a palavra e oração para este mês.

maio

café
com
Deus
pai

GUARDE O SEU CORAÇÃO

[...] não falamos para agradar a pessoas, mas a Deus, que prova os nossos corações.

1TESSALONICENSES 2.4

café com Deus pai

Deus quer que você tenha uma vida extraordinária, mas, para isso acontecer, é necessário entender que isso quase sempre vai significar nadar contra a maré. Não viver por opiniões ou aprovação alheia é algo muito importante, e Paulo enfatiza isso no texto que lemos. Em contrapartida, a Bíblia conta a história de Saul, um rei que por diversas ocasiões deu mais ouvidos à voz do povo do que às diretrizes de Deus, e isso fez que ele falhasse em seu reinado, vindo a ser substituído.

Não viva por opiniões alheias, pois as pessoas não podem definir quem é você , ou o que vai viver, mas Deus sim. Entretanto, é necessário ouvir as pessoas certas, ter bons mentores, pessoas de fé maior e mais ousada do que a sua. Eu sempre busquei me cercar de pessoas assim, e isso me fez chegar até aqui.

Pare de dar importância ao que a torcida está gritando, pois tudo o que Deus quiser fazer em sua vida ou através dela ele irá fazer, independentemente das críticas ou dos elogios. Há mais de trinta anos, falei para Deus: "Eis-me aqui!". E de lá para cá tenho obedecido às orientações dele. Mesmo assim, por diversas vezes recebi críticas que poderiam muito bem ter me levado a parar, mas minha confiança em Deus foi mais forte, e permaneci para colher os frutos de justamente ter nadado contra a maré.

A partir de hoje, passe a ser conduzido pelo que Deus diz a seu respeito. Tome tanto as críticas quanto os elogios e entregue-os ao Pai, pois, ao guardarmos dessa forma nosso coração, nossa fé permanece inabalável e seguimos firmes, apesar das circunstâncias.

Se você não vive de elogios, tampouco viva de críticas.

@juniorrostirola

365 DEVOCIONAL
121/365

LEITURA BÍBLICA
ATOS 5

PALAVRA-CHAVE
#INABALÁVEL

ANOTAÇÕES

O DOM DO AMOR

Quem não ama não conhece a Deus, porque Deus é amor.

1JOÃO 4.8

café com Deus pai

Mesmo que tenham errado com você, compreenda que você nasceu para amar intensamente!

@juniorrostirola

DEVOCIONAL 365
122/365

LEITURA BÍBLICA
SALMOS 46

PALAVRA-CHAVE
#AMAR

ANOTAÇÕES

Sem dúvida, um dos maiores presentes concedidos por Deus é o dom do amor. Amar e ser amado é uma experiência extraordinária. O amor é um presente valioso, mas, lamentavelmente, por diversas razões, muitas pessoas têm deixado de desfrutar da verdadeira essência do amor.

Reconheço que existem inúmeros obstáculos que podem nos impedir de vivenciá-lo. Às vezes, as circunstâncias não dependem apenas de nós, e diversas barreiras surgem, para neutralizar o amor em nosso coração. Se você se encontra em uma situação assim, permita-me compartilhar um testemunho pessoal que pode lhe trazer esperança.

Quando eu era criança, não tinha um lar funcional e vivia carente de amor. Contudo, sonhava em ter meus próprios filhos e construir uma família para dar a ela aquilo que não recebi. Imaginava como seria ser pai, mas nada se comparou à verdadeira alegria que experimentei ao realizar esse sonho de ter meus filhos, João Pedro e Isabella, que se tornaram as coroas da nossa família. Compartilho isso para ressaltar a importância de amar e demonstrar esse sentimento. Ainda que seu ambiente seja difícil e até hostil a manifestações de cuidado e afeto, você foi alcançado pelo amor do Pai e deve compartilhá-lo, levando assim transformação a seu ambiente familiar.

Não permita que a rotina e o comodismo façam com que as demonstrações de amor sejam atrofiadas em seu lar. Deixe claro, por meio de palavras e atitudes, quanto você ama e se preocupa com os que estão ao seu redor. Assim, valorize e celebre esta graça extraordinária dada por Deus a nós, que é o amor

ENTRE EM CAMPO

O atleta que toma parte numa corrida não recebe o prêmio se não obedecer às regras da competição.

2TIMÓTEO 2.5, NTLH

As Olimpíadas e a Copa do Mundo, eventos que capturam a atenção global a cada quatro anos, são mais do que espetáculos esportivos; são celebrações de excelência, determinação e união. Nesses momentos, atletas de elite competem enquanto o mundo observa, unido pela paixão e pelo espírito competitivo. No entanto, além da emoção das arquibancadas, das transmissões ao vivo e do fervor nas redes sociais, há um convite mais profundo, pessoal e transformador esperando por nós.

Deus, o autor da vida, nos chama para além do papel de espectadores. Ele nos convoca a sermos participantes ativos em uma jornada que vai além dos limites do campo esportivo. Talvez você, como eu, tenha se sentido excluído, à margem, aguardando ansiosamente por uma chance de provar seu valor. Lembro-me dos dias em que, ignorado pelos meus colegas e esquecido em um banco de escola, questionava meu propósito, e desejava ter uma oportunidade de participar, ainda que fosse do time de futebol da minha turma.

Para jogar futebol, eu acabava não sendo escolhido, mas Deus me escolheu para estar em seu time, com uma missão extraordinária. De observador passivo, ele me chamou para ser um líder ativo, e, nesse jogo, sei que a vitória é certa, pois Jesus já venceu por nós.

Hoje, Deus chama você para sair das sombras e fazer parte de algo grandioso, para uma vida de impacto e propósito. Ele não nos convocou para ser meros espectadores, mas sim para participar ativamente de sua obra, pois é hora de entrar em campo e viver plenamente os sonhos de Deus para sua vida. Mas, para viver tudo isso, é necessário que você se coloque à disposição, se entregue e obedeça às regras. Faça uma excelente partida!

café com Deus pai

O pódio é para aqueles que não desistem da corrida.

@juniorrostirola

365 DEVOCIONAL
123/365

LEITURA BÍBLICA
SALMOS 47

PALAVRA-CHAVE
#ESCOLHIDO

ANOTAÇÕES

VENCENDO AS TENTAÇÕES

café com Deus Pai

"Vigiem e orem para que não caiam em tentação. O espírito está pronto, mas a carne é fraca."

MATEUS 26.41

A busca constante da presença do Pai nos afasta das tentações constantes do Inimigo.

@juniorrostirola

DEVOCIONAL 365
124/365

LEITURA BÍBLICA
SALMOS 48

PALAVRA-CHAVE
#SUPERAÇÃO

ANOTAÇÕES

Imagine-se em meio a um campo de batalha, onde as tentações da vida estão ao redor como inimigos à espreita. O mal planeja investidas contra nós constantemente, e o fato é que não podemos negar essa realidade. Além disso, o ser humano naturalmente possui inclinações para o pecado, desde a queda no jardim.

O caminho para vencer as tentações começa com a compreensão de que Deus nos dá uma saída. Ele nos promete que nunca seremos tentados além do que podemos suportar e que ele nos fornecerá um escape. Isso significa que temos o poder de controlar e vencer as tentações que surgem em nossa vida. E Jesus é enfático conosco: além de nos mantermos atentos, a oração é a chave para a vitória.

Quando enfrentamos uma tentação, o primeiro passo é redirecionar nossa atenção. Devemos desviar nossa mente para coisas positivas, para a presença de Deus, por meio da oração e da Palavra. A tentação muitas vezes começa com o desejo e a dúvida. É quando somos levados a questionar nossa fé e nossos valores. No entanto, devemos permanecer firmes em nossa convicção, alimentando nosso espírito e evitando que os desejos malignos penetrem em nosso coração.

Fale com Deus. Diga a ele quais têm sido suas dificuldades e peça por ajuda. Costumo dizer que é melhor confessar uma tentação do que um pecado. Por isso, devemos agir prontamente, afastando qualquer possibilidade de errar. A partir de hoje, saiba que, se você utilizar as armas certas, vencerá e sairá fortalecido em cada batalha que enfrentar. A escolha sempre estará em suas mãos.

VOCÊ É UM FILHO AMADO

"Não os deixarei órfãos; voltarei para vocês. Dentro de pouco tempo o mundo já não me verá mais; vocês, porém, me verão. Porque eu vivo, vocês também viverão. Naquele dia compreenderão que estou em meu Pai, vocês em mim, e eu em vocês."

JOÃO 14.18-20

café com Deus Pai

Quando descobrimos nossa identidade, entendemos que não estamos aqui por acaso, mas por um propósito.

@juniorrostirola

365 **DEVOCIONAL**
125/365

✝ **LEITURA BÍBLICA**
ATOS 6

PALAVRA-CHAVE
#PATERNIDADE

ANOTAÇÕES

A orfandade pode ser caracterizada por uma sensação aguda de não pertencimento, um vazio que costuma revelar uma profunda carência de amor e filiação. E não falo necessariamente de alguém que não tenha os pais vivos, mas de uma condição emocional e espiritual. Eu, por exemplo, fui órfão de pai vivo, pois ele não era presente, e seu vício no álcool trouxe muitos prejuízos à minha vida.

Essa sensação pode permanecer oculta até que começamos a observar sintomas que distorcem nossa identidade. Existem alguns sentimentos que, embora possam parecer triviais, são na verdade indicativos de uma vida marcada por alguns vazios. Embora a timidez, o medo e a inadequação sejam sentimentos comuns em certas fases da vida, eles não devem persistir indefinidamente, a ponto de moldar quem somos.

A orfandade não tratada não é apenas um sintoma passageiro; ela se enraíza profundamente e pode impactar nossa vida como um todo. Quando descobri que estava preso nessa mentalidade, mas que poderia viver uma nova vida em Deus, busquei a mudança. Para transformar nossa identidade ou superar um estado de vida marcado pela orfandade, precisamos reconhecer a paternidade celestial sobre a nossa vida.

Quando descobrimos nossa verdadeira identidade de filhos amados de Deus Pai, tudo muda. Não estamos sozinhos. Ainda que a vida até aqui tenha sido carregada por traumas, dores e rejeição, saiba que você tem um Pai que jamais o abandonará. A partir de hoje, assim como eu, abrace a paternidade de Deus Pai e viva uma vida completamente transformada.

O PADRÃO DOS CÉUS

Como filhos obedientes, não se deixem amoldar pelos maus desejos de outrora, quando viviam na ignorância. Mas, assim como é santo aquele que os chamou, sejam santos vocês também em tudo o que fizerem.

1PEDRO 1.14,15

café com Deus pai

Ou você se limita à sua visão, ou rompe com a visão de Deus.

@juniorrostirola

DEVOCIONAL 365
126/365

LEITURA BÍBLICA
ATOS 7

PALAVRA-CHAVE
#PERSPECTIVA

ANOTAÇÕES

Nossa existência é profundamente influenciada pelo contexto em que vivemos. Desde cedo, somos moldados não apenas pelo nosso lar, mas também por uma sociedade que nos bombardeia com padrões e opiniões muitas vezes polarizadas. Diante disso, Pedro nos alerta sobre o perigo de nos conformarmos com esses padrões terrenos.

Jesus, em seu ministério, confrontou diretamente esses padrões, apresentando-nos uma visão celestial. Enquanto os fariseus se apegavam a dogmas e regras, ele nos ensinou sobre o Reino dos céus, onde o perdão supera o pecado, e a cura, tanto física quanto emocional, prevalece sobre a condenação e a dor. Esse contraste revela uma verdade profunda sobre nossa identidade e propósito.

Ainda que o mundo veja e julgue você por sua aparência ou pelo que possui, Deus o vê pelo seu coração. Por isso, não se deixe levar por opiniões ou críticas que não visam edificar, mas destruir. Nosso objetivo aqui na terra não é seguir os padrões do mundo, mas os celestiais, por isso Jesus deve sempre ser o centro e nosso maior exemplo de vida e atitudes. Naturalmente, nesse processo, você poderá ser criticado e apontado, mas não tema nem se abale, pois, se você está agindo e vivendo de acordo com o padrão celestial, o que importa é que Jesus está vendo o seu coração.

Neste dia, abrace a perspectiva dos céus, renove sua mente e não se submeta ao padrão deste mundo, porque Jesus nos chama para estabelecer seu reino aqui na terra. Amplie sua visão e abrace essa nova perspectiva, em que o amor, o perdão e a graça estão acima de qualquer condenação.

A DECISÃO CERTA

Há caminho que parece certo ao homem, mas no final conduz à morte.

PROVÉRBIOS 14.12

A jornada da vida se desenrola por meio de escolhas que acabam gerando seus respectivos desfechos. Deus nos concede o livre-arbítrio, entretanto a cada decisão enfrentamos as consequências de nossas escolhas. Nossas decisões têm o poder de moldar nosso destino, influenciando-o positiva ou negativamente; em direção aos propósitos de Deus, ou na contramão deles.

Sabendo disso, fica evidente que precisamos ter cuidado com aquilo que temos escolhido, com quem temos nos aconselhado, e o mais importante: se temos ou não consultado a Deus antes de tomar essas decisões. É muito fácil nos perdermos em nossos próprios pensamentos e emoções e, levados pela correria do dia a dia, tirarmos Deus Pai do centro de nossa vida, mas o fato é que isso pode nos custar caro.

É fundamental compreender que o amor de Deus por você vai além das crises, dúvidas e pensamentos de insuficiência. As decisões que tomamos não apenas desencadeiam consequências, mas também revelam o estado atual de nossa alma.

Refletindo sobre as decisões que você enfrenta hoje, questione-se: Deus está envolvido nesses caminhos? Suas escolhas apontam para um destino que o aproxima de Deus e do propósito dele para sua vida ou são guiadas apenas pela satisfação de desejos pessoais? Hoje, convido você a tomar decisões baseadas em Deus Pai e na sua Palavra, porque, quando o colocamos no centro de nossa vida, somos assertivos e assim encaminhados em direção aos propósitos do Pai.

café com Deus Pai

Nossas escolhas aqui irão repercutir na eternidade.

@juniorrostirola

365 **DEVOCIONAL**
127/365

LEITURA BÍBLICA
ATOS 8

PALAVRA-CHAVE
#DECISÕES

ANOTAÇÕES

OUÇA A VOZ

Aquele que pertence a Deus ouve o que Deus diz. [...]

JOÃO 8.47

café com Deus Pai

Se você não escutar aquilo que Deus está falando, seu caminho nunca será o da vontade dele.

@juniorrostirola

DEVOCIONAL 365
128/365

LEITURA BÍBLICA
ATOS 9

PALAVRA-CHAVE
#PROXIMIDADE

ANOTAÇÕES

Ao ler as histórias da Bíblia, é comum ficarmos impressionados com as experiências que pessoas tiveram com Deus. Moisés, Elias, Jacó e Davi são exemplos de homens que viveram experiências extraordinárias em momentos cruciais da sua vida.

Contudo, muitos de nós imaginam que o que grandes homens e mulheres de Deus viveram e está registrado na Bíblia se restringe apenas àquele tempo, mas o fato é que Deus faz ainda hoje; ele não mudou e jamais mudará. Deus continua falando e quer falar com você, entenda isso!

Muitas vezes, não compreendemos sua vontade porque as distrações acabam falando mais alto, e nos impedem de discernir sua voz. Entenda que não é apenas o pecado que nos impede de ouvir, mas também distrações, que são hábitos não necessariamente errados, como o trabalho ou redes sociais, mas que em excesso nos afastam do relacionamento com Deus.

Por exemplo, foi por meio de um apontamento que recebi do Espírito Santo que passei a escrever o *Café com Deus Pai*, mas precisei estar atento a cada direção que ele me deu e tem dado, para poder chegar até aqui e ir adiante. Portanto, entenda que Deus ainda fala e quer confiar grandes sonhos e projetos em suas mãos, mas para isso desligue as distrações e se relacione com ele.

Para viver experiências extraordinárias, busque um intenso relacionamento com Deus! Faça da Bíblia seu livro favorito, e de seu tempo de oração o momento mais aguardado do dia. Ouça tudo aquilo que o Espírito Santo tem a dizer e caminhe em direção ao cumprimento de grandes propósitos que serão realizados em você e por seu intermédio.

BLINDE SUA MENTE

Pois, embora vivamos como homens, não lutamos segundo os padrões humanos. As armas com as quais lutamos não são humanas; ao contrário, são poderosas em Deus para destruir fortalezas.

2CORÍNTIOS 10.3,4

café com Deus pai

Muitas vezes, as emoções que sentimos manifestam-se por meio de pensamentos. Alguns deles surgem instantaneamente; outros vêm sendo germinados há algum tempo. Devemos tomar muito cuidado com aquilo que tem tomado a nossa mente, pois alguns pensamentos podem nos levar a sentimentos negativos, de frustração, murmuração e inquietação.

Aquilo que toma nossa mente contamina o nosso coração, por isso nossos pensamentos precisam estar guardados e protegidos das incertezas e inseguranças do mundo mediante a fé e a convicção em Deus. Não é difícil nos pegarmos remoendo problemas e traumas passados, traições que sofremos, momentos difíceis pelos quais passamos, enfim, situações que podem afetar profundamente e nos lançar em uma armadilha do Inimigo.

Por isso, é essencial renovar nossos pensamentos, pois somos filhos de Deus, e sua paternidade define nossa identidade. Uma mente ancorada em Jesus e na Palavra é o que precisamos para romper com os maus pensamentos, guiando-nos em direção à vontade de Deus para a nossa vida.

Uma rotina diária de meditação na Palavra de Deus e de oração é essencial para estarmos todo o tempo alinhados com o padrão celestial, impedindo que as flechas malignas penetrem em nossa mente e nos paralisem.

Rejeite as mentiras e os pensamentos destrutivos, encha-se com as verdades de Deus, e então blinde a sua mente! Lembre-se do que a Bíblia fala a respeito disso: "Não se amoldem ao padrão deste mundo, mas transformem-se pela renovação da sua mente, para que sejam capazes de experimentar e comprovar a boa, agradável e perfeita vontade de Deus" (Romanos 12.2). O que você tem permitido crescer nos seus pensamentos? Reflita e realinhe o que for necessário para ter uma mente renovada pela Palavra de Deus.

Tudo o que você foca, cresce.

@juniorrostirola

365 **DEVOCIONAL**
129/365

† **LEITURA BÍBLICA**
SALMOS 49

PALAVRA-CHAVE
#RENOVAR

ANOTAÇÕES

CUIDADO COM AS PALAVRAS

Nenhuma palavra torpe saia da boca de vocês, mas apenas a que for útil para edificar os outros, conforme a necessidade, para que conceda graça aos que a ouvem.

EFÉSIOS 4.29

café com Deus Pai

Você não controla o que as pessoas falam a seu respeito, mas sim o que você fala a respeito delas.

@juniorrostirola

DEVOCIONAL 365
130/365

LEITURA BÍBLICA
SALMOS 50

PALAVRA-CHAVE
#SABEDORIA

ANOTAÇÕES

A fofoca é muitas vezes subestimada, mas se revela como um comportamento nocivo, que causa diversos problemas e semeia discórdia entre as pessoas, por isso é condenada na Bíblia.

Em um mundo onde a comunicação instantânea nas redes sociais facilita também as desavenças, calúnias e difamações, presenciamos uma triste realidade de pessoas a todo momento criticando e apontando erros de outras. Precisamos ter cuidado, utilizando nossas palavras para abençoar, não para destruir, principalmente nas redes sociais, onde a sensação de anonimato faz as pessoas proferirem diversas palavras de maneira impensada e até odiosa.

Da mesma maneira, muitas vezes estamos em rodas de conversa onde o assunto principal é a vida alheia. Precisamos escolher cuidadosamente nossas companhias, estar atentos ao que ouvimos, reproduzimos e principalmente ao lugar em que estamos. Algo muito ruim a respeito disso é que muitas vezes legitimamos esse tipo de comportamento e nem sequer percebemos que estamos sendo agentes do caos e da divisão, prejudicando reputações ou julgando pessoas que deveríamos amar e abençoar.

A partir de hoje, tome ainda mais cuidado com as palavras que saem de sua boca e passe a utilizá-las como instrumentos de bênção e bondade, pois é isso que Deus Pai espera de nós. O salmista diz: "SENHOR, quem habitará no teu santuário? Quem poderá morar no teu santo monte? Aquele que é íntegro em sua conduta e pratica o que é justo, que de coração fala a verdade e não usa a língua para difamar, que nenhum mal faz ao seu semelhante e não lança calúnia contra o seu próximo" (Salmos 15.1-3).

A fofoca é um hábito que devemos deixar para trás, utilizando nossa boca para proferir bênção e amor em todo o tempo. Tenha cuidado!

UM LUGAR À MESA

Quando estava à mesa com eles, tomou o pão, deu graças, partiu-o e o deu a eles. Então os olhos deles foram abertos e o reconheceram, e ele desapareceu da vista deles.

LUCAS 24.30,31

café com Deus pai

A mesa é um local repleto de potencial para comunhão, diálogo, proximidade, pertencimento, encontro e afetividade. Além disso, demonstra fartura, provisão e sustento, tornando-se um local importantíssimo para o desenvolvimento de relacionamentos saudáveis.

O texto que lemos hoje nos mostra que Jesus se aproximou de dois amigos que faziam uma caminhada, mas eles acabaram não o reconhecendo. Posteriormente, os dois insistiram que Jesus ficasse com eles. Então, quando se assentaram à mesa para a refeição, depois de dar graças pelo momento, os olhos deles se abriram, e eles reconheceram de fato que aquele era Jesus, que havia ressuscitado, e foi justamente à mesa onde tiveram essa revelação.

Recordações de almoços em família, visitas e cafés de domingo são tesouros da memória. Ter esses momentos à mesa gera lembranças preciosas e duradouras. Em minha infância, as lembranças à mesa são escassas, mas, pela graça de Deus, posso criar essas memórias com minha esposa, filhos e amigos. À mesa, temos mais intimidade, tornamo-nos mais próximos, mais fortes e mais confiantes. Ela é um lugar de comunhão, de olhar nos olhos e de abrir o coração.

Hoje convido você a refletir sobre suas próprias experiências à mesa, especialmente nos cafés e refeições especiais, pois são momentos mais especiais do que parecem e vão muito além de uma refeição. Falam a respeito de intimidade, relacionamento e comunhão. Crie memórias à mesa, fortaleça os laços e viva momentos inesquecíveis com quem você tanto ama.

Estar à mesa é criar oportunidades para viver em comunhão.

@juniorrostirola

365 **DEVOCIONAL**
131/365

LEITURA BÍBLICA
SALMOS 51

PALAVRA-CHAVE
#COMUNHÃO

ANOTAÇÕES

A MELHOR COMPANHIA

Assim diz o SENHOR*: "No tempo favorável eu responderei a você e no dia da salvação eu o ajudarei; eu o guardarei [...]".*

ISAÍAS 49.8

café com Deus Pai

Na agenda de Deus, sempre haverá tempo para você.

@juniorrostirola

DEVOCIONAL 365
132/365

LEITURA BÍBLICA
ATOS 10

PALAVRA-CHAVE
#COMPANHIA

ANOTAÇÕES

Sempre que pedimos um conselho a alguém, o que esperamos é receber uma palavra que nos aponte a direção certa e nos ajude em nossos problemas, não é verdade? Certa vez, eu estava com a minha agenda lotada, em um dia cheio de afazeres, mas um homem acabou aparecendo. Ele se encontrava desesperado, com vontade de tirar a própria vida. Por isso, cancelei os compromissos daquele dia, e ficamos muitas horas conversando na minha sala, onde lhe dei muitos conselhos. Nada em minha agenda seria mais importante do que a vida dele.

O versículo que lemos nos ensina que Deus sempre tem um tempo certo para intervir em nossa vida. Às vezes, pode parecer que não haverá saída, ou que o socorro não virá, mas aprendo que o tempo do Senhor é diferente do nosso. Queremos que tudo aconteça imediatamente e de acordo com nossa vontade e, quando percebemos que não temos o controle das coisas, nosso coração se inquieta. Mas não deve ser assim.

Deus Pai espera que você entregue totalmente o controle de sua vida. Sabia que a agenda dele sempre estará disponível? Basta você se colocar à disposição e orar. Ele quer falar com você. Não é necessário entrar na fila ou esperar muitos dias para se relacionar com ele; apenas tome diariamente a decisão de se colocar diante do Pai, abrindo seu coração para ele.

Talvez por muito tempo você acreditou na mentira de que Deus era alguém distante, contudo saiba que ele está perto de você e deseja relacionar-se diariamente. Não perca mais tempo. Faça de Deus Pai sua melhor companhia, abra seu coração, e permita-se conhecer mais do Deus que o amou primeiro.

DÊ O PRIMEIRO PASSO

[...] Pedro saiu do barco, andou sobre as águas e foi em direção a Jesus. Mas, quando reparou no vento, ficou com medo e, começando a afundar, gritou: "Senhor, salva-me!" Imediatamente, Jesus estendeu a mão e o segurou.

MATEUS 14.29-31

café com Deus Pai

Nessa passagem, observamos Pedro exercer fé e viver um milagre ao caminhar sobre as águas, seguindo o exemplo de Jesus. No entanto, um breve deslize fez que ele desviasse o olhar para as circunstâncias, perdendo o milagre, deixando-o escapar por entre os dedos. Nesse momento, ele afunda, sendo resgatado e repreendido por Jesus em virtude de sua falta de fé.

Essa história nos traz uma reflexão profunda: Somos verdadeiramente pessoas de fé? Acreditamos plenamente que tudo é possível em Jesus? Ou, por vezes, duvidamos, agindo como Tomé, que, para crer, precisa ver?

A verdade é que a fé precisa ser desenvolvida; ela não nasce em nosso coração e simplesmente se mantém a mesma do início ao fim de nossa vida. Digo isso porque na minha infância era difícil enxergar algo positivo, e eu não conseguia ver uma saída para aquela situação, tendo cogitado até mesmo a morte. No entanto, um convite transformador mudou minha realidade, assim como o chamado de Jesus a Pedro. Não foi preciso caminhar sobre as águas literalmente, mas, ao aceitar o convite para ir a uma igreja, vivenciei algo inexplicável e me senti no lugar certo. Por isso, é essencial dar o primeiro passo, mas alimentar a fé constantemente é crucial.

Talvez você esteja em sua zona de conforto, pensando que está tudo bem dessa maneira, mas hoje Deus Pai convida você a dar o primeiro passo para fora do barco. Há uma jornada incrível esperando por você, mas para isso é necessário avançar com fé, sabendo que Deus está sustentando sua vida.

Você confia em Deus a ponto de andar sobre as águas?

@juniorrostirola

365 DEVOCIONAL
133/365

LEITURA BÍBLICA
ATOS 11

PALAVRA-CHAVE
#FÉ

ANOTAÇÕES

PRESENTE DOS CÉUS

café com Deus pai

Pois vocês são salvos pela graça, por meio da fé, e isto não vem de vocês, é dom de Deus; não por obras, para que ninguém se glorie.

EFÉSIOS 2.8,9

O amor de Jesus nos alcança, e a fé nele nos salva e nos transforma para uma vida de paz.

@juniorrostirola

DEVOCIONAL 365
134/365

LEITURA BÍBLICA
ATOS 12

PALAVRA-CHAVE
#SALVAÇÃO

ANOTAÇÕES

A salvação é um presente dos céus conquistado por Jesus para todos nós, não por nossos próprios méritos, mas por meio da fé. Por mais que tentemos, jamais poderíamos vencer o pecado ou alcançar a salvação apenas com nossas próprias forças.

A graça de Deus é um favor incondicional, uma dádiva que recebemos apesar de não a merecermos. Estávamos destinados à morte, mas Deus enviou seu único Filho para morrer em nosso lugar, levando sobre si nossos pecados. A recente celebração da Páscoa nos leva a relembrar a morte de Jesus na cruz do Calvário, mas também celebrar a sua ressurreição, pois a morte não pôde detê-lo.

De todas as pessoas que já caminharam sobre a terra, Jesus certamente era o único que não merecia sofrer. No entanto, ele escolheu sofrer em nosso lugar, oferecendo-nos redenção.

Receba com gratidão o presente da salvação. Mas, para que o sacrifício de Jesus na cruz tenha significado em sua vida, é necessário que você cultive e honre essa nova vida em Jesus. Seja grato por tudo o que ele fez em seu favor e por lhe proporcionar uma nova chance. Somente com ele podemos vislumbrar a esperança de dias melhores.

Entenda que o propósito de sua vida agora é viver com Jesus e para ele. Com a mente de Cristo, tudo se renova. Tornamo-nos embaixadores do Reino celestial aqui na terra, capacitados pelo Espírito Santo a viver em santidade e na verdade de Deus. Com essa mentalidade, compreendemos que Jesus se fez semelhante aos homens para que os homens pudessem se tornar semelhantes a ele.

VALORIZE SUA FAMÍLIA

"[...] eu e a minha família serviremos ao SENHOR."

JOSUÉ 24.15

Josué foi o líder que sucedeu a Moisés. Ele recebeu uma missão muito importante: conduzir o povo à conquista da terra prometida. Sob sua liderança, Israel alcançou a promessa feita a Abraão. Deus, ao longo da história, demonstra um cuidado muito especial pela família, e isso fica evidente no texto que lemos. Josué compreendeu a importância de servir a Deus com integridade e convocou o povo a um compromisso, proclamando e dando um exemplo pessoal: deixou claro que ele e sua família serviriam ao Senhor.

Hoje celebramos o Dia Internacional da Família. Não sei como é a dinâmica em seu núcleo familiar, mas sei que Deus se agrada profundamente de abençoar as famílias. Como pastor, defendo e valorizo o cuidado e o bem-estar familiares, ciente de que é nesse ambiente que recebemos valores essenciais. A convivência nem sempre é fácil, mas o amor e o perdão sempre devem falar mais alto. Em minha casa, Michelle e eu procuramos transmitir aos nossos filhos valores do Reino de Deus, dando a eles orientações com base na Bíblia. Em nosso lar, todos os dias falamos que amamos uns aos outros. Isabella ainda está em casa, mas João Pedro já é casado, e mesmo assim não perdemos o costume de nos abraçarmos muito e falarmos palavras de afirmação.

Tenho certeza de que assim como a minha, sua família não é perfeita, pois estamos todos em um constante processo de melhoramento. Mas, apesar de nossas dificuldades, compartilhamos de um propósito em comum e permanecemos unidos em todo o tempo. Mesmo diante das diferenças, esteja sempre pronto a perdoar, reconciliar-se e amar. Valorize sua família e, neste dia especial, tire um tempo de qualidade e dedique a ela. Mesmo longe, sempre haverá um jeito de se fazer próximo e demonstrar amor. Decida amar todos os dias!

Amar é uma escolha que fazemos a todo momento.

@juniorrostirola

365 DEVOCIONAL
135/365

LEITURA BÍBLICA
ATOS 13

PALAVRA-CHAVE
#FAMÍLIA

ANOTAÇÕES

ENFRENTE

E entrou no deserto, caminhando um dia. Chegou a um pé de giesta, sentou-se debaixo dele e orou, pedindo a morte. Já tive o bastante, SENHOR. Tira a minha vida; não sou melhor do que os meus antepassados".

1REIS 19.4

café com Deus pai

É por meio do processo que amadurecemos para alcançar o que Deus tem para a nossa vida.

@juniorrostirola

DEVOCIONAL 365
136/365

LEITURA BÍBLICA
SALMOS 52

PALAVRA-CHAVE
#SUPERAR

ANOTAÇÕES

Fugir é uma resposta comum diante de crises e conflitos, uma tentativa rápida de escapar das responsabilidades que nos desafiam. Casais, pais, filhos, enfim, muitas vezes optam pela fuga, evitando o enfrentamento de compromissos essenciais.

Quantos casais se distanciam por receio de encarar as responsabilidades de fidelidade e honra? Quantos pais, sentindo-se incapazes, fogem da tarefa de educar os filhos, especialmente no que diz respeito à disciplina? E quantos filhos fogem do lar em busca de uma falsa liberdade? A fuga de Deus também é uma realidade para aqueles que relutam em assumir o compromisso com a santidade. A natureza humana, ilustrada pela fuga de Adão e Eva após o pecado, mostra como esse comportamento está enraizado em nossa carne.

Até mesmo profetas de Deus, como Elias, sofreram essa pressão à fuga motivada por medo, insegurança ou culpa diante do peso do pecado. Mesmo compreensível em certos momentos, a aversão ao confronto revela raízes não resolvidas. Enfrentar a orfandade, por exemplo, exigiu de mim superar o receio do confronto, pois este nos retira da plateia e nos coloca no ringue da luta.

Hoje, quero encorajar você a enfrentar os problemas em vez de ceder à tentação de fugir ou tentar colocá-los debaixo do tapete. Encarar as responsabilidades com fé e coragem é crer que Deus já lhe deu a capacidade necessária para vencer e superar. Por mais desafiador que o confronto possa parecer, saiba que esse é o caminho para que você alcance a transformação e o crescimento.

A CRUZ NOS TORNOU FILHOS

Por volta das três horas da tarde, Jesus bradou em alta voz: "Eloí, Eloí, lamá sabactâni?", que significa: "Meu Deus! Meu Deus! Por que me abandonaste?"

MATEUS 27.46

café com Deus Pai

Ao permanecer na cruz por cerca de seis horas, Jesus enfrentou uma agonia física insuportável, você consegue imaginar esse sofrimento?

Podemos afirmar que a maior angústia de Jesus não foram as chicotadas, os espinhos ou os pregos, por mais intoleráveis que tenham sido. O aspecto mais doloroso da crucificação para ele foi sentir-se abandonado. Jesus naquele momento levou sobre si nossos pecados e dores, e esse peso fez com que uma profunda tristeza tomasse o seu coração.

Longe de me comparar com Jesus, mas, compartilhando um pouco da minha infância, convivi com o sentimento de solidão e medo constante. Não conseguia fazer amizades, e a situação em minha casa era muito difícil pelos episódios de descontrole do meu pai. Isso me levou a um sentimento de abandono. Por anos me senti completamente sozinho, abandonado, rejeitado, não amado, mas encontrei em Deus Pai o amor de que eu precisava, em que fui aceito, celebrado, abraçado e impulsionado a transformar outras vidas que passam pelas mesmas angústias.

Hoje a igreja que pastoreio possui projetos sociais para ajudar crianças e adolescentes que se encontram em situação de vulnerabilidade social. Deus Pai transformou minhas dores em testemunhos.

Talvez você tenha vivido uma infância marcada pela dor do abandono ou da solidão, mesmo com pais presentes, mas emocionalmente ausentes. Neste dia, encorajo você a liberar perdão e vivenciar uma paternidade em Deus que talvez nunca tenha experimentado, pois Jesus pagou um alto preço na cruz, levando as nossas dores, para que eu e você pudéssemos ser aceitos como filhos. Você não é a sua circunstância; você é um filho amado de Deus Pai.

Ninguém jamais conseguirá amar você na mesma medida que Deus o ama.

@juniorrostirola

365 DEVOCIONAL
137/365

LEITURA BÍBLICA
SALMOS 53

PALAVRA-CHAVE
#ADOÇÃO

ANOTAÇÕES

VOLTE A SONHAR

Quem observa o vento não plantará; e quem olha para as nuvens não colherá.

ECLESIASTES 11.4

café com Deus Pai

Sempre haverá um prêmio para aqueles que nunca desistem de sonhar.

@juniorrostirola

DEVOCIONAL 365
138/365

LEITURA BÍBLICA
SALMOS 54

PALAVRA-CHAVE
#SONHOS

ANOTAÇÕES

Um dia alguém disse que nada é tão nosso quanto os nossos sonhos. E sabe, quando estamos alinhados à vontade de Deus Pai, isso é uma realidade, porque ele mesmo planta em nós sonhos e projetos que estejam alinhados com o nosso propósito aqui na terra. Mas acontece que, muitas vezes, o percurso entre o sonho e sua realização nos faz desanimar, não é verdade?

Muitas vezes, esmorecemos na caminhada e perdemos a perspectiva diante dos obstáculos da vida, deixando morrer o que outrora nos movia. Mas Deus Pai é especialista em resgatar nosso coração e nos impulsiona a prosseguir e voltar a sonhar, se assim o permitirmos.

O que morreu em você? E por que isso aconteceu? Reflita. Se foi por uma dificuldade, uma mágoa, uma traição, algo que saiu inesperado e totalmente diferente do que você planejou, não importa, o fato é que hoje Deus nos encoraja a não olhar as circunstâncias, mas a prosseguir. Na vida, para avançarmos, precisamos tirar os olhos do que nos paralisa e fixá-los no que nos move. Exerça a sua fé e veja além.

Não é hora de desistir. Lembre-se de que são as grandes batalhas que nos conduzem a grandes vitórias. Não coloque a esperança na sua força ou capacidade, porque nós somos limitados e falhos. Lance-se diante do Senhor e você verá que ele fará muito além do que você sonhou.

NÃO DÊ OUVIDOS

Bendiga o SENHOR a minha alma! Bendiga o SENHOR todo o meu ser! Bendiga o SENHOR a minha alma! Não esqueça nenhuma de suas bênçãos!

SALMOS 103.1,2

café com Deus Pai

O salmo 103 é como um lembrete de todas as promessas que Deus nos fez: ele nos perdoa de maneira incondicional, cura nossas enfermidades, resgata-nos da escuridão e nos envolve com amor e compaixão, capacitando-nos a ir mais longe, superando desafios e ultrapassando barreiras.

Com frequência, somos envolvidos pelas tempestades da incerteza e pelo caos das adversidades. Em meio a esses momentos, podemos ser tentados a pensar: "Talvez eu consiga sair ileso desta vez". No entanto, Deus não prometeu uma vida livre de dificuldades. Ele prometeu estar conosco, guardando-nos em todos os momentos, e sua palavra é soberana sobre todas as circunstâncias. Ele veio para nos conceder uma vida plena.

Diante dos problemas, você desmorona no caos ou permanece firme na rocha e fortaleza que é Deus? Eu, pessoalmente, vivi uma vida marcada pela fragmentação, em que qualquer crítica, mesmo vinda de pessoas distantes, abalava minha estrutura. Levou tempo de cuidado do Pai para que eu fosse curado das palavras e ações dirigidas contra mim. Foi então que compreendi: se não permito que os elogios me definam, tampouco devo deixar que as críticas me abalem.

Portanto, deixe-me oferecer um conselho neste dia: não permita que as críticas definam você, que calúnias o desencorajem, que fofocas o desestabilizem, nem que mentiras o paralisem. Entenda que existem verdades que Deus Pai tem para você. Essas palavras foram escritas para encorajá-lo e inspirá-lo a viver o melhor que Deus reservou para a sua vida. Que elas lhe tragam coragem para enfrentar os desafios e determinação para alcançar a plenitude que ele tem para sua história. Você não é sua circunstância!

O crítico sempre será espectador daquilo que Deus está fazendo na vida do outro.

@juniorrostirola

365 DEVOCIONAL
139/365

LEITURA BÍBLICA
ATOS 14

PALAVRA-CHAVE
#VERDADE

ANOTAÇÕES

UM TESOURO MAIS QUE PRECIOSO

Mas temos esse tesouro em vasos de barro, para mostrar que este poder que a tudo excede provém de Deus, e não de nós.

2CORÍNTIOS 4.7

café com Deus Pai

Assim como o barro é moldado pelas mãos do oleiro, nossa vida é moldada pelas mãos de Deus.

@juniorrostirola

DEVOCIONAL 365
140/365

LEITURA BÍBLICA
ATOS 15

PALAVRA-CHAVE
#TESOURO

ANOTAÇÕES

Paulo, nessa passagem, usa a figura do vaso de barro para ilustrar a fragilidade humana, sua fraqueza natural em contraste com a grandeza do tesouro que carregamos dentro de nós, que foi colocado ali por Deus. O barro não é um dos materiais mais fortes nem dos mais valiosos com que se fazer um recipiente para algo tão valioso. Entretanto, o uso dessa analogia mostra exatamente que devemos valorizar a preciosidade do conteúdo do vaso, não o recipiente em si.

Todos nós falhamos e convivemos em uma luta constante contra nossa natureza, que se inclina costumeiramente ao pecado e a práticas contrárias à vontade de Deus. O fato é que, mesmo tão falhos, Deus Pai confiou a nós um tesouro inestimável.

Esse tesouro é o evangelho, são as boas-novas que trazem salvação e cura para todos aqueles que creem em Jesus e se aproximam dele. Não há nada mais precioso do que isso, nenhum bem ou recompensa terrenos podem se comparar com a vida eterna e abundante concedida por Cristo a nós, por intermédio do seu sacrifício.

Nossa missão é zelar por esse tesouro em nosso coração e compartilhá-lo com todos à nossa volta. Essa é a grandeza e a beleza da missão que Jesus confiou a cada um de nós. Talvez o mundo lhe tenha feito pensar que você não tem valor ou que sua vida não tem significado, mas, a partir de hoje, saiba que aquilo que há de mais valioso no mundo foi confiado a você. Portanto, posicione-se e decida espalhar o amor de Deus por meio de suas atitudes e palavras. Não se limite ou ignore isso, mas saiba que você tem um grande chamado.

HÁ UM SOL BRILHANDO

Ali entrou numa caverna e passou a noite. E a palavra do SENHOR veio a ele: "O que você está fazendo aqui, Elias?"

1REIS 19.9

Elias, diante da ameaça de Jezabel, foi consumido pelo medo, levando-o a se refugiar numa caverna. Essa reação ao medo, a busca por um refúgio seguro, não é estranha a nós. Na minha adolescência, meu quarto era essa caverna, um lugar de segurança. Essa tendência ao isolamento, especialmente sob pressão, reflete uma luta contra a solidão que perpassa a humanidade desde tempos antigos. Apesar de cercados por outros, como Elias, muitos de nós nos sentimos isolados, frequentemente em razão de sentimentos de abandono, rejeição ou insegurança.

A solidão, embora comum, não é o destino que Deus deseja para nós. O medo e a solidão podem fazer parte da experiência humana, inclusive dos filhos de Deus, mas permanecer nesse estado é uma escolha nossa, não um desígnio divino. Eu me isolava, pois queria me afastar de alguma maneira da realidade em que vivia, e aquilo foi criando feridas profundas na minha vida que demoraram a cicatrizar.

Foi quando descobri que não estava sozinho que tudo mudou. Entendi que tinha um companheiro, um Pai, um amigo, um socorro bem presente na hora da angústia. Deus é tudo isso para nós, e eu fui resgatado por ele e retirado da minha caverna quando o conheci, pois passei a reconhecer minha verdadeira identidade, e, como está escrito, seu amor perfeito lançou fora todos os meus medos.

Não sei quais são os sentimentos e motivos que o têm levado a se manter numa caverna: talvez o medo, a angústia, a rejeição, o abandono, o abuso... Quaisquer que sejam, saiba que existe um sol brilhando do lado de fora e um caminho a ser trilhado. Por mais que a vida o tenha machucado, saiba que Deus é especialista para curar você e o capacitar a vencer um dia de cada vez. Eu declaro sobre você um tempo de novos sonhos, novas conquistas e novas realizações.

café com Deus Pai

Muitas vezes precisamos parar e nos desfazer de coisas que nos impedem de receber o novo.

@juniorrostirola

365 **DEVOCIONAL**
141/365

LEITURA BÍBLICA
ATOS 16

PALAVRA-CHAVE
#NOVO

ANOTAÇÕES

JESUS É A FONTE

"Tenho lhes dito estas palavras para que a minha alegria esteja em vocês e a alegria de vocês seja completa."

JOÃO 15.11

café com Deus pai

Onde Jesus está presente, o natural do céu passa a ser acessível.

@juniorrostirola

DEVOCIONAL 365
142/365

LEITURA BÍBLICA
ATOS 17

PALAVRA-CHAVE
#VIDA

ANOTAÇÕES

Como amanheceu seu espírito hoje? Repleto de entusiasmo pelos desafios e oportunidades que o aguardam? Jesus, em suas palavras, nos oferece uma parábola poderosa: ele é a videira, e nós, os ramos. Essa imagem nos convoca a refletir sobre a fonte de nossa verdadeira satisfação e alegria. Há quem conte os dias apenas esperando pelo alívio do final de semana, mas Jesus nos ensina algo revolucionário — que a plenitude da vida encontra-se nele.

Ele é a essência da vida, o elo entre o céu e a terra. Nesse ensinamento, Jesus nos convida a mergulhar numa vida de profunda conexão com ele, em que tudo o que é secundário desvanece diante da grandeza de sua presença. Essa relação não é marcada pela tristeza ou melancolia, mas sim pela vivacidade, sustento e uma graça que transborda.

Quando falamos em "estar ligado à videira", falamos de um relacionamento constante, não limitado a um encontro semanal, mas um convite para que Deus habite em nós diariamente, completando nossa alegria. Esse convite se estende a cada um de nós, todos os dias, renovando nosso entusiasmo pela vida.

Se este devocional tem sido sua fonte de força, celebro com você, pois cada palavra aqui compartilhada nasce dessa conexão vital com Cristo. Elas são escritas com a esperança de que sua vida seja tocada, abençoada e inspirada a experimentar não apenas o ordinário, mas o extraordinário, no cotidiano. Que esta reflexão seja um convite a viver cada dia com a plenitude que só encontramos em estar verdadeiramente conectados à fonte da vida.

COMO ESTÁ SEU INTERIOR?

"[...] O SENHOR não vê como o homem: o homem vê a aparência, mas o SENHOR vê o coração."

1SAMUEL 16.7

Vivemos em uma sociedade que tem estado imersa na superficialidade, e isso se dá pelos estímulos que recebemos e pelo padrão que nos é imposto pelo mundo. Acabamos fazendo de tudo, conscientemente ou não, para nos sentirmos aceitos e incluídos. Parecer bem, nas redes sociais, esconder a todo custo nossos erros e fraquezas atrás de sorrisos vazios, enquanto muitas vezes, atrás das cortinas, nossa vida está em ruínas.

Contudo, nada está oculto aos olhos de Deus; ele vê o que nós muitas vezes não enxergamos. No texto que lemos, o profeta Samuel vai à casa de Jessé para ungir um de seus filhos, que seria o novo rei de Israel. Entretanto, ao ver Eliabe, irmão de Davi, o profeta julgou que este era o escolhido de Deus, pelo seu porte físico e aparência. Entretanto, Deus prontamente alertou Samuel de que para ele o exterior não tem valor algum, mas sim aquilo que está dentro do coração.

Isso me ensina muito, pois o fato é que não conseguimos manter falsas aparências por muito tempo; prontamente o que está em nosso interior acaba sendo aflorado, revelando quem realmente somos.

A partir de hoje, não gaste seu tempo em apenas parecer bem exteriormente, mas dedique-se para estar bem com Deus. Ao obedecermos à sua Palavra e vivermos de acordo com os seus princípios, o que está em nosso interior acaba sendo revelado. Não busque as câmeras ou os holofotes deste mundo, pois, ainda que o homem não veja, os céus estão fotografando você, e, quando você menos esperar, Deus virá ao seu encontro e o recompensará por tudo aquilo que você tem feito enquanto somente ele está vendo.

café com Deus pai

É no secreto com Deus que somos gerados em verdade.

@juniorrostirola

365 DEVOCIONAL
143/365

LEITURA BÍBLICA
SALMOS 55

PALAVRA-CHAVE
#SECRETO

ANOTAÇÕES

ACREDITE

"Qual de vocês, se quiser construir uma torre, não assenta e calcula o preço, para ver se tem dinheiro suficiente para completá-la?"

LUCAS 14.28

café com Deus Pai

Para quem tem fé em Deus, o impossível é temporário.

@juniorrostirola

DEVOCIONAL 365
144/365

LEITURA BÍBLICA
SALMOS 56

PALAVRA-CHAVE
#FÉ

ANOTAÇÕES

Acreditar não é uma jornada fácil, e dizer simplesmente "você precisa acreditar" é insuficiente, pois diversos obstáculos impedem a fé de se desenvolver. Questões familiares, desilusões, falta de confiança e preconceitos podem ser barreiras que buscam inviabilizar a fé de uma pessoa.

A decisão de crer requer coragem, confiança e um conhecimento profundo de quem é Deus e do que ele pode fazer, porque a fé se manifesta quando vamos além da zona de conforto. Pedro, um discípulo de Jesus, experimentou isso ao caminhar sobre as águas. Sua fé inicial permitiu esse feito extraordinário, mas, ao desviar o olhar para os ventos contrários, quase afundou. Acredito que a fé deve ser construída e desenvolvida por meio das experiências que vivenciamos. A cada intervenção de Deus que experimento em minha vida, sinto-me ainda mais encorajado para seguir adiante, com uma fé ainda mais ousada.

Tudo, porém, precisa de um ponto de partida. Assim como ao começar a se exercitar em uma academia você não espera um resultado imediato, mas que ele irá aparecer após meses de dedicação, com a fé não é diferente. Todos os grandes passos de fé que dei em minha vida se apoiaram em minha confiança em Deus, pois, ao ver o que ele já tinha feito por mim no passado, enxergava que o novo desafio seria apenas como dar mais um passo.

Convido você a dar passos de fé a partir de hoje. Rompa com a estagnação e se afaste daquilo que tem desviado seu foco ou abalado sua confiança em Deus. Lembre-se de tudo aquilo que o Pai já fez por você e ancore suas esperanças na fidelidade dele. Dê passos de fé e veja o mar se abrir diante de sua vida.

"NÃO JOGUE A TOALHA"

"Eu lhes disse essas coisas para que em mim vocês tenham paz. Neste mundo vocês terão aflições, contudo tenham ânimo! Eu venci o mundo."

JOÃO 16.33

café com Deus Pai

Manter o ânimo diante dos obstáculos que enfrentamos em nossa vida nem sempre é uma tarefa fácil, porque somos seres humanos. É muito importante ressaltar isso, porque, diante dos conflitos e crises, naturalmente revelamos quão frágeis somos.

Temos de ser sinceros, humildes e corajosos para admitir nossa natureza falha, pois haverá momentos em que não conseguiremos resolver os nossos problemas sozinhos. Entretanto, é nos períodos mais difíceis que a fé é gerada de maneira ainda mais intensa em nós, quando reconhecemos nossa posição de completa dependência de Deus. E, quando isso acontece, abrimos espaço para o agir dele em nossa vida.

Crises e conflitos são desafios que servem de termômetro para medir a nossa fé. Por isso, devemos compreender que não podemos "jogar a toalha" diante das adversidades, mas lutar, porque é por meio das lutas que amadurecemos e ficamos mais fortes, tornando-nos assim preparados para tocar em todas as promessas que Deus Pai tem para cumprir em nossa vida.

Então, não tenha dúvida de que a vitória já é sua e que no final tudo vai dar certo, e não estamos falando simplesmente de otimismo, mas de fé, porque Jesus fez essa promessa. Quantas vezes, durante os desafios, surgiram circunstâncias que tentaram paralisar você? Eu mesmo já perdi as contas! As situações contrárias podem até surgir, mas esteja firme, vença as dificuldades e permaneça fiel a Deus Pai. Apenas creia, tenha ânimo e cuide do seu coração, pois você não luta sozinho, e com Jesus a vitória não é apenas uma possibilidade, mas uma certeza.

Você só será um fracasso se desistir de lutar.

@juniorrostirola

365 **DEVOCIONAL**
145/365

✝ **LEITURA BÍBLICA**
SALMOS 57

PALAVRA-CHAVE
#PERSEVERAR

ANOTAÇÕES

DESCALÇO EM SI MESMO

Então disse Deus: "Não se aproxime. Tire as sandálias dos pés, pois o lugar em que você está é terra santa".

ÊXODO 3.5

café com Deus Pai

Deus está em busca de homens e mulheres capazes de andar descalços dentro de si mesmos.

@juniorrostirola

DEVOCIONAL 365
146/365

LEITURA BÍBLICA
ATOS 18

PALAVRA-CHAVE
#ENCONTRO

ANOTAÇÕES

Nas narrativas bíblicas, as sandálias simbolizam mais que um simples acessório; elas representam um caminho. Feitas para proteger os pés dos perigos de terrenos ásperos quentes ou repletos de espinhos, as sandálias também nos distanciam da plena experiência do solo que tocamos. Esse é o motivo pelo qual Moisés, ao encontrar-se com Deus pela primeira vez, foi instruído a tirar os calçados. Ao remover suas sandálias, seus pés puderam tocar diretamente o solo sagrado, permitindo-lhe sentir de modo pleno a presença de Deus, assim como sentimos a areia fina da praia escorrendo entre nossos dedos.

Essa passagem nos leva a refletir: quais são as "sandálias" em nossa vida que nos impedem de sentir plenamente, de estar verdadeiramente presentes e sensíveis ao que nos rodeia? Quais barreiras nos afastam da experiência do sobrenatural de Deus? É essencial buscar uma conversa íntima com Deus, permitindo que ele ilumine quais aspectos de nossa vida nos separam dele.

A jornada para se aproximar mais de Deus envolve identificar e remover as "sandálias" que nos protegem, mas ao mesmo tempo nos isolam da experiência plena da presença do Pai. Ao nos descalçarmos, figurativa e espiritualmente, abrimos nosso coração e nossa alma para a sensibilidade e intimidade com o Pai, permitindo que a santidade do seu caminho nos envolva completamente.

Deus não queria que as sandálias impedissem Moisés de pisar no chão das possibilidades e verdades que mudariam sua rota de vida para sempre. Assim, somos chamados a andar "descalços" em nossa essência, libertos das amarras que nos detêm. Somente assim, despojados de nossas barreiras, podemos verdadeiramente experimentar o chamado dele em nossa vida e responder a esse chamado.

PROCESSOS DE AMADURECIMENTO

Quando eu era menino, falava como menino, pensava como menino e raciocinava como menino. Quando me tornei homem, deixei para trás as coisas de menino.

1CORÍNTIOS 13.11

café com Deus Pai

Nessa carta dirigida aos coríntios, Paulo revela a essência do amor, destacando-o como mais do que um mero sentimento, mas um mandamento. Ele nos guia para a compreensão de que viver esse amor requer foco, uma direção clara em meio às demandas da vida.

Conforme o tempo passa e olhamos para trás, percebemos quanto amadurecemos: decisões que hoje tomaríamos de maneira diferente, posicionamentos que já mudaram completamente, enfim. Esse é um processo natural e positivo na vida, sinal de que não estamos estagnados, mas em constante evolução. Em nosso relacionamento com Deus, não é diferente. Conforme nos dedicamos, aprendemos a ouvir e discernir cada vez mais a voz do Pai, tornando-nos mais assertivos e maduros.

A analogia com crianças utilizada por Paulo, destaca que crescer em idade e estatura não é o mesmo que amadurecer. Os anos podem passar e permanecermos imaturos se não estivermos atentos e não nos submetermos aos processos do amadurecimento. Coisas que praticávamos no passado, muitas vezes, já não cabem hoje em nossa vida, pois cada desafio enfrentado e batalha vencida nos torna mais maduros e preparados para lidar com as situações da vida.

Por isso, não podemos aceitar a estagnação. Nosso relacionamento com Deus e dedicação a ele devem ser gradativamente mais profundos, de modo que estejamos cada vez mais preparados para lidar com as tentações e, consequentemente, mais afastados do pecado. Por isso, decida alimentar seu espírito diariamente para que você cresça e se torne maduro, a ponto de se tornar firme e constante na presença de Deus.

O processo coopera para o nosso bem. O que temos passado hoje forjará o nosso crescimento e moldará o nosso futuro.

365 DEVOCIONAL
147/365

LEITURA BÍBLICA
ATOS 19

PALAVRA-CHAVE
#MATURIDADE

ANOTAÇÕES

PRESERVE A COMUNHÃO

Sobre todas essas coisas, porém, vistam-se do amor, que é o elo perfeito. A paz de Cristo deve ser o juiz no coração de vocês, visto que foram chamados para viver em paz, como membros de um só corpo — e sejam agradecidos.

COLOSSENSES 3.14,15

café com Deus pai

Crie memórias que façam a vida valer a pena.

@juniorrostirola

DEVOCIONAL 365
148/365

LEITURA BÍBLICA
ATOS 20

PALAVRA-CHAVE
#PROXIMIDADE

Vivemos em um mundo envolvente, onde a tecnologia nos surpreende a cada momento com inovações e facilidades para nosso dia a dia. Novos carros, eletrônicos, redes sociais e agora a inteligência artificial transformam o cenário global com uma rapidez impressionante, dando a sensação de que tudo está ao alcance dos nossos olhos e sob controle humano.

No entanto, enquanto testemunhamos avanços tecnológicos e eles vão se inserindo em nosso cotidiano, os sentimentos humanos essenciais vão se esfriando cada vez mais. Os relacionamentos familiares têm se desintegrado rapidamente, amizades se tornam superficiais e os encontros presenciais se transformaram em conexões virtuais.

Esse isolamento promovido pela tecnologia tem causado um grande aumento no número de doenças emocionais, e a solidão, a tristeza e as inquietações têm se multiplicado. A tecnologia tem um papel fundamental e revolucionário, mas não podemos permitir que ela nos afaste do convívio social, pois fomos criados para isso. O chamado é para resgatar a intimidade relacional, reconhecendo que o amor é o elo perfeito entre nós e Deus e entre nós e o próximo.

Que tal começar o dia expressando amor à sua família? Reserve momentos de qualidade para compartilhar com aqueles que ama. Suas decisões hoje podem transformar não apenas a sua casa, mas também o seu próprio caminho. Priorize o contato com aqueles que você ama. Invista mais tempo em experiências e memórias duradouras, compartilhando o amor e vivendo em comunhão com Deus e o próximo.

ANOTAÇÕES

ALÍVIO EM MEIO À ANGÚSTIA

Amem, porém, os seus inimigos, façam-lhes o bem e emprestem a eles, sem esperar receber nada de volta. [...] Sejam misericordiosos, assim como o Pai de vocês é misericordioso.

LUCAS 6.35,36

café com Deus Pai

Diante do caos que permeia nossos dias, envoltos em um turbilhão de más notícias, é fácil se deixar levar pelo desânimo e pela desesperança. As circunstâncias adversas nos pressionam e angustiam nosso coração, como um peso difícil de suportar sobre os ombros, levando-nos à beira da exaustão física, emocional e espiritual. No entanto, em meio a esse mar de incertezas, surge uma luz de esperança, uma promessa de restauração.

O evangelho de Jesus Cristo é essa luz. É a fonte inesgotável de boas notícias em um mundo angustiado e sedento por esperança. Nele encontramos a força para enfrentar as injustiças que permeiam nossa sociedade, para resistir às tempestades que, muitas vezes, ameaçam nos afogar no desespero. O evangelho não apenas nos oferece consolo em meio à dor, mas nos capacita a agir, a nos levantarmos contra as injustiças e a sermos agentes de paz em um mundo ferido.

Ao olharmos para o exemplo de Jesus, vemos um chamado para amar nossos inimigos, para fazer o bem aos que nos odeiam e para orar pelos que nos perseguem. Ele nos ensina a resistir ao mal com o bem, a enfrentar as injustiças com compaixão e a sermos instrumentos de paz em um mundo conturbado.

Em Jesus Cristo, encontramos a força para enfrentar os desafios da vida, a coragem para resistir às injustiças e a esperança para seguir adiante, mesmo quando tudo parece perdido. Ele é a nossa rocha, nossa fortaleza, o nosso refúgio na tempestade. Nele encontramos a verdadeira esperança que nunca se apaga. Nos dias mais escuros, lembre-se: com Jesus, você nunca está só!

Se você quer que Deus se manifeste em sua vida, demonstre compaixão, amor e graça ao próximo.

@juniorrostirola

365 DEVOCIONAL
149/365

LEITURA BÍBLICA
ATOS 21

PALAVRA-CHAVE
#COMPAIXÃO

ANOTAÇÕES

VOCÊ TEM VALOR

Assim como cada um de nós tem um corpo com muitos membros e esses membros não exercem todos a mesma função, assim também em Cristo nós, que somos muitos, formamos um corpo, e cada membro está ligado a todos os outros.

ROMANOS 12.4,5

café com Deus Pai

Apesar dos nossos defeitos, Deus nos presenteia com dons e talentos.

@juniorrostirola

DEVOCIONAL 365
150/365

LEITURA BÍBLICA †
SALMOS 58

PALAVRA-CHAVE
#TALENTOS

ANOTAÇÕES

Como pastor de uma grande igreja, estou constantemente envolvido em reuniões e decisões que tomamos em equipe, e nesse ambiente percebo que cada indivíduo tem um dom especial concedido por Deus, e que atuam de maneira a complementar uns aos outros, fazendo que cada um contribua de acordo com suas características.

Tenho percebido que não existem pessoas inadequadas, mas sim pessoas que estão ocupando a posição errada. Cada um de nós traz consigo habilidades únicas que se complementam em prol do Reino de Deus. Tenho uma grande equipe que me auxilia em diversas áreas, e eles possuem qualidades que eu não tenho, e assim caminhamos para complementar uns aos outros com nossos dons e talentos, a fim de alcançarmos um objetivo em comum: compartilhar o evangelho.

No texto que lemos, está claro que precisamos caminhar em conjunto, auxiliando uns aos outros para que possamos avançar, mas, para exercermos adequadamente nossos dons, precisamos estar conectados a Jesus. Assim como um escultor que é capaz de visualizar uma bela escultura em um simples bloco de pedra, Deus Pai conhece todo o nosso potencial e sabe aonde podemos chegar.

Talvez você esteja se sentindo deslocado ou perdido, mas entenda que sua vida é única e valiosa para Deus, pois ele confiou a você dons e talentos específicos. Mas, para desbloqueá-los, você precisa estar conectado a Jesus, fazendo parte desse corpo que caminha em uma mesma direção. Saiba que você foi criado com um propósito único e possui qualidades importantíssimas para o Reino de Deus. Você é muito importante, você tem valor.

O PODER DA GRATIDÃO

Então Jesus tomou os pães, deu graças e os repartiu entre os que estavam assentados, tanto quanto queriam; e fez o mesmo com os peixes.

JOÃO 6.11

A gratidão vai muito além de palavras ao vento; ela é uma forma de enxergar o mundo e de viver a vida. Um exemplo disso é Jesus, que perante cinco mil pessoas agradeceu por ter em mãos modestos cinco pães e dois peixes. Esse ato de Jesus não apenas mostra sua humildade, mas também a profundidade de sua fé: ele foi grato pelo pouco que tinha em mãos, crendo que para Deus era o suficiente.

Jesus nos ensina uma lição inestimável: a quantidade é irrelevante; o que verdadeiramente importa é a gratidão que carregamos no coração. Foi após agradecer a Deus pelo pouco que tinham que o milagre da multiplicação ocorreu, demonstrando que a gratidão é fértil, capaz de gerar abundância onde antes havia escassez. Assim, somos convidados a refletir: Como está o nosso coração? Temos cultivado a gratidão ou a murmuração?

Muitas vezes, como os discípulos, duvidamos do poder que há no pouco aos nossos olhos. Anos atrás, quando meu filho ainda era pequeno, enfrentamos situações financeiras difíceis, a ponto de não ter condições de comprar o alimento para o dia seguinte. Lembro-me de que o João Pedro pedia iogurte, e nós não tínhamos como dar. Você que é pai ou mãe pode imaginar como nos sentíamos ao não poder comprá-lo. Mas nunca fomos desamparados: Deus sempre enviava a provisão no tempo certo; não tínhamos muito, mas o Pai nunca deixou faltar o necessário.

O seu pouco, se aliado a uma grande fé, é o suficiente para Deus agir e multiplicar. Em todo tempo, seja generoso, ame, compartilhe e agradeça. Seja grato pelo que você já tem hoje, muito além do que é material: a saúde, a família, o trabalho, os amigos, enfim. Independentemente do que você esteja enfrentando, troque a reclamação pela gratidão, porque no tempo certo Deus intervirá.

café com Deus Pai

O milagre da multiplicação é precedido por uma atitude de gratidão.

@juniorrostirola

365 **DEVOCIONAL**
151/365

✝ **LEITURA BÍBLICA**
SALMOS 59

PALAVRA-CHAVE
#MULTIPLICAÇÃO

ANOTAÇÕES

QUANDO VOCÊ DEIXA DEUS NA **DIREÇÃO**, O BARCO DA SUA **VIDA** NAVEGA EM **SEGURANÇA**.

@juniorrostirola

Assista ao vídeo com a palavra e oração para este mês.

junho

café com Deus pai

FÉ E DETERMINAÇÃO

"Enquanto durar a terra, plantio e colheita, frio e calor, verão e inverno, dia e noite jamais cessarão."

GÊNESIS 8.22

café com Deus Pai

À medida que encerramos mais um capítulo em nossa vida, seja o fechamento de um ano, seja a transição de uma estação para a outra, enfrentamos o desafio de abraçar novos ciclos com fé e esperança. Contudo, quando há falta de fé, sentimos como se a vida passasse sem significado ou realização. No entanto, cada novo ciclo traz consigo uma promessa de amadurecimento e renovação. Só depende de cada um de nós confiar para então desfrutar dos propósitos de Deus.

Quando as águas do dilúvio baixaram e Noé pôde sair da arca, sua primeira ação foi de gratidão e adoração a Deus. Esse gesto simboliza o reconhecimento e a celebração das promessas cumpridas pela bondade e fidelidade do Pai. Como Noé depositou sua fé naquilo em que Deus o instruiu, nós também devemos confiar e cultivar um coração grato e adorador, independentemente dos desafios ou dos planos ainda não realizados.

A cada manhã, as misericórdias de Deus são renovadas, e isso deve nos inspirar diariamente a abraçar novas ideias e projetos com otimismo. Que tal aproveitar este momento para refletir sobre seus objetivos? É tempo de estabelecer novas metas e reavivar sonhos adormecidos, avançando com determinação.

Como estão os seus planos? Não planejar o futuro é destinar a si mesmo ao fracasso e a estagnação. Não permita que a correria do dia a dia o coloque no modo automático, sem planos, sonhos ou projetos. Deus tem coisas extraordinárias para fazer em sua vida e por meio dela. Abrace o amanhã com fé e determinação, siga a orientação do Pai e chegue a lugares que nunca imaginou alcançar.

Sempre haverá renovo para um coração disposto.

@juniorrostirola

365 **DEVOCIONAL**
152/365

† **LEITURA BÍBLICA**
SALMOS 60

PALAVRA-CHAVE
#RENOVAÇÃO

ANOTAÇÕES

PERDENDO PARA GANHAR

Jesus respondeu: "Se você quer ser perfeito, vá, venda os seus bens e dê o dinheiro aos pobres, e você terá um tesouro no céu. Depois, venha e siga-me". Ouvindo isso, o jovem afastou-se triste, porque tinha muitas riquezas.

MATEUS 19.21,22

café com Deus Pai

A generosidade mostra de fato como está o seu coração.

@juniorrostirola

DEVOCIONAL 365
153/365

LEITURA BÍBLICA
ATOS 22

PALAVRA-CHAVE
#ENTREGA

Deus anseia por homens e mulheres que possam transformar toda uma geração, mas, para correspondermos a esse chamado, precisamos estar alinhados aos propósitos do Pai. Na história do Jovem Rico, que era um homem obediente aos mandamentos, ele tinha tudo para viver uma jornada extraordinária com Jesus, mas seu coração era apegado demais às riquezas terrenas.

Deus não disputa espaço em nosso coração com mais nada, mas deseja que sejamos completamente entregues a ele, para que ele possa agir. O dinheiro e os bens materiais eram importantes demais para o Jovem Rico, a ponto de, ao ter que fazer uma escolha entre as riquezas e Jesus, hesitou e então fez a escolha errada, preferindo os prazeres e o conforto deste mundo.

Muitas vezes, é necessário perder para ganhar, pois tudo aquilo que nos afasta de Deus Pai prejudica profundamente a nossa vida, ainda que por si só não seja algo ruim, como no caso das riquezas. Possuí-las não é algo inerentemente ruim, mas ter o coração nelas, sim. Na vida, muitas vezes portas se fecham ou perdemos algumas coisas, e nesses momentos precisamos refletir, pois talvez Deus esteja retirando as distrações ou aquilo que nos afastava da presença dele.

Reflita: o que o tem mantido cativo? Pois, como afirmou Jesus, onde está nosso tesouro, ali está também nosso coração (Mateus 6.21). Que essa reflexão impulsione você a avaliar as áreas da vida que possam estar desalinhadas com o coração de Deus, pois ele deseja que estejamos prontos para sacrificar o que for necessário para estarmos mais próximos dele e de seu propósito transformador.

ANOTAÇÕES

NÃO PERCA O FOCO

Olhe sempre para a frente, mantenha o olhar fixo no que está adiante de você.

PROVÉRBIOS 4.25

café com Deus pai

Talvez você já tenha visto uma foto icônica do atletismo com dois homens correndo. O primeiro colocado está focado, olhando para a frente. O oponente, por sua vez, olha para o outro corredor. Isso significa que, enquanto o vencedor está com os olhos fitos na vitória, o oponente está distraído com o que não importa, o outro.

Quantas vezes, durante nossas lutas diárias, somos tentados a desviar o olhar daquilo que verdadeiramente importa, não é mesmo? Não sei se você já reparou, mas ao correr, se você começar a olhar para os lados, um sentimento de insegurança começa a surgir, você se sente vulnerável a tropeços e quedas e acaba reduzindo a velocidade.

Aprendo que no dia a dia não é diferente: é impossível seguir em direção ao alvo se não mantivermos o foco. Às vezes, olhamos para os lados e acabamos nos comparando, nos deixando influenciar ou tomando atalhos que não foram abertos por Deus, e, dessa forma acabamos nos distanciando completamente da vontade dele para a nossa vida.

Todos estamos na corrida da vida, e muito mais importante que velocidade é a direção. Ao contrário de uma competição, em que concorremos contra outras pessoas, na vida nosso oponente na maioria das vezes somos nós mesmos, e, ao nos distrairmos, perdemos o foco e nos autossabotamos, atrasando assim os planos de Deus. Concentre-se no que Deus confiou e espera de você. Saiba que há um propósito personalizado para cada um de nós. Fuja das distrações e da comparação, levante a cabeça, pois, a cada passo que der, você estará mais próximo do seu destino.

Na maratona da vida, o foco é a chave para grandes conquistas.

@juniorrostirola

365 DEVOCIONAL
154/365

LEITURA BÍBLICA
ATOS 23

PALAVRA-CHAVE
#FOCO

ANOTAÇÕES

AME EM TODO TEMPO

Acima de tudo, porém, revistam-se do amor, que é o elo perfeito.

COLOSSENSES 3.14

Quando eu ainda era adolescente, sonhava em um dia ter meus filhos e poder construir minha própria família. Eu ficava imaginando como seria ser pai, mas, por mais que eu tenha idealizado inúmeros cenários, com várias imagens que projetava em minha mente, nada chegou perto do verdadeiro sentimento, a maravilhosa felicidade que senti e sinto todos os dias por ter meus dois filhos, João Pedro e Isabella, que são a herança dada pelo Pai a mim.

Consigo entender perfeitamente caso você tenha dificuldade em expressar o seu amor por seus pais, ou por seus filhos, se os tiver, pois talvez nunca recebeu amor ou se sentiu amado como deveria.

Dias atrás, li um artigo no qual uma colunista expressava o desespero de uma mãe, cuja filha de três anos começou a ter comportamentos diferentes dos princípios ensinados por ela. Mesmo com toda a atenção que a mãe lhe dispensava, as atitudes da menina eram relutantes a mudança. E sabe qual é a grande verdade nessa história? Aquela menina inconscientemente continuou reproduzindo o mesmo comportamento, pois desse modo ela estava tendo uma atenção que outrora não recebia. Resumindo, tudo o que ela queria era chamar a atenção para ser amada.

Quanto tempo faz que você não fala com seus pais? Ou quando foi a última vez que falou a seus filhos o quanto você os ama?

Precisamos ficar atentos para que a rotina não nos distancie de quem amamos, sejam pais, amigos ou familiares. Assim, devemos sempre lembrá-los do quanto são amados por nós. Ame, pois no final da nossa vida somente o quanto amamos importará.

Ame as pessoas hoje, porque o amanhã pode não existir.

@juniorrostirola

DEVOCIONAL 365
155/365

LEITURA BÍBLICA
ATOS 24

PALAVRA-CHAVE
#AMAR

ANOTAÇÕES

COM JESUS, TUDO MUDA

Tendo acabado de falar, disse a Simão: "Vá para onde as águas são mais fundas"[...] Simão respondeu: "Mestre, esforçamo-nos a noite inteira e não pegamos nada. Mas, porque és tu quem está dizendo isto, vou lançar as redes".

LUCAS 5.4,5

café com Deus pai

Você bloqueia seus milagres quando permite que suas circunstâncias dominem a sua fé.

@juniorrostirola

Imagine que sua fonte de renda vem da pesca e, após uma longa noite de trabalho árduo, você retorna para casa sem um único peixe. Mesmo com toda a sua experiência, todos os esforços parecem em vão; a pesca foi um desastre. Como diz o ditado, naquela noite o mar "não estava para peixe". É fácil imaginar a tristeza e a frustração de voltar para casa sem a provisão para a família, uma situação desastrosa. Isso foi vivenciado por Pedro, que, após uma noite inteira de trabalho, não havia pescado nada.

Assim como Pedro, muitas vezes enfrentamos situações em que damos o nosso melhor, trabalhamos arduamente, mas os resultados não correspondem às nossas expectativas. Ficamos frustrados e preocupados, pois nossa sobrevivência muitas vezes depende desses resultados.

Na história de Pedro, tudo muda quando Jesus entra em seu barco. Sem aviso prévio, Jesus desafia Pedro a lançar as redes mais uma vez, e, ao obedecer, ele colhe uma quantidade abundante de peixes. Entenda que Deus tem um tempo e um propósito específico para realizar milagres em nossa vida. Muitas vezes, eles não ocorrem quando desejamos, mas quando mais precisamos.

Hoje, pergunto a você: como estão as suas redes? Talvez você esteja a ponto de sair do mar e desistir, desanimado com os resultados que não chegam. Compreenda, entretanto, que milagres ocorrem quando todas as alternativas humanas se esgotam. Às vezes, tudo o que precisamos fazer é entregar o barco de nossa vida a Jesus e convidá-lo para entrar e realizar o impossível aos nossos olhos.

365 DEVOCIONAL
156/365

† LEITURA BÍBLICA
ATOS 25

PALAVRA-CHAVE
#SEGURANÇA

ANOTAÇÕES

UMA VIDA BEM SUCEDIDA

[...] Devem ser ricos em boas obras e generosos com os necessitados, sempre prontos a repartir. Desse modo, acumularão tesouros para si como um alicerce firme para o futuro, a fim de experimentarem a verdadeira vida.

1 TIMÓTEO 6.18,19

café com Deus pai

O generoso sempre trilhará o melhor caminho.

@juniorrostirola

DEVOCIONAL 365
157/365

LEITURA BÍBLICA
SALMOS 61

PALAVRA-CHAVE
#GENEROSIDADE

ANOTAÇÕES

Quando ligamos a televisão ou navegamos na internet, é comum nos depararmos com promessas de fórmulas que supostamente nos levarão ao sucesso financeiro fácil e rápido. Mas afinal, o que é ser bem-sucedido?

Bom, a resposta mais popular do mundo é simplesmente essa: acumular dinheiro. Mas a realidade é bem diferente. Obviamente o dinheiro é importante e necessário, mas o amor a ele é um grande problema.

Uma pessoa pode ser rica e miserável ao mesmo tempo. Por exemplo, uma faca na mão de alguém pode ser utilizada para o bem ou para o mal, depende da intenção de quem a tem. Com o dinheiro não é diferente, ele não muda ninguém, mas só revela o que está no coração. Costumo dizer que existem pessoas tão pobres, mas tão pobres, que tudo o que elas têm é dinheiro.

Ser bem-sucedido é estar no centro da vontade de Deus, caminhando dentro do propósito para o qual você nasceu e não permitir que o dinheiro ou qualquer outra situação o lancem para fora dele. Uma vida bem-sucedida começa com a mente, coração e atitude, e não com o dinheiro. Ele pode vir como consequência da boa gestão de recursos em sua vida. Deus quer dar a você recursos para serem empregados nos propósitos dele na terra, e não para o levarem a distração, e consequentemente, a perdição.

Então não importam quais fórmulas para o sucesso financeiro que o mundo esteja lhe oferecendo, nenhuma delas será tão certeira, eficaz e duradoura quanto aquela alicerçada na Bíblia, conforme o versículo que lemos. Entenda, independentemente da quantia que temos, precisamos ter um coração doador e grato. O convido a avaliar seu coração e ver como tem lidado com os recursos que Deus tem confiado em suas mãos. Você tem a oportunidade de receber de Deus, celebrar e repartir.

VOCÊ FOI ESCOLHIDO

Vocês, porém, são geração eleita, sacerdócio real, nação santa, povo exclusivo de Deus, para anunciar as grandezas daquele que os chamou das trevas para a sua maravilhosa luz.

1PEDRO 2.9

café com Deus Pai

Inicio este dia com uma pergunta muito importante: você sabe para que nasceu, o seu propósito aqui na terra? Essa pergunta precisa ser respondida para você mesmo. O texto que lemos diz que somos povo exclusivo de Deus, criados e separados para ele, a fim de anunciar a grandeza do Pai. Entenda que você foi criado com um grande propósito.

Quando estamos alinhados aos propósitos de Deus, chegamos aonde jamais poderíamos imaginar, pois Deus Pai é o único que pode transformar pessoas improváveis em homens e mulheres que marcam a história de uma geração. Algo que aprendi desde cedo é que viver fora do propósito de Deus é o pior que pode acontecer a uma pessoa. Quando me dei conta de que não havia consultado Deus para saber que faculdade cursar, resolvi fazer isso e entendi claramente em meu coração que deveria mudar. Tranquei a matrícula no curso de Economia, estava no sétimo período, e atendi ao chamado de Deus, iniciando a faculdade de Teologia.

Quando você entende o seu propósito neste mundo, tudo muda, e algumas rotas da vida precisam ser reprogramadas. Então, não estranhe se Deus mudar a sua história de forma radical. Mas o virar a chave para essa nova vida precisa vir de um posicionamento seu; você não pode ficar parado esperando tudo mudar e sua vida fazer sentido.

Lembre-se: Só ouve a Deus quem para e presta atenção em sua voz. Não permita que nada o afaste de quem você nasceu para ser, pois seu propósito está escondido no Senhor, e somente ele poderá revelá-lo a você.

Sem dar ouvidos a Deus, você nunca descobrirá o seu propósito.

@juniorrostirola

365 **DEVOCIONAL**
158/365

† **LEITURA BÍBLICA**
SALMOS 62

PALAVRA-CHAVE
#PROPÓSITO

ANOTAÇÕES

08 | JUN

ORE

"Clame a mim, e eu responderei; e direi a você coisas grandiosas e insondáveis que você não conhece."

JEREMIAS 33.3

café com Deus Pai

Suas orações têm o DNA dos céus e não ficam sem resposta.

@juniorrostirola

DEVOCIONAL 365
159/365

LEITURA BÍBLICA †
SALMOS 63

PALAVRA-CHAVE
#ORAÇÃO

ANOTAÇÕES

A oração é um instrumento pelo qual nós, filhos, abrimos o coração a Deus Pai e sem reservas expomos nossas dúvidas, fraquezas, necessidades, e temos nosso caráter forjado à imagem de Jesus. Entendo que a oração não é simplesmente um meio pelo qual conseguimos algo de Deus, mas um meio pelo qual ele também consegue algo de nós. Na oração, abrimos espaço para ouvir o Pai, tornamo-nos sensíveis às suas orientações e também às suas repreensões.

O ato de orar é uma oportunidade para Deus revelar a sua boa, agradável e perfeita vontade a nós e, ao contrário do que se pensa, não consiste em um conjunto de frases decoradas, ditas de modo mecânico e repetido. No sentido bíblico, vai muito além de apresentar ao Pai uma lista de problemas a serem resolvidos ou petições a serem atendidas.

A oração deve ser uma conversa fluida e sincera com Deus, em que o louvamos, pedimos perdão por nossos pecados, expressamos gratidão, intercedemos por outras pessoas e compartilhamos nossos anseios. Em outras palavras, a oração é como oxigênio para nosso espírito, sendo essencial para a vida.

Orar é simples como uma conversa, e Deus quer tê-la com você diariamente. Ele é um Pai presente, que ama se relacionar com seus filhos e se agrada profundamente de todos aqueles que o buscam. Deus Pai quer revelar grandes coisas ao seu coração, mostrar o quanto ele o ama, e preencher seu coração com a verdadeira paz. Mas, para isso, a partir de hoje dê esse passo, dedique-se à oração, e você jamais será o mesmo.

NÃO SONHE SOZINHO

Àquele que é capaz de fazer infinitamente mais do que tudo que pedimos ou pensamos, de acordo com o seu poder que atua em nós.

EFÉSIOS 3.20

Certamente você tem vários sonhos, e assim como eu, creio que alguns destes sonhos já foram realizados, ao passo que outros você ainda está trabalhando para se concretizarem. E existem os mais diversos tipos de sonhos. Mas algo que tenho aprendido, é que quando sonhamos sozinhos, erramos, pois sem trazer Deus Pai para cada área das nossas vidas, acabamos trilhando um caminho perigoso.

Alguns sonhos envolvem realizações materiais, outros já contemplam milagres, intervenções sobrenaturais. O que eles têm em comum, é o fato de que Deus é único e ele mesmo é capaz de transformar todas as áreas das nossas vidas. Costumamos pensar que quando falamos da vida financeira, Deus não tem parte com isso, mas é um engano.

Tenho aprendido que quando Deus nos dá um propósito, ele entra com provisão para que ele se cumpra. Ou seja, não devemos simplesmente correr atrás das condições antes de realizar algo, mas devemos nos apegar aos sonhos de Deus com fé, pois a provisão vem durante o processo. Quando agimos assim, demonstramos plena confiança no Pai, pois mesmo sem ver, pela fé você sabe que ele proverá. Deus Pai já compartilhou comigo muitos sonhos, mas ao olhar para as circunstâncias, seu cumprimento parecia impossível, mas quando simplesmente apliquei fé naquele que prometeu, vi grandes milagres acontecerem.

Você tem sonhado os sonhos de Deus? Seja qual for a sua resposta, seu desafio hoje é crer. Não se preocupe em como ele vai prover, o fato é que se seu sonho está alinhado com o coração de Deus, o impossível se tornará realidade. Decida confiar naquele que é poderoso para fazer além do que você tem esperado.

Não limite Deus em seus sonhos.

@juniorrostirola

365 **DEVOCIONAL**
160/365

LEITURA BÍBLICA
ATOS 26

PALAVRA-CHAVE
#SONHAR

ANOTAÇÕES

A BELEZA DA SIMPLICIDADE

Então Naamã desceu até o rio Jordão e mergulhou sete vezes, como Eliseu tinha dito. E ficou completamente curado. A sua carne ficou firme e sadia como a de uma criança

2REIS 5.14, NTLH

café com Deus pai

O milagre só acontece quando a solução é impossível para o homem.

@juniorrostirola

DEVOCIONAL 365
161/365

LEITURA BÍBLICA
ATOS 27

PALAVRA-CHAVE
#SIMPLICIDADE

ANOTAÇÕES

Na minha jornada de fé, aprendi uma verdade simples, mas profunda: são as pequenas pedras, não as grandes montanhas, que mais frequentemente nos fazem tropeçar. Isso me ensinou a valorizar cada passo do caminho rumo à realização dos meus sonhos e projetos. Muitas vezes, fixamos nossos olhos apenas no objetivo final ou nos grandes obstáculos, esquecendo-nos de prestar atenção aos detalhes do percurso.

Através dos pequenos desafios, Deus nos prepara e fortalece para enfrentar e superar os maiores. A história de Naamã exemplifica perfeitamente essa lição. Ele enfrentava um enorme desafio: a cura de sua lepra, uma doença considerada incurável naquela época. Com esperanças de ser curado, Naamã busca o profeta Eliseu, levando consigo ofertas valiosas. No entanto, contrariando as expectativas de Naamã, em vez de um encontro direto com o profeta ou um ritual para que ele fosse curado, a solução para o seu problema vem por meio de uma instrução surpreendentemente simples: mergulhar sete vezes no rio Jordão.

Naamã poderia ter desconsiderado essa orientação por sua aparente simplicidade, mas, após apresentar resistência, acabou se rendendo e obedecendo a esse pequeno ato de fé e foi então curado. Esse relato nos ensina que Deus, muitas vezes, esconde os milagres nos gestos simples e nas pequenas atitudes de obediência diária.

Convido você a aprender a valorizar cada detalhe de sua caminhada com Deus, sabendo que ele muitas vezes age por meio de coisas simples e ordinárias do dia a dia, por isso não se deixe cegar na busca por grandes feitos, a ponto de ignorar a beleza dos detalhes.

JULGUE MENOS, AME MAIS

11 | JUN

Não julguem, para que vocês não sejam julgados. Pois da mesma forma que julgarem, vocês serão julgados; e a medida que usarem, também será usada para medir vocês.

MATEUS 7.1,2

Somos o resultado de uma construção social, e algumas pessoas têm a sorte de terem vivido experiências boas, em lares e famílias saudáveis; outras, porém, têm infelizmente o desprazer de ter passado por experiências ruins, ou seja, cresceram em ambientes adoecidos.

Cresci em um lar disfuncional, e tinha razões para me revoltar, porém aprendi desde cedo com a minha mãe que a atitude de amar e perdoar é melhor do que julgar e condenar, pois não podemos definir as pessoas simplesmente pelo que fazem ou falam, afinal sempre que existe uma herança negativa, há um contexto familiar ruim onde foram geradas.

Todas as vezes que falo sobre isso, lembro da minha mãe, porque como vivíamos na companhia de meu pai, e ele sofria de um sério problema com o alcoolismo, sempre éramos afligidos por seus ataques de violência. Mas minha mãe, no entanto, acreditava que no fundo, ele era um homem bom, mesmo quando fazia nossa família sofrer.

Hoje, entendo que ela estava certa. Por ser uma pessoa cheia de compaixão, não deixou que os defeitos do meu pai anulassem quem ele realmente era e não deformou o meu caráter com sentimentos de vingança e revolta. Esse foi um processo difícil, porque, mesmo conhecendo Jesus, foi necessário permitir que houvesse um processo de cura, e aprendi que ninguém pode dar aquilo que não recebeu.

Saiba que com Jesus, é possível não apenas perdoarmos o que um dia fizeram conosco, pois não temos controle do que as pessoas fazem ou falam de nós, temos controle do que fazemos ou falamos, por isso convido você a agir de forma completamente diferente daqueles que lhe fizeram mal um dia. Decida perdoar e deixe de olhar para o passado com pesar, assim, sua dor será transformada em um grande testemunho.

Perdoar não é um sentimento, perdoar é uma decisão.

@juniorrostirola

365 DEVOCIONAL
162/365

LEITURA BÍBLICA
ATOS 28

PALAVRA-CHAVE
#PERDÃO

ANOTAÇÕES

FORJADOS NAS BATALHAS

Quando o homem viu que não poderia dominá-lo, [...] o homem disse: "Deixe-me ir, pois o dia já desponta". Mas Jacó lhe respondeu: "Não te deixarei ir, a não ser que me abençoes".

GÊNESIS 32.25,26

café com Deus pai

Os problemas são trampolins para nos lançar a grandes conquistas.

@juniorrostirola

DEVOCIONAL 365
163/365

LEITURA BÍBLICA
ESDRAS 1

PALAVRA-CHAVE
#PERSEVERAR

ANOTAÇÕES

Após a intensa luta com o anjo do Senhor, Jacó experimentou uma transformação profunda. As marcas dessa batalha tornaram-se parte indissociável de sua vida, alterando sua história e identidade de maneira irrevogável. Essa mudança não apenas o impactou, mas ecoou em sua descendência.

Da mesma forma, em nossa jornada, enfrentaremos desafios que testarão nossos limites ao extremo. Ao sair dessas batalhas, estaremos mais fortes, forjados e preparados pelo processo, porque até mesmo o sofrimento pode nos ensinar profundas lições.

Diante das adversidades, independentemente de quão intimidadoras possam parecer, não podemos permitir que o medo nos paralise. É necessário enfrentá-las com determinação, pois Deus nunca nos impõe um fardo maior do que possamos suportar. Ele está ao nosso lado em cada batalha, guiando-nos para que, ao final, após superarmos cada desafio, possamos ser profundamente transformados.

Em minha própria jornada, narrada no livro *Encontrei um Pai*, questionei o propósito de nascer em uma família tão desestruturada. Contudo, hoje reconheço a importância dos processos enfrentados, pois me forjaram profundamente e me permitiram hoje ser instrumento para levar a cura que encontrei em Jesus a tantos outros. Embora o sofrimento não fosse o plano de Deus, o Pai permaneceu ao meu lado, fortalecendo-me no enfrentamento das adversidades. Por isso, saiba que os processos que você enfrenta estão fortalecendo-o e gerando em você força e resiliência, que o levarão a voos ainda mais altos.

RENOVE SUA MENTE

[...] Mas no caminho o povo perdeu a paciência e começou a falar contra Deus e contra Moisés. Eles diziam: — Por que Deus e Moisés nos tiraram do Egito? Será que foi para morrermos no deserto, onde não há pão nem água? [...].

NÚMEROS 21.4,5, NTLH

Quando você compreende quem é Deus na sua vida, sua fé não é negociável, e as lutas e dificuldades defrontam com sua perseverança e confiança em Deus Pai. Diferentemente do povo que estava no deserto, que, ao enfrentar circunstâncias contrárias, tudo o que fez foi murmurar, até chegar ao ponto de perder a promessa.

Moisés tinha a missão de libertar o povo da escravidão egípcia e conduzi-lo à terra prometida, mas se deparou com um desafio além da libertação física: a transformação da mentalidade do povo. Apesar de fisicamente libertos do Egito, a mentalidade presa na escravidão os impediu de acessar a promessa.

Assim como o povo no deserto, muitas vezes, após superarmos desafios, mantemos uma mentalidade presa a situações do passado, limitando nosso progresso. Escolher romper com circunstâncias adversas não é suficiente; é necessário mudar os hábitos, comportamentos e, acima de tudo, a mentalidade. Superar obstáculos perde o significado se a mente permanece ancorada no passado ou no pecado.

Somos desafiados a nos arrepender, mudar nossa mentalidade e abraçar uma nova vida para verdadeiramente alcançarmos nosso destino. A transformação não está apenas na libertação física, mas na renovação completa de nossa maneira de pensar, agir e encarar o futuro. Deixe para trás os antigos hábitos, não permita que a velha mentalidade prenda você no pecado, porque Deus Pai deseja conduzi-lo em direção à promessa.

café com Deus Pai

Às vezes, Deus não muda as circunstâncias porque quer usar as circunstâncias para mudar você.

@juniorrostirola

365 DEVOCIONAL
164/365

LEITURA BÍBLICA
SALMOS 64

PALAVRA-CHAVE
#MENTALIDADE

ANOTAÇÕES

VOCÊ NÃO ESTÁ SOZINHO

Por isso não tema, pois estou com você; não tenha medo, pois sou o seu Deus. Eu o fortalecerei e o ajudarei; Eu o segurarei com a minha mão direita vitoriosa

ISAÍAS 41.10

café com Deus pai

Caminhar com Deus é saber que ainda que as pessoas te abandonem, ele estará presente.

@juniorrostirola

DEVOCIONAL 365
165/365

LEITURA BÍBLICA
SALMOS 65

PALAVRA-CHAVE
#AMPARO

ANOTAÇÕES

Se alguém disse para você que a vida é um mar de rosas, essa pessoa não foi sincera. Enfrentamos problemas, aflições, e por vezes até mesmo a solidão pode bater à nossa porta. Jesus não nos prometeu que tudo seria tranquilo, mas disse que estaria conosco, e isso deve ser suficiente para nos impulsionar a enfrentar um dia de cada vez.

Por vezes, o cansaço e a exaustão podem nos impedir de visualizar a possibilidade de alcançar novos sonhos e traçar planos, especialmente quando o desânimo nos envolve. Contudo, em meio às tempestades, é crucial compreender que nunca estaremos sozinhos. O texto que lemos no dia de hoje é apenas uma das diversas promessas de Deus de que ele nunca nos abandona.

Hoje, talvez você se sinta enfraquecido na luta pelos seus objetivos, enquanto a solidão insiste em bater em sua porta. Projetar o futuro pode estar parecendo uma tarefa impossível, e sua motivação se foi, mas você precisa saber que não está sozinho. Você tem um Pai que deseja sustentar e fortalecer você, entretanto, você precisa tomar a decisão de se aproximar dele, e permitir que ele transforme sua vida.

Talvez até então você tenha vivido com a ideia de que Deus está distante e não se importa com os detalhes da sua vida, mas isso não é verdade. Ele é um Pai que ama seus filhos, sustenta e fortalece cada um deles, porém, você é resultado daquilo que acredita. Talvez tudo o que você precisa é se render a ele, confiar plenamente nas suas intenções e descansar em teus braços, pois assim saberá que não está sozinho. Ele é fiel e está presente em cada instante de sua trajetória.

ALÉM DO QUE OS OLHOS PODEM VER

Muitos são os planos no coração do homem, mas o que prevalece é o propósito do SENHOR.

PROVÉRBIOS 19:21

Certamente você já deve ter ouvido a seguinte expressão: "É preciso matar um leão por dia". Essa expressão reflete muito o pensamento que impera na geração atual, onde somos ensinados a correr desesperadamente em busca de conquistas e sonhos, mas talvez você tenha a sensação de que não importa a velocidade em que você esteja correndo, a cada dia eles parecem mais distantes e inalcançáveis.

Tenho a impressão de que estamos em um tempo onde muitas pessoas não estão mais vivendo, mas apenas sobrevivendo. Contudo, não é a vontade de Deus que você apenas sobreviva na terra, mas sim que você viva de forma plena e abundante, satisfeita e alegre. Isso não significa que o nosso contentamento vem daquilo que temos ou conquistamos, mas sim, do nosso relacionamento com Deus Pai, afinal, quem tem Deus, tem tudo! O grande problema, é que muitas vezes quem está nos impedindo de viver os propósitos do Pai não são pessoas, ou qualquer outra coisa, mas nós mesmos.

A Bíblia diz que grandes são os planos do coração do homem, ou seja, todos nós temos muitos sonhos, projetos e ideias, mas o que precisa permanecer e prevalecer em nossas vidas é a vontade do Senhor. A Palavra também diz que quando pedimos de acordo com a vontade do Pai, recebemos, ou seja, ele não nos dará coisas que são contrárias à sua vontade para as nossas vidas.

A partir de hoje, convido você a se relacionar com Deus, colocando-o no centro da sua vida. Dessa forma, os seus sonhos e projetos não estarão embasados apenas para esta Terra ou nos sonhos que outras pessoas sonham, mas sim no que Deus tem sonhado para você. Somente assim você cumprirá o propósito para o qual nasceu. Lembre-se, as coisas terrenas um dia passarão, por isso dedique seu tempo ao que é eterno. Sonhe os sonhos de Deus!

café com Deus Pai

Antes da minha vontade, que venha a vontade de Deus!

@juniorrostirola

365 DEVOCIONAL
166/365

✝ LEITURA BÍBLICA
SALMOS 66

PALAVRA-CHAVE
#SONHE

ANOTAÇÕES

UMA FÉ PRÁTICA

café com Deus Pai

E eu profetizei conforme a ordem recebida. E, enquanto profetizava, houve um barulho, um som de chocalho, e os ossos se juntaram, osso com osso.

EZEQUIEL 37.7

Quando nossos planos estão alinhados aos propósitos de Deus, podemos ir além daquilo que vemos.

@juniorrostirola

DEVOCIONAL 365
167/365

LEITURA BÍBLICA
ESDRAS 2

PALAVRA-CHAVE
#MILAGRES

ANOTAÇÕES

A história de Ezequiel e o vale de ossos secos possui diversos ensinamentos valiosos para a nossa vida. Algo que me chama a atenção é a submissão e a obediência do profeta a Deus Pai, pois ele reconhece humildemente que o único capaz de gerar transformação naquele cenário de destruição e desesperança era o próprio Deus. E foi isso que aconteceu: naquele cenário de morte, Deus deu vida.

Isso nos ensina a respeito da importância de agirmos dentro das nossas capacidades, mas deixando o impossível nas mãos de Deus. Há um equilíbrio em tudo isso, pois o Pai poderia fazer tudo sozinho se assim desejasse, mas ele resolveu confiar a nós uma parte, concedendo-nos a responsabilidade de agir.

Não podemos ficar parados, de braços cruzados, esperando os céus se abrirem, pois acredito que eles já estão abertos. Muitas vezes, Deus só está esperando um posicionamento de nossa parte, pois a fé tem o poder de trazer à existência realidades que já estão estabelecidas nos céus, por isso nosso papel é aplicar fé e confiar.

Assim, o milagre em nossa vida não se baseia em nossa habilidade de realizar feitos extraordinários, ou em nossa força de vontade, mas na disposição de acreditar e declarar o milagre. Deus age quando o buscamos e lhe damos espaço para atuar. Nossa função, portanto, é nos abrirmos para ser canais de sua vontade, porque, quando alinhamos nossos esforços à vontade de Deus, provamos do sobrenatural. Saiba que, na jornada da fé, obediência, confiança e humildade são os propulsores dos milagres.

POSICIONE-SE

Aproximaram-se as filhas de Zelofeade, [...] e disseram: "Nosso pai morreu no deserto. [...] Por que o nome de nosso pai deveria desaparecer de seu clã por não ter tido um filho? Dê-nos propriedade entre os parentes de nosso pai".

NÚMEROS 27.1-4

café com Deus Pai

Nessa passagem, cinco irmãs estavam reivindicando sua herança, mas pela lei daquele tempo elas não teriam direito, pois seu pai não teve filhos homens. Elas poderiam ter simplesmente desistido, porém não foi o que fizeram. Mas não pense que elas transgrediram a lei; pelo contrário, levaram sua causa até Moisés, que consultou a Deus, e ele julgou em favor delas.

Essas mulheres agiram com tamanha ousadia e autenticidade, a ponto de fazerem Deus mudar decretos anteriormente estabelecidos, para que elas recebessem a justiça para sua causa. Aprendo com isso que Deus age em favor daqueles que agem com fé e se posicionam. Em contrapartida, se elas tivessem ficado paradas, não teriam recebido aquilo que lhes pertencia por direito.

Entenda que nossas atitudes, escolhas e obediência têm o poder de mover os céus e mudar realidades que estão diante de nós. Muitas vezes, nos deparamos com situações que podem nos chatear, mas não podemos permitir que esse sentimento nos leve à murmuração ou à revolta. Devemos fazer como essas cinco irmãs e buscar a solução por meio de uma fé ousada e autêntica, porque assim atraímos os céus em nosso favor, pois realidades não são transformadas pela murmuração, mas sim pela ação.

Talvez você pense que sua situação não tem mais solução, ou que é impossível o cenário mudar, mas eu quero encorajar você a confiar e clamar àquele que pode todas as coisas. O mesmo Deus que mudou a lei para ser justo e abençoar as cinco irmãs está com você em todo o tempo e tem prazer em entregar o melhor para seus filhos, por isso posicione-se em fé e obediência, clame, e Deus Pai ouvirá e intervirá.

Obediência, fé e atitude são alicerces para viver o sobrenatural.

@juniorrostirola

365 **DEVOCIONAL**
168/365

LEITURA BÍBLICA
ESDRAS 3

PALAVRA-CHAVE
#OUSADIA

ANOTAÇÕES

UM ENCONTRO MUDA TUDO

café com Deus pai

Quando Jesus chegou àquele lugar, olhou para cima e lhe disse: "Zaqueu, desça depressa. Quero ficar em sua casa hoje".

LUCAS 19.5

A intimidade com Deus nos permite experimentar o que jamais viveríamos fora dessa conexão.

@juniorrostirola

DEVOCIONAL 365
169/365

LEITURA BÍBLICA
ESDRAS 4

PALAVRA-CHAVE
#ENCONTRO

ANOTAÇÕES

Zaqueu, apesar de sua riqueza e posição como chefe dos publicanos em Jericó, ansiava por algo mais profundo: conhecer Jesus. Sua estatura física limitada e a multidão que o cercava poderiam ter sido vistas como barreiras intransponíveis. No entanto, sua determinação o levou a correr adiante e subir em uma figueira, só para ter a chance de ver Jesus, que passaria por ali. Com a história de Zaqueu, aprendemos uma lição valiosa sobre busca e transformação.

Esse ato de Zaqueu nos ensina sobre a importância de tomar iniciativas para alcançar o que desejamos. Para experimentar o novo, precisamos estar dispostos a fazer o que nunca fizemos. Por vezes, estamos de braços cruzados sob a justificativa de estarmos esperando em Deus, mas o fato é que às vezes Deus é quem está esperando algo de nós.

O esforço de Zaqueu para superar seu obstáculo físico não só possibilitou seu encontro com Jesus, mas também trouxe salvação para sua casa, transformando sua vida e legado para sempre.

Valorize seu relacionamento com Jesus, pois com ele haverá crescimento, maturidade, transformação e salvação. Na correria do dia a dia, é fácil nos perdermos e esquecermos da importância do nosso relacionamento com ele, pois só assim nossa vida será completa e totalmente transformada. Como Salmos 25.14 diz: "O SENHOR confia os seus segredos aos que o temem, e os leva a conhecer a sua aliança". É nesse lugar de intimidade que crescemos no verdadeiro amor e aprendemos a viver como Jesus viveu, criando um profundo desejo de sermos iguais a ele.

A MELHOR PARTE

Marta, porém, estava ocupada com muito serviço. Então, aproximando-se dele, perguntou: "Senhor, não te importas que a minha irmã tenha me deixado sozinha com o serviço? Diz a ela que me ajude!".

LUCAS 10.40

Você tem conseguido repousar tranquilamente nas últimas noites, ou tem sido perseguido por preocupações que parecem intermináveis? A narrativa bíblica de Marta e Maria nos oferece um reflexo profundo sobre como nossas prioridades podem nos desviar do essencial, mergulhando-nos em inquietações desnecessárias. Muitas vezes, nos vemos no papel de Marta, consumidos por deveres e afazeres, perdendo de vista o que verdadeiramente importa.

Jesus, ao ser abordado por Marta, entrega uma resposta profunda e que nos ensina muito: "Marta! Marta! Você está preocupada e inquieta com muitas coisas; contudo, apenas uma é necessária. Maria escolheu a boa parte, e esta não lhe será tirada" (Lucas 10.41,42). Essa resposta nos convida a refletir: Será que as inquietações e preocupações têm solucionado nossos problemas? A realidade é que tais sentimentos apenas nos afastam do que é verdadeiramente valioso.

Não conheço todas as suas lutas e dificuldades pessoais, mas posso afirmar com confiança que o mesmo Jesus que compartilhou aquele momento com Marta e Maria está acessível, importa-se profundamente com suas lutas e deseja um relacionamento genuíno com você.

Embora servir àqueles que estão ao nosso redor seja uma expressão nobre de fé, é o seu relacionamento pessoal com Jesus que sustenta sua alma. Se você tem se sentido sobrecarregado, solitário, clamando por ajuda sem ver mudanças, eu o encorajo a escolher a boa parte e passar seu tempo aos pés de Jesus. Permita que ele acalme seu coração, realinhe sua rota e o envolva com seu amor, pois este é o caminho para uma vida verdadeiramente feliz.

café com Deus pai

Na vida, sua melhor escolha sempre será aquela que o aproxima de Jesus.

@juniorrostirola

365 **DEVOCIONAL**
170/365

LEITURA BÍBLICA
ESDRAS 5

PALAVRA-CHAVE
#PRIORIDADES

ANOTAÇÕES

CONECTE-SE AO PAI

De manhã ouves, SENHOR, o meu clamor; de manhã te apresento a minha oração e aguardo com esperança.

SALMOS 5.3

O secreto com Deus nos faz sentir que fora dele não há sentido.

@juniorrostirola

DEVOCIONAL 365
171/365

LEITURA BÍBLICA
SALMOS 67

PALAVRA-CHAVE
#RELACIONAMENTO

ANOTAÇÕES

Em nossa jornada diária, cruzamos o caminho de muitas pessoas — família, colegas de trabalho, amigos da faculdade, vizinhos e até conexões virtuais. Nosso círculo de interações é amplo, geralmente escolhido por afinidade, onde buscamos aqueles cuja companhia nos é gratificante, refletindo uma amizade que nos preenche. No entanto, há um relacionamento fundamental que vai além de todos os outros: o nosso vínculo com Deus Pai.

Esse relacionamento deve ser o eixo central de nossa existência, a chama que arde em nosso ser. Ele é a fonte inesgotável de amor e graça, superior a qualquer outro apoio que possamos encontrar. Pare e reflita por um momento: numa escala de zero a dez, como você classificaria hoje sua conexão com Deus? Qual o nível do seu desejo e alegria em buscar sua presença por meio da oração e da meditação em sua Palavra?

Deus nos criou com um propósito extraordinário: estabelecer uma relação profunda e contínua com ele. Reorientar o coração para Deus e fazer dele nossa principal prioridade requer uma entrega total, um despojar-se dos próprios desejos em prol de viver segundo o seu plano para a nossa vida.

Ao nos entregarmos a esse relacionamento íntimo e diário, somos guiados pelo Espírito Santo, que nos motiva a abraçar a vontade de Deus e a nos agarrar às suas promessas. Decida hoje a cultivar um amor ardente pelo Criador, tornando esse vínculo a essência da sua existência, pois esse é um chamado não para poucos, mas para todos nós que somos filhos de Deus.

COISAS NOVAS

Esqueçam o que se foi; não vivam no passado. Vejam, estou fazendo uma coisa nova! Ela já está surgindo! Vocês não a reconhecem? Até no deserto vou abrir um caminho e riachos no ermo.

ISAÍAS 43.18,19

café com Deus Pai

Quando refletimos sobre nossa jornada, vislumbramos os altos e baixos que enfrentamos. Celebramos as vitórias, mas também refletimos sobre os erros e decepções que deixaram suas marcas. Essas feridas, mesmo cicatrizadas, às vezes nos mantêm presos ao passado, impedindo-nos de seguir em frente e deixando um rastro de destruição em nosso caminho.

O medo de repetir os erros passados muitas vezes nos paralisa, resultando em uma vida sem direção clara. No entanto, mesmo em meio às incertezas, podemos encontrar conforto na certeza de que o Senhor está sempre ao nosso lado, pronto para nos orientar e nos amparar em todos os momentos.

O plano de salvação de Deus é uma prova do seu amor inabalável por nós. Desde o princípio, ele tem buscado restaurar o relacionamento perdido com a humanidade, oferecendo-nos uma chance de recomeço por meio de Jesus Cristo. Nele encontramos a promessa de transformação e renovação completa, um convite para começarmos uma nova história.

Ao olharmos para o futuro, podemos vislumbrar um caminho de esperança. Em vez de escombros, vemos a oportunidade de pavimentar um novo destino. Estamos prestes a entrar em uma nova estação de nossa vida, e é hora de nos libertarmos do peso do passado, perdoarmos a nós mesmos e aos outros, e abraçarmos com fé as promessas de Deus, para que este novo semestre seja marcado pela confiança no poder transformador de Deus e pela certeza de que ele está nos conduzindo para um futuro brilhante. Exerça a sua fé e tenha ousadia para dar passos firmes na direção do que Deus tem para você. Com Deus Pai, o melhor sempre está por vir.

Tenha seu passado como referência, não como residência.

@juniorrostirola

365 **DEVOCIONAL**
172/365

LEITURA BÍBLICA
SALMOS 68

PALAVRA-CHAVE
#RECOMEÇOS

ANOTAÇÕES

AMPLIE SUA VISÃO

café com Deus Pai

Ora, a fé é a certeza daquilo que esperamos e a prova das coisas que não vemos.

HEBREUS 11.1

Se não houver expectativa e fé, os céus não se abrirão.

@juniorrostirola

DEVOCIONAL 365
173/365

LEITURA BÍBLICA
SALMOS 69

PALAVRA-CHAVE
#PROMESSAS

ANOTAÇÕES

Para onde você tem olhado? A grande maioria das pessoas vive apenas com a visão do natural, das coisas visíveis e constatáveis por meio dos olhos físicos. Mas o fato é que é necessário enxergar além, pois Deus nos criou para viver nesse nível.

Para termos essa visão além do natural, há um ingrediente essencial: a fé. É por meio dela que enxergamos o mundo com a ótica dos céus. Percebo que muitas pessoas vivem uma vida tão intensa na terra que acabam se esquecendo do que verdadeiramente importa. Ao ficarmos presos no natural, cedo ou tarde iremos nos encontrar sem perspectiva ou propósito. A Bíblia compara isso a correr sem alvo, desferir golpes no ar, algo que por fim acaba sendo apenas desperdício de tempo. E a vida se torna dessa maneira, se a vivermos sem fé em Deus.

A fé é o combustível para acessarmos o sobrenatural. É por meio dela que nos achegamos a Deus e tomamos posse das promessas que ele tem para a nossa vida. Quando eu era mais jovem, recebi promessas da parte de Deus de que ele me usaria para fazer grandes coisas pelo seu Reino. Todavia, naquela época eu jamais conseguiria enxergar isso, pois eu era um garoto tímido e introvertido. Aquelas palavras, aos ouvidos humanos, pareciam loucura para mim. Mas apliquei fé, pois sabia que, se Deus prometeu, ele cumpriria, e hoje vivo essas palavras.

Deus Pai tem promessas para cumprir em você e por meio de você. Mas para acessá-las é necessário tirar o foco do natural. A partir de hoje, amplie sua visão, busque a porção que o Pai tem para derramar em sua vida, e simplesmente creia, porque, se ele prometeu, vai acontecer.

REJEITE A COMPARAÇÃO

"Se o mundo os odeia, tenham em mente que antes me odiou. Se vocês pertencessem ao mundo, ele os amaria como se fossem dele. Todavia, vocês não são do mundo, mas eu os escolhi, tirando-os do mundo; por isso o mundo os odeia."

JOÃO 15.18,19

café com Deus pai

Na sociedade, as rígidas regras de aceitação moldam a identidade e o comportamento das pessoas, especialmente entre os mais jovens. A busca por se adaptar a um padrão irreal muitas vezes leva à renúncia da individualidade, fazendo que a pessoa perca completamente sua identidade, correndo atrás de um padrão irreal, algo que acaba afetando todas as áreas da vida.

Pelo padrão indiretamente imposto pela mídia e as redes sociais ser inatingível, logo vem a crise da comparação e, com ela, a insatisfação, a melancolia e até a depressão. E esses padrões não se limitam apenas ao campo da estética, mas também no que diz respeito a hábitos e comportamentos. Sem perceber, somos extremamente influenciados, e o que toma a nossa mente rapidamente rouba o nosso coração.

Ao proclamar o Reino, Jesus estabeleceu um padrão celestial, elevando os valores de convivência, respeito, amor, perdão e aceitação. Ele restaurou nossa filiação a Deus Pai, oferecendo aceitação incondicional, valorizando nossas singularidades e características. Você foi criado à imagem e semelhança de Deus e possui qualidades únicas que o empoderam para cumprir o propósito dele, por isso entenda que a comparação só o afasta do padrão celestial.

Para saber quem somos, basta olhar para aquele que nos criou. Em meio à pressão social, as verdadeiras aceitações e grandezas são encontradas em Deus, porque nele está sua verdadeira identidade. Você foi planejado e escolhido por ele antes mesmo de ser concebido, por isso rejeite toda comparação, apegue-se às verdades de Deus a seu respeito e viva plenamente os sonhos dele para a sua vida.

Não deixe o barulho da opinião alheia abafar quem você é.

@juniorrostirola

365 **DEVOCIONAL**
174/365

LEITURA BÍBLICA
ESDRAS 6

PALAVRA-CHAVE
#IDENTIDADE

ANOTAÇÕES

ELE ESTÁ CUIDANDO DE VOCÊ

café com Deus Pai

Considero que os nossos sofrimentos atuais não podem ser comparados com a glória que em nós será revelada.

ROMANOS 8.18

Se enfrentamos dias difíceis com Deus, então certamente com ele viveremos dias incríveis.

@juniorrostirola

DEVOCIONAL 365
175/365

LEITURA BÍBLICA
ESDRAS 7

PALAVRA-CHAVE
#APRIMORAMENTO

ANOTAÇÕES

Nossa jornada pela vida é repleta de momentos que nos marcam profundamente, deixando cicatrizes que, às vezes, parecem definir nosso destino. Quando enfrentamos tempestades e focamos nas circunstâncias, nossa visão fica turva, limitada pelo que os olhos físicos estão vendo, e nos tornamos incapazes de vislumbrar uma saída. Nesses momentos, é essencial saber que não somos definidos por medos, traumas ou incertezas, mas sim por Deus.

Talvez em algum momento de sua vida, você possa até ter se questionado: "Por que enfrento tantos desafios?". O fato é que não escolhemos quando as más notícias vêm, mas decidimos a postura que adotaremos diante delas.

Em minha experiência pessoal, passei por muitas dores e dificuldades que impactaram profundamente minha vida, mas, quando conheci Jesus e descobri que não estive só, tudo mudou, inclusive minha maneira de encarar os problemas. Não que eles tenham desaparecido, mas minha perspectiva mudou. Esse reconhecimento nos leva a não entrar em desespero diante das adversidades, pois sabemos que estamos sob os cuidados de um Deus perfeito, que tem tudo no controle de suas mãos.

Com fé e perseverança, somos chamados a caminhar em direção a esse destino, confiando que, independentemente das dificuldades, um final feliz nos foi prometido pelo amor incondicional de nosso Pai. A partir de hoje, saiba que, além de qualquer tempestade, há um propósito maior escrito por Deus, a fim de nos aprimorar: "Considero que os nossos sofrimentos atuais não podem ser comparados com a glória que em nós será revelada".

CRER E AGIR

pois quantas forem as promessas feitas por Deus, tantas têm em Cristo o "sim". Por isso, por meio dele, o "Amém" é pronunciado por nós para a glória de Deus.

2CORÍNTIOS 1.20

De maneira equivocada, muitos pensam que, se Deus prometeu, não é necessário fazermos nada além de cruzar os braços e esperar. Sem dúvida, é necessário ter paciência e perseverar, contudo temos também de fazer a nossa parte. Lembre-se de que Deus não precisaria de nós, mas nos escolheu para fazermos parte de sua obra na terra.

Deus já havia prometido que tiraria seu povo da escravidão e o levaria à terra prometida, entretanto eles tiveram que agir em obediência e tomar decisões mediante as palavras que Deus proferia. Aprendo com isso que Deus Pai lança as palavras, mas é nossa responsabilidade caminhar sobre elas, para tomarmos posse das promessas, mediante a fé.

Para viver tudo aquilo que Deus tem para sua vida, saiba que é necessário entender os apontamentos de Deus e obedecer a eles. A todo momento, Deus Pai revela suas intenções para a nossa vida, mas ao mesmo tempo espera de nós atitudes e posicionamento.

O fato é que muitas vezes não obedecemos, porque não ouvimos Deus. E não o ouvimos porque não paramos para dar atenção à sua voz — esse é o grande problema. Passos de obediência são necessários para uma vida plena, que caminha em direção aos sonhos e propósitos de Deus.

Posicione-se mediante as promessas que Deus lhe fez. Dê o primeiro passo, não fique mais esperando de braços cruzados. Deus quer fazer grandes coisas em sua vida e por meio dela. Faça o que você nunca fez, para viver o que você nunca viveu!

café com Deus Pai

Sua atitude e sua fé serão determinantes em seu milagre.

@juniorrostirola

365 **DEVOCIONAL**
176/365

LEITURA BÍBLICA
ESDRAS 8

PALAVRA-CHAVE
#POSICIONAMENTO

ANOTAÇÕES

HÁ UM PLANO PARA VOCÊ

"Era este menino que eu pedia, e o SENHOR *concedeu-me o pedido. Por isso, agora, eu o dedico ao* SENHOR*. Por toda a sua vida será dedicado ao* SENHOR*". E ali adorou o* SENHOR*.*

1SAMUEL 1.27,28

café com Deus Pai

Quando somos sensíveis a Deus, seus planos são claros.

@juniorrostirola

DEVOCIONAL 365
177/365

LEITURA BÍBLICA
ESDRAS 9

PALAVRA-CHAVE
#PLANOS

ANOTAÇÕES

Quando eu tinha catorze anos, minha mãe participava de uma campanha de oração na casa da minha irmã, uma simples casa de madeira. Em um desses dias de fervorosa intercessão, uma mulher de Deus colocou as mãos sobre a cabeça da minha mãe e proferiu palavras proféticas que ecoaram profundamente. Lembro-me vividamente da descrição precisa que ela fez da nossa casa, marcada pelas consequências da ira do meu pai. Mas, junto com a imagem de desolação, veio a promessa de restauração, de uma nova vida em dobro.

Naquele momento, quando a atenção se voltou para mim, eu, tímido e reservado, me escondi. Contudo, não escapei da atenção de Deus. Ela colocou as mãos sobre mim e declarou: "Eis que o levantarei como fiz com Samuel". Na minha inocência, sem compreender completamente quem era Samuel, respondi com um amém, tomando posse daquela palavra profética.

Anos se passaram, e mergulhei na história de Samuel. Descobri sua significância para sua geração, sua integridade e como se tornou um instrumento de bênção nas mãos de Deus.

Assim como Samuel, que nasceu de uma promessa divina, você também é fruto de uma promessa do Senhor. Ele tem grandes planos para a sua vida, deseja elevá-lo e torná-lo relevante por meio da sua história. Cada detalhe da sua vida é importante para Deus, pois ele não desperdiça nada, transformando-o em uma poderosa ferramenta em suas mãos. Confie nessas palavras proféticas liberadas sobre a sua vida e caminhe com fé rumo ao cumprimento das promessas de Deus.

VIVA EM PAZ

"Eu lhes disse essas coisas para que em mim vocês tenham paz. Neste mundo vocês terão aflições; contudo, tenham ânimo! Eu venci o mundo".

JOÃO 16.33

Se existe uma certeza que podemos ter na vida é a de que, em algum momento, teremos aflições. Não se trata de ser pessimista, mas sim de encarar a realidade com maturidade e força para superá-la. Para isso, precisamos nos preparar e nos fortalecer, principalmente em nossa vida espiritual, abandonando o comodismo.

O fato é que não existe crescimento na zona de conforto. Deus deseja que estejamos crescendo e nos desenvolvendo a todo momento. A Bíblia diz que somos transformados de glória em glória à imagem e semelhança de Jesus, ou seja, somos aprimorados dia após dia, por meio de tudo aquilo que enfrentamos.

Isso quer dizer que nossa paz não está atrelada às circunstâncias, mas sim a Jesus. Em Salmos 34.19, lemos: "O justo passa por muitas adversidades, mas o SENHOR o livra de todas". Você consegue enxergar a beleza dessa promessa? Quando somos intencionais em nossa busca por Deus, podemos ter a certeza de que receberemos o livramento.

Você percebe que há diversas promessas incríveis a respeito do cuidado e do amor de Deus em sua Palavra? Independentemente do que eu e você venhamos a enfrentar, a convicção de que jamais estaremos sozinhos deve estar enraizada em nosso coração.

Ainda que circunstâncias contrárias surjam, não permita que abalem sua fé em Jesus. Entregue-se sem reservas e saiba que tudo o que você precisa encontrará ao alicerçar sua vida nele. Entenda que a verdadeira paz não está relacionada a não enfrentar dificuldades, mas sim a descansar em meio à tempestade.

Só existe paz quando convidamos Deus para fazer parte da nossa vida.

@juniorrostirola

365 **DEVOCIONAL**
178/365

✝ **LEITURA BÍBLICA**
SALMOS 70

PALAVRA-CHAVE
#PAZ

ANOTAÇÕES

PRIORIZE O MAIS IMPORTANTE

Todos os que competem nos jogos se submetem a um treinamento rigoroso, para obter uma coroa que logo perece; mas nós o fazemos para ganhar uma coroa que dura para sempre.

1CORÍNTIOS 9.25

café com Deus pai

Quando há fé e determinação, coisas grandes acontecem.

@juniorrostirola

DEVOCIONAL 365
179/365

LEITURA BÍBLICA
SALMOS 71

PALAVRA-CHAVE
#PRIORIDADES

Persistir na busca pelas promessas de Deus diferencia quem alcança o pódio das conquistas eternas, como destaca Paulo. Assim como um atleta treina arduamente para alcançar um prêmio, nós devemos constantemente buscar a vontade de Deus. Paulo, um apóstolo que confrontou a religiosidade e os apegos terrenos, enfatiza que a salvação decorre de uma decisão em Cristo, não de esforços humanos ou boas obras.

Muitos alcançam determinados objetivos e estacionam ali, na zona de conforto, deixando de lado os propósitos que Deus deseja cumprir por meio de sua vida. Não há pecado em estabelecer e cumprir metas terrenas, mas o fato é que a vida não pode se resumir a isso, e a vontade de Deus deve sempre estar em primeiro lugar.

Muitos se preocupam tanto com conquistas na terra que negligenciam a vida eterna, por isso se deparam com um vazio no coração, uma falta de perspectiva e direção. Saiba que você foi criado por Deus e para ele. Podemos ter grandes conquistas aqui na terra, porém elas são passageiras. Sábio é aquele que conquista as coisas eternas. Jesus disse: “Não acumulem para vocês tesouros na terra, onde a traça e a ferrugem destroem, e onde os ladrões arrombam e furtam. Mas acumulem para vocês tesouros no céu, onde a traça e a ferrugem não destroem, e onde os ladrões não arrombam nem furtam. Pois onde estiver o seu tesouro, aí também estará o seu coração” (Mateus 6.19-21).

Deus provê condições para vivermos seus propósitos aqui, mas ele não fará aquilo que cabe a nós fazer. No que cabe a você, se esforce, entregue-se completamente a Jesus e viva uma vida intensa de oração e pautada na Palavra, pois assim, diariamente, ele suprirá suas necessidades, apontará o caminho certo e preencherá completamente o seu coração. Assim, você estará exatamente onde nasceu para estar: no centro da vontade de Deus.

ANOTAÇÕES

CONFIANÇA PARA AVANÇAR

Apeguemo-nos com firmeza à esperança que professamos, pois aquele que prometeu é fiel.

HEBREUS 10.23

Hoje, quero despertar algo em você: Os céus estão abertos, e Jesus conquistou na cruz o direito de vivermos as promessas de Deus Pai. Lembre-se: em uma aliança, ambos os lados devem cumprir as partes. Da mesma forma, confie no cuidado e na provisão do Senhor. Faça a sua parte, vivendo um relacionamento íntimo e verdadeiro com Deus.

Por meio do seu sacrifício, Jesus conquistou para nós o acesso a uma vida extraordinária. Ele perdoou nossos pecados, nos tirou de uma vida sem propósito e nos prometeu uma vida eterna. Mas o fato é que a Bíblia nos instrui a termos confiança e nos apegarmos a essas verdades, não a viver de forma cômoda e estagnada.

Saia do comum e caminhe ousadamente em direção a Jesus. Colha os frutos das promessas que já estão disponíveis para você. Mais do que confiar nelas, confie naquele que as fez.

Deus tem planos maravilhosos para sua vida. Ele lhe deu talentos e dons únicos, portanto não deixe o medo ou a falta de confiança impedi-lo de viver tudo aquilo que Deus sonhou para você. Com fé e determinação, saiba que o Senhor está ao seu lado, pronto para o capacitar e guiar.

Não se acomode ou se conforme com o que você tem vivido hoje, mas se posicione para ir além. Busque ainda mais o Pai, ouça a voz dele e dê passos ousados, porque Deus se manifesta e honra aqueles que se posicionam com fé e confiança. A partir de hoje, seja inspirado para que a sua fé seja renovada e sua jornada marcada pela confiança no cuidado e na provisão de Deus Pai.

café com Deus Pai

Confie em Deus, feche os olhos da dúvida e abra os olhos da fé!

@juniorrostirola

365 DEVOCIONAL
180/365

LEITURA BÍBLICA
SALMOS 72

PALAVRA-CHAVE
#PROMESSAS

ANOTAÇÕES

ELE O FORTALECE

"Ele fortalece ao cansado e dá grande vigor ao que está sem forças."

ISAÍAS 40.29

Deus é socorro bem presente na angústia.

@juniorrostirola

DEVOCIONAL 365
181/365

LEITURA BÍBLICA
ESDRAS 10

PALAVRA-CHAVE
#DESCANSO

ANOTAÇÕES

Nossa vida costuma ser extremamente agitada. São novos afazeres que surgem a todo momento, reuniões, problemas que precisam ser resolvidos com urgência... Tudo isso vai nos desgastando e desanimando quando não estamos com os olhos fixos no lugar certo. Parece que após tanto tempo nesse modo automático, a vida acaba perdendo a cor, o brilho e às vezes até mesmo o sentido.

Contudo, isso acontece quando nossos olhos estão voltados para a terra, porque, quando focamos em Deus e sua Palavra, encontramos vigor e força para prosseguir. O mundo constantemente tenta nos fazer sentir ameaçados e vulneráveis, como se estivéssemos lançados à nossa própria sorte, mas isso não é verdade; essa sensação é uma mentira plantada em nossa mente para nos paralisar, porque a realidade é que estamos protegidos, pois a Bíblia diz que Deus dá ordens aos seus anjos a nosso respeito.

Eu sei que é difícil descansar e ficar em paz diante de tantas lutas e ventos contrários, mas ter fé nessa palavra lhe dará forças para repensar e reconhecer que, mesmo em meio às lutas e ao mundo que parece estar de ponta-cabeça, você já é um vencedor, porque é Deus quem lhe dá forças.

A partir de hoje, se você se sente cansado ou sem perspectivas, eu o convido a voltar-se totalmente para Deus Pai, intensificando seu tempo dedicado a ele, pois não há nada que ele não possa resolver. Encontramos paz e descanso em Deus, nosso coração se aquieta e temos as forças renovadas para seguir adiante. Portanto, respire fundo, olhe para o alto, pois é de lá que vem o seu socorro.

DEUS NÃO **CONCRETIZARÁ** SEUS **SONHOS** ENQUANTO VOCÊ NÃO **CONSTRUIR** UMA ESTRUTURA PARA **VIVÊ-LOS.**

@juniorrostirola

ei!

Conte para mim como tem sido a sua **experiência** até aqui!

Reservei a página ao lado para você compartilhar como tem sido sua rotina com o **Café com Deus Pai** e para encorajar outras pessoas a fazerem o mesmo.

Fotografe e marque o meu perfil, ***@juniorrostirola***, e o ***@cafecomdeuspai*** em suas redes sociais para que eu possa ler e celebrar com você.

Vamos juntos!

experiência

café com Deus pai

VOCÊ PODE **ESCOLHER** ENFRENTAR A MUDANÇA, OU **DECIDIR** FICAR COMO ESTÁ.

@juniorrostirola

Assista ao vídeo com a palavra e oração para este mês.

julho

café com Deus pai

TRANSFORMAÇÃO COMPLETA

Mas o fruto do Espírito é amor, alegria, paz, paciência, amabilidade, bondade, fidelidade, mansidão e domínio próprio. Contra essas coisas não há lei.

GÁLATAS 5.22,23

O fruto do Espírito é mais do que uma simples metáfora; é um convite para viver uma vida plena e transformada. Assim como uma videira nutre seus ramos para que possam dar frutos, Jesus nos convida a permanecer nele para produzirmos frutos abundantes. Esse fruto não é outro senão o fruto do Espírito, expresso em amor, alegria, paz, paciência, amabilidade, bondade, fidelidade, mansidão e domínio próprio.

Ao permanecermos em Jesus, somos guiados à verdade e capacitados a viver em liberdade, e quem gera essas qualidades em nós é justamente o Espírito Santo. Essa jornada, porém, requer alguns pressupostos. É necessário viver e ser guiado pelo Espírito para que se possa desfrutar dessa liberdade e ter essas qualidades em nossa vida.

O fruto do Espírito se manifesta quando decidimos nos submeter a Deus, permitindo que ele molde completamente nosso caráter, transformando-o e capacitando-nos a viver de maneira sobrenatural e extraordinária, de modo que possamos nos apropriar do que nos foi prometido e executar os projetos de Deus aqui na terra.

Viver essa jornada é um convite à transformação diária, a abraçar a plenitude de vida que Jesus nos oferece. Permita que o Espírito Santo opere em você, tornando-o uma testemunha viva do poder transformador do amor de Deus, para que você possa então viver cada dia mais profundamente enraizado em Cristo, produzindo frutos que glorifiquem o Pai.

Só é possível transformar a realidade de outras pessoas quando aquilo que eu carrego tem poder transformador.

@juniorrostirola

365 DEVOCIONAL
182/365

LEITURA BÍBLICA
EFÉSIOS 1

PALAVRA-CHAVE
#FRUTOS

ANOTAÇÕES

NÃO PERCA TEMPO

Vocês nem sabem o que lhes acontecerá amanhã! Que é a sua vida? Vocês são como a neblina que aparece por um pouco de tempo e depois se dissipa.

TIAGO 4.14

café com Deus pai

O seu tempo é sua vida, portanto não perca tempo.

@juniorrostirola

DEVOCIONAL 365
183/365

LEITURA BÍBLICA
EFÉSIOS 2

PALAVRA-CHAVE
#VIVER

ANOTAÇÕES

Se hoje você recebesse a notícia de que só lhe restam mais trinta dias de vida, isso certamente o faria refletir sobre como tem vivido e o que realmente importa. É um convite a uma análise sincera de suas prioridades e ações. Talvez existam questões que você tem evitado encarar, desafios que tem procrastinado resolver. Pode ser uma relação que precisa ser restaurada, um perdão que precisa ser concedido, ou até mesmo um projeto que precisa ser realizado.

Nesses momentos de reflexão, somos confrontados com a urgência de viver com propósito e intensidade. Afinal, a vida é um presente sublime, mas um sopro passageiro, um vapor que vem e logo se esvai. Cada dia é uma dádiva, uma oportunidade única de amar, aprender e crescer.

Ao caminhar ao lado daquele que é o Caminho, a Verdade e a Vida, podemos encontrar direção e sabedoria para nossas escolhas. Jesus nos convida a vivermos plenamente, a abraçar cada momento com gratidão e coragem. Ele nos ensina a não adiar o que é essencial, a não deixar para amanhã o que podemos fazer hoje.

Portanto, aproveite cada instante como uma oportunidade de transformação e crescimento. Não permita que o medo ou a procrastinação o impeçam de viver uma vida significativa. Assuma o controle de sua jornada e faça cada dia valer a pena. Pois é no hoje que construímos o amanhã que desejamos.

CAPACITADOS POR DEUS

E Davi disse ao filisteu: "Você vem contra mim com espada, com lança e com dardo, mas eu vou contra você em nome do Senhor dos Exércitos, o Deus dos exércitos de Israel, a quem você desafiou".

1SAMUEL 17.45

café com Deus Pai

Em uma era distante, na época de Davi, a ideia de que ele, o menor de sua casa e um simples pastor, pudesse vencer o temível Golias parecia improvável. Sem armadura ou espada, armado apenas com sua funda e cinco pedras, Davi enfrentou uma batalha que, aos olhos humanos, estava perdida. Contudo, sua maior arma era invisível e imensurável: a fé.

Enquanto o gigante intimidava os mais valentes guerreiros, Davi se mantinha firme, não por ignorância do perigo, mas por uma inabalável confiança em Deus. Ele sabia quem era aos olhos do Pai e o poder que podia canalizar por meio da fé. Com a coragem que desafiava sua estatura e experiência, Davi se levantou contra Golias, deixando atônitos todos aqueles que duvidavam de sua capacidade, incluindo o próprio rei Saul, que não via além das aparências.

Muitas vezes, somos julgados por nossas limitações visíveis — jovem demais, velho demais, inexperiente demais. No entanto, a história de Davi nos ensina que Deus escolhe os improváveis para realizar grandes feitos. Conhecer quem somos em Deus é desbloquear a capacidade de derrubar gigantes em nossa vida.

Portanto, sempre que se sentir menosprezado ou duvidar de sua capacidade, lembre-se de Davi. Em Deus, somos mais do que nossas limitações aparentes. Com fé, é possível atravessar mares, escalar montanhas e enfrentar as tempestades da vida. Seja qual for o gigante que você enfrente, saiba que, com fé, tudo é possível.

Você não é o que as pessoas dizem, mas quem Deus diz que você é.

@juniorrostirola

365 DEVOCIONAL
184/365

✝ LEITURA BÍBLICA
EFÉSIOS 3

PALAVRA-CHAVE
#CONFIANÇA

ANOTAÇÕES

A VERDADEIRA LIBERDADE

café com Deus pai

"Portanto, se o Filho os libertar, vocês de fato serão livres."

JOÃO 8.36

As mentiras o paralisam, enquanto as verdades o libertam.

@juniorrostirola

DEVOCIONAL 365
185/365

LEITURA BÍBLICA
SALMOS 73

PALAVRA-CHAVE
#LIBERDADE

ANOTAÇÕES

Muitas das limitações que enfrentamos são autoimpostas, ou seja, nossa própria mente freia nossas ações por acreditar que não somos capazes, imaginando que não conseguiremos superar determinados obstáculos. Por isso, é necessário reconhecer onde e por qual motivo temos sabotado a nós mesmos. Muitas vezes, estamos dando ouvidos a mentiras, críticas ou traumas do passado, permitindo que paralisem nosso presente.

A reflexão essencial é: a quem você tem dado ouvidos? Que pensamentos têm dominado sua mente e paralisado seu crescimento? Para termos a mente verdadeiramente livre, é fundamental substituir as mentiras que internalizamos por meio das verdades que Deus Pai determinou sobre nós, mas muitos não sabem como fazer isso.

Em grande parte da minha vida, acreditei na mentira de que jamais teria uma família, com base na realidade da minha infância. No entanto, em Cristo essas mentiras foram transformadas por verdades libertadoras, e essa é a resposta que talvez você há tanto tempo procura. Jesus é a resposta. No texto que lemos, isso fica claro para nós: se o Filho de Deus nos libertar, seremos livres.

Talvez sua vida se encontre paralisada porque você tem acreditado em mentiras a seu respeito, e isso o tem impossibilitado de sonhar e realizar. Hoje, convido você a se entregar completamente a Jesus, pois nele você será liberto dos traumas e mentiras que tem afetado sua vida. Ele tem liberdade, amor, paz e grandes propósitos para você e sua família. Não perca mais tempo, tome essa decisão e seja verdadeiramente livre.

O PONTO DE PARTIDA

Farei de você um grande povo, e o abençoarei. Tornarei famosos o seu nome, e você será uma benção. Abençoarei os que o abençoarem, e amaldiçoarei os que o amaldiçoarem; e por meio de você todos os povos da terra serão abençoados.

GÊNESIS 12.2,3

café com Deus pai

Deus tem sonhos e projetos para cada um de nós. E, assim como Abraão, somos convidados a dar o primeiro passo. Ele foi designado a ser pai de nações, por isso precisou deixar a terra dos seus pais e migrar para lugares desconhecidos sem saber como seria seu trajeto, muito menos dos milagres que viveria. Entretanto, sua fé lhe permitiu, primeiramente, ouvir a voz de Deus o chamando para a missão. Ele também foi tomado de coragem para sair de sua zona de conforto, convicto de que Deus lhe proveria todos os meios para que seu propósito se cumprisse, ou seja, Abraão era um homem de muita fé.

Aprendo que é necessário estarmos atentos para ouvir os apontamentos de Deus, pois é muito fácil nos confundirmos ou simplesmente ignorarmos aquilo que o Pai quer de nós. Abraão também poderia ter ouvido e deixado de agir por medo ou insegurança, mas é nesses momentos que a fé entra em cena, ela é a convicção de que se Deus falou, vai se cumprir. E se apegando a ela, Abraão foi em direção às promessas.

As novas terras podem representar para cada um algo diferente, não significa literalmente que precisamos abandonar nossa cidade e partir para lugares distantes; mas as vezes pode significar mudanças na área profissional, aprender uma nova habilidade, despertar um novo talento, enfim, mudar o rumo de alguma maneira.

A partir de hoje, saiba que se Deus pediu, ele dará toda a condição para que se cumpra, contudo, faça sua parte e posicione-se. Tenha fé ainda que o cenário exterior seja desanimador, porque aquilo que Deus disse é o suficiente para que você prove do milagre.

Sua atitude determinará a concretização do seu milagre.

@juniorrostirola

365 DEVOCIONAL
186/365

LEITURA BÍBLICA
SALMOS 74

PALAVRA-CHAVE
#POSICIONAMENTO

ANOTAÇÕES

MANTENHA A CALMA

A resposta calma desvia a fúria,
mas a palavra ríspida desperta a ira.

PROVÉRBIOS 15.1

café com Deus pai

Toda verdade dita sem amor perde a razão.

@juniorrostirola

DEVOCIONAL 365
187/365

LEITURA BÍBLICA
SALMOS 75

PALAVRA-CHAVE
#PACIFICAR

ANOTAÇÕES

Diariamente, enfrentamos diversas situações desafiadoras que podem perturbar nossa paz, originando-se não apenas das circunstâncias, mas, muitas vezes, das interações com outras pessoas. A ira, frequentemente desencadeada por atitudes alheias, pode facilmente roubar nossa tranquilidade, como, por exemplo, em situações cotidianas no trânsito ou quando algo não sai como o planejado.

Ao permitir que a ira domine nossas ações, adotamos comportamentos agressivos e impensados e, assim, não apenas dificultamos nossa convivência social, mas também nos afastamos da essência do amor ao próximo. A orientação que Deus nos dá é de não sermos controlados pela ira, pois ela justamente nos leva ao pecado. Cristo nos ensina a escolher o caminho da comunhão, da harmonia e da reconciliação.

Devemos ser agentes da paz, compartilhando amor e bondade, pois dessa forma seremos guiados pelos ensinamentos de Jesus, demonstrando perdão e humildade por onde passarmos, influenciando positivamente os ambientes.

Para alguns, vencer a ira pode ser mais difícil do que para outros, em virtude da personalidade ou criação, mas convido você a reconhecer e buscar melhorar, agindo de maneira diferente. Não permita que atitudes impensadas impeçam a concretização das promessas de Deus em sua vida. Situações contrárias que o levarão ao limite surgirão, mas como você se comporta diante delas é o que muda tudo. Surpreenda e influencie todos ao seu redor com atitudes e palavras de amor e reconciliação, refletindo diariamente o amor de Jesus.

LIVRE-SE DAS BAGAGENS

Suportem uns aos outros e perdoem as queixas que tiverem uns contra os outros. Perdoem como o Senhor os perdoou.

COLOSSENSES 3.13

café com Deus pai

Em algum momento da jornada, todos enfrentamos feridas, talvez na infância, adolescência ou na vida adulta. Não importa quando nem quem causou essas dores, quero compartilhar algo importante que pode ser transformador para você: o perdão é uma decisão. Devemos perdoar porque o erro não foi nosso, e não faz sentido perpetuar o mal cometido por outros. Ao não perdoar, cometemos dois erros graves.

Primeiro, carregamos o peso da mágoa e do ressentimento onde quer que estejamos, o que acaba prejudicando nossas emoções e gerando diversos danos. Segundo, tornamo-nos prisioneiros desses sentimentos nocivos. É vital compreendermos que a falta de perdão é um pecado que nos distancia de Deus. Quantas pessoas levam consigo bagagens pesadas, vivendo sobrecarregadas e magoadas por não liberarem perdão, o que afeta seus relacionamentos e, consequentemente, toda a sua vida.

Em contrapartida, a solução para esse problema está mais perto do que se imagina. O perdão está acessível a nós, estando muitas vezes à distância de um telefonema. A vida é um grande presente de Deus, por isso não podemos desperdiçá-la com pendências emocionais não resolvidas.

Em Jesus, você tem a força e o entendimento necessários para prosseguir, por meio de uma vida leve, sem mágoas ou pesadas bagagens que o impedem de avançar. Por mais difícil que possa parecer, é necessário enfrentar essa situação, liberar perdão e prosseguir, porque o perdão é a chave para uma vida plena, no centro da vontade do Pai.

Perdoar é dar a oportunidade de recomeçar.

@juniorrostirola

365 DEVOCIONAL
188/365

LEITURA BÍBLICA
EFÉSIOS 4

PALAVRA-CHAVE
#PERDÃO

ANOTAÇÕES

ELE NUNCA DESAMPAROU VOCÊ

Graças ao grande amor do SENHOR é que não somos consumidos, pois as suas misericórdias são inesgotáveis. Renovam-se cada manhã; grande é a sua fidelidade!

LAMENTAÇÕES 3.22,23

café com Deus Pai

Viva o hoje como se fosse o último dia da sua vida; afinal, o presente momento é um presente de Deus para você.

@juniorrostirola

DEVOCIONAL 365
189/365

LEITURA BÍBLICA
EFÉSIOS 5

PALAVRA-CHAVE
#AMPARO

A Palavra de Deus é como um remédio para a alma, possuindo o poder de curar, restaurar e transformar nossa vida. Dia após dia, enfrentamos lutas, desafios e dificuldades. Se não fosse o cuidado e a misericórdia do Pai para conosco, jamais venceríamos. E isso é motivo de grande alegria, que deve nos fazer olhar para Deus com amor e gratidão, pois não estamos sozinhos, mas somos diariamente amparados por ele. Quantas vezes esquecemos de observar esse cuidado e reconhecer quanto Deus se faz presente? Só o fato de você estar vivo já é motivo de agradecer.

Cada novo amanhecer é mais do que simplesmente 24 horas; é uma generosa oportunidade de experimentar uma nova realidade. A luz do dia não chega sozinha, mas traz consigo o novo de Deus, graças à sua fidelidade. Saber disso muda tudo, porque nos fortalece em meio às lutas e frustrações que possamos enfrentar no dia a dia.

Saiba que a cada dia temos uma nova jornada em que somos capazes de escrever uma nova história em Deus. Talvez você esteja vivendo dias difíceis e desanimadores, mas hoje você pode se apegar a essa palavra e ser fortalecido, pois novas oportunidades estão por vir, porque a cada manhã o Pai derrama de sua bondade sobre a nossa vida.

Convido você a confiar em Deus independentemente do que se passa ao seu redor. Não permita que nada o desanime ou desvie você do foco, porque você tem Deus Pai que cuida de todas as coisas e jamais desampara seus filhos. Está escrito: ***"Entregue o seu caminho ao Senhor; confie nele, e ele agirá"***(Salmos 37.5). Creia nestas verdades, apegue-se à Palavra de Deus e seja grato todos os dias.

ANOTAÇÕES

A MOTIVAÇÃO CERTA

SENHOR, que os teus ouvidos estejam atentos à oração deste teu servo e à oração dos teus servos que têm prazer em temer o teu nome. Faze com que hoje este teu servo seja bem-sucedido, concedendo-lhe a benevolência deste homem.

NEEMIAS 1.11

café com Deus Pai

O relato de Neemias ilustra uma verdade marcante. Ao descobrir a condição de destruição em que Jerusalém, sua cidade natal, se encontrava, ele faz uma oração sincera a Deus. Na época, ele não percebia a extensão do poder contido em sua oração.

A oração, quando alinhada à vontade e aos propósitos de Deus, sempre é eficaz. Naquele momento, os muros de Jerusalém estavam em ruínas, e a cidade, desprotegida. O coração de Neemias foi sensível para entender a urgente necessidade de reconstrução, e sua oração foi ao encontro da vontade de Deus, de naquele momento começar uma obra para restaurar os muros da cidade.

Ao prosseguir com a história de Neemias, testemunhamos que Deus não apenas ouve a oração, mas também concede a ele uma visão, que foi colocada em prática e trouxe restauração e alegria àqueles que viviam sem esperança em Jerusalém. O coração do rei se voltou para o propósito de Neemias, e ele colaborou grandemente com esse projeto. Aprendo que, quando seu coração está alinhado com o do Pai, não há barreiras que possam impedir você de avançar. Deus conhece nosso coração intimamente e deseja realizar grandes coisas por meio de nossa vida, mas, sem a oração, não acessaremos as promessas.

Talvez a correria do dia a dia tenha afastado você de um relacionamento sincero com Deus. A partir de hoje, convido você a separar um tempo de seu dia para conversar com o Pai. Saiba que, assim como Neemias, se você tiver a motivação correta, é uma questão de tempo até que alcance todas as promessas.

Se Deus determinou, ele é Senhor do tempo.

@juniorrostirola

365 DEVOCIONAL
190/365

LEITURA BÍBLICA
EFÉSIOS 6

PALAVRA-CHAVE
#ORAÇÃO

ANOTAÇÕES

ESCOLHIDO POR DEUS

O atleta que toma parte numa corrida não recebe o prêmio se não obedecer às regras da competição.

2TIMÓTEO 2.5, NTLH

Quem joga no time de Deus sempre estará pronto para enfrentar o adversário.

@juniorrostirola

DEVOCIONAL 365
191/365

LEITURA BÍBLICA
FILIPENSES 1

PALAVRA-CHAVE
#ESCOLHIDO

ANOTAÇÕES

As Olimpíadas e a Copa do Mundo, que acontecem a cada quatro anos, são magníficos espetáculos esportivos, reunindo os melhores atletas para competir no auge de suas habilidades. Nesses eventos, muitos de nós nos encontramos como espectadores, seja nas arquibancadas, seja ruas, seja em casa, acompanhando pela TV, pela internet ou pelo rádio. Somos, em essência, observadores daquilo que outras pessoas estão fazendo.

Contudo, em relação à nossa própria vida, temos sido da mesma maneira apenas meros espectadores, simplesmente aguardando algo acontecer, ou temos nos posicionado para, em Deus, sermos autores de nossas próprias histórias?

Por muito tempo, fui aquele que ficava fora do time nos jogos de futebol da escola. Meus amigos escolhiam seus times, mas eu nunca era selecionado. Diziam eles que eu não sabia correr e sequer andar, o que me causava grande dor e rejeição. Tudo o que eu desejava era que alguém me reconhecesse, me desse uma chance. Eu queria ser aceito por alguém, porque já sentia muitas dores pelo fato de ser rejeitado em casa, pelo meu pai. Havia momentos em que eu me perguntava: ***"por que eu existo?".*** Mas, então, Deus me chamou e me escolheu para realizar uma grande obra, e passei a jogar no time dele. De um menino introspectivo, meramente um espectador, transformei-me em líder de um time vitorioso, onde tem muita gente fazendo gol.

Não sei quais são as rejeições que você tem enfrentado na vida, nem as feridas que sangram na sua alma, mas uma coisa eu tenho certeza: Deus já o escolheu para jogar no seu time. O amor e a aceitação do Pai são capazes de curar feridas e transformar vidas. Chegou a hora de entrar em campo. Você estará no maior time, com o melhor técnico, impulsionado para marcar muitos gols!

UMA VISÃO DE FÉ

Levando-o para fora da tenda, disse-lhe: "Olhe para o céu e conte as estrelas, se é que pode contá-las". E prosseguiu: "Assim será a sua descendência".

GÊNESIS 15.5

café com Deus pai

Costumo dizer que nossa vista pode ser a maior inimiga da nossa visão. A vista é aquilo que enxergamos com os olhos físicos. Ela restringe, confunde e limita nosso alcance, enquanto a visão expande horizontes, pois diz respeito aos olhos da fé. Deus, ao preparar Abraão para uma promessa grandiosa, o conduziu para fora de sua tenda. Lá, a visão limitada e linear dele foi confrontada com a imensidão do céu estrelado, um símbolo poderoso da promessa de uma descendência incontável.

Esse gesto revelou a Abraão não apenas uma ideia, mas uma imagem concreta da magnitude do plano de Deus para sua vida, algo que palavras, por si só, não teriam o poder de transmitir. Essa lição vai além da história de Abraão, conhecido como o pai da fé; reflete uma verdade profunda sobre nossa existência. Somos seres chamados a ver além de nossos olhos físicos ao utilizar as lentes da fé, para enxergar além dos problemas e circunstâncias.

Minha jornada de conversão a Jesus exemplifica essa transição do limitado para o ilimitado. Foi um movimento em direção a uma nova vida que eu só teria em Deus Pai. Essa mudança foi o que rompeu com a realidade de um lar disfuncional e abriu meu coração para a grandiosidade das promessas de Deus.

A partir de hoje, desfaça-se de tudo aquilo que tem atrapalhado sua visão do que Deus quer fazer em sua vida. Assim como Abraão, saia da tenda, eleve seus olhos aos céus e veja a imensidão da bondade e das promessas que o Pai tem a cumprir em sua vida e por meio dela.

Quando nos entregamos a Deus sem reservas, ele não tem limite para nos abençoar.

@juniorrostirola

365 DEVOCIONAL
192/365

✝ LEITURA BÍBLICA
SALMOS 76

PALAVRA-CHAVE
#FÉ

ANOTAÇÕES

A PRÁTICA DO AMOR

Meus filhinhos, o nosso amor não deve ser somente de palavras e de conversa. Deve ser um amor verdadeiro, que se mostra por meio de ações.

1JOÃO 3.18, NTLH

café com Deus pai

Amar vai além de palavras; é preciso ter atitudes.

@juniorrostirola

DEVOCIONAL 365
193/365

LEITURA BÍBLICA
SALMOS 77

PALAVRA-CHAVE
#AME

ANOTAÇÕES

Em um mundo onde absorvemos informações muito rapidamente, como, por exemplo, receitas culinárias incríveis e dicas eficazes de exercícios, sabemos que o conhecimento por si só não cozinha refeições nem nos leva a uma maratona, por isso é vital colocarmos o que aprendemos em prática. Da mesma maneira, em nosso relacionamento com Jesus, o conhecimento adquirido só ganha valor quando resulta em ações, quando saímos de uma vida teórica e partimos para a prática.

A Bíblia é a Palavra de Deus e nos oferece ensinamentos profundos para a vida, em todas as áreas. No entanto, meramente conhecer essas verdades sem colocá-las em prática transforma-nos em ouvintes competentes, mas em executores deficientes, levando a uma vida superficial e sem propósito. O amor, por exemplo, não apenas reside em nosso coração, mas se manifesta em nossas ações.

O amor incondicional de Deus foi exemplificado quando ele enviou seu Filho, Jesus, para morrer por nossos pecados, restaurando nosso relacionamento com ele. Essa demonstração é a mais grandiosa atitude de amor na história. E Deus deseja que vivamos esse amor, refletindo-o em nossas ações diárias em relação a ele e ao próximo.

Você já expressou hoje amor a alguém? Está na hora de sair da teoria e partir para a prática. Jesus é nosso maior exemplo, que deu a si mesmo por amor, e, por esse lindo ato, eu e você temos acesso à verdadeira vida. Seja um abraço, seja palavras de encorajamento ou qualquer outro ato de amor, que para você talvez não custe nada, isso pode ser o que a outra pessoa precisa há muito tempo. Que suas ações reflitam o caráter bondoso e amoroso do Pai dia após dia.

VOCÊ FOI SONHADO POR DEUS

Os teus olhos viram o meu embrião; todos os dias determinados para mim foram escritos no teu livro antes de qualquer um deles existir.

SALMOS 139.16

Você sabia que Deus traçou um plano para sua vida antes mesmo de você nascer? Sim, antes de você tomar forma, Deus já tinha visualizado sua existência e registrado todos os seus dias. Pessoalmente, compreender que Deus me viu antes do meu nascimento e já escreveu minha história é libertador, pois isso me assegura de que, mesmo em meio aos desafios, problemas e lutas da vida, não estou sozinho ou lançado à própria sorte. Encarar essa verdade nos permite viver nossos dias com o coração repleto de paz.

Entretanto, muitas pessoas não sabem disso. Quando compreendemos nossas origens e percebemos que Deus está no controle, tudo se torna mais leve. Não sei quais são as dificuldades que você enfrenta, mas saiba que você é parte dos planos de Deus. Ele conhece você antes mesmo do seu nascimento, e todos os seus dias foram determinados por ele. Não permita que distrações ou mentiras roubem de você essa verdade.

Por muito tempo, questionei minha existência, mas, após ter tido um encontro com Deus Pai e haver descoberto que fui criado com um propósito único, tudo mudou.

Independentemente do que você enfrenta em sua vida, nunca se esqueça de sua verdadeira identidade. Você não nasceu por acaso, mas tem um Deus que o ama profundamente e estabeleceu todos os seus dias para serem vividos repletos de amor, alegria, paz e abundância. Rejeite agora as mentiras a seu respeito, não permita que elas façam parte da sua vida. Sempre que elas tentarem atormentar seus pensamentos, lembre-se de que você tem um Pai presente que nunca o abandonou e jamais o abandonará.

café com Deus Pai

As mentiras que tentam aprisionar a sua mente já foram desfeitas pela morte de Jesus na cruz.

@juniorrostirola

365 **DEVOCIONAL**
194/365

LEITURA BÍBLICA
SALMOS 78

PALAVRA-CHAVE
#FILIAÇÃO

ANOTAÇÕES

ENCONTRANDO O SEU LUGAR

café com Deus Pai

Meus irmãos, considerem motivo de grande alegria o fato de passarem por diversas provações.
TIAGO 1.2

Em Deus Pai, nosso vida é transformada, nosso destino é mudado e nosso futuro é reescrito.

@juniorrostirola

DEVOCIONAL 365
195/365

LEITURA BÍBLICA
FILIPENSES 2

PALAVRA-CHAVE
#IDENTIDADE

ANOTAÇÕES

Quando Deus nos conecta a uma promessa, ele também nos equipa para atravessar os desertos que surgirão em nosso caminho até alcançá-la. Ao reconhecermos nossa filiação, ganhamos clareza sobre nosso propósito no mundo e dispensamos todas as mentiras a respeito de nossa identidade.

Precisamos entender que os processos são inerentes a esta vida. Não há como alcançarmos a vitória sem sequer lutar. Um grande barco não é cuidadosamente fabricado para ficar atracado no cais, mas sim para enfrentar o alto-mar, suportar grandes ondas e se manter firme quando se deparar com tempestades, pois assim ele estará cumprindo o seu propósito.

Da mesma maneira, não estamos na terra simplesmente a passeio, mas Deus estabeleceu planos e propósitos para cada um de nós e nos escolheu antes da fundação do mundo. Esse chamado deve arder em nosso coração, motivando-nos a cumprir a vontade de Deus, pois dessa maneira encontramos a nossa posição de filhos, vivendo no centro da vontade do Pai. Nesse processo, naturalmente enfrentaremos dificuldades, contudo elas não surgem para nos destruir, mas para nos fortalecer na caminhada.

Convido você a enfrentar as batalhas da vida não com pesar, tristeza ou murmuração, pois a Bíblia diz que as provações produzem perseverança e nos levam a alcançar maturidade. Portanto, devemos encará-las com fé e coragem, sabendo que, através dos processos, Deus está nos aprimorando e tirando o melhor de cada um de nós.

A VERDADEIRA PROSPERIDADE

Quem é o homem que teme o SENHOR? Ele o instruirá no caminho que deve seguir. Viverá em prosperidade, e os seus descendentes herdarão a terra.

SALMOS 25.12,13

café com Deus Pai

Vivemos em um mundo que frequentemente valoriza as pessoas com base em seus bens materiais ou posição social, associando prosperidade à acumulação de riquezas. No entanto, a visão bíblica a respeito disso transcende essa perspectiva linear e limitada. A Palavra de Deus nos ensina que a prosperidade não se resume ao que possuímos, mas está intimamente ligada à satisfação de viver uma vida em conexão com Deus.

No texto que lemos, o salmista nos oferece uma compreensão profunda dessa prosperidade ao destacar a importância do temor a Deus, que implica obediência e amor a ele. Quando andamos de acordo com a vontade e os propósitos do Pai, somos abençoados em todas as áreas, inclusive na financeira; todavia, quando focamos demais no que é material, desviamos o olhar daquilo que é eterno.

Você pode estar cercado de luxo, mas sentir um vazio interior. Ou talvez com recursos limitados, mas experimentar uma profunda satisfação, porque não falta nada para você. A prosperidade, segundo a Palavra de Deus, consiste em viver essencialmente os propósitos dele, porque só assim você será a sua melhor versão.

Como está sendo sua jornada? Qual tem sido seu foco? Independentemente de suas circunstâncias financeiras. E viver os planos de Deus vai muito além de receber; é preciso celebrar e repartir, pois o generoso se torna mais parecido com Deus Pai, que é o grande doador. Reflita sobre qual tem sido a principal motivação de sua vida e busque, acima de tudo, a plena e verdadeira prosperidade que reside em confiar no Pai e obedecer a ele, pois só assim você será a sua melhor versão.

Não é sobre o que você tem, mas sobre quem você é em Deus.

@juniorrostirola

365 DEVOCIONAL
196/365

LEITURA BÍBLICA
FILIPENSES 3

PALAVRA-CHAVE
#PROSPERIDADE

ANOTAÇÕES

DECIDA CONFIAR

"[...] 'Não tenham medo nem fiquem desanimados por causa desse exército enorme. Pois a batalha não é de vocês, mas de Deus'."

2CRÔNICAS 20.15

café com Deus pai

O nível da sua confiança em Deus definirá o tamanho das suas conquistas.

@juniorrostirola

DEVOCIONAL 365
197/365

LEITURA BÍBLICA
FILIPENSES 4

PALAVRA-CHAVE
#CONFIANÇA

ANOTAÇÕES

Tenho aprendido a valiosa lição de que, antes de nos dar grandes responsabilidades, Deus primeiro trabalha a nossa confiança nele. Quando confiamos em Deus, temos nossas esperanças renovadas e nos sentimos seguros, como em uma relação familiar, em que a presença do pai traz conforto e segurança.

No texto que lemos, o povo de Jerusalém estava na iminência de receber um ataque de nações inimigas. Ao receber essa informação, o rei Josafá convocou o povo para orar e buscar a Deus, a fim de receberem auxílio naquele momento difícil. A resposta que receberam foi reveladora: deveriam apenas confiar, pois a vitória já estava garantida. Em meio à apreensão, incerteza e medo, buscar ao Senhor foi, e continua sendo, a melhor das alternativas.

Nessa história, podemos identificar o poder transformador da confiança em Deus. Saiba que suas vitórias não serão geradas apenas com base em seu desempenho ou capacidade, mas sim em quanto você depositou sua confiança no Pai. Por vezes, as circunstâncias por si só não são suficientes para sustentar nossa fé, mas, ao voltarmos os olhos para Deus, temos a convicção de que nada foge de seu controle.

Minhas vitórias mais significativas surgiram da decisão de depositar minha confiança e esperança em Deus em vez de confiar apenas nas minhas habilidades. Muitas vezes, nossa falta de confiança no Pai nos priva de viver milagres. Não sei quais são os gigantes que se levantam contra sua vida, mas tenho plena convicção de que, se você depositar sua confiança totalmente em Deus Pai e descansar em meio à tempestade, provará de suas intervenções extraordinárias.

COERÊNCIA

"Busquem a prosperidade da cidade para a qual eu os deportei e orem ao SENHOR *em favor dela, porque a prosperidade de vocês depende da prosperidade dela."*

JEREMIAS 29.7

Mudar de residência é uma experiência comum na vida, podendo ser uma escolha pessoal, uma oportunidade de crescimento ou uma necessidade diante de circunstâncias desafiadoras. No caso do povo judeu, ele foi expulso de sua própria terra após a invasão de um exército inimigo e levado para a Babilônia. Em meio a essa mudança forçada, Deus instrui o seu povo a buscar o bem da cidade em que estavam temporariamente instalados, enfatizando que, se a cidade prosperasse, todos seriam beneficiados.

O profeta Jeremias nos oferece uma lição sobre a importância da coerência na fé, pois o fato de estarem longe de Israel não deveria fazer que mudassem seu comportamento. Com isso, aprendo sobre sermos coerentes com aquilo que cremos. Não podemos parecer boas pessoas apenas nas redes sociais, mas sim em todos os ambientes. Precisamos impactar e influenciar positivamente todos os ambientes em que estamos inseridos.

Escolher ser filho envolve viver constantemente debaixo da vontade de Deus, em toda e qualquer situação, como agentes propagadores da paz e do amor. Deus deseja que seus filhos sejam seus instrumentos em todos os lugares, porque assim cumpriremos o nosso propósito aqui na terra.

Nossa fidelidade ao Pai impacta vidas e reflete a glória de Deus. Suas atitudes podem alcançar pessoas que estão precisando de uma transformação em sua vida, que só pode ser promovida por meio de um encontro com Deus Pai. Lembre-se de que você carrega uma luz extraordinária, que pode mudar para sempre a vida de alguém.

café com Deus Pai

Muitas vezes, as pessoas não se lembrarão do que você disse, mas sempre se lembrarão de como você as fez sentir.

@juniorrostirola

365 DEVOCIONAL
198/365

LEITURA BÍBLICA
NEEMIAS 1

PALAVRA-CHAVE
#FIDELIDADE

ANOTAÇÕES

SAINDO DA CAVERNA

café com Deus pai

Ele respondeu: Tenho sido muito zeloso pelo SENHOR, Deus dos Exércitos. Os israelitas rejeitaram a tua aliança, quebraram os teus altares, e mataram os teus profetas à espada. Sou o único que sobrou, e agora também estão procurando matar-me [...]

1REIS 19.14

Não é sobre não cansar, mas sobre não desistir.

@juniorrostirola

DEVOCIONAL 365
199/365

LEITURA BÍBLICA
SALMOS 79

PALAVRA-CHAVE
#PROSSEGUIR

ANOTAÇÕES

No trajeto da vida, quantas vezes nos pegamos repetindo as atitudes de Elias, refugiando-nos ao enfrentarmos desafios que parecem insuperáveis? Nestes momentos, agimos como o profeta, que, sob a ameaça de Jezabel, buscou refúgio em uma caverna, mergulhando num estado de introspecção e justificativas para abandonar seu chamado.

Será que, neste exato ponto de sua jornada, você se encontra retido em cavernas emocionais, justificando perante o Senhor a sua vontade de renunciar a tudo? Talvez esteja considerando desistir – seja da sua carreira, dos laços familiares, ou até mesmo dos sonhos que um dia brilharam em seu coração. Na vida, acabamos vivendo momentos em que precisamos desesperadamente de um sopro de ânimo, pois tudo o que conhecíamos parece ter perdido o sentido, e a esperança parece distante.

No entanto, a desistência não figura nos planos dos céus destinados a você. A caverna, por mais segura que possa parecer, não é seu lugar. Você foi chamado para ser uma bênção, para proclamar a esperança, e para alcançar vidas para Jesus.

Caso as feridas da vida o tenham conduzido a este isolamento, saiba: esta não é sua morada e este não é o seu fim. Deus o convoca a sair dessa escuridão, deixar para trás o isolamento e retomar sua missão. Você é chamado a resgatar a alegria, a inspiração, a ser o portador da luz, vivendo plenamente seu propósito aqui na terra. Lembre-se de Elias e saiba que, assim como ele, você não está sozinho. Mesmo nas adversidades mais intensas, tenha a plena convicção de que Deus caminha ao seu lado.

19 | JUL

O MELHOR AMIGO

tendo os olhos fitos em Jesus, autor e consumador da nossa fé. Ele, pela alegria que lhe fora proposta, suportou a cruz, desprezando a vergonha, e assentou-se à direita do trono de Deus.

HEBREUS 12.2

Durante a vida, perdemos o contato com muitas pessoas conforme os anos se passam, não é verdade? Pessoas com as quais compartilhamos laços e amizades profundas, forjadas na infância ou na vida adulta. Algumas se tornaram confidentes e melhores amigas, essenciais em nossos caminhos. No entanto, o tempo nos levou por caminhos diferentes, e o contato se perdeu no esquecimento. Manter uma amizade exige compromisso constante.

Com Deus, não podemos ser negligentes. Conhecer Jesus de longe ou apenas ouvir falar dele não é suficiente; é necessário caminharmos com ele diariamente, nutrindo uma comunhão profunda e verdadeira. Jesus é o Caminho, a Verdade e a Vida, o único acesso ao Pai. A Bíblia diz que devemos ***"correr com perseverança, tendo os olhos fitos em Jesus"*** para evitar tropeços. Não permita que essa amizade se desfaça, nem se desvie desse caminho.

Podemos nos afastar de amizades ao longo da vida porque a rotina muda, mudamos de faculdade, de trabalho, de cidade, contudo nunca devemos nos distanciar de Cristo. Em momentos bons ou ruins, quando a vida está agitada, ou calma, independentemente de tudo isso, nosso relacionamento com ele deve ser o centro de nossa vida. Como está seu relacionamento com Deus?

Não deixe essa conexão se perder no meio das distrações da vida. Faça de Jesus o farol que ilumina seu caminho, a âncora que o sustenta nas tempestades. Renove seu compromisso diário e envolva-se totalmente. Nos braços de nosso Salvador, encontraremos uma amizade que vence o tempo, as adversidades e que preenche os vazios mais profundos e traz a verdadeira paz ao nosso coração.

Jesus, o amigo que me faz melhor a cada dia.

@juniorrostirola

365 **DEVOCIONAL**
200/365

LEITURA BÍBLICA
SALMOS 80

PALAVRA-CHAVE
#COMPROMISSO

ANOTAÇÕES

AMIZADES INSPIRADORAS

Não podendo levá-lo até Jesus, por causa da multidão, removeram parte da cobertura do lugar [...], baixaram a maca em que estava deitado o paralítico. Vendo a fé que eles tinham, Jesus disse ao paralítico: "Filho, os seus pecados estão perdoados".

MARCOS 2.4,5

café com Deus pai

O verdadeiro amigo torna a jornada da vida mais leve.

@juniorrostirola

DEVOCIONAL 365
201/365

LEITURA BÍBLICA
SALMOS 81

PALAVRA-CHAVE
#AMIZADES

ANOTAÇÕES

Ter amigos verdadeiros é uma das maiores bênçãos que Deus pode nos conceder. A história bíblica dos quatro amigos que levaram um paralítico até Jesus ilustra isso de maneira profunda. Esses amigos, ao saberem que Jesus estava em sua cidade e cientes de seu poder de curar, não hesitaram.

Eles colocaram seu amigo paralítico numa maca e se dirigiram à casa onde Jesus estava. Diante da multidão que impedia o acesso, eles não desanimaram, mas resolveram agir de maneira audaciosa e cheia de fé. Eles subiram ao telhado e baixaram o amigo por uma corda até Jesus. A fé e a ação desses amigos foram tão extraordinárias que Jesus, ao ver tamanha fé, curou o paralítico, e agiu de forma intencional, não só curando sua paralisia física, mas mudando todos os aspectos da vida daquele homem, inclusive perdoando seus pecados.

Essa narrativa nos ensina lições valiosas sobre a amizade, como a importância de ter amigos que creem em Jesus e que nos aproximem dele, não medindo esforços para isso porque a fé deles foi fundamental. Diante dos obstáculos, esses amigos foram criativos e persistentes para mudar a vida do paralítico e demonstraram apreço e lealdade, não desistindo até alcançarem seu objetivo.

Amigos verdadeiros são aqueles que nos conduzem a Jesus, que estão ao nosso lado nas dificuldades e nos ajudam a superá-las. Pergunte-se: Se eu precisasse de ajuda agora, teria amigos assim ao meu lado? E, se um amigo seu precisasse de você neste momento, você estaria pronto e disposto a ajudar? É essencial caminharmos com pessoas de fé, porque dessa maneira chegaremos ainda mais longe. Quem acha um amigo fiel encontra um tesouro. Preserve os verdadeiros amigos!

FOQUE EM JESUS

Ouvindo isso, Jesus disse a Jairo: "Não tenha medo; tão somente creia, e ela será curada".

LUCAS 8.50

café com Deus pai

Uma lição vital na jornada é que aquilo em que fixamos nossos olhos tende a crescer. Seja um problema persistente, seja uma bênção extraordinária, o que escolhemos focar em nossa vida crescerá. Diante dos inevitáveis ventos contrários da vida, a chave está em manter nosso olhar nas coisas que realmente importam.

No relato de Lucas, Jesus chama a atenção de Jairo, aconselhando-o a não se abalar pelas notícias negativas que havia recebido. Talvez você esteja com o coração machucado e triste e tenha mantido seu olhar naqueles que o magoaram ou naquilo que você tem enfrentado. Mas o fato é que isso não levará você a resolver a situação. Precisamos desviar o olhar daquilo que faz mal à nossa alma e focar nas coisas boas, pois, se olharmos ao redor, veremos que possuímos motivos de sobra para agradecer e exercer gratidão.

Para onde os seus olhos têm se voltado ultimamente? Como está sua perspectiva? Muitas vezes, perdemos a visão do que realmente importa e ficamos remoendo situações que apenas nos entristecem em vez de levantar a cabeça e focar nas soluções.

Assim como Jairo, que buscou socorro em Jesus diante de notícias desanimadoras, devemos voltar nossos olhos para aquele que tem o poder de transformar toda e qualquer realidade. Jesus quer atrair a sua atenção hoje; olhar para ele não significa ignorar os desafios, mas sim saber que eles são pequenos demais quando comparados à grandeza de Jesus, porque, quando alicerçamos nossa confiança nele, temos a força necessária para vencer qualquer batalha.

A visão humana o limita a enxergar problemas, mas a visão dos céus o leva a enxergar o extraordinário.

@juniorrostirola

365 DEVOCIONAL
202/365

LEITURA BÍBLICA
NEEMIAS 2

PALAVRA-CHAVE
#PERSPECTIVA

ANOTAÇÕES

COM QUEM VOCÊ TEM ANDADO?

Aquele que anda com os sábios será cada vez mais sábio, mas o companheiro dos tolos acabará mal.

PROVÉRBIOS 13.20

café com Deus pai

A pessoa com quem você anda e abre o coração diz mais a seu respeito do que você imagina.

@juniorrostirola

DEVOCIONAL 365
203/365

LEITURA BÍBLICA
NEEMIAS 3

PALAVRA-CHAVE
#COMPANHIA

Crescer é o alvo de Deus para a vida de cada um de seus filhos, e esse crescimento diz respeito ao amadurecimento e desenvolvimento, não de acordo com os padrões humanos, mas sim com o padrão dos céus, a fim de nos tornarmos cada dia mais parecidos com Jesus. Aliás, esse deve ser o alvo de nossa vida. Costumo dizer que todos estamos em um constante processo de melhoramento.

Por não perceberem isso, muitas pessoas não evoluem porque estão cercadas de más companhias. Há um ditado popular que diz: ***"Diga-me com quem andas, que te direi quem és"***. E é uma grande verdade, pois somos o resultado da soma das pessoas que nos rodeiam, ***"as más companhias corrompem os bons costumes"*** (1Coríntios 15.33). Por exemplo, se andamos com pessoas pessimistas e desonestas, há uma grande probabilidade de nos tornarmos semelhantes a elas.

Não abra seu coração e compartilhe seus sonhos com qualquer pessoa, pois nem todos querem o seu melhor. Involuntariamente, acabamos sendo influenciados, e pessoas que não têm os olhos fixos em Jesus podem desviar nosso olhar do que verdadeiramente importa. Por isso, caminho com pessoas de fé igual ou maior que a minha, pois me inspiram e me desafiam a ser melhor a cada dia.

Como estão suas companhias? Não estou falando sobre viver isolado, mas sim sobre abrir o coração e sua intimidade para as pessoas certas. Veja só mais um alerta que a Bíblia nos dá: ***"Não faça amizade com os briguentos, nem ande com quem se ira facilmente, pois aprenderá a ser igual a eles e colocará a si mesmo em perigo"*** (Provérbios 22.24,25, NVT). Seja você também uma boa influência, alguém que inspira por reproduzir o caráter de Jesus. Cultive relacionamentos com pessoas de fé maior que a sua e, acima de tudo, não perca o foco.

ANOTAÇÕES

SEJA PACIENTE

Por isso naquele dia Moisés me jurou: "Certamente a terra em que você pisou será uma herança perpétua para você e para os seus descendentes, porquanto você foi inteiramente fiel ao SENHOR, ao meu Deus".

JOSUÉ 14.9

Em uma cena marcante da Bíblia, presenciamos Josué dividindo a terra prometida entre as tribos de Israel, cumprindo, assim, a promessa de Deus. Nesse contexto, Calebe se destaca, reivindicando a porção de terra que Moisés lhe havia prometido, mesmo aos 85 anos. Esse ato não apenas demonstra sua fé inabalável, mas também nos ensina sobre a importância da fidelidade na concretização das promessas de Deus.

Calebe e Josué são grandes exemplos de fidelidade, pois permaneceram firmes na fé mesmo quando as circunstâncias pareciam desfavoráveis. Eles atravessaram o deserto com o coração fixo na promessa de que Deus levaria seu povo a uma nova terra, diferentemente de muitos que murmuraram e duvidaram.

Esse relato bíblico nos convida a refletir sobre nossa própria jornada. Diante dos desafios, qual tem sido nossa postura? Murmuração e rebeldia, ou gratidão e lealdade? A história de Josué e Calebe nos mostra que a fé traz para a realidade o que parecia inalcançável. Adotar uma postura de fé e manter uma vida de fidelidade a Deus são chaves para acessar as promessas.

Desde que aceitei Cristo, tenho testemunhado o cumprimento de inúmeras promessas em minha vida. É essencial entender que as promessas de Deus são para todos os que o amam e se refugiam nele. Por isso, devemos permanecer fiéis em nossa caminhada, porque em Salmos 34.8 está escrito: ***"Provem, e vejam como o Senhor é bom [...]"***. A partir de hoje, não se deixe levar pelas circunstâncias e não permita que a impaciência o leve à murmuração, porque no tempo certo as promessas se cumprirão. Simplesmente creia!

A murmuração é a sepultura das promessas.

@juniorrostirola

365 DEVOCIONAL
204/365

LEITURA BÍBLICA
NEEMIAS 4

PALAVRA-CHAVE
#PROMESSAS

ANOTAÇÕES

UM LEGADO DE AMOR

café com Deus pai

Um pouco antes da festa da Páscoa, sabendo Jesus que havia chegado o tempo em que deixaria este mundo e iria para o Pai, tendo amado os seus que estavam no mundo, amou-os até o fim

JOÃO 13.1

Ninguém amou como Jesus, ninguém morreu como Jesus, ninguém ressuscitou como Jesus.

@juniorrostirola

DEVOCIONAL 365
205/365

LEITURA BÍBLICA
NEEMIAS 5

PALAVRA-CHAVE
#AMOR

O principal foco do ministério de Jesus foi o amor incondicional. Durante seu tempo aqui na terra, ele quebrou barreiras sociais e culturais e expressou esse amor de diversas maneiras, nos ensinando lições muito valiosas. Em um contexto onde os judeus evitavam os samaritanos, Jesus foi a Samaria e amou aquele povo. Enquanto os ricos menosprezavam os pobres, Jesus os acolhia e alimentava. Mesmo os cobradores de impostos, amplamente odiados, encontravam graça na presença de Jesus. Em meio ao julgamento dos fariseus, ele perdoava, ensinava e acolhia os necessitados. Enquanto a sociedade buscava condenar, Jesus estendia amor e perdão.

Ele agiu dessa forma para nos deixar o exemplo de que é possível vivermos uma vida permeada por este amor prático, e essa é a resposta que o mundo tanto precisa. Se você olhar ao redor, verá como a crítica, o julgamento e a fofoca tem tomado conta das relações entre as pessoas, e esse tipo de comportamento só nos afasta do padrão que Jesus nos ensinou. Diariamente temos a oportunidade de marcar a vida das pessoas ao nosso redor, e se for para deixarmos marcas, que sejam de amor.

Hoje, somos chamados a refletir o amor de Jesus. Em um mundo carente, o amor oferece perdão, graça e restauração. Da mesma forma que Jesus olha e ama cada um de nós, somos chamados para isso. Saiba que o amor é um poder transformador, capaz de trazer mudanças profundas. A partir de hoje, troque as críticas e os julgamentos, e passe a influenciar ambientes através do amor.

ANOTAÇÕES

VOE MAIS ALTO

"Antes de formá-lo no ventre eu o escolhi; antes de você nascer, eu o separei e o designei profeta às nações."

JEREMIAS 1.5

café com Deus pai

Você não está aqui por acaso. Desde o momento em que você foi criado, Deus já sonhava com você. Ele o ama profundamente, e cada momento bom em sua vida reflete o cuidado do Pai. Saiba que ele nunca o abandonou e jamais o fará.

Acredite que Deus reserva surpresas para você. Não importa o que tenha enfrentado até agora, confie e entregue tudo nas mãos de Deus, pois ele sempre sabe o que é melhor. Por mais que você não entenda neste exato momento, depois tudo fará sentido e você entenderá que Deus sempre se fez presente.

Assim como um avião precisa enfrentar ventos contrários para alçar voo, as circunstâncias em nossa vida muitas vezes não vêm para nos destruir, mas para nos impulsionar a um nível mais elevado. Deus está falando ao seu coração, encorajando-o a não desistir diante dos desafios. Mesmo quando os ventos sopram contra você, ele o capacitará a voar cada vez mais alto.

Compreendo como pode ser difícil manter-se animado diante das adversidades. Por muito tempo, os ventos contrários também me desanimaram. Houve momentos, inclusive, em que até duvidei que teria uma família. No entanto, ao reconhecer o plano perfeito que Deus tinha para mim, tudo mudou. Hoje, vivo cada dia pelo poder de Deus. O que parecia impossível se tornou realidade: Deus me deu uma família linda e abençoada. Não permita que nenhum vento forte o derrube ou detenha. O Pai está ao seu lado, pronto para capacitá-lo a voar cada vez mais alto.

Com Deus, é possível chegar aonde sozinho você nunca chegaria.

@juniorrostirola

365 **DEVOCIONAL**
206/365

LEITURA BÍBLICA
SALMOS 82

PALAVRA-CHAVE
#SUPERAÇÃO

ANOTAÇÕES

A VERDADEIRA ESSÊNCIA

Amados, amemo-nos uns aos outros, pois o amor procede de Deus. Aquele que ama é nascido de Deus e conhece a Deus. Quem não ama não conhece a Deus, porque Deus é amor.

1JOÃO 4.7,8

café com Deus Pai

O amor de Jesus nos alcança, e a fé nele nos salva e nos libera para uma vida de comunhão.

@juniorrostirola

DEVOCIONAL 365
207/365

LEITURA BÍBLICA
SALMOS 83

PALAVRA-CHAVE
#COMPARTILHAR

ANOTAÇÕES

O amor é algo extraordinário e essencial em nossa vida. Sem ele, tudo perde o propósito, e a vida, em vez de uma dádiva, se torna um fardo. Uma verdade que não podemos negar é que qualquer sucesso que alcancemos, se for desprovido de amor, é na realidade um fracasso. Muitos creem que devem se esforçar para alcançar a vitória a qualquer custo, ainda que isso signifique agir de maneira desleal ou negligenciar princípios.

É justamente o amor que deve balizar nossas decisões e influenciar positivamente nossas atitudes. Deus Pai nos criou para amar, pois essa é a essência dele, e esse amor deve ser a força propulsora de nossa vida, impulsionando-nos a nos tornar cada dia melhores. O texto que lemos hoje deixa claro que a maior evidência de que alguém conhece a Deus está justamente relacionada a quanto ela ama ao Pai e ao seu próximo.

Sem amor, estamos à deriva, distantes da presença de Deus, pois é no amor que experimentamos a verdadeira manifestação de seu poder. O convite para amar a quem nos amou primeiro é um chamado a uma vida plena, e justamente o que destrava o propósito de nossa vida, pois nos move em direção ao cumprimento de cada promessa de Deus.

A partir de hoje, saiba que você, além de ser muito amado pelo Pai, foi chamado para amar. É compartilhando amor que descobrimos a real essência da vida e de nós mesmos. Ame com a profundidade e a intensidade com que fomos amados por Deus e veja como o mundo ao seu redor se transforma, refletindo a luz desse amor eterno e incondicional.

DIAS MELHORES

Então ele me disse: "Filho do homem, estes ossos são toda a nação de Israel. Eles dizem: 'Nossos ossos se secaram e nossa esperança desvaneceu-se; [...] Assim diz o Soberano, o SENHOR: [...] trarei vocês de volta à terra de Israel".

EZEQUIEL 37.11,12

Estamos mergulhados em um período marcado pela desesperança, em que muitos sonhos se desfizeram e expectativas se dissiparam. Os dias se tornaram um desafio para muitos, com crises econômicas, altas taxas de desemprego, guerras e uma instabilidade global que ameaça a segurança de todos.

Diante desse horizonte incerto, é fácil sucumbir à estagnação e à falta de progresso. O caminho para o qual muitos olhavam com esperança se revelou uma ilusão, deixando apenas um rastro de desilusão e desapontamento. Muitos abandonaram seus sonhos, deixando-se levar pelas circunstâncias. O medo paralisa suas escolhas, impedindo-os de viver plenamente.

Sentimo-nos seguros quando nossas necessidades de proteção, provisão e identidade são atendidas. Mas, quando essas necessidades são ameaçadas pela escassez e não são supridas, ficamos perdidos, sem saber quem somos ou como agir, e nossa fé é abalada. Talvez você esteja passando exatamente por isto: perdeu a esperança, o desânimo penetrou em seu coração, tudo ao seu redor perdeu o sentido, a própria vida perdeu a graça.

Como filhos de um Pai amoroso, precisamos compreender que nossa fonte não está neste mundo, mas sim nele. Se o Senhor se agradar de nós, é certo que venceremos! Portanto, não tema os tempos difíceis e as circunstâncias desoladoras, pois o Senhor é capaz de transformar qualquer realidade e o guiar em um caminho seguro onde há esperança, alegria, paz, segurança, perdão, renovo, coragem, força e ânimo para prosseguir.

café com Deus pai

Não há dia sombrio que perdure para quem está em Deus.

@juniorrostirola

365 DEVOCIONAL
208/365

LEITURA BÍBLICA
SALMOS 84

PALAVRA-CHAVE
#ESPERANÇA

ANOTAÇÕES

FORÇAS PARA CONTINUAR

E continuou: "Seja forte e corajoso e faça o trabalho. Não tenha medo nem desanime, pois o Senhor Deus, meu Deus, está com você. Ele não o deixará nem o abandonará durante toda a construção do templo do SENHOR.

1CRÔNICAS 28.20, NVT

café com Deus pai

A mudança de que precisamos começa por nós mesmos.

@juniorrostirola

DEVOCIONAL 365
209/365

LEITURA BÍBLICA †
NEEMIAS 6

PALAVRA-CHAVE
#DEDICAÇÃO

ANOTAÇÕES

Encarar a segunda-feira é visto como um desafio para muitos, quase uma síndrome de resistência ao início da semana. Entretanto, ao observarmos a passagem que lemos no dia de hoje, vemos Davi incentivando Salomão a encarar com coragem o trabalho designado por Deus. Davi recebeu detalhes precisos sobre a construção do templo, mas era Salomão quem executaria a obra. O trabalho não é uma maldição; pelo contrário, é uma fonte necessária de sustento e provisão.

Davi empodera seu filho com palavras de incentivo, transmitindo-lhe as orientações que Deus lhe dera, assegurando que o Pai estaria presente em toda a construção. Ao enfrentar suas atividades diárias, saiba que não se trata apenas do que fazemos, mas de honrar a Deus com aquilo que ele confiou a nós. Independentemente de onde você trabalhe ou do que faça, a Bíblia em Colossenses 3.23 diz: ***"Tudo o que fizerem, façam de todo o coração, como para o Senhor, não para os homens".***

A construção do templo envolveu não apenas Salomão, mas uma grande equipe, que se dedicou e trabalhou incansavelmente. Na vida, sempre precisamos de ajuda para realizar tarefas, desde as mais simples até as mais complexas. Por isso, gosto de uma frase que diz que ninguém faz nada grande sozinho; se faz, não é verdadeiramente grande.

Entenda que Deus confiou a você todo o necessário para realizar grandes coisas, porque tudo o que você faz é para ele. Tenha força, coragem e vigor para enfrentar um dia de cada vez, pois, por causa da sua dedicação, Deus Pai terá grande orgulho de você. Vamos juntos fazer uma semana extraordinária?

ELE CAMINHA COM VOCÊ

Venham a mim, todos os que estão cansados e sobrecarregados, e eu lhes darei descanso.

MATEUS 11.28

Muitas vezes temos dias cansativos, não é verdade? Seja pela correria, pelos muitos compromissos ou porque as coisas não saem conforme o planejado. Além de tudo isso, ao chegar em casa, os noticiários acabam nos carregando com notícias ruins que acabam nos afetando ainda mais. E nesse turbilhão de tantas coisas indesejáveis sem que possamos fazer algo para impedir, temos a sensação de estarmos com as mãos atadas.

Deixa eu te dizer algo: se tudo isso faz sentido para você, não se deixe vencer. Eu tenho uma boa notícia! Jesus te convida hoje a se aproximar dele e lançar aos seus pés todas as suas frustrações e cansaço para então receber alívio e descanso. Ouça o sussurro dele aos seus ouvidos te dizendo: ***"Venha a mim, você que está cansado e sobrecarregado, e eu lhe darei descanso."***.

Jesus ama cada um de nós e está sempre disponível para nos envolver nos seus braços, mas o grande problema é que muitas vezes queremos resolver tudo sozinhos, navegar contra os ventos contrários com a força do nosso braço, e por isso acabamos nos cansando e perdendo as forças.

Talvez até hoje você tenha agido dessa forma diante dos problemas em sua volta, seja na sua família, finanças, ou até mesmo na saúde tanto física quanto emocional, mas a partir de hoje se posicione, e saiba que você não precisa mais carregar todo esse peso. Jesus está ao seu lado, te convidando para caminhar com ele, pois ele tem uma nova direção para sua vida, onde você encontrará cura, leveza e paz.

Em Jesus você transforma sua dor em seu maior testemunho.

@juniorrostirola

365 DEVOCIONAL
210/365

LEITURA BÍBLICA
NEEMIAS 7

PALAVRA-CHAVE
#ALÍVIO

ANOTAÇÕES

AMIZADES QUE TRANSFORMAM

café com Deus pai

Não se deixem enganar: "As más companhias corrompem os bons costumes".

1CORÍNTIOS 15.33

Há pessoas que não estão prontas para caminhar ao seu lado.

@juniorrostirola

DEVOCIONAL 365
211/365

LEITURA BÍBLICA
NEEMIAS 8

PALAVRA-CHAVE
#MENTALIDADE

ANOTAÇÕES

Não estamos destinados a viver uma vida marcada por queixas, murmuração, rebeldia, agressividade ou desordem. Essas atitudes, longe de resolver problemas, apenas os ampliam. É essencial, portanto, nos distanciarmos desses comportamentos e não nos deixar levar por pessoas que agem assim, pois somos facilmente influenciados pelo meio em que vivemos.

Quando estamos cercados por pessoas impacientes e murmuradoras, seja no trabalho, seja na escola ou universidade, seja no círculo de amigos, enfim, precisamos estar atentos, pois, quando menos esperamos, estamos reproduzindo comportamentos negativos sem perceber. Mas o contrário também é verdadeiro: quando nos cercamos de pessoas cheias de fé e amor, tornamo-nos melhores.

Não há como avançar na vida ou ser próspero se possuímos uma mentalidade negativa e sem fé; logo, percebo que nossas amizades dizem muito a respeito de aonde queremos chegar. A vida é repleta de altos e baixos, e é normal passar por situações que nos levam ao nosso limite, mas o fato é que, quando estamos cercados de boas pessoas, tudo fica mais leve. Costumo dizer que, se você quer ir rápido a algum lugar, vá sozinho; mas, se deseja chegar longe, você precisa estar acompanhado.

Deus tem uma vida frutífera para você, mas, para alcançá-la, é preciso estar cercado de pessoas de fé, com uma mentalidade próspera. Convido você a avaliar os ambientes que frequenta e as suas amizades e, se necessário for, tomar decisões a fim de se afastar daquilo que o impede de ver e viver os sonhos de Deus para a sua vida. Cerque-se de pessoas cheias do Espírito Santo, porque assim você progredirá dia após dia.

UM CORAÇÃO DOADOR

"Aqui está um rapaz com cinco pães de cevada e dois peixinhos, mas o que é isto para tanta gente?" Disse Jesus: "Mandem o povo assentar-se". Havia muita grama naquele lugar, e todos se assentaram. Eram cerca de cinco mil homens.

JOÃO 6.9,10

café com Deus pai

Com cinco pães e dois peixes, Jesus realizou o extraordinário: alimentou uma multidão de cerca de cinco mil homens. Dois elementos tornaram esse milagre possível: a presença de Jesus na multidão e a confiança de um rapaz, que entregou a ele o pouco que tinha em suas mãos.

Compartilhar o que temos com Jesus vai além da generosidade; pode desencadear um milagre grandioso. Muitos duvidam, mas o pouco que oferecemos a Jesus pode transformar-se em uma bênção que alcança muitos. Ao entregar o pouco que possuía, o rapaz demonstrou que, diante da multidão faminta, sua pequena oferta tornou-se abundante. Sua generosidade supriu as necessidades de muitos, pois ele poderia ter agido de maneira diferente, ocultando o que possuía para se alimentar em segredo, mas resolveu ser generoso e participar do milagre.

A lição valiosa desse jovem é que pessoas avarentas perdem a visão do poder multiplicador de Deus. Portanto, cuide do que tem nas mãos e esteja disposto a compartilhar tudo com Jesus, mesmo que pareça insignificante aos seus olhos, pois para ele pode ser o suficiente.

Em sua vida, você tem exercido a generosidade? Em Provérbios 11.25, está escrito: ***"O generoso prosperará; quem dá alívio aos outros, alívio receberá".*** O rapaz viu sua simples e sincera atitude alimentar milhares de pessoas, compartilhando graça, abundância e provisão. Por isso, convido você a seguir o exemplo dele: não retenha, mas compartilhe, pois assim você refletirá o coração de Jesus.

O generoso vivencia o milagre da multiplicação a cada partir do pão.

@juniorrostirola

365 **DEVOCIONAL**
212/365

LEITURA BÍBLICA
NEEMIAS 9

PALAVRA-CHAVE
#GENEROSIDADE

ANOTAÇÕES

café com Deus pai

QUANDO **SABEMOS** QUEM SOMOS, SOMOS QUEM **NASCEMOS** PARA **SER**.

@juniorrostirola

Assista ao vídeo com a palavra e oração para este mês.

agosto

café com Deus pai

ALÉM DAS CIRCUNSTÂNCIAS

Como é feliz aquele cujo auxílio é o Deus de Jacó, cuja esperança está no SENHOR, no seu Deus, que fez os céus e a terra, o mar e tudo o que neles há, e que mantém a sua fidelidade para sempre!

SALMOS 146.5,6

café com Deus Pai

Estamos enfrentando diversas instabilidades mundo afora; crises, guerras, divisões, enfim. Tudo isso cria um cenário assustador de incerteza. Por isso, se olharmos para o mundo pelos noticiários, facilmente perderemos as esperanças.

Contudo, a Bíblia nos alerta para não nos conformarmos com este mundo, mas devemos encarar as coisas de outra maneira, segundo a ótica celestial. A perseverança e a coragem para enfrentar a vida, em todos os aspectos, devem ser buscadas com a ajuda de Deus, porque o desânimo e a estagnação não nos conduzirão aonde ele deseja nos levar.

Ainda que as circunstâncias sejam contrárias, a Bíblia é repleta de promessas que em todo tempo podem renovar nossas esperanças, por isso é tão importante refletirmos acerca do que tem tomado nossa atenção. Seu tempo assistindo noticiários a respeito de tragédias e crises tem sido maior do que seu tempo com Deus? Talvez você não perceba, mas somos facilmente influenciados por aquilo que consumimos.

Sua história permanecerá igual se você não mudar as atitudes. Ventos e tempestades são desafiadores, mas estabeleça sua confiança no Senhor. Ele é o único capaz de reacender a esperança em nossos corações.

Não permita que o pessimismo e a desesperança tomem sua mente e paralisem você. Deus Pai nos chama para desenvolvermos uma mente renovada, que é fruto de uma vida entregue a Jesus. Hoje, convido você a tirar os olhos da terra, e voltá-los aos céus, pois as promessas de Deus não dependem de fatores externos para se cumprirem, mas sim de um coração cheio de fé. Esteja disposto a se posicionar e não perca a esperança.

A coisa mais importante da vida não é a situação em que estamos, mas a direção em que nos movemos.

@juniorrostirola

365 DEVOCIONAL
213/365

LEITURA BÍBLICA
SALMOS 85

PALAVRA-CHAVE
#ESPERANÇA

ANOTAÇÕES

AMIGOS QUE IMPULSIONAM

café com Deus pai

Os membros do Conselho Superior ficaram admirados com a coragem de Pedro e de João, pois sabiam que eram homens simples e sem instrução. E reconheceram que eles tinham sido companheiros de Jesus.

ATOS 4.13, NTLH

Não tenha amizades profundas com pessoas rasas em intimidade com Deus.

@juniorrostirola

DEVOCIONAL 365
214/365

LEITURA BÍBLICA
SALMOS 86

PALAVRA-CHAVE
#COMPANHIA

ANOTAÇÕES

No texto que lemos, Pedro e João se encontravam presos, diante dos judeus de alta posição que buscavam explicações a respeito do milagre que havia acontecido pouco tempo antes, em que um homem deficiente fora curado pela oração impetuosa de Pedro, que, junto com João, não se importou com ser perseguido ou encarcerado por pregar o evangelho. Esses eram homens de fé, com convicção firme acerca do seu chamado.

Certamente você conhece o ditado popular que diz: *"Dize-me com quem andas, e eu te direi quem és"*. Ele reflete a mais pura verdade! Isso nos mostra que a influência das companhias que escolhemos em nossa vida é um fator poderoso, capaz de moldar nossas decisões e comportamentos. A convivência com pessoas negativas pode, indiretamente, nos levar a adotar condutas derrotistas. Por outro lado, ao estreitarmos laços com indivíduos de grande fé e ousadia, que demonstram um posicionamento alinhado aos ensinamentos de Cristo, invariavelmente somos influenciados por essas qualidades.

A ousadia e a fé de Pedro e João em anunciar o Reino de Deus e serem instrumentos de cura para o paralítico demonstram como o chamado do Pai se manifestava por meio de suas ações e palavras. O mesmo se aplica a nós: Deus nos usa na medida em que nos colocamos à disposição, em amor, entrega e devoção a ele.

Refletindo sobre suas companhias, questione-se: você está cercado por pessoas que o empoderam e promovem seu crescimento? Saiba que caminhar ao lado daqueles que possuem ousadia e fé pode ser o impulso necessário para vivermos um novo nível em Deus.

SOB OS CUIDADOS DO PAI

"Mas o pai disse aos seus servos: 'Depressa! Tragam a melhor roupa e vistam nele. Coloquem um anel em seu dedo e calçados em seus pés'."

LUCAS 15.22

café com Deus Pai

A parábola do filho pródigo nos traz diversos ensinamentos e reflexões. Algo que me chama a atenção é refletir sobre a jornada dos filhos de Deus que se afastam da presença do Pai. Essa parábola fala a respeito não apenas dos que se encontram distantes, mas também daqueles que, embora presentes, vivem na casa, mas sem uma conexão significativa com o Pai.

Essa história contada por Jesus fala profundamente a mim, pois minha história foi marcada por anos de orfandade. Após ter um encontro com Deus Pai, percebi que não estava sozinho, mas que a decisão de permanecer em casa, debaixo da proteção e do cuidado do Pai, era totalmente minha.

Assim como eu, muitos nesta geração experimentam a sensação de viver *"sem pai"*, seja de maneira literal, seja como órfãos de pai vivo. Essa ausência cria vulnerabilidade nas estruturas familiares. Somente Deus pode resolver os desafios emocionais e espirituais decorrentes da ausência paterna. Ao entender e praticar essa verdade, alicerçando minha vida em Deus Pai, experimentei restauração em todas as áreas. Encontrei cura e recebi a capacidade de perdoar meu pai biológico.

Talvez você tenha estado distante de Deus Pai, seja por nunca ter procurado um relacionamento com ele, seja por ter se afastado em algum momento, mas a partir de hoje saiba que ele está de braços abertos para receber você, curando-o de toda ferida que possa existir, suprindo toda falta que possa haver e restaurando tudo aquilo que se perdeu. Só Deus Pai tem a capacidade de preencher qualquer vazio causado pela rejeição e o levar a uma vida plena e satisfeita nele.

Deixe o amor de Deus Pai envolvê-lo, e você sentirá uma liberdade que ninguém mais poderá lhe dar.

@juniorrostirola

365 DEVOCIONAL
215/365

LEITURA BÍBLICA
SALMOS 87

PALAVRA-CHAVE
#PATERNIDADE

ANOTAÇÕES

DÊ LUGAR AO ESPÍRITO SANTO

café com Deus pai

"Quando ficarem irados, não pequem". Não permitam que o sol se ponha enquanto durar a ira de vocês e não deem lugar ao Diabo.

EFÉSIOS 4.26,27

Toda palavra dita sem amor perde a razão.

@juniorrostirola

DEVOCIONAL 365
216/365

LEITURA BÍBLICA
NEEMIAS 10

PALAVRA-CHAVE
#HARMONIA

ANOTAÇÕES

No turbilhão do dia a dia, a urgência, a pressão e a pressa que estão sobre nossos ombros podem acabar se acumulando cada vez mais, deixando tarefas pendentes e situações a resolver. Em meio a tudo isso, basta uma pequena faísca para tudo explodir e acabarmos saindo do controle, sucumbindo à ansiedade e ao estresse, dando então lugar à ira. Talvez você tenha se identificado com isso, e episódios como esse sejam comuns em sua vida, contudo isso acende um sinal de alerta.

A falta de consciência sobre os perigos da ira resulta em situações nas quais pessoas, em poucos segundos, saem de uma condição aparentemente pacífica para a prática de atos lamentáveis e descontrolados. Discussões triviais ou pequenos incidentes de trabalho ou familiares podem se transformar em guerras e levar a atos graves, que não são facilmente solucionados.

Não podemos voltar atrás com palavras já lançadas, diferentemente da internet, em que você pode apagar uma postagem ou comentário após refletir melhor. No dia a dia, uma palavra proferida pode abalar profundamente a vida de alguém. Podemos optar por ceder à ira ou escolher rejeitar esse caminho.

A única forma de vencer diariamente esse sentimento é não carregarmos pesos. Para isso, precisamos lançar o fardo do dia a dia sobre Jesus. É com ele que devemos desabafar e pedir direcionamento e capacidade para lidar melhor com as circunstâncias. Permita que ele transforme seu coração, para que a luz de Deus dissipe toda sombra dos maus sentimentos, trazendo paz e harmonia ao seu coração.

USE BEM AS PALAVRAS

[...] Pois a boca fala do que está cheio o coração. O homem bom, do seu bom tesouro, tira coisas boas, e o homem mau, do seu mau tesouro, tira coisas más.

MATEUS 12.34,35

café com Deus pai

Assim como um bom perfume pode ser facilmente contaminado e até mesmo inutilizado pelo simples fato de uma pequena mosca cair nele, afetando todo o odor, grandes batalhas podem ser facilmente perdidas por falta de sabedoria. Muitas vezes, simplesmente por não sermos cuidadosos com o que falamos para outras pessoas, acabamos destruindo relacionamentos.

Basta uma palavra de carinho para fazer alguém gostar ainda mais de você, mas o contrário também é verdade; uma palavra mal colocada é suficiente para que pessoas que amamos sejam profundamente feridas e passem a viver magoadas e ressentidas conosco.

Por essa razão, devemos cuidar do nosso coração, porque nossa boca fala daquilo que há em nosso interior. Não fomos chamados por Deus para a destruição de relacionamentos, mas para a restauração, e é por esse motivo que Jesus nos diz em Mateus 5.13,14 que devemos ser sal na terra e luz no mundo. Assim, sabendo que não somos perfeitos, precisamos buscar sabedoria e humildade. Pessoas sábias perdoam, pois sabem que esse ato abre portas para novos começos em Deus. Não sei você, mas eu constantemente busco sabedoria para que o Pai use minhas palavras para edificar vidas, além de buscar lidar de maneira prudente com afirmações contrárias.

A partir de hoje, reflita: você tem utilizado suas palavras para abençoar, ou amaldiçoar? Reclamações, críticas e ofensas devem ser substituídas por palavras de edificação, transformação, fé, bênção e otimismo, mas para isso, encha seu coração dessas coisas. Pois isso fará bem não apenas para você, como para todos ao seu redor, e você será um canal de bênçãos na vida de muitos.

O homem de coração bom sempre libera boas palavras.

@juniorrostirola

365 DEVOCIONAL
217/365

LEITURA BÍBLICA
NEEMIAS 11

PALAVRA-CHAVE
#ABENÇOAR

ANOTAÇÕES

IDENTIDADE RESTAURADA

O Senhor cumprirá o seu propósito para comigo! Teu amor, SENHOR, permanece para sempre; não abandones as obras das tuas mãos!

SALMOS 138.8

café com Deus pai

Descobrir a sua identidade em Deus o fará agir com base em quem você é, não pelas suas circunstâncias.

@juniorrostirola

DEVOCIONAL 365
218/365

LEITURA BÍBLICA
NEEMIAS 12

PALAVRA-CHAVE
#IDENTIDADE

ANOTAÇÕES

Às vezes, nossa baixa autoestima nos leva a adotar uma postura aparentemente superior, como um mecanismo inconsciente de defesa que busca compensar uma sensação de inadequação interna. Esse exagero na forma como nos apresentamos é, na verdade, um grito silencioso de um vazio, uma tentativa de esconder nossa fragilidade e de provar nosso valor. Mas o que muitas vezes esquecemos é que, por trás de cada excesso, há uma carência, um sinal de que estamos distantes de reconhecer e abraçar nosso verdadeiro eu.

Cada um de nós possui um propósito único desenhado por Deus, que vai além de simplesmente nascer, crescer, envelhecer e morrer. Você só descobrirá seu propósito em Deus, que vai além de qualquer sonho ou aspiração pessoal. Esse propósito é muito maior do que podemos imaginar.

A baixa autoestima costuma estar ligada a problemas de identidade. Quando não sabemos quem somos, acabamos nos rendendo às opiniões alheias, e nossa vida passa a se reduzir a uma prisão de aparências, submetendo-nos a muitas coisas que apenas mancham ainda mais nossa verdadeira imagem. Mas saiba que em Deus há um caminho de restauração e cura.

Quando você se reconhece como um filho de Deus, abre sua vida para um novo sentido e propósito. Suas decisões passam a ser tomadas para agradar ao Pai, não às expectativas alheias. Você entende que não precisa provar seu valor para ninguém, pois Deus o conhece profundamente. Por isso, convido você a reconhecer sua verdadeira identidade de filho, pois assim você alcançará a cura para a sua alma e viverá plenamente seu destino em Deus.

SAIBA QUEM VOCÊ É

O homem respondeu: "Quem o nomeou líder e juiz sobre nós? Quer matar-me como matou o egípcio?" Moisés teve medo e pensou: "Com certeza tudo já foi descoberto!"

ÊXODO 2.14

café com Deus Pai

Moisés foi escolhido por Deus para tirar os israelitas da opressão no Egito. Quando ele começa a agir por impulso, faz a coisa certa do jeito errado, pois, ao defender um escravo hebreu, matou o agressor egípcio. A intenção de agir em favor do seu povo era nobre, mas não o método empregado. Posteriormente, ao apartar uma briga entre dois homens, Moisés foi questionado acerca da legitimidade de seu papel como líder. E, confrontado por seu delito, fugiu.

Moisés teve medo de viver o propósito para o qual foi designado, sentiu-se paralisado e não conseguiu agir com base na identidade que lhe foi dada por Deus. Quando você não tem sua identidade firmada no Pai, permite que o medo assuma o controle e as circunstâncias o intimidem. Os obstáculos e o futuro lhe parecem aterrorizantes e, por não conhecer a você mesmo, acaba acreditando que não vai conseguir. Compreenda que você tem um potencial gigantesco concedido por Deus para realizar os propósitos dele. Assim como o improvável Moisés posteriormente liderou e libertou o seu povo, você também foi criado para realizar grandes coisas quando enxerga o seu propósito e anda de acordo com ele.

Durante muitos anos, eu não conhecia meu propósito, por isso andava em crise e sem perspectiva, mas, a partir do momento em que encontrei minha verdadeira identidade em Deus, pude operar com base no que o Pai me criou para ser.

Não dê mais um só passo sem conhecer sua verdadeira identidade de filho, porque Deus Pai tem um propósito incrível para a sua vida. Não é sobre o que você fez um dia, mas sim sobre quem você será amanhã. Não perca mais tempo, saiba quem você é e viva o que você jamais imaginou.

Quando sabemos quem somos, somos quem nascemos para ser.

@juniorrostirola

365 **DEVOCIONAL**
219/365

✝ **LEITURA BÍBLICA**
NEEMIAS 13

PALAVRA-CHAVE
#POTENCIAL

ANOTAÇÕES

A OBEDIÊNCIA GERA O MILAGRE

Pois assim diz o SENHOR, o Deus de Israel: "A farinha na vasilha não se acabará e o azeite na botija não se secará até o dia em que o Senhor fizer chover sobre a terra".

1REIS 17.14

Para quem tem fé em Deus, o impossível é temporário.

@juniorrostirola

DEVOCIONAL 365
220/365

LEITURA BÍBLICA
SALMOS 88

PALAVRA-CHAVE
#OBEDECER

Em nossa vida, por vezes atravessamos desertos tão áridos que, ao olhar para trás, nos perguntamos como conseguimos superá-los. Esses momentos de dificuldade destacam a indispensável presença de Deus ao nosso lado.

A narrativa da viúva de Sarepta, tal como nos é apresentada nessa passagem, é um testemunho poderoso dessa verdade. Em meio a uma fome devastadora, ela se viu diante de um pedido inconcebível: oferecer sua última refeição, composta apenas de um punhado de farinha e um pouco de azeite, ao profeta Elias. Esse ato de fé desafia nossa compreensão, mas ressalta uma lição vital: Deus opera milagres com o pouco que temos em mãos, se agirmos em obediência e confiança.

Essa história nos convida a uma reflexão profunda sobre a natureza da provisão e da fé. Frequentemente, fixamos nosso olhar no que nos falta, perdendo de vista os recursos já presentes em nossa vida. Esse olhar pode nos desviar do essencial, fazendo-nos esquecer que, muitas vezes, o que é necessário para o milagre já se encontra ao nosso alcance.

O desafio de confiar, mesmo quando tudo parece escasso, revela que nossa fidelidade e dependência de Deus são fortalecidas nos momentos de aparente desolação. Portanto, antes de desejar o que está além, vale a pena olhar ao redor e reconhecer o que já temos. Deus pede o que está em nossas mãos, não porque é pouco, mas porque é suficiente para ele realizar o extraordinário. Saiba que o que define seu milagre não é a quantidade que você tem em mãos, mas sim a fé no Deus que tudo pode.

ANOTAÇÕES

DEPOIS DA TEMPESTADE

E a esperança não nos decepciona, porque Deus derramou seu amor em nossos corações, por meio do Espírito Santo que ele nos concedeu.

ROMANOS 5.5

café com Deus pai

Você já experimentou a sensação de se frustrar diante de uma situação em que grandes expectativas foram geradas e, no momento em que você deveria estar comemorando, acaba se vendo em um beco sem saída?

Em setembro de 2023, meu filho se casou, e ele me surpreendeu com a decisão de me escolher para celebrar a cerimônia. Eu lhe respondi que tenho tantos amigos pastores que poderiam realizar a celebração, mas ele insistiu em que fosse eu. Imagine só a emoção: após passar tudo que passei, poder não só ver meu filho se casar, como também oficiar a cerimônia. O local escolhido foi uma antiga vinícola no Rio Grande do Sul, mas, para a nossa surpresa, chovia muito no campo onde seria a cerimônia e fazia frio.

Chegou a hora do casamento, e os convidados se aglomeravam para se abrigar, pois a chuva não dava trégua. Após duas horas esperando, me desesperei, olhei por uma janela e comecei a orar, dizendo: *"Pai! Faça algo, por favor! É o meu filho que está se casando, e nós esperamos tanto por este momento!"*. E Deus me respondeu: "Filho, estou no controle de todas as coisas e quero lembrar a você que 130 anos atrás o seu bisavô veio morar nesta terra, e eu trouxe você e o seu filho aqui no mesmo lugar para reescrever sua história, pois nunca mais haverá um viciado ou um violento em sua descendência". Minutos depois, a chuva cessou, e o meu filho estava se casando.

Pude aprender que, por mais que tudo pareça sem solução, em Deus é possível reconstruir. Pode ser que o seu horizonte esteja fechado e pareça o fim, mas lembre-se: ele é o único capaz de ressignificar não apenas sua trajetória, mas a de toda a sua descendência.

Em Deus não há o que não possa ser ressignificado.

@juniorrostirola

365 **DEVOCIONAL**
221/365

LEITURA BÍBLICA
SALMOS 89

PALAVRA-CHAVE
#ESPERANÇA

ANOTAÇÕES

ELE GUIA OS SEUS PASSOS

Mas aqueles que esperam no SENHOR renovam as suas forças. Voam alto como as águias; correm e não ficam exaustos, andam e não se cansam.

ISAÍAS 40.31

café com Deus Pai

Não tente vencer pela força de seu braço, mas sim pela sua confiança no Pai.

@juniorrostirola

DEVOCIONAL 365
222/365

LEITURA BÍBLICA
SALMOS 90

PALAVRA-CHAVE
#DIREÇÃO

ANOTAÇÕES

Nos dias tumultuados em que vivemos, é comum já acordarmos cansados, com uma fadiga persistente, como se a luta que travamos contra o tempo já começasse logo cedo. Mesmo com horas de sono, a sensação de desgaste persiste, indicando que talvez estejamos direcionando nossas energias para prioridades erradas.

É como empurrar uma parede: por maior força que façamos, ela permanece imóvel. Esse obstáculo reflete que nossos esforços podem estar focados em caminhos que talvez não sejam os mais adequados para nós, seja por falta de preparo, seja por não estarmos alinhados com a vontade de Deus. É muito importante percebermos isso.

A Bíblia diz que podemos até fazer planos, mas a resposta certa sempre vem do Pai. Muitas vezes, os sonhos dele são diferentes, e precisamos nos submeter a reavaliar nossa rota e passar a trilhar o caminho que Deus tem preparado para nós. Por experiência, lhe digo: sempre vale a pena seguir a vontade do Pai, porque, no fim, ele sempre nos surpreende e faz infinitamente mais do que pedimos ou pensamos.

Você sabe para qual direção está caminhando? Em meio à correria do dia a dia, não é incomum estarmos no modo automático. Quando isso acontece, podemos estar indo na direção contrária à vontade de Deus, e não há nada mais perigoso. Saiba que Deus Pai caminha ao seu lado e renova suas forças a cada amanhecer, mas é essencial nos mantermos conectados a ele, pois ele deseja guiar nossos passos e nos conduzir em direção à sua vontade, que é boa, perfeita e agradável.

AS ESTAÇÕES DA VIDA

"eu lhes mandarei chuva na estação certa, e a terra dará a sua colheita e as árvores do campo darão o seu fruto."

LEVÍTICO 26.4

Em alguns lugares do mundo, as estações são muito bem definidas, e, dependendo da época do ano, a população acaba enfrentando um clima de frio rigoroso ou de muito calor. Cada estação reserva suas próprias peculiaridades, e em nossa vida não é diferente.

Compreender isso é muito importante, pois em cada momento da vida Deus Pai está nos preparando para algo novo que virá. Muitas vezes, alguém que você conhece está em uma estação de colheita enquanto você está desenvolvendo raízes para frutificar mais à frente. Nesses momentos, a comparação pode bater à sua porta e fazer que você se sinta esquecido ou injustiçado por Deus, mas isso não é verdade. Entenda que é necessário passar por todos os processos até gerar frutos.

Por isso, jamais compare a sua vida com a das outras pessoas, pois você se encontra exatamente na fase que Deus planejou que você estivesse. Há uma estação e um tempo certo para tudo. Portanto, não tente pular etapas, acelerar os processos ou viver algo que não é para você. Cada um tem o seu próprio tempo e caminho a percorrer; então, viva o seu hoje soprado pelos ventos de Deus em direção a um amanhã melhor, com fé de que o seu tempo de amadurecimento lhe trará uma estação muito frutífera.

Hoje eu o convido a encarar a vida com mais leveza, sabendo que nada foge do controle de Deus. Em todo tempo, dê o seu melhor para agradar ao coração do Pai. Não fique triste se hoje você vive uma estação fria e chuvosa, pois no momento certo o sol voltará a brilhar, devolvendo o colorido das flores para você viver uma nova estação repleta de bênçãos e frutificação.

Permita-se viver o novo, ser renovado em seus pensamentos e edificado para uma nova estação.

@juniorrostirola

365 DEVOCIONAL
223/365

LEITURA BÍBLICA
COLOSSENSES 1

PALAVRA-CHAVE
#FRUTIFICAÇÃO

ANOTAÇÕES

AINDA HÁ UMA SAÍDA

Jesus respondeu:
"O que é impossível para os homens é possível para Deus".
LUCAS 18.27

café com Deus pai

Aprenda a enxergar o impossível no possível de Deus.

@juniorrostirola

DEVOCIONAL 365
224/365

LEITURA BÍBLICA
COLOSSENSES 2

PALAVRA-CHAVE
#ESPERANÇA

ANOTAÇÕES

Vivemos em um tempo em que o vazio existencial e a falta de sentido na vida acometem muitas pessoas. O triste aumento de casos de pessoas que desistem de viver e tomam atitudes irreversíveis é um mal dos tempos modernos. Não acredito que a depressão decorre da falta de Deus na vida, do pecado ou que Deus está longe de quem enfrenta essa batalha. Mas também não estou sugerindo que quem lida com a depressão deve simplesmente se acostumar ou aceitar passivamente essa situação. Acredito, com convicção, que Deus usa a ciência e os profissionais médicos, sim, porém acredito também que aquilo que foge ao alcance da ciência e da capacidade humana está ao alcance de Deus.

Embora na época não se falasse muito em depressão, minhas lembranças da infância são predominantemente tristes, repletas de dias sombrios, onde até a ideia da morte se fazia presente em alguns momentos. Imagine uma criança pensando nisso. Talvez você consiga compreender por ter enfrentado também desafios significativos em sua vida. A boa notícia é que temos um Deus que pode todas as coisas. Ele transformou minha vida e pode fazer o mesmo com você. Ele é a luz que nos conduz a uma vida cheia de esperança e perspectiva. Há um espaço em nosso coração que só pode ser preenchido por ele, e nada neste mundo consegue tomar esse lugar.

Minha oração é que você alcance a cura, que dias melhores venham, que novos horizontes se abram e você volte a sonhar. Estamos juntos. Conte comigo e com as minhas orações!

CRESCENDO EM MEIO À OPOSIÇÃO

Nessa ocasião, o rei Herodes prendeu alguns que pertenciam à igreja, com a intenção de maltratá-los.

ATOS 12.1

café com Deus Pai

Viver na luz é reconhecer que as trevas são inoperantes diante da grandeza de Deus.

@juniorrostirola

365 DEVOCIONAL
225/365

LEITURA BÍBLICA
COLOSSENSES 3

PALAVRA-CHAVE
#CRESCIMENTO

Sempre que nos preparamos para avançar a um outro nível, é natural enfrentarmos oposições ainda mais intensas. Percebo que, quando os ventos da tempestade se intensificam, é sinal de que ela está próxima do fim. Deus permite que as dificuldades venham de maneira ainda mais intensa para nos ensinar, de modo que estejamos preparados para frutificar ainda mais na próxima estação.

No relato de Atos 12, Herodes planejava maltratar e derrotar todos aqueles que se entregavam a Jesus e compartilhavam o evangelho, até mesmo ordenando a morte de Tiago, irmão de João. No entanto, o propósito de Deus Pai prevaleceu. Ele enviou um anjo para libertar Pedro da prisão, e os dias de Herodes terminaram de maneira infeliz.

Em nossa jornada, diante de oposições, é crucial compreender que, quando estamos conectados com Deus, a oposição não nos derruba, mas nos impulsiona para alçarmos voos ainda mais altos em direção ao nosso destino. As dificuldades nos moldam, cooperando para que possamos desfrutar dos milagres de Deus; afinal, não há milagre sem um diagnóstico inicial desfavorável.

Ao se deparar com circunstâncias contrárias, não permita que elas o paralisem, mas lembre-se de que tudo isso acabará cooperando para o seu bem, pois a vontade de Deus em sua vida é superior a qualquer adversidade ou perseguição. Mantenha a conexão com os céus e a intimidade com o Pai; todas as dificuldades que você enfrenta hoje servirão para seu crescimento e amadurecimento amanhã, pois você não enfrenta essas batalhas sozinho, mas tem um Pai que cuida de você.

ANOTAÇÕES

TUA VERDADE

Mostra-me, SENHOR, os teus caminhos, ensina-me as tuas veredas; guia-me com a tua verdade e ensina-me, pois tu és Deus, meu Salvador, e a minha esperança está em ti o tempo todo.

SALMOS 25.4,5

café com Deus Pai

Em Deus Pai, nossa filiação é restaurada e descobrimos o propósito para o qual nascemos.

@juniorrostirola

DEVOCIONAL 365
226/365

LEITURA BÍBLICA
COLOSSENSES 4

PALAVRA-CHAVE
#ROTA

ANOTAÇÕES

Você já se questionou sobre o porquê de suas ações? Parece uma pergunta simples, porém é crucial. Existe um propósito por trás do que você faz? Uma motivação genuína? Cada dia você se levanta, luta, estuda, trabalha — tudo isso por algum objetivo. Qual é a sua verdadeira força motriz? Você precisa ser impulsionado por algo, ter um motivo claro para enfrentar cada dia; caso contrário, apenas sobreviverá, ou pior, deixará ser arrastado pela vida.

Na juventude, repleto de sonhos, entrei na faculdade de Economia com o desejo de ser um gerente bancário. Mas, quanto mais me dedicava a esse objetivo, mais distante ele parecia. Por quê? Porque era meu sonho, não o plano de Deus para mim. No sétimo semestre, prestes a concluir o curso, tranquei a matrícula e decidi estudar Teologia. Movido pelo chamado de Deus, tudo fez sentido. Desde o início dessa nova jornada, tudo foi diferente, pois meus passos estavam alinhados com a vontade daquele que me chamou.

O texto bíblico de hoje ressalta que Deus nos guia por seus caminhos e nos ensina a viver de forma correta. É ele quem nos conduz com retidão e nos mostra o melhor caminho a seguir.

Viva plenamente, buscando a cada dia a vontade de Deus na sua vida, pois só ele tem o poder de revelar o propósito para o qual você nasceu e alinhar seu coração a ele. Quando assim agimos, encontramos uma vida repleta de significado, direção e valor, pois ninguém melhor do que Deus para nos levar a viver uma vida satisfeita. Hoje posso afirmar: eu nasci para aquilo em que me tornei, ou seja, descobri o meu propósito — ajudar pessoas a restaurar a sua identidade de filho por meio de um encontro verdadeiro com Deus Pai. Com o Senhor, cada dia é vivido com alegria e intensidade!

O PODER DAS PALAVRAS

Todos tropeçamos de muitas maneiras. Se alguém não tropeça no falar, tal homem é perfeito, sendo também capaz de dominar todo o seu corpo.

TIAGO 3.2

café com Deus Pai

Palavras têm o poder de definir quem somos e como nos relacionamos com o mundo. Nossa comunicação é o espelho de nossa essência: os extrovertidos falam mais e são comunicativos, enquanto os mais reservados medem muito bem cada palavra antes de proferi-la. É muito importante ponderarmos nossas palavras, pois elas têm poder de levar vida, ou até mesmo morte, tanto de abençoar como de amaldiçoar.

As palavras que escolhemos não apenas refletem nosso caráter, mas também moldam nossas relações e o mundo ao nosso redor, além de expor o que há em nosso coração. Elas carregam um peso que pode ultrapassar o de nossas ações. Permitir que nossas palavras sejam instrumentos do mal é um risco que não podemos correr.

É provável que você já se tenha arrependido de palavras que proferiu em um momento de forte emoção e sabe quão perigoso isso pode ser, afetando relacionamentos, cortando laços ou magoando pessoas que amamos. Mas talvez você também tenha ouvido palavras negativas que causaram feridas em seu coração e que permanecem até hoje. Com isso, percebemos quão importante é refletir acerca daquilo que falamos.

A Bíblia diz que a boca fala do que o coração está cheio. Por isso, é essencial cuidarmos de nossos pensamentos e sentimentos, pois eles serão refletidos por meio de nossas palavras. Quero encorajar você, a partir de hoje, a utilizar suas palavras para levar paz, amor, bênçãos e transformação aos ambientes que você frequentar. Preencha seu coração com as verdades de Deus e, assim, seja um agente de cura. Isso lhe trará inúmeras recompensas.

Você não nasceu para amaldiçoar, mesmo que tenham errado com você.

@juniorrostirola

365 **DEVOCIONAL**
227/365

✝ **LEITURA BÍBLICA**
SALMOS 91

PALAVRA-CHAVE
#ABENÇOAR

ANOTAÇÕES

A MELHOR DECISÃO

"Pois o SENHOR, seu Deus, está com vocês; ele é poderoso e os salvará. Deus ficará contente com vocês e por causa do seu amor lhes dará nova vida. Ele cantará e se alegrará, como se faz num dia de festa."

SOFONIAS 3.17,18, NTLH

café com Deus pai

Quando você vai ao encontro de Jesus, tudo muda.

@juniorrostirola

DEVOCIONAL 365
228/365

LEITURA BÍBLICA
SALMOS 92

PALAVRA-CHAVE
#MUDANÇA

O sentimento de vazio, de que há algo faltando, está no coração de muitas pessoas e as faz se sentirem incompletas, insatisfeitas com sua vida. Com esse sentimento, costumamos iniciar jornadas pela vida em busca de respostas, visando preencher essa lacuna. E é nesse momento que nos deparamos com diversas respostas e possíveis soluções, mas que por fim só aumentam ainda mais o vazio ou nos levam a um buraco ainda mais fundo.

O fato é que essa resposta só pode ser encontrada em Deus, pois ele é nosso Pai e Criador, que nos conhece profundamente e deseja intensamente ter um relacionamento profundo e sincero conosco. Podemos gastar toda a nossa vida atrás de soluções e respostas que até podem nos dar alívio momentâneo e alegria passageira, mas nada neste mundo pode de fato mitigar esse vazio e conceder a verdadeira paz ao nosso coração, a não ser o Senhor.

Nós somos filhos e temos um Pai que nos criou para um lindo propósito. Ele deseja entrar no seu coração e fazer morada, conduzir você a uma vida cheia de amor, paz, alegria e renovo. Ele se revela e se comunica conosco por meio do Espírito Santo e deseja que vivamos uma vida de intimidade e dependência dele.

Para termos acesso a tudo isso, basta aceitar e reconhecer Jesus como nosso Salvador, e a partir daí tudo muda. Essa foi a decisão mais impactante e importante que tomei em minha vida, e hoje convido você a fazer o mesmo, porque o Pai está de braços abertos, pronto para conduzir você a uma nova jornada, onde todo o vazio é preenchido, e a paz é estabelecida.

ANOTAÇÕES

O CAMINHO DA OBEDIÊNCIA

O SENHOR disse a Noé: – Entre na arca, você e toda a sua família, porque reconheço que você tem sido justo diante de mim no meio desta geração.

GÊNESIS 7.1, NAA

café com Deus pai

Na época em que Noé viveu, as pessoas estavam preocupadas somente com os prazeres e a auto-satisfação, mas ele era um homem justo, íntegro e íntimo de Deus. E por isso foi a ele designada uma tarefa muito importante: construir uma grande arca, um projeto que levou muito tempo para ser concluído, e exigiu confiança, recursos e fé na Palavra que Deus havia liberado a ele.

Certamente, durante o tempo de construção, muitas foram as distrações para que ele parasse e se desviasse do pedido que Deus tinha lhe feito. Talvez pessoas tenham se levantado contra aquele plano, e as condições foram se tornando cada vez mais difíceis, mas nenhum fator foi capaz de parar Noé, pois ele tinha uma palavra. Aprendo que andar com Deus é isso, trilhar o caminho da obediência mesmo quando poucos estão dispostos a concordar ou estar ao seu lado, e até mesmo confiar quando aos olhos humanos pode não fazer sentido.

Em minha vida não foi diferente, enfrentei muita oposição, porque sempre fui um sonhador, mas decidi sempre caminhar sobre a Palavra de Deus, e vi coisas extraordinárias acontecerem. O caminho da obediência, contudo, não é o mais fácil, mas sempre é o melhor.

Quantos sonhos você tirou do papel, iniciou, mas acabou não concluindo por dar ouvidos a vozes contrárias? Alinhe seus sonhos com os de Deus, ouça aquilo que ele tem a dizer para você, e caminhe em obediência. Certamente você colherá frutos de suas decisões. A partir de hoje não se preocupe com as opiniões alheias, com as adversidades e, ainda que pareça que os recursos irão faltar, saiba que se Deus falou, ele cumprirá, apenas aplique fé, ouça a voz dele e viva a concretização de tudo aquilo que o Pai lhe prometeu.

Ouvir a voz de Deus sempre será a melhor opção.

@juniorrostirola

365 **DEVOCIONAL**
229/365

† **LEITURA BÍBLICA**
SALMOS 93

PALAVRA-CHAVE
#OUVIR

ANOTAÇÕES

café com Deus pai

AMAR É SERVIR

Dediquem-se uns aos outros com amor fraternal. Prefiram dar honra aos outros mais do que a si próprios.

ROMANOS 12.10

Quando conheci Jesus, uma revelação transformadora surgiu: minha vida não se limitava ao meu próprio ser, mas estava completamente ligada a Deus e as pessoas ao meu redor. Essa descoberta deu um novo significado à minha existência, revelando um propósito que vai muito além de uma vida voltada para mim mesmo, que busca apenas a satisfação das próprias necessidades, sendo esse um erro em que muitos incorrem, enganados por mentiras.

É essencial compreender que a vida não gira em torno de nós mesmos, e nosso propósito sempre está atrelado a abençoarmos outras pessoas. Todos os projetos que Deus tem confiado a mim tem um propósito muito claro de abençoar vidas. Não é sobre mim, mas a respeito de levar o amor dele para que muitos sejam transformados.

Quando buscamos apenas satisfazer nossas próprias vontades, acabamos alimentando o egoísmo, o orgulho, enfim, os piores sentimentos acabam vindo à tona. Por isso, é essencial nos lembrarmos constantemente de que a verdadeira alegria e satisfação estão em abençoar e servir. A Bíblia, em Mateus 20.28, diz que o próprio Jesus não veio à terra para ser servido, mas para servir e dar a sua vida em resgate por muitos.

A verdadeira prosperidade nesta vida não está associada a quantos bens acumulamos, mas no quanto amamos e servimos às pessoas, e nosso real propósito obrigatoriamente passa por esses fatores. Talvez isso soe surpreendente para você, mas, para descobrirmos o propósito de nossa existência, em vez de olhar para dentro, precisamos olhar para Deus e para o próximo, pois no amor e no serviço é que descobrimos a verdadeira beleza da vida.

Servir ao próximo nos torna mais parecidos com Jesus.

@juniorrostirola

DEVOCIONAL 365
230/365

LEITURA BÍBLICA †
1TIMÓTEO 1

PALAVRA-CHAVE
#SERVIR

ANOTAÇÕES

NÃO VIVA PELAS CRÍTICAS

José é uma árvore frutífera, árvore frutífera à beira de uma fonte, cujos galhos passam por cima do muro.

GÊNESIS 49.22

Talvez você já tenha ouvido o dito popular: *"Prego que se destaca leva martelada"*. Essa frase me faz lembrar que sempre que Deus nos levanta para algo grande, naturalmente as críticas aparecem. Algumas são realmente construtivas, já outras buscam apenas nos destruir e desestimular, é necessário discernimento e maturidade para saber diferenciar, e não permitir que palavras negativas ganhem lugar em nosso coração.

A vida de José nos mostra essa realidade. Sem saber quão grande era o propósito de Deus, ele enfrentou a inveja e o ódio em sua própria família, mas isso nunca foi motivo para desistir daquilo que Deus tinha em sua vida.

Conta a história que José ainda muito jovem, foi vendido como escravo por vinte peças de prata pelos seus irmãos, para uma companhia de mercadores ismaelitas. Como se isso não bastasse, ele foi levado para o Egito e vendido a Potifar, o oficial do Faraó. Quando tudo parecia estar bem e José passou a conquistar a confiança de seu superior, ele foi acusado de assédio pela esposa de Potifar, e foi injustamente condenado e preso. Embora tenha passado por todos esses sofrimentos, permaneceu focado e confiante no que Deus tinha sonhado para sua vida. Anos depois, por perseverar, Deus o honrou, tornando-o o segundo homem mais importante de todo o Egito.

Saiba que assim como José, é necessário permanecer no propósito de Deus para viver as promessas. Talvez tudo ao seu redor tem feito você desanimar e até pensar em desistir, mas não se preocupe, se você decidir caminhar com Deus, ele tem promessas para sua vida e é fiel para cumprir com cada uma delas. Persevere, por mais que o processo seja difícil, ele sempre lhe tornará melhor e mais forte.

Os críticos serão espectadores das bênçãos de Deus em nossa vida.

@juniorrostirola

365 **DEVOCIONAL**
231/365

LEITURA BÍBLICA
1 TIMÓTEO 2

PALAVRA-CHAVE
#PERSEVERANÇA

ANOTAÇÕES

DÊ PASSOS DE FÉ

"Senhor", disse Pedro, "se és tu, manda-me ir ao teu encontro por sobre as águas". "Venha", respondeu ele. Então Pedro saiu do barco, andou sobre a água e foi na direção de Jesus.

MATEUS 14.28,29

café com Deus pai

Com fé, o distante se torna próximo, e o impossível se torna possível.

@juniorrostirola

DEVOCIONAL 365
232/365

LEITURA BÍBLICA †
1TIMÓTEO 3

PALAVRA-CHAVE
#FÉ

ANOTAÇÕES

No evangelho, a narrativa de Pedro saindo do barco para se encontrar com Jesus sobre as águas é um poderoso lembrete de que, embora Jesus nos convide, cabe a nós escolher como responderemos. Pedro ignorou o medo, a dúvida, e colocou o pé na água, pois sabia que a palavra do Senhor não falharia com ele.

Assim como Pedro, nossa tarefa é dar o primeiro passo, porque quem nos manterá de pé sobre as águas é Jesus. Não se engane: uma entrega intermediária não desfrutará de milagres extraordinários. Pedro se pôs em risco, entregou-se completamente e viveu o sobrenatural; entretanto, no instante seguinte, sua fé se abateu, e ele afundou. Isso destaca a importância de sermos constantes na caminhada.

Fique atento, pois o Inimigo tentará abalar sua fé. O plano dele é sempre tirar você do caminho de Jesus. Ele lançará dúvidas em sua mente para que você desista, tirando seu foco do alvo, para que, então, você se perca na caminhada. Preste atenção: Pedro já estava vivendo o milagre, mas, por perder o foco em Jesus e olhar às circunstâncias ao seu redor, começou a afundar. O mais difícil ele já tinha feito, que era sair do barco, mas, ao sentir o vento, começou a afundar. Então, em meio ao desespero, clamou: *"Senhor, salva-me!"*, e imediatamente o Senhor segurou a sua mão e disse-lhe: *"Homem de pequena fé, por que você duvidou?"*.

Assim pode também acontecer com sua vida. Às vezes, você até começou bem sua caminhada com Jesus, mas o foco nas circunstâncias o levou a afundar por causa do medo, do pecado, da falta de confiança. Tudo o que você precisa é clamar a Jesus. Com certeza, ele lhe estenderá as mãos e o trará à superfície em segurança. Não perca seu foco em Jesus!

FUJA DAS TENTAÇÕES

Quando alguém for tentado, jamais deverá dizer: "Estou sendo tentado por Deus". Pois Deus não pode ser tentado pelo mal, e a ninguém tenta. Cada um, porém, é tentado pela sua própria cobiça, sendo por esta arrastado e seduzido.

TIAGO 1.13,14

Existe uma história muito difundida na internet, que fala sobre um sapo que é posto em uma panela com água em um fogão. Quando o fogo é aceso, o anfíbio permanece imóvel, pois ele tenta se adaptar àquela temperatura, enquanto a água esquenta lentamente; mas quando o animal dá por si, já é tarde demais.

Essa história serve de analogia para o caso das tentações em nossa vida. A Bíblia diz que devemos fugir das tentações, e não enfrentá-las. Na história contada, o sapo poderia ter simplesmente pulado para fora da panela, mas foi se condicionando a temperatura da água, até que por fim foi vencido por ela.

Nossa inércia em relação às tentações nos levará lentamente a ceder ao erro que insistentemente bate em nossa porta, a ponto de nos acostumarmos e não o vermos mais como algo errado e nos sentirmos confortáveis com aquela situação.

Um exemplo a esse respeito é a casa de tratamento de dependência química de mulheres que temos. Durante os atendimentos realizados, o que fica evidente é que as pessoas acometidas desse mal não se tornaram dependentes do dia para a noite, e nem iniciaram com substâncias pesadas, mas com substâncias leves, de forma aparentemente inofensiva, sempre buscando um escape para aliviar a dor de algum trauma enfrentado.

A partir de hoje, fuja de tudo aquilo que pode lhe afastar de Deus, não abra mão dos sonhos, projetos que ele tem com a sua vida e principalmente de sua salvação. Decida se afastar de situações, pessoas, lugares e hábitos que lhe induzem ao erro, porque se você não for radical com as tentações, elas serão radicais com você.

Não enfrente a tentação. Fuja dela.

@juniorrostirola

365 **DEVOCIONAL**
233/365

LEITURA BÍBLICA
1TIMÓTEO 4

PALAVRA-CHAVE
#DECISÃO

ANOTAÇÕES

ELE NOS QUER POR INTEIRO

"Ninguém põe remendo de pano novo em roupa velha, pois o remendo forçará a roupa, tornando pior o rasgo. Nem se põe vinho novo em vasilhas de couro velhas; [...]. Pelo contrário, põe-se vinho novo em vasilhas de couro novas; e ambos se conservam."

MATEUS 9.16,17

café com Deus Pai

Quem tem Jesus não tem falta de nada.

@juniorrostirola

DEVOCIONAL 365
234/365

LEITURA BÍBLICA
SALMOS 94

PALAVRA-CHAVE
#RENUNCIAR

ANOTAÇÕES

Nos versículos que lemos, Jesus usa uma ilustração muito pertinente. Ele nos ensina que, para viver algo novo, precisamos renunciar a tudo que é velho. Se você colocar um tecido novo em uma roupa velha, logo o novo encolherá e o pano rasgará; da mesma maneira, vasilhas de couro antigas já estão ressecadas, e o processo de fermentação do suco da uva dentro da vasilha fará que ela se arrebente, levando a perda de todo o conteúdo.

Em outras palavras, Jesus está desafiando seus discípulos a compreenderem que em Deus não existe vida pela metade. Ou seja, não faz sentido Deus ficar remendando algo quando ele quer renovar. Não podemos aceitar ter uma vida dupla, ora vivendo-a em obediência ao Pai, ora tendo atitudes completamente contrárias à sua Palavra. Ao agir assim, precisamos entender que cedo ou tarde haverá um rompimento, e poremos coisa a perder.

Quando decidimos por Jesus, abandonamos nossa velha natureza e nos tornamos abertos a viver algo completamente novo. Entenda que é dessa forma que Deus trabalha em nossa vida. Deus quer fazer grandes coisas, mas eu e você precisamos saber que ele nos quer por completo. Em Lucas 9.62, Jesus diz que quem põe a mão no arado não pode olhar para trás, ou seja, ele nos quer por inteiro, de modo que voltar à nossa antiga vida jamais seja uma opção.

Saiba que Deus o sustentará em todo o tempo e tem dado forças a você para vencer toda e qualquer batalha. Não se preocupe, pois ele recompensa grandemente todos aqueles que o buscam. Quando temos Cristo, não precisamos de mais nada.

ESVAZIE-SE

Nada façam por ambição egoísta ou por vaidade, mas humildemente considerem os outros superiores a si mesmos.

FILIPENSES 2.3

café com Deus pai

A humildade é uma característica extraordinária de Jesus. A Bíblia diz que ele rejeitou sua majestade e se esvaziou de si mesmo, para assumir a forma de servo, a ponto de morrer na cruz por nós, demonstrando seu grande amor.

Muitas pessoas desejam viver uma vida plena e, nessa busca, acreditam que encontrarão propósito ao poder desfrutar de prazeres passageiros; carros, casas, viagens, enfim. Coisas que definitivamente não são pecaminosas, mas não podem, em hipótese alguma, serem o grande objetivo de nossa vida. Essas coisas devem nos servir, mas não podemos acabar servindo a elas.

Devemos tomar cuidado, porque pessoas que perdem a humildade perdem também a sensibilidade de servir aos outros. E nossa vida aqui na terra tem mais a ver com servir do que com ser servido, pois foi dessa maneira que Jesus agiu. O mundo precisa de pessoas humildes como ele, capazes de se esvaziarem, não se importando com *status* ou posição, mas sim com o propósito, porque é quando diminuímos que Jesus cresce em nossa vida.

Como está o seu coração? Focado nas coisas terrenas, ou humildemente amando e servindo a Deus e ao próximo? Saiba que, por melhores que sejam as sensações de desfrutar de prazeres terrenos, eles jamais poderão se comparar à alegria de servir ao próximo, manifestando o amor e a graça de Jesus. A partir de hoje, entenda que a humildade é um requisito essencial para vivermos uma vida plena, assemelhando-nos ao nosso Criador.

A humildade não o faz melhor do que ninguém, mas o torna mais parecido com Jesus.

@juniorrostirola

365 **DEVOCIONAL**
235/365

✝ **LEITURA BÍBLICA**
SALMOS 95

PALAVRA-CHAVE
#HUMILDADE

ANOTAÇÕES

UMA FÉ TRANSFORMADORA

café com Deus pai

Um leproso aproximou-se dele e suplicou-lhe de joelhos: "Se quiseres, podes purificar-me!" Cheio de compaixão, Jesus estendeu a mão, tocou nele e disse: "Quero. Seja purificado!"

MARCOS 1.40,41

Tenha fé e declare vitória sobre todos os obstáculos que você terá de enfrentar hoje.

@juniorrostirola

DEVOCIONAL 365
236/365

LEITURA BÍBLICA
SALMOS 96

PALAVRA-CHAVE
#TRANSFORMAÇÃO

ANOTAÇÕES

A história do homem leproso, que encontrou cura em Jesus, é um poderoso exemplo de como a fé pode transformar nossas realidades. O relato bíblico nos mostra que, ao se deparar com Jesus, o leproso não hesitou. Ajoelhando-se, ele fez um simples, mas profundo pedido: *"Se quiseres, podes purificar-me!"*. Essa atitude revela uma fé extraordinária, reconhecendo a autoridade suprema de Jesus.

É interessante notar que o leproso não se prendeu à sua dolorosa realidade. Sua condição era desesperadora e o mantinha socialmente isolado e marcado pela doença. Ele estava mais próximo de uma existência de mera sobrevivência do que de uma vida plena. Humanamente falando, suas chances eram nulas. Mas a fé que ele demonstrou superou as limitações de sua realidade física. Esse homem nos ensina uma lição vital: a transformação que buscamos depende de nossa capacidade de colocar a fé acima de nossas circunstâncias atuais. Ao se prostrar diante de Jesus, ele demonstrou uma total dependência não de si mesmo, mas do poder redentor de Cristo.

Deus está sempre pronto para operar milagres em nossa vida. No entanto, assim como o leproso, devemos compreender que a verdadeira fé transcende nossas realidades imediatas. A fé genuína que ele exibiu tocou profundamente o coração de Jesus, levando-o a agir com compaixão e poder.

Não sei quais desafios você tem enfrentado, mas quero dizer a você que a chave para a transformação está em aplicar fé e se prostrar aos pés de Jesus. Ao agirmos assim, em plena dependência e confiança, abrimos espaço para viver grandes milagres e testemunhar dos grandes feitos do Senhor.

DIREÇÃO

Não esgote suas forças tentando ficar rico; tenha bom senso! As riquezas desaparecem assim que você as contempla; elas criam asas e voam como águias pelo céu.

PROVÉRBIOS 23.4,5

Atualmente, é muito comum as pessoas irem para a internet em busca de alternativas rápidas para mudar de vida, seja para resolver problemas de saúde, seja para resolver problemas estéticos, seja para resolver problemas financeiros. E tudo isso porque os anúncios prometem essa mudança de maneira fácil e rápida, o que acaba por atrair multidões, que ao final se sentem frustradas, pois não recebem aquilo que havia sido prometido.

Isso acontece porque essas pessoas estão focando suas energias e sua fé em algo que não é sustentável, pois de nada adianta ser bem-sucedido em uma área e não ter uma estrutura, uma base forte, para suportar e manter o que se está procurando.

Aprendi que Deus nunca nos entrega tudo de uma só vez; é necessário passar pelo processo, a fim de que possamos amadurecer para receber todas as bênçãos que Deus quer derramar sobre nossa vida. É como, ao iniciar na academia, tentarmos levantar um peso maior do que temos capacidade; vamos acabar nos machucando. Mas, se persistirmos e formos disciplinados, gradativamente ganharemos força e poderemos lidar com pesos ainda maiores.

Entenda que grandes vitórias são conquistadas com pequenos passos e esforços.

Priorize o que realmente vale a pena, não deixe de investir em seus relacionamentos, de valorizar as pessoas que são especiais para você e, acima de tudo, tenha a certeza de que seus planos estejam alinhados com a vontade de Deus, cumprindo o seu propósito aqui na terra. Entenda: de nada adianta ter grandes conquistas, se o propósito não estiver correto. Lembre-se: direção é muito mais importante que velocidade.

Qual é a sua escolha: viver o propósito de Deus na terra ou viver conforme a sua própria vontade?

Sem estar ligado em Deus, você jamais viverá o propósito para o qual nasceu.

@juniorrostirola

365 **DEVOCIONAL**
237/365

LEITURA BÍBLICA
1TIMÓTEO 5

PALAVRA-CHAVE
#SUBMETER

ANOTAÇÕES

ÁGUAS PROFUNDAS

Ó Deus, tu és o meu Deus, eu te busco intensamente; a minha alma tem sede de ti! Todo o meu ser anseia por ti como em uma terra seca, exausta e sem água.

SALMOS 63.1

café com Deus Pai

No profundo com Deus, somos preservados de ouvir os barulhos da vida.

@juniorrostirola

DEVOCIONAL 365
238/365

LEITURA BÍBLICA
1TIMÓTEO 6

PALAVRA-CHAVE
#INTIMIDADE

ANOTAÇÕES

Ao cultivar uma profunda intimidade com Deus, você se abre para ouvir sua voz, mergulha em sua Palavra e se aproxima cada vez mais de seu propósito. Deus, em seu imenso amor, deseja ser mais do que um conceito distante; ele quer ser seu companheiro de jornada, direcionando-o a discernir sua vontade, manifestar seus dons, realizar feitos grandiosos e fazer de você um canal de bênção e transformação no mundo. Esse relacionamento com o Pai não é um mero encontro, mas uma conexão contínua.

À medida que essa relação se aprofunda, sua vida se transforma. Você enfrentará dias desafiadores, sim, mas com uma nova postura, encarando a vida com uma nova mentalidade. Por isso, devemos combater a superficialidade em nosso relacionamento com Deus, pois ela pode acabar nos paralisando e nos impedindo de avançar.

A superficialidade se manifesta de diversas formas, estendendo-se a todas as áreas de nossa vida. Pessoas que vivem no profundo com Deus não se preocupam excessivamente com o que é terreno. A superficialidade se instala quando estamos estagnados, na zona de conforto, sem dar passos em direção a águas mais profundas em nosso relacionamento com o Pai.

Hoje Deus deseja estender um convite especial a você: levá-lo a uma jornada de intimidade tão intensa que você transborde com a sua presença. Imagine a sede que sentimos por um copo de água gelada nos dias escaldantes de verão; é com essa mesma intensidade que somos chamados a buscar um relacionamento com Deus. Saiba que isso está disponível a todos nós, por isso busque, pois você encontrará um tesouro de imensurável valor.

27 | AGO

VIVENDO A ESSÊNCIA

Sejam praticantes da palavra, e não apenas ouvintes, [...]Aquele que ouve a palavra, mas não a põe em prática, é semelhante a um homem que olha a sua face num espelho e, depois de olhar para si mesmo, sai e logo esquece a sua aparência.

TIAGO 1.22-24

A Palavra de Deus é mais do que uma bússola; é o manual da vida que não apenas conhecemos teoricamente, mas aplicamos em nossa jornada diária. A obediência irrestrita à Palavra deve sobrepor rituais, orgulho, opiniões e tradições humanas.

A religiosidade, sutilmente, pode se infiltrar em nossa vida. Sem perceber, podemos nos perder na forma das coisas, negligenciando a essência, a paixão por Jesus e pela Palavra. O apóstolo Tiago nos alerta sobre isso, chamando-nos a atenção para não transformar nossa vida com Deus em mera teoria, um ritual vazio, cheio de orgulho por nossas ações ou visando ao reconhecimento.

Deus deseja que seus filhos proclamem as boas-novas de seu Reino, mas para isso precisamos alinhar nossa vida aos apontamentos de Jesus. Conhecer a Palavra apenas teoricamente nos expõe ao risco de contaminar nossa fé com a religiosidade, transformando-a em mera formalidade. O cristianismo é sobre a vida de Deus se manifestar em nós por meio de Cristo, não sobre rituais, orgulho ou apenas conhecimento.

A vida com Deus vai muito além da teoria; ela é prática, viva e experienciada no dia a dia. Quando temos paixão por Jesus e pela Palavra, nosso coração queima, ansiamos pelo momento de fazer nosso devocional, e em nós habita uma força genuinamente transformadora. Esse sentimento é gerado em nós pela ação do Espírito Santo, e é ele que nos dá forças para seguir nessa jornada em um relacionamento sincero e verdadeiro com Deus Pai.

O que o atrapalha de chegar até Jesus não são as suas falhas, mas a falta de arrependimento.

@juniorrostirola

365 DEVOCIONAL
239/365

LEITURA BÍBLICA
2TIMÓTEO 1

PALAVRA-CHAVE
#ESSÊNCIA

ANOTAÇÕES

OS MELHORES PLANOS

Confie no SENHOR e faça o bem; assim você habitará na terra e desfrutará segurança. Deleite-se no SENHOR, e ele atenderá aos desejos do seu coração. Entregue o seu caminho ao SENHOR; confie nele, e ele agirá..

SALMOS 37.3-5

café com Deus pai

Deus tem grandes planos para a sua vida, e você precisa estar preparado para vivê-los.

@juniorrostirola

DEVOCIONAL 365
240/365

LEITURA BÍBLICA
2TIMÓTEO 2

PALAVRA-CHAVE
#ENTENDIMENTO

ANOTAÇÕES

Já parou para pensar que Deus tem um plano único e exclusivo para você? Ele deseja que você cresça e frutifique, cumprindo o propósito que ele designou especialmente para a sua vida. O sucesso em alcançar esse propósito está diretamente ligado à sua disposição de permitir que Deus opere esse crescimento em você.

Muitas vezes, as frustrações surgem quando nos desviamos do foco principal por causa de agendas conflitantes. Mas, felizmente, a fidelidade de Deus é inabalável. Ele é paciente conosco e não se irrita quando optamos por seguir nossos próprios caminhos. Ele nos concede liberdade para fazer escolhas, mesmo sabendo que algumas nos levarão a erros. Em vez de se frustrar, ele sempre nos guia de volta ao caminho que sabe ser o melhor para nós.

Deus nunca o abandonará em sua jornada. Ele é o Bom Pastor que não desiste de nenhuma de suas ovelhas, buscando incansavelmente aquelas que se perderam. O salmo 37 nos assegura de que Deus se deleita em nos conceder os desejos do coração, desde que estejamos alinhados com os seus planos. Busque em primeiro lugar o Reino de Deus e a sua justiça, e as demais coisas serão acrescentadas a você.

Portanto, peça ao Senhor que continue a moldar sua vida diariamente. Reconhecemos que ainda não estamos totalmente prontos, mas, à medida que nos relacionamos com Deus, tornamo-nos cada vez mais semelhantes a ele.

GUIADOS POR DEUS

Não abandone a sabedoria, e ela o protegerá; ame-a, e ela cuidará de você. O conselho da sabedoria é: procure obter sabedoria; use tudo que você possui para adquirir entendimento.

PROVÉRBIOS 4.6,7

café com Deus pai

A sabedoria divina ultrapassa todo entendimento humano, dando-nos a capacidade de liderar e solucionar conflitos de maneira extraordinária. Essa verdade é evidente em Provérbios e é vividamente ilustrada pela vida de uma personagem bíblica, a juíza Débora. Uma mulher de origem simples, mas que, capacitada pelo Espírito de Deus, tornou-se uma líder preparada para orientar o seu povo e estrategicamente vencer batalhas. A história de Débora, uma profetisa sem conhecimentos militares ou formação acadêmica avançada, nos ensina que a verdadeira capacitação para alcançar grandes vitórias vem de Deus.

A sabedoria do Espírito Santo nos equipa com um entendimento que nenhum curso superior, mestrado ou doutorado pode oferecer. Essa sabedoria sobrenatural é dada por Deus a nós, para nos capacitar a exercer determinadas funções e cumprir os propósitos de Deus aqui na terra.

Precisamos diferenciar sabedoria de informação. Ser sábio é fazer bom uso do conhecimento que temos adquirido. Por exemplo, conhecer a Bíblia do início ao fim não passa de mero conhecimento se não tivermos o auxílio e a revelação do Espírito Santo acerca da aplicação desses princípios. Ou seja, as duas coisas são necessárias e essenciais: informação e sabedoria.

Quando caminhamos com a motivação correta, de acordo com os princípios de Deus, ele nos envia uma capacitação sobrenatural e extraordinária por meio do Espírito Santo. Isso nos permite ir além de nossas condições naturais e exercer plenamente os propósitos que o Pai tem para nossa vida. Por isso, saiba que em Deus você vai além do que sonhou ou imaginou.

Em Deus somos capacitados para liderar, ensinar e agir.

@juniorrostirola

365 DEVOCIONAL
241/365

LEITURA BÍBLICA
SALMOS 97

PALAVRA-CHAVE
#CAPACITAÇÃO

ANOTAÇÕES

O DEUS QUE SOPRA

"O vento sopra onde quer. Você o escuta, mas não pode dizer de onde vem nem para onde vai. Assim acontece com todos os nascidos do Espírito."

JOÃO 3.8

café com Deus pai

Quem respeita o tempo de Deus entende que o melhor da vida é ser guiado por ele.

@juniorrostirola

DEVOCIONAL 365
242/365

LEITURA BÍBLICA
SALMOS 98

PALAVRA-CHAVE
#SABEDORIA

Deus Pai nos deu algo muito precioso, a que muitas vezes não damos o devido valor: o tempo. Ele não pode ser comprado nem vendido, não pode ser prolongado nem acelerado. Jesus nos diz que, por mais que nos esforcemos, não podemos acrescentar sequer uma hora a mais em nossa vida. Muitas vezes, investimos esse grande presente em superficialidades ou o gastamos vivendo uma vida abarrotada de mágoas e ressentimentos.

Por isso, para investir adequadamente nosso tempo, é essencial que sejamos guiados pelo Espírito Santo, pois é ele quem nos faz discernir as prioridades e separar tempo para aquilo que verdadeiramente importa. No texto que lemos, Jesus diz que a vida daqueles que se entregam a ele passa a ser guiada pelo Espírito Santo, que conduz cada um de nós em direção à vontade e aos propósitos do Pai. A vida em Deus pode nos levar a destinos desconhecidos, semelhante a uma folha ao vento, conduzida para onde o Pai a direciona.

Compreender essa verdade proporciona leveza à nossa vida, mas é necessário entendermos que, para sermos levados pelo vento de Deus, é necessário entregarmos o controle a ele. A Bíblia diz que podemos sim fazer planos, mas a resposta certa sempre vem do Pai, e permitir que ele nos guie é essencial para desfrutarmos dos propósitos que ele estabeleceu para cada um de nós.

Deus Pai deseja conduzir nossos passos, mas para isso é necessário termos uma vida de intimidade com ele. A partir de hoje, permita-se ser conduzido pelos ventos do Espírito e desfrute de uma vida de proximidade com Deus. Esteja aberto à sua orientação e viva o extraordinário dia após dia.

ANOTAÇÕES

OUSADIA

Respondeu o centurião: "Senhor, não mereço receber-te debaixo do meu teto. Mas dize apenas uma palavra, e o meu servo será curado [...]". Ao ouvir isso, Jesus admirou-se e disse [...] Não encontrei em Israel ninguém com tamanha fé".

MATEUS 8.8-10

café com Deus pai

A dúvida pode atingir qualquer um, independentemente de sua posição ou fé. Ela não escolhe suas vítimas. Contudo, a solução para a dúvida está em nos voltarmos para aquele capaz de dissipar toda incerteza: Jesus Cristo.

O relato do centurião, cuja fé foi elogiada por Jesus, nos ensina sobre a humildade e a confiança no poder da palavra de Deus. Ele, um oficial romano, reconheceu sua própria indignidade e a suficiência da palavra de Cristo para a cura. Isso nos mostra que a fé genuína vai muito além de fronteiras, *status* e conhecimento prévio.

Jesus, admirado com a fé do centurião, nos lembra de que a fidelidade a Deus atrai sua atenção e bênçãos. Ao confiarmos em Deus, que intervém extraordinariamente em nossa vida, nos afastamos da dúvida e caminhamos rumo aos milagres. A cura do servo do centurião é um testemunho do poder da fé e da palavra do Senhor. Diante das incertezas da vida, nos é oferecido um caminho de fé. A dúvida pode ser uma presença constante, mas a certeza de que Deus é nossa fortaleza deve ser inabalável.

Talvez você esteja enfrentando um momento em que as dúvidas têm tomado a sua mente, e você já não sabe em que direção caminhar ou a quem recorrer. Mas hoje quero que saiba que Jesus é o único capaz de responder às suas perguntas e trazer paz ao seu coração. Por isso, faça como o centurião: procure por aquele que pode todas as coisas e veja a transformação chegar em sua vida.

Basta uma palavra de Jesus para mudar a sua realidade.

@juniorrostirola

365 **DEVOCIONAL**
243/365

✝ **LEITURA BÍBLICA**
SALMOS 99

PALAVRA-CHAVE
#RESPOSTAS

ANOTAÇÕES

café com Deus pai

SUCESSO É FAZER COM QUE O SEU SUCESSO NÃO TE **DESTRUA**.

@juniorrostirola

Assista ao vídeo com a palavra e oração para este mês.

setembro

café
com
Deus
pai

CONECTANDO GERAÇÕES

Os netos são coroa de honra para os idosos;
os pais são o orgulho de seus filhos.

PROVÉRBIOS 17.6, NVT

café com Deus pai

A presença de crianças numa casa traz uma alegria única, transformando completamente o ambiente e as rotinas. Reflita por um momento sobre suas visitas à casa dos avós na infância. Geralmente, na casa dos avós, as regras parecem mais flexíveis, permitindo mais brincadeiras, guloseimas e diversão, em contraste com a maior disciplina encontrada no lar dos pais.

Contudo, os avós significam muito mais do que apenas diversão. Eles são pilares de sabedoria, exemplos vivos de legado e bons princípios passados de geração em geração. Um exemplo notável é Timóteo, mencionado por Paulo em sua segunda carta. Paulo recorda a fé genuína de Timóteo: era uma herança de sua avó Loide e de sua mãe Eunice. Esse é um testemunho do poder de um legado de fé e esperança passado de avó para filha, e desta para o neto.

Pergunte-se: Que legado eu desejo deixar para a minha geração, para que meus filhos e netos continuem a transmiti-lo? Quais exemplos valiosos de seus pais e avós foram fundamentais em sua jornada? Mesmo que você não tenha um passado exemplar na família como o de Timóteo, sempre existe a possibilidade de iniciar um novo ciclo, de traçar um novo caminho para as futuras gerações.

A reflexão de hoje é um convite para avaliarmos o legado que estamos deixando para as futuras gerações, mas também para valorizar aqueles que estão na melhor idade, que já fizeram tanto por nós e o fazem até hoje, por meio de sua sabedoria e experiência.

Honre as pessoas que fazem parte da sua história. Seja grato!

@juniorrostirola

365 **DEVOCIONAL**
244/365

LEITURA BÍBLICA
2TIMÓTEO 3

PALAVRA-CHAVE
#SABEDORIA

ANOTAÇÕES

LEGADO

Então Elias saiu de lá e encontrou Eliseu, filho de Safate. Ele estava arando com doze parelhas de bois, e estava conduzindo a décima segunda parelha. Elias o alcançou e lançou a sua capa sobre ele.

1REIS 19.19

café com Deus pai

Sua vida é passageira, mas seu legado é eterno.

@juniorrostirola

DEVOCIONAL 365
245/365

LEITURA BÍBLICA
2TIMÓTEO 4

PALAVRA-CHAVE
#LEGADO

Elias, sem sombra de dúvida, foi um dos mais notáveis profetas de Deus nos tempos do Antigo Testamento. Ele era um homem destemido, que não se calou diante da perversidade e corrupção do rei Acabe, o que colocou o profeta em situações de perigo. Mas Elias também soube deixar um legado e, ao lançar sua capa sobre Eliseu, ele não estava apenas escolhendo um sucessor, mas também compartilhando sua unção, passando adiante a bênção que recebeu de Deus a um homem que realizaria feitos maiores do que os dele.

Pode ser que você ainda não tenha percebido, mas Deus também lhe deu dons e talentos únicos que ele deseja ver você colocar em prática; não só isso, mas também passar adiante seu legado às gerações futuras. Assim como Eliseu, que realizou feitos maiores do que Elias, aqueles que vierem depois de nós poderão alçar voos muito mais altos que os nossos.

Se você não tem filhos, isso pode até parecer não fazer sentido, mas não é somente nessa área que deixamos um legado. Além dos meus dois filhos biológicos, tenho muitos filhos espirituais e conservo a fé de que cada um deles receberá uma porção dobrada das bênçãos que recebo do Pai.

Reflita acerca dos valores que você tem deixado por onde passa, e não falo sobre questões financeiras, mas sim eternas. Saiba que um legado de confiança e obediência a Deus é o que de mais valioso podemos deixar para as pessoas ao nosso redor. Pois, assim como Elias, aquilo que você carrega pode tocar gerações e transformar a vida de milhares.

ANOTAÇÕES

A VERDADEIRA MUDANÇA

Disse-lhe Jesus: Eu sou a ressurreição e a vida. Aquele que crê em mim, ainda que morra, viverá, e quem vive e crê em mim, não morrerá eternamente. Você crê nisso?

JOÃO 11.25

café com Deus Pai

A morte é uma verdade universal e inevitável, que nos une em uma certeza comum, mas também nos confronta com uma inquietante interrogação: o que nos aguarda depois da vida aqui na terra? Não fomos moldados para o fim, mas para a eternidade, para uma existência sem término. Essa verdade é o que torna a morte tão perturbadora e enigmática, não tanto o ato de morrer, mas o mistério do "depois".

Jesus veio até nós para dissipar as névoas dessa incerteza, revelando quem ele é e o propósito de nossa existência. Recordo-me de um tempo, na minha adolescência, quando a desesperança me assolava a ponto de desejar pôr um fim em minha vida, sem encontrar razão ou alegria no respirar de cada dia. Foi nesse abismo de desespero que encontrei Jesus, entreguei-me a ele e experimentei uma transformação radical.

Desde aquele momento, tenho sido restaurado dia após dia, vivendo um propósito definido pelo Pai. A certeza da salvação e a cura integral são indispensáveis para que possamos ter uma vida plena, pois Deus deseja que nos aproximemos cada vez mais do propósito designado para nossa jornada terrena.

Se há dor, vazio, dúvida ou medo em seu coração, saiba que o mesmo Jesus que trouxe Lázaro de volta à vida, conforme lemos no versículo acima, foi o que transformou a minha vida e deseja transformar a sua agora. Saiba que Deus tem coisas inéditas para realizar em você, mas é necessário tomar a decisão de se entregar plenamente, e assim, viver uma total transformação.

A transformação que você quer está na mudança que você precisa.

@juniorrostirola

365 DEVOCIONAL
246/365

LEITURA BÍBLICA
TITO 1

PALAVRA-CHAVE
#TRANSFORMAÇÃO

ANOTAÇÕES

EXISTE UM POTENCIAL EM VOCÊ

"Eu afirmo a vocês que isto é verdade: se um grão de trigo não for jogado na terra e não morrer, ele continuará a ser apenas um grão. Mas, se morrer, dará muito trigo."

JOÃO 12.24, NTLH

café com Deus pai

Você tem o DNA de Deus, com todas as possibilidades de fazer grandes coisas.

@juniorrostirola

DEVOCIONAL 365
247/365

LEITURA BÍBLICA †
TITO 2

PALAVRA-CHAVE
#POTENCIAL

ANOTAÇÕES

Imagine se Deus, hoje, revelasse todo grandioso plano que ele tem para sua vida, superando tudo que você possa imaginar, vendo-o muito além do que você é agora, com uma capacidade de frutificar infinitamente maior do que uma simples semente. Entenda que de fato ele tem um grandioso plano para você, um chamado, uma missão destinada a cumprir o propósito para o qual você nasceu.

Adão e Eva no jardim do Éden desfrutavam de um relacionamento íntimo com Deus, vivenciando plenamente esse propósito divino. Contudo, o pecado obscureceu esse caminho, distanciando a humanidade dos planos originais de Deus, fazendo-nos sentir incapazes de alcançá-los. Assim como uma semente carrega em si o amargor antes de se transformar em uma fruta doce, muitos de nós nos vemos amargurados e limitados pelo pecado, distantes da essência que Deus planejou.

O DNA que Deus nos concedeu vai além de nossas características físicas e habilidades; ele abriga as promessas e os sonhos divinos para nossa vida. Para que esse DNA espiritual se manifeste e cumpra seu propósito, é necessário um processo de renovação e transformação, uma ***"morte"*** do velho para que o novo possa emergir.

Hoje, Deus o convida para uma jornada de descoberta e transformação, em que você é chamado a morrer para você mesmo, permitindo que a grandiosa visão de Deus em sua vida se desdobre e o leve a viver em plenitude.

O CUIDADO NECESSÁRIO

Meus amados irmãos, tenham isto em mente: Sejam todos prontos para ouvir, tardios para falar e tardios para irar-se.

TIAGO 1.19

café com Deus Pai

Você já ouviu o ditado que diz que ***"o peixe morre pela boca"***? Ele nos lembra de que falar demais pode nos levar ao erro. Essa sabedoria popular encontra um eco profundo nas Escrituras. A Bíblia nos ensina repetidamente sobre a importância da prudência, e o próprio Jesus é nosso maior exemplo nesse aspecto.

Durante seu ministério, ele enfrentou constantes provocações dos fariseus, saduceus e mestres da Lei. Eles buscavam incessantemente desafiá-lo, esperando que ele falhasse em suas respostas, para dessa forma descredibilizar o seu ministério. Mas ele, com sabedoria e amor, sempre encontrava a palavra certa para exortar, corrigir e ensinar.

Quantas vezes nos encontramos em situações semelhantes e acabamos agindo mal? Às vezes, falamos demais, agindo imprudentemente e exagerando no que precisa ser dito. Em outros momentos, no entanto, somos prudentes, refletindo cuidadosamente antes de falar. Todos nós já experimentamos momentos de sabedoria e de tolice, porque a sensatez vem com o amadurecimento.

A direção bíblica de Deus para nós é clara: devemos ser prudentes com nossas palavras. Elas devem ter o propósito claro de edificar, não de machucar ou destruir, por isso é essencial buscar sabedoria e transformação, o que encontramos somente em Deus Pai. Você tem tido cuidado ao falar? Lembre-se de que as palavras têm poder: você pode tanto usá-las para abençoar como para amaldiçoar. Cuidado!

Muitas pessoas não experimentam o que Deus gostaria porque não têm controle da sua língua.

@juniorrostirola

365 **DEVOCIONAL**
248/365

✝ **LEITURA BÍBLICA**
SALMOS 100

PALAVRA-CHAVE
#PRUDÊNCIA

ANOTAÇÕES

MANTENHA O FOCO

Afasto os pés de todo caminho mau para obedecer à tua palavra. Não me afasto das tuas ordenanças, pois tu mesmo me ensinas.

SALMOS 119.101,102

café com Deus pai

Não é sobre acertar sempre, mas sobre tentar todos os dias.

@juniorrostirola

DEVOCIONAL 365
249/365

LEITURA BÍBLICA
SALMOS 101

PALAVRA-CHAVE
#CONSTÂNCIA

ANOTAÇÕES

Nascer neste mundo não nos dá automaticamente a consciência de nossa verdadeira origem. Precisamos crescer, amadurecer e aprender para termos a compreensão de quem é Deus e a respeito de quem somos e para onde vamos. O salmo que lemos destaca a vontade que o Pai tem de ensinar seus filhos.

A vontade de Deus para nós está revelada através da Bíblia. Portanto, ela é o meio principal e infalível para conhecermos mais nosso criador. Quanto mais o conhecemos e obedecemos a seus mandamentos e direção para a nossa vida, melhores são os frutos que daremos. Ter o coração alinhado às Escrituras é essencial para uma vida saudável e abundante, mas é muito fácil nos distrairmos e negligenciarmos nosso relacionamento com Deus.

Enfrentamos o desafio de resistir às forças que tentam nos distrair, afastando-nos do foco, pois diariamente a luta é intensa. É comum as distrações aparecerem para nos impedirem de orar, de ler a Bíblia ou de fazer a leitura devocional diária, mas nossa escolha de perseverar renderá uma colheita próspera. O alinhamento e o foco em Deus Pai permitem não apenas resistir às tentações, mas a ter uma vida direcionada e liderada por ele. Somos chamados não para uma corrida de 100 metros, mas para uma maratona, portanto, é necessário perseverança.

Tem sido difícil para você manter uma vida devocional constante? Os altos e baixos fazem parte de nossa vida, mas nossa decisão de perseverar na busca por mais de Deus falará muito a respeito da colheita que faremos na próxima estação. Por isso, mantenha o foco e não permita que as distrações o vençam.

COMPARTILHE AS BOAS-NOVAS

Deixou a Judeia e foi outra vez para a Galileia. E era-lhe necessário passar por Samaria.

JOÃO 4.3,4, ARC

café com Deus pai

Em tempos antigos, a hostilidade entre judeus e samaritanos era tão intensa que qualquer interação amistosa entre eles estaria fora da realidade. Contudo, Jesus, sempre pronto a desafiar normas e expectativas, escolheu atravessar Samaria durante uma de suas viagens. Ao parar junto a um poço na cidade de Sicar, ele não só quebrou barreiras culturais, mas transformou profundamente a vida de uma mulher samaritana e de toda a cidade. Oferecendo-lhe a Água Viva, Jesus a libertou de seu passado e a inspirou a se tornar uma mensageira da esperança e da transformação no lugar em que ela habitava.

Assim como Jesus se aventurou por Samaria, somos convocados a sua anunciar a mensagem pelo mundo. Ao abraçarmos nossa missão, não nos é pedido necessariamente que abandonemos tudo para pregar em terras distantes, apesar de essa nobre vocação ser destinada a alguns. Entretanto, onde quer que estejamos, somos chamados para mudar o mundo por meio do nosso viver.

Mas a pergunta é: Como as pessoas ao nosso redor percebem o reflexo de Cristo em nós? Anunciar o Reino vai além de utilizar palavras. Nosso testemunho pessoal, refletido em cada ato de bondade, cada gesto de amor e em nossa integridade, ecoa mais alto do que qualquer sermão.

Não somos chamados para julgar, mas para amar. Podemos compartilhar a Água Viva para tantos que estão sedentos pelo mundo, precisando desesperadamente de uma transformação na vida. Jesus chamou cada um de nós para sermos luz, por isso não rejeite esse chamado, mas siga com confiança, alcançando e promovendo a mudança que o mundo precisa.

Jesus não veio restaurar uma religião, mas restaurar um relacionamento.

@juniorrostirola

365 DEVOCIONAL
250/365

LEITURA BÍBLICA
SALMOS 102

PALAVRA-CHAVE
#ANUNCIAR

ANOTAÇÕES

DEIXANDO OS FARDOS

Portanto, confessem os seus pecados uns aos outros e orem uns pelos outros para serem curados. A oração de um justo é poderosa e eficaz.

TIAGO 5.16

café com Deus pai

Nada pode mudar seu passado, mas sua decisão hoje determinará o seu futuro.

@juniorrostirola

DEVOCIONAL 365
251/365

LEITURA BÍBLICA
TITO 3

PALAVRA-CHAVE
#LEVEZA

ANOTAÇÕES

Existem pessoas que carregam um fardo de memórias dolorosas, traumas e ressentimentos que, se não cuidados, tornam-se pesos que nos curvam, impedindo-nos de olhar adiante para o horizonte de possibilidades que o futuro nos reserva. Nossa jornada pela vida não deve ser ofuscada pelas sombras do passado. Imagine carregar diariamente uma caixa cheia de pedras pesadas; assim é a vida quando não conseguimos nos libertar das amarras do que já vivemos. As lembranças sempre estão relacionadas a algo mal resolvido no passado. Mas até quando permitiremos que essas feridas do passado ditem nosso futuro?

Confrontar essas feridas, por mais doloroso que seja, é essencial. Como em uma ferida em nosso corpo, às vezes é necessário tocar na dor para aplicar um remédio e, assim, promover a cura. Apesar da impossibilidade de voltar no tempo para corrigir ou evitar esses momentos dolorosos, muitos de nós vivemos presos a um ciclo de revivê-los constantemente.

Tiago nos incentiva a confessar nossos pecados, a compartilhar nossas fraquezas com alguém em quem confiamos e que tenha maturidade espiritual para nos orientar. Esse ato de abrir o coração não é um sinal de fraqueza, mas uma corajosa busca pela cura.

Somente o amor de Deus nos faz superar as dificuldades, as mágoas, os traumas, impulsionando-nos a um futuro de esperança, pois por meio do amor de Jesus podemos perdoar e pedir perdão, jogando todo peso fora. Neste momento, encorajo você a se abrir para Deus, e se permitir ao processo de cura. Lembre-se de que deixar os pesos para trás é essencial para caminharmos com leveza e esperança em direção ao futuro que Deus preparou para cada um de nós.

DECIDA OBEDECER

Jesus respondeu: — Não é preciso que a senhora diga o que eu devo fazer. Ainda não chegou a minha hora. Então ela disse aos empregados: — Façam o que ele mandar.

JOÃO 2.4,5, NTLH

Comumente, atribuímos o milagre nas bodas de Caná como o primeiro de Jesus. Após isso, ele operou muitos outros, mas o fato é que João, ao encerrar seu relato do Evangelho, diz que, se tudo o que Jesus fez fosse registrado, o mundo não comportaria tantos livros que seriam escritos. É interessante notarmos isso, pois Jesus continua operando milagres hoje. Muito do que experiencio em minha vida é fruto de intervenções sobrenaturais dele.

A forma com que Jesus respondeu a Maria nos ensina que no Reino de Deus não há privilégios. Ela, ao se deparar com uma situação contrária e aparentemente sem solução, sabia a quem recorrer, ensinando-nos a depositar nossas esperanças naquele que pode todas as coisas. Podemos aprender valiosas lições com Maria, como temor, ousadia, fé e obediência.

Obediência sempre envolve riscos, e, na maioria das vezes, o desafio não está em conhecer a vontade de Deus, mas em obedecer a ela. Isso porque muitas vezes, ao errarmos, temos entendimento disso, mas negamos nossa própria consciência. A obediência pavimenta o caminho que nos leva a grandes milagres, por isso é essencial saber que, se não caminharmos de acordo com a Palavra de Deus, não viveremos de acordo com o que ele tem para a nossa vida aqui na terra.

A obediência é testada principalmente em tempos difíceis, e é uma chave capaz de abrir portas onde não existem. Obedecer nem sempre é o caminho mais fácil, mas definitivamente é o mais recompensador.

A obediência a Deus paralisa aquilo que está paralisando você.

@juniorrostirola

365 **DEVOCIONAL**
252/365

LEITURA BÍBLICA
ESTER 1

PALAVRA-CHAVE
#OBEDIÊNCIA

ANOTAÇÕES

NÃO CAMINHE SOZINHO

Portanto, aceitem-se uns aos outros, da mesma forma como Cristo os aceitou, a fim de que vocês glorifiquem a Deus.

ROMANOS 15.7

café com Deus pai

Pessoas que andam em unidade sempre acreditam que é possível

@juniorrostirola

DEVOCIONAL 365
253/365

LEITURA BÍBLICA
ESTER 2

PALAVRA-CHAVE
#SINGULARIDADE

ANOTAÇÕES

Apesar do amor, da inspiração e do convívio, é impossível que pessoas pensem e ajam exatamente da mesma maneira. Assim como uma mãe que ama e honra cada um de seus filhos acima de qualquer característica, erros ou acertos, Deus não tem filhos favoritos, pois ele fez cada um de nós de uma maneira única, diferentes uns dos outros e destinados a propósitos únicos e especiais.

Se todos ao nosso redor fossem idênticos, o amor perderia seu significado. É justamente por meio dessas diferenças que completamos uns aos outros, como membros de um mesmo corpo, que é guiado por Jesus, e esse corpo, segundo a Bíblia, é a igreja.

Deus não nos criou em série, mas sim como membros interdependentes, em que cada particularidade contribui para a totalidade. Eu, como pastor de uma grande igreja, preciso diariamente lidar com pessoas e suas singularidades. Sabemos que nenhum de nós é perfeito, mas buscamos seguir o exemplo de Jesus. Mesmo errando e divergindo em algumas opiniões, precisamos viver em unidade, que implica não pensar igual, mas compartilhar de um mesmo propósito.

Não tente se moldar aos padrões humanos, mas seja forjado pelas Escrituras para seguir o padrão de Cristo, pois cada um de nós foi criado de maneira diferente. Somos únicos aos olhos de Deus, e essa beleza é justamente o que contribui para o Reino. Firme sua identidade em Jesus, seja guiado por ele, e viva uma vida verdadeiramente plena.

PROCESSOS QUE CURAM

"Venham, voltemos para o SENHOR*. Ele nos despedaçou, mas nos trará cura; ele nos feriu, mas sarará nossas feridas. Depois de dois dias ele nos dará vida novamente; ao terceiro dia nos restaurará, para que vivamos em sua presença."*

OSEIAS 6.1,2

café com Deus Pai

Muitas vezes, para restaurar a nossa vida, Deus precisa mexer em nossas feridas. Nessa passagem, vemos o profeta Oseias alertar o povo de Israel sobre um problema que eles tinham e que precisava ser tratado: o pecado. Eles haviam se desviado dos caminhos apontados pelo Pai.

Deus não mexe em uma ferida com a intenção de nos causar mais dor, mas sim de curar. Todos sabemos que um machucado não tratado pode comprometer todo o corpo. Dessa forma, por mais dolorosa que fosse, uma intervenção era necessária para salvar todo o povo. Durante um período da minha vida, eu evitava mencionar certos traumas pelos quais passei. Tinha dificuldade de falar a respeito da minha infância conturbada, sobre não ter ganhado presentes ou nem sequer ter tido uma festa para celebrar meu aniversário.

Quando, porém, aprendi que não deveria esconder o que passei, pois esse é o processo que Deus usa para trazer cura, tudo mudou. Às vezes, o processo de cura envolve submeter-se a processos desconfortáveis, mas que nos fazem compreender nossa real identidade. Aprendi que feridas profundas não somem completamente, mas param de doer e cicatrizam. Quando Deus cura uma ferida, gera autoridade para você falar com propriedade do assunto. Afinal, pessoas curadas curam. Foi assim comigo, e pode ser com você!

Então, independentemente da área em que você precisa de cura, empenhe-se em deixar Deus agir, pois ele é o único capaz de ressignificar suas dores e traumas. Não fuja do processo, pois é através dele que você será curado e testemunhará de tudo aquilo que o Pai fez em sua vida.

Deus tem poder para curar e transformar qualquer realidade.

@juniorrostirola

365 **DEVOCIONAL**
254/365

LEITURA BÍBLICA
ESTER 3

PALAVRA-CHAVE
#CURA

ANOTAÇÕES

REDEFINA SUAS PRIORIDADES

café com Deus Pai

"Busquem, pois, em primeiro lugar o Reino de Deus e a sua justiça, e todas essas coisas lhes serão acrescentadas."

MATEUS 6.33

Sucesso é fazer que o seu sucesso não o destrua.

@juniorrostirola

DEVOCIONAL 365
255/365

LEITURA BÍBLICA
SALMOS 103

PALAVRA-CHAVE
#PRIORIDADES

ANOTAÇÕES

Muitas vezes, ao encerrarmos fases significativas em nossa vida, como a graduação, atingir a maioridade ou a aposentadoria, nos deparamos com certas crises, uma sensação de desorientação por ciclos longos estarem se encerrando. Esse vazio pode ocorrer porque tínhamos expectativas exageradas nessas situações, seja por pensar que ao terminar a graduação todas as portas se abririam, seja que após a aposentadoria teríamos uma vida tranquila à beira-mar.

Às vezes, mesmo sem perceber, transformamos coisas boas em uma espécie de ídolo em nossa vida e acabamos depositando nossas esperanças no que é terreno, não no eterno. A lição que Jesus nos dá acerca de buscarmos primeiramente o Reino de Deus acima de qualquer outra coisa aponta para o que deve verdadeiramente ser nossa prioridade.

Buscar o Reino de Deus diz respeito a priorizar os propósitos do Pai acima dos nossos, trocando a motivação das coisas terrenas pelas celestiais. A promessa de Jesus é de que, ao voltarmos nossos olhos para o Reino, todo o restante será acrescentado, ou seja, todas as nossas necessidades serão supridas. Ao viver dessa maneira, independentemente do ciclo que esteja se encerrando ou iniciando, sempre nos manteremos motivados, pois há um propósito muito maior do que nós mesmos.

Saiba que não é errado ser bem-sucedido financeiramente, mas sua existência vai muito além da busca por sucesso material. Somos chamados para semear valores eternos e cumprir um propósito celestial, por isso foque no Reino de Deus, e você será abençoado em todas as áreas da vida

CLAME

À hora do sacrifício, o profeta Elias colocou-se à frente e orou: "Ó SENHOR, Deus de Abraão, de Isaque e de Israel, que hoje fique conhecido que tu és Deus em Israel e que sou o teu servo e que fiz todas estas coisas por ordem tua".

1REIS 18.36

Em nossa jornada, enfrentamos grandes desafios, batalhas que parecem superar nossa capacidade, o que nos faz enxergar que somente com a força dos céus podemos vencer. A narrativa de Elias e o rei Acabe é um poderoso exemplo disso. Após anunciar o fim de três anos de seca, Elias se vê ameaçado de morte por Acabe, que buscava vingança. No entanto, no monte Carmelo, Elias não apenas enfrenta Acabe, mas também desafia os profetas de Baal, demonstrando a supremacia do Deus verdadeiro por meio de uma fervorosa oração.

A Bíblia, em Tiago 5.17, nos lembra de que Elias era um homem comum, sujeito às mesmas paixões e fraquezas que nós, mas sua oração de fé moveu o coração de Deus. Esse relato não é apenas uma história antiga; é um lembrete vibrante do poder inabalável da fé e da oração.

Cada desafio que enfrentamos é uma oportunidade para manifestar nossa fé. Não importam as circunstâncias que nos cercam ou as provações que enfrentamos; o que verdadeiramente conta é a força de nosso clamor a Deus.

Embora não estejamos fugindo de um rei vingativo ou enfrentando adversários num confronto físico, nossas lutas diárias testam nossa fé de maneiras igualmente significativas. Seja qual for o desafio que você esteja enfrentando — um obstáculo pessoal, uma dificuldade profissional, uma luta emocional —, lembre-se da história de Elias. O mesmo Deus que respondeu ao seu clamor está pronto para ouvir e agir em resposta à sua fé.

Portanto, encorajo você a clamar em meio às suas lutas. Por meio da sua fé e oração, o Senhor será glorificado em sua vida. Lembre-se: não estamos sozinhos em nossas batalhas; temos um Deus que ouve, vê e intervém milagrosamente em nome de Jesus.

café com Deus pai

Milagres acontecem na vida daqueles que clamam.

@juniorrostirola

365 **DEVOCIONAL**
256/365

LEITURA BÍBLICA
SALMOS 104

PALAVRA-CHAVE
#MILAGRES

ANOTAÇÕES

LIVRE-SE DO PESO DO PASSADO

"Pois se perdoarem as ofensas uns dos outros, o Pai celestial também lhes perdoará."

MATEUS 6.14

café com Deus pai

Não perdoar é carregar a outra pessoa todo o tempo com você, trazendo um peso que não é seu.

@juniorrostirola

DEVOCIONAL 365
257/365

LEITURA BÍBLICA
SALMOS 105

PALAVRA-CHAVE
#PERDOAR

ANOTAÇÕES

Um dos segredos para uma vida leve e feliz é o perdão. Por meio dele, nos livramos das amarras dos maus sentimentos. As maldades e as ofensas que possam ter praticado contra nós podem causar uma sensação de indignação e injustiça, que nos fazem criar um sentimento de rancor, que gradativamente fere nossas emoções e nos torna pessoas amargas.

Nosso coração funciona como um compartimento de bagagens, e, ao armazenar nele somente os sentimentos negativos, acabamos preenchendo esse espaço com malas pesadas e velhas, que só tornam nossa viagem desconfortável. Quando carregamos pesos, temos dificuldade em seguir adiante, nos cansamos facilmente e não aproveitamos o trajeto, e não é isso que Deus quer para a nossa vida. Ele nos criou para uma vida em liberdade, sem pesos ou amarras.

Guardar rancor nos faz reviver os traumas que passamos dia após dia. Em minha vida, tive escolhas. Eu poderia até hoje carregar uma pesada mala por não ter perdoado meu pai em decorrência de tudo o que passamos por causa do seu vício no álcool. Mas escolhi perdoá-lo e, a partir daí, pude ser tratado por Deus e liberto de qualquer sentimento negativo relacionado a ele.

Independentemente do que você tenha enfrentado até aqui, saiba que o perdão é a chave para uma vida abundante. Entenda que você não conseguirá alcançar as promessas que Deus tem para sua vida enquanto não deixar de lado essas pesadas malas. Talvez, enquanto você lia este devocional, o Espírito Santo trouxe à sua memória o fato de você ter que liberar perdão a alguém. Não perca mais tempo, perdoe, e viva uma vida leve e sem fardos.

O AMOR EM AÇÃO

O Senhor conceda misericórdia à casa de Onesíforo, porque muitas vezes ele me reanimou e não se envergonhou por eu estar preso; pelo contrário, quando chegou a Roma procurou-me diligentemente até me encontrar.

2TIMÓTEO 1.16,17

café com Deus pai

Você já deve ter ouvido uma frase popular que diz que conhecemos quem realmente são nossos amigos nos dias difíceis. Essa é uma verdade que vai ao encontro das experiências de Paulo, como no texto que lemos. Ele, ao enfrentar adversidades inimagináveis, ainda encontrava consolo e amparo na presença de alguns fiéis companheiros, e isso foi essencial na sua jornada.

Diante disso, surge uma reflexão: qual tem sido nosso papel? Somos aqueles que estendem a mão e se colocam à disposição para ajudar, ou nos afastamos ao primeiro sinal de tribulação? Nossa essência é verdadeiramente revelada nos momentos difíceis.

Lembro-me bem de uma situação parecida que vivi, no final do ano 2020, quando um pastor e querido amigo perdeu sua esposa. Apesar dos quase 800 quilômetros que nos separavam, não hesitei em prontamente me juntar a ele, a fim de consolá-lo de alguma maneira pela difícil situação pela qual passava. Vejo que na vida não estamos isentos de enfrentar grandes tribulações, mas ter pessoas com quem podemos contar é essencial para que possamos superá-las.

Manifestar o amor, em sua essência, é estar presente e estender a mão independentemente das circunstâncias; é como está escrito em Romanos 12.15: alegrar-se com os que se alegram, mas também chorar com os que choram. E este é o verdadeiro amor de Deus: ter um coração que se estende até alcançar o outro, ainda que isso envolva sair da zona de conforto e se submeter a situações difíceis. Quais foram suas ações em relação ao seu próximo nos últimos dias? Que suas ações sejam um reflexo do amor do Pai.

Amar é cuidar, proteger e dar atenção nos momentos bons e ruins.

@juniorrostirola

365 **DEVOCIONAL**
258/365

† **LEITURA BÍBLICA**
ESTER 4

PALAVRA-CHAVE
#EMPATIA

ANOTAÇÕES

FORTALEÇA SUAS RAÍZES

Os justos florescerão como a palmeira,
crescerão como o cedro do Líbano.

SALMOS 92.12

Antes de ser rei de Israel, Davi foi pastor de ovelhas, mas, além disso, ele era músico e compositor. No salmo que lemos, ele traça um paralelo entre o desenvolvimento de algumas árvores com a vida de uma pessoa justa.

O justo é aquele que age de acordo com os ensinamentos de Deus, com as Escrituras, não aquele que busca justiça própria, pois entende que os padrões celestiais são muito mais elevados que os humanos.

Algo que me ensina muito em relação à palmeira é o fato de ela conseguir sobreviver em circunstâncias desfavoráveis, como em ambientes desérticos, sem água aparente, e em meio a temperaturas extremas. Isso ocorre porque ela possui raízes muito profundas. Aprendo que quando estamos enraizados em Deus nenhuma circunstância contrária pode nos abalar, ou influenciar negativamente, pois não vivemos das condições exteriores. Saiba que a profundidade com Deus é o que vai sustentar você em meio às adversidades da vida.

Já o cedro do Líbano tem uma característica extraordinária: ele primeiro cresce e fortalece suas raízes e só depois se desenvolve exteriormente. Também aprendo que há fases na vida nas quais os outros não verão seu crescimento ou progresso, porque é o tempo de fortalecer suas raízes no secreto com Deus. Só assim estaremos preparados para as tempestades e circunstâncias da vida.

A partir de hoje, decida não viver de aparências, ou de opiniões alheias, mas fortaleça suas raízes em Deus, por meio do cultivo de um relacionamento profundo com ele, pois é o crescimento interior, que dita o exterior. No tempo certo, você florescerá e crescerá para a glória de Deus.

café com Deus pai

Só suporta a tempestade quem tem raízes.

@juniorrostirola

DEVOCIONAL 365
259/365

LEITURA BÍBLICA
HEBREUS 1

PALAVRA-CHAVE
#CRESCIMENTO

ANOTAÇÕES

OUÇA A VOZ DE DEUS

"O coração é mais enganoso que qualquer outra coisa [...]."

JEREMIAS 17.9A

café com Deus Pai

No dia a dia ouvimos pessoas, recebemos mensagens, executamos tarefas, enfim, estamos a todo o momento recebendo informações e tomando decisões. Mas em meio a tanta agitação, como será que podemos discernir adequadamente a voz de Deus? Saber diferenciar se algo é um apontamento do Pai para nossas vidas, ou se é apenas um pensamento que saiu do nosso próprio coração, baseado em nossas vontades. Essa é uma tarefa que exige relacionamento e intimidade.

A Bíblia diz que em nós há uma guerra entre a carne e o espírito, e o fato é que entre estes dois lados, o que for melhor alimentado, há de vencer as batalhas. Muitos de nós queremos ouvir a Deus, mas acabamos ouvindo a voz do nosso coração, por não estarmos íntimos de Deus Pai. Nessas condições, jamais conseguiremos discernir adequadamente sua voz , e nossas emoções tendem a falar mais alto.

É bom lembrarmos que devemos ter cuidado para não equalizarmos o timbre da voz de Deus com a voz de nosso coração, pois ele tende a ser enganoso, e com isso, seguirmos a bússola quebrada de nossos instintos, que podem nos levar a caminhos que fogem dos propósitos de Deus para a nossa vida. No entanto, se nos dedicarmos às disciplinas espirituais, alimentando assim adequadamente nosso espírito, ele vencerá a voz do nosso coração.

A partir de hoje, saiba que quanto mais tempo você dedicar a Deus, mais sensível estará para ouvir a sua voz, e então viver os seus planos, desfrutando de todas as bênçãos e promessas que Deus estabeleceu em sua vida.

A bússola de nossas vidas deve ser a voz de Deus.

@juniorrostirola

365 **DEVOCIONAL**
260/365

LEITURA BÍBLICA
HEBREUS 2

PALAVRA-CHAVE
#DISCERNIMENTO

ANOTAÇÕES

18 | SET

TUDO COOPERA PARA O SEU BEM

Tudo isso é para o bem de vocês, para que a graça, que está alcançando um número cada vez maior de pessoas, faça que transbordem as ações de graças para a glória de Deus.

2CORÍNTIOS 4.15

Você pode escolher enfrentar a mudança ou decidir ficar como está.

@juniorrostirola

DEVOCIONAL 365
261/365

LEITURA BÍBLICA †
HEBREUS 3

PALAVRA-CHAVE
#RESSIGNIFICAÇÃO

Na vida, é natural enfrentarmos problemas. Nem tudo o que planejamos ocorre como esperado, o que resulta em desafios, decepções e conflitos. Muitos interpretam essas experiências como punições ou castigos, mas o fato é que Deus pode usar todas as coisas para o nosso bem, inclusive circunstâncias difíceis, como no ditado popular, que diz: *"Mar calmo não faz bom marinheiro"*.

Muitas vezes, somos chamados a viver pela fé, a confiar quando o caminho parece incerto. Os abalos e as perdas, por mais dolorosos, são convites para uma proximidade e dependência ainda maior de Deus, e por vezes são necessários para alinharmos nossos propósitos com os do Pai. A jornada da fé exige que algumas de nossas estruturas sejam abaladas e que nosso orgulho seja tratado, a fim de mantermos os olhos abertos para a realidade dos céus.

Em meio aos conflitos e perdas, o Pai está moldando um plano superior. Ele nos desafia a crer mesmo quando não compreendemos, a aceitar que às vezes é necessário perder para de fato ganhar, e essa é a lógica celestial, muitas vezes incompreensível aos olhos humanos.

Por isso, convido você a ressignificar seus problemas e batalhas a partir de hoje. Diante das dificuldades, peça a Deus que lhe dê uma visão clara acerca do propósito e daquilo que pode ser gerado em seu coração por meio das lutas. Apenas siga firme, em amor e obediência a Deus, tendo a plena convicção de que todas as coisas cooperam para o bem daqueles que amam a Deus.

ANOTAÇÕES

UM RELACIONAMENTO PROFUNDO

O SENHOR *ouviu o clamor de Elias [...].*

1REIS 17.22

café com Deus pai

Elias, um homem extraordinariamente usado por Deus, manteve uma relação íntima e profunda com o Pai. Ele viveu diversas experiências extraordinárias e sobrenaturais. Orou e durante três anos e meio não choveu, resultando em uma severa seca; testemunhou a ressurreição de um jovem filho de uma viúva; desafiou reis pela autoridade e direção de Deus, entre muitos outros feitos.

A intimidade que esse homem tinha com Deus foi além do que imaginamos, de modo que ele confiou muitos de seus planos a Elias, a fim de que ele os estabelecesse na terra, segundo a vontade de Deus, o que resultou em grandes feitos.

Algo, porém, que nos ensina muito é o fato de estar escrito em Tiago 5.17 que Elias era um ser humano como todos nós. Ou seja, a relação de intimidade que esse homem tinha com o Pai não era exclusividade dele, mas está disponível a todos que a desejam. O Pai nos criou para isto: não para sermos filhos distantes, mas presentes, que o buscam dia após dia.

Saiba que esse relacionamento não apenas pode transformar sua vida, mas irá capacitar você, assim como Elias, a ser um instrumento de Deus para levar seu amor e graça a muitos. Que a profundidade e o relacionamento de Elias com o Pai inspirem você a ir mais profundo, sabendo que há muito mais disponível. Por isso, não se acomode, mas dedique-se a conhecer mais de Deus a cada dia. Que Deus use a sua vida para tocar gerações!

Talvez Deus tenha falado mais baixo para você chegar mais perto dele.

@juniorrostirola

365 **DEVOCIONAL**
262/365

✝ **LEITURA BÍBLICA**
SALMOS 106

PALAVRA-CHAVE
#RELACIONAMENTO

ANOTAÇÕES

VOCÊ TEM UM GRANDE POTENCIAL

café com Deus Pai

"Outras pessoas são como a semente lançada em boa terra: ouvem a palavra, aceitam-na e dão uma colheita de trinta, sessenta e até cem por um."

MARCOS 4.20

Quem permanece em Jesus sempre gera e compartilha bons frutos.

@juniorrostirola

DEVOCIONAL 365
263/365

LEITURA BÍBLICA
SALMOS 107

PALAVRA-CHAVE
#FRUTIFICAR

ANOTAÇÕES

Toda grande árvore nasce de uma semente. Se hoje, ao passear pelo campo, você vê árvores enormes, foi porque as sementes foram levadas para lá, seja pelo vento, seja por pássaros, seja até mesmo por mãos humanas. Mas o fato é que as sementes não podem chegar a lugar algum sem um condutor. Inclusive elas não existem por si mesmas, mas porque em seu DNA Deus colocou um propósito muito maior em cada uma delas.

Por isso, quando você vir uma grande árvore dando frutos, lembre-se de duas coisas: primeiro, que de algum modo ela foi levada para aquele lugar como uma semente; segundo, antes de tornar-se o que ela é hoje, essa árvore foi muito pequena, mas carregava algo grande em seu interior. Entenda isso, pois cada um de nós carrega o DNA do extraordinário.

Ainda que você não enxergue seu potencial, Deus Pai o conhece. Mas o fato é que existe o terreno ideal para nos desenvolvermos. Quando estamos distantes de Deus, não damos fruto, pois o necessário para crescermos e vivermos plenamente nosso propósito está justamente em estar enraizado no Pai. Em minha vida, foi assim: enquanto eu não conhecia Cristo, estava no solo errado, longe do propósito e sem dar frutos, mas, quando me entreguei a Jesus, passei a dar frutos que antes nem sequer imaginava ser possível.

Entenda que você pode se tornar como uma grande árvore frutífera, mas saiba que, se você não estiver com as raízes em Deus, não viverá o propósito para o qual nasceu. A partir de hoje, entregue-se totalmente ao Pai, viva de acordo com a vontade dele, e então você dará frutos de forma tão abundante que abençoará não apenas você mesmo, mas todos os que estão à sua volta

NÃO TENHA MEDO

Depois dessas coisas o SENHOR *falou a Abrão numa visão: "Não tenha medo, Abrão! Eu sou o seu escudo; grande será a sua recompensa!"*

GÊNESIS 15.1

Vivemos em tempos nos quais o medo do futuro pode facilmente nos paralisar, questionando se nossos sonhos se realizarão ou se seremos capazes de superar os obstáculos à frente. No entanto, a história de Abraão nos convida a confiar, a liberar nossos medos e descansar na certeza de que Deus está no controle. Ele, que cuida das aves do céu e das flores do campo, certamente cuidará de nós com ainda maior diligência.

Abraão foi um homem de fé inabalável, caminhou lado a lado com Deus e viveu diversas experiências. Desde enfrentar a fome em terra estrangeira até resolver conflitos entre seus próximos e combater reis para salvar seus entes queridos, sua jornada foi marcada por desafios e revelações sobrenaturais.

Essa narrativa bíblica nos ensina uma verdade a respeito de nossa jornada: caminhar com Deus não quer dizer que não teremos problemas, mas que nunca os enfrentaremos sozinhos. Haverá momentos de tristeza e de alegria, perdas e ganhos, saúde e doença, mas o mais importante é nos apegarmos à promessa de que todas as coisas cooperam para o bem daqueles que amam a Deus (Romanos 8.28).

Portanto, seja corajoso, não tenha medo, sabendo que Deus é seu escudo e sua grande recompensa. Ele tem um futuro maravilhoso preparado para você. Como Abraão, podemos não entender cada passo do caminho, mas podemos confiar naquele que guia nossos passos. Deus está conosco em cada jornada, em cada desafio, prometendo nunca nos deixar ou nos desamparar.

Alimente sua fé, e seus medos morrerão de fome.

@juniorrostirola

365 DEVOCIONAL
264/365

LEITURA BÍBLICA
SALMOS 108

PALAVRA-CHAVE
#ENCORAJADO

ANOTAÇÕES

A ESCOLHA É SUA

café com Deus Pai

Lembre-se de onde caiu! Arrependa-se e pratique as obras que praticava no princípio. [...]

APOCALIPSE 2.5

Não questione Deus pelas escolhas que você faz.

@juniorrostirola

DEVOCIONAL 365
265/365

LEITURA BÍBLICA
HEBREUS 4

PALAVRA-CHAVE
#DECISÕES

ANOTAÇÕES

O perdão, ou a falta dele, pode ser uma barreira imensa entre você e a restauração do seu relacionamento com Deus. Ele tem o poder de desviar-nos, até nos perder ou conduzir-nos a perigos inimagináveis. Mas lembre-se: o caminho de volta sempre está aberto.

Perdoar é essencialmente abrir mão do próprio direito de fazer justiça, é libertar-se de uma dívida emocional. Esse ato não depende de reciprocidade; baseia-se na graça divina que nos foi outorgada pelo sacrifício de Jesus. O amor é a essência do coração de Deus para conosco.

Às vezes, nossas escolhas nos desviam dos planos de Deus, levando-nos a agir de maneiras que jamais imaginaríamos. Mas Deus não quer que o seu passado o impeça de viver as promessas que ele tem para o seu presente. Ele o convida hoje a se levantar, a perdoar quem precisa ser perdoado e a retomar o caminho em direção às promessas dele para a sua vida.

Nunca diga que é incapaz ou que lhe falta força. Com Deus, todas as coisas são possíveis. Veja este momento como uma nova oportunidade, um recomeço. Redirecione sua vida para estar em sintonia com a vontade do Pai. Não é sobre limitar suas escolhas, mas sim sobre escolher o caminho que conduz ao melhor para você.

SEJA OTIMISTA

Tudo posso naquele que me fortalece.

FILIPENSES 4.13

Certamente, você já deve ter ouvido falar sobre como pessoas negativas parecem atrair situações ruins, como se fossem ímãs para o infortúnio. Não se trata aqui de superstição ou de mergulhar em conceitos místicos. Longe disso. É sobre compreender o poder das palavras, que têm o potencial de materializar tudo que proferimos, além de funcionarem como uma espécie de bússola, apontando a direção na qual seguimos. Assim, enquanto as palavras negativas nos conduzem a destinos incertos e muitas vezes frustrantes, as palavras de fé e esperança nos guiam por caminhos repletos de vitórias e conquistas no Senhor.

Hoje precisamos compreender a diferença entre pessoas comuns, que tendem ao pessimismo, e aquelas de fé, que encaram a vida com otimismo. Quem é você nesse contexto? Uma pessoa comum, conformada, ou alguém de fé e coragem? Os pessimistas costumam enxergar os problemas isoladamente, enquanto os otimistas são aqueles de fé e coragem, que compreendem que viver em justificativas e reclamações não os tornará vitoriosos; no máximo, gerará uma vida medíocre e frustrada.

Portanto, não adianta culpar os outros ou terceirizar responsabilidades, entrando em desespero. É necessário confiar em Deus, pois somente nele encontramos força e coragem para seguir adiante. Não se conforme com a situação atual; aja como um verdadeiro homem ou mulher de Deus, consciente de que, onde quer que esteja, é um instrumento nas mãos do Senhor, cumprindo seu chamado com a certeza de que Cristo está conosco, nos fortalecendo e guiando.

café com Deus pai

Não use suas palavras para descrever sua situação, mas use-as para transformar a sua realidade.

@juniorrostirola

365 DEVOCIONAL
266/365

LEITURA BÍBLICA
HEBREUS 5

PALAVRA-CHAVE
#OTIMISMO

ANOTAÇÕES

O CHAMADO DE DEUS

"Vá depressa à grande cidade de Nínive e pregue contra ela, porque a sua maldade subiu até a minha presença". Mas Jonas fugiu da presença do SENHOR, *dirigindo-se para Társis. [...]*

JONAS 1.2,3

café com Deus pai

Precisamos olhar as possibilidades contidas em nosso propósito mais do que olhar para as oposições.

@juniorrostirola

DEVOCIONAL 365
267/365

LEITURA BÍBLICA
HEBREUS 6

PALAVRA-CHAVE
#CHAMADO

ANOTAÇÕES

Jonas foi um profeta chamado por Deus para uma importante missão, mas que tentou fugir de seu propósito naquele momento. Sua função era a de pregar em Nínive, alertando sobre as consequências dos maus atos das pessoas que lá viviam, buscando levá-los ao arrependimento e à mudança. Isso por si só era um ato de amor da parte de Deus para com aquele povo e mostra que o Pai sempre nos dá uma chance de recomeçar.

No entanto, movido por uma visão distorcida, Jonas escolheu fugir desse propósito. Muitas pessoas hoje também evitam seu chamado, pois não compreendem plenamente o amor de Deus. Jonas, sem entender ou concordar totalmente com sua missão, foi surpreendentemente guiado por Deus ao seu destino, mesmo após tentar escapar.

Quando Deus nos chama, mesmo sem a compreensão completa, precisamos ir adiante, porque nem sempre entendemos o propósito inicialmente. Deus opera o sobrenatural, proporcionando todos os meios para nos conduzir à sua missão. Não fuja daquilo que o Pai chamou você para fazer por se achar incapaz, pois é ele quem o capacita; é necessário simplesmente confiar. Quando Deus me chamou para a sua obra, para ser sincero com você, eu não me enxergava capaz, mas acreditava que ele me capacitaria no processo, e tem sido dessa forma até hoje.

Você tem resistido ao chamado de Deus? Lembre-se de que nossas desculpas não nos levam a lugar algum, mas a confiança é o caminho para cumprir o propósito. Coloque-se à disposição do Pai mesmo sem entender e permita que ele faça grandes coisas por meio de sua vida.

A ARMA MAIS PODEROSA

Depois, o Diabo [...] lhe disse: "Tudo isto lhe darei, se você se prostrar e me adorar". Jesus lhe disse: "Retire-se, Satanás! Pois está escrito: 'Adore o Senhor, o seu Deus e só a ele preste culto'".

MATEUS 4.8-10

café com Deus pai

No texto que lemos, Jesus é tentado no deserto, e o fato é que, para combater seu inimigo, ele utilizou a mesma arma que eu e você temos em nossa vida, que é a Bíblia. Jesus cita um texto do Antigo Testamento, que está em Deuteronômio 6.13. Isso me ensina muito, pois às vezes negligenciamos o poder transformador da Palavra de Deus.

Para vivermos os planos do Pai para nossa vida, é necessário obedecermos à Palavra. Ela nos mantém conectados a ele e alinhados à sua vontade. Nosso caráter, intenções, obediência e fé são fortalecidos ao nos relacionarmos com as Escrituras. Você tem noção do quanto isso é poderoso?

Perceba que Jesus estava no deserto, com fome e sede, pois estava jejuando, e foi tentado pelo mal. Isso me ensina que, quando estamos fragilizados, nos tornamos suscetíveis aos ataques que tentam nos desestabilizar. Mas, para vencermos, é necessário que estejamos firmados na Palavra de Deus.

Jesus foi conduzido ao deserto, ou seja, era um lugar onde ele deveria estar. Talvez você se encontre assim, em meio a circunstâncias contrárias, passando por todo tipo de tentação. Saiba que Deus permite o deserto para lhe ensinar algo, mas entenda que é necessário estar vigilante, com a Palavra de Deus guardando o seu coração.

Não sei o que tem se levantado contra a sua vida, mas saiba que sua maior arma é a Palavra de Deus. Independentemente da fase em que você se encontre, ela sempre terá as respostas de que você precisa para ser conduzido a uma plenitude de vida. Seja intencional, busque, obedeça e, então, viva os propósitos de Deus na terra.

Não buscar instruções na Palavra de Deus é o mesmo que andar no escuro.

@juniorrostirola

365 **DEVOCIONAL**
268/365

LEITURA BÍBLICA
HEBREUS 7

PALAVRA-CHAVE
#BÍBLIA

ANOTAÇÕES

EM DEUS TUDO É POSSÍVEL

café com Deus pai

"Pois nada é impossível para Deus."

LUCAS 1.37

Rompa os limites da impossibilidade confiando em Deus.

@juniorrostirola

DEVOCIONAL 365
269/365

LEITURA BÍBLICA
SALMOS 109

PALAVRA-CHAVE
#ACREDITAR

ANOTAÇÕES

A fé em Deus nos capacita a crer no impossível, a enxergar o invisível e a alcançar o inimaginável. Quando compreendemos isso, adentramos o território do sobrenatural. Certamente, enfrentaremos circunstâncias adversas. Estar em Deus não significa que os ventos contrários deixarão de soprar. É importante compreender que essas adversidades, esses gigantes que se erguem diante de nós, não nos destruirão, mas nos impulsionarão. Afinal, o gigante Golias promoveu Davi.

A Bíblia diz que devemos buscar primeiramente o Reino de Deus e a sua justiça e as demais coisas serão acrescentadas. Quando entendemos essa verdade e a colocamos em prática, as circunstâncias contrárias se tornam trampolins para irmos mais longe.

Diante de Deus, nossas impossibilidades se transformam em possibilidades; nossos desafios se tornam alvos do milagre. Para aqueles que têm fé, o impossível é apenas temporário. Os desertos que enfrentamos não são lugares de estada permanente, mas de passagem. Contudo, é necessário adotar uma visão de fé e confiança, em que o medo perde espaço e a dúvida se converte em certeza, permitindo que o impossível se manifeste diante de nossos olhos.

Quais gigantes precisam ser derrotados na sua vida hoje? Quais desertos precisam ser atravessados? Decida hoje caminhar com fé e confiança, crendo que Deus está trabalhando em seu favor. Não importa quão desafiadoras pareçam as circunstâncias, se você perseverar, experimentará o cuidado divino. Deixe-me dizer o seguinte: as batalhas que você está enfrentando hoje não são para destruí-lo, mas sim para ensinar que em Deus tudo é possível.

ROMPENDO AS ALGEMAS

Prometendo-lhes liberdade, eles mesmos são escravos da corrupção, pois o homem é escravo daquilo que o domina.

2PEDRO 2.19

café com Deus Pai

A vida às vezes quer nos tornar fracos, mas Deus quer que sejamos maiores que nossas fragilidades. Para vencermos, não podemos focar apenas na nossa capacidade. Muitas pessoas acabam vivendo de forma abaixo da média, acomodadas, desculpando-se com o argumento de que é impossível mudar, melhorar e crescer.

Todos nós temos a escolha de viver uma vida acima da média, mas, para isso, não podemos permitir que nada escravize nossa mente, ou seja, nos mantenha presos às algemas do desânimo e da incredulidade.

Pedro nos diz que o homem é escravo daquilo que o domina. Isso quer dizer que existem pessoas cativas em várias áreas da vida, mas que, ao se renderem a Deus, passam a experimentar a verdadeira liberdade. Para isso, basta um posicionamento: escolha viver e se entregar verdadeiramente ao Pai. Eu era escravo da situação que vivia em casa. Achava que para mim não havia perspectivas ou melhora e desejava apenas a morte. Mas, quando me rendi totalmente ao Pai, as algemas caíram e fui liberto. Hoje, vivo tudo aquilo que Deus tinha planejado para mim.

Viver uma vida extraordinária não tem a ver com as conquistas, riquezas e fama que podemos obter, mas está relacionado com quanto temos vivido os propósitos de Deus aqui na terra.

Sua vista pode ser a maior inimiga da sua visão, ou seja, sua realidade hoje pode estar impedindo você de enxergar o fato de que Deus tem muito mais para sua vida. Decida entregar-se completamente ao Pai, pois onde ele está, ali há liberdade. Deixe as prisões da mente para trás e esteja preparado para viver o extraordinário de Deus.

O que toma conta do seu coração é o que dirige você.

@juniorrostirola

365 **DEVOCIONAL**
270/365

✝ **LEITURA BÍBLICA**
SALMOS 110

PALAVRA-CHAVE
#LIBERDADE

ANOTAÇÕES

SEGURO, SÓ EM JESUS

[...] Eu fui morto com Cristo na cruz. Assim já não sou eu quem vive, mas Cristo é quem vive em mim. E esta vida que vivo agora, eu a vivo pela fé no Filho de Deus, que me amou e se deu a si mesmo por mim.

GÁLATAS 2.19,20, NTLH

café com Deus pai

Sem Jesus, no final tudo é morte, mas com Jesus tudo é vida, até mesmo na morte.

@juniorrostirola

DEVOCIONAL 365
271/365

LEITURA BÍBLICA
SALMOS 111

PALAVRA-CHAVE
#TRANSFORMAÇÃO

ANOTAÇÕES

Imagine-se como um pai ou uma mãe que florescem em amor ficarem presos em uma casca de frustração, amarguras e espinhos. Talvez, até agora, você tenha se sentido preso a isso. Mas Deus olha para você e diz: *"Você é uma árvore promissora, mas, para florescer e frutificar, precisa se entregar à transformação"*.

Essa metamorfose começa quando nos desprendemos do mundo e abraçamos a filiação divina, graças ao sacrifício de Jesus. Ao morrermos para nossas inclinações pecaminosas, passamos a viver pela fé, brotando em uma existência autêntica e frutífera. Paulo, com sua vida transformada, atestou essa verdade ao encontrar propósito e sentido pleno em seu vínculo com Deus.

Convido você a um despertar espiritual: abra seu coração para Deus, permita que ele transforme sua vida, cure seus traumas e o leve a viver em novidade de vida. Como a semente que deixa para trás sua casca morta para germinar, é hora de abandonar tudo aquilo que está impedindo você de ser quem Deus sonhou que seja.

Chegou o momento de você se entregar totalmente a Jesus e deixar que ele conduza a sua vida conforme os planos que o Pai tem para você. Ninguém melhor do que Jesus para compreender as circunstâncias contrárias, pois ele levou sobre si as nossas dores, e por suas pisaduras fomos sarados. Hoje, tudo o que ele quer é curar suas feridas, libertá-lo de toda prisão e levá-lo a viver a liberdade do céu na terra, levando-o para uma experiência mais extraordinária de sua vida. Qual a sua decisão? Entregar-se a ele ou permanecer onde está?

É HORA DE AGIR

E respondi ao rei: Se for do agrado do rei e se o seu servo puder contar com a sua benevolência, que ele me deixe ir à cidade onde meus pais estão enterrados, em Judá, para que eu possa reconstruí-la.

NEEMIAS 2.5

No contexto histórico de Jerusalém durante os dias de Neemias, a desolação reinava. Após a devastação causada pelos babilônios, a cidade jazia em ruínas, suas muralhas erguidas ao longo de gerações foram reduzidas a escombros. A glória do passado cedia lugar à humilhação do presente, e o povo sofria nas sombras da adversidade. Diante desse panorama sombrio, Neemias não se deixou consumir pelo desespero. Em vez disso, ele transformou sua dor em ação.

Movido pela compaixão por sua terra e seu povo, Neemias não se deteve nas lamentações. Com coragem, ele buscou a autorização do rei para reconstruir os muros, restaurar a cidade e renovar a esperança de seu povo. Neemias foi um agente de transformação, ensinando-nos a enfrentar os diagnósticos negativos com determinação.

É inevitável que enfrentemos derrotas e reveses na vida. Todos nós, em algum momento, experimentamos perdas e fracassos. No entanto, o verdadeiro desafio está em nossa resposta a esses reveses. Não podemos permitir que uma derrota passada nos paralise; ao contrário, precisamos nos erguer, sacudir a poeira e reconstruir os muros que foram derrubados em nossa jornada.

Não importa quão árdua tenha sido a batalha anterior, nunca é tarde para recomeçar. Hoje você tem a oportunidade de iniciar uma nova fase. Não deixe que o medo do fracasso, da incerteza, da desaprovação ou que qualquer insegurança o impeça de seguir em frente. Seja como Neemias, audacioso em sua determinação de superar as adversidades e reconstruir o que foi perdido. É hora de agir!

Sua atitude é o primeiro passo para grandes conquistas.

@juniorrostirola

365 DEVOCIONAL
272/365

LEITURA BÍBLICA
HEBREUS 8

PALAVRA-CHAVE
#DETERMINAÇÃO

ANOTAÇÕES

DESCANSE EM DEUS

No princípio Deus criou os céus e a terra. Era a terra sem forma e vazia; trevas cobriam a face do abismo, e o Espírito de Deus se movia sobre a face das águas. Disse Deus: "Haja luz", e houve luz.

GÊNESIS 1.1-3

café com Deus pai

Não tema, pois Deus nunca perdeu o controle.

@juniorrostirola

DEVOCIONAL 365
273/365

LEITURA BÍBLICA
HEBREUS 9

PALAVRA-CHAVE
#DESCANSO

ANOTAÇÕES

Deus, em toda a sua soberania, criou os céus e a terra. Ele é um ser além de toda a nossa compreensão, pois somos seres humanos, consequentemente limitados e incapazes de entender plenamente o seu agir. Por isso, muitas vezes não compreendemos bem os processos e percalços que enfrentamos em nossa história. Entretanto, precisamos saber que nada foge ao controle do Pai.

Em minha história, passei por muitas dificuldades que naquele momento eu não compreendia, mas com o passar do tempo percebi que Deus estava comigo e tinha tudo no controle de suas mãos. Por isso, aprendo que não cabe a nós questionar os planos de Deus, pois no fim descobrimos que até mesmo as lutas que enfrentamos são importantes para forjar nosso caráter e nos preparar para um futuro promissor.

Saiba que seu problema não é grande demais para o Deus que criou todo o universo, pois nada foge de suas mãos. Temos o hábito de buscar ter o controle das situações em nossa vida, mas com Deus é diferente: ele nos pede para descansarmos e confiarmos em seu agir.

Talvez você já tenha buscado de diversas maneiras uma solução para seus problemas, e suas forças já se esgotaram, mas hoje Deus deseja nos ensinar a simplesmente confiar. Fortaleça seu relacionamento com o Pai dia após dia e saiba que absolutamente nada foge de seu controle. Descanse no Senhor e em sua Palavra, que diz: ***"Provem e vejam como o Senhor é bom. Bem-aventurado o homem que nele se refugia!"*** (Salmos 34.8).

NEM TODO DIA VOCÊ ESTARÁ **MOTIVADO**, ENTÃO SEJA **DISCIPLINADO**.

@juniorrostirola

café com Deus pai

NINGUÉM SERÁ GRANDE **RESPONSABILIZANDO** OS OUTROS PELO SEU PRÓPRIO **FRACASSO**.

@juniorrostirola

Assista ao vídeo com a palavra e oração para este mês.

outubro

café com Deus pai

ENCONTRO

Pois a mensagem da cruz é loucura para os que estão perecendo, mas para nós, que estamos sendo salvos, é o poder de Deus.

1CORÍNTIOS 1.18

café com Deus Pai

O evangelho de Jesus Cristo transcende qualquer concepção meramente religiosa; ele é, em sua essência, um convite para uma transformação de vida profunda e abrangente. Esse evangelho, vibrante e ativo, estende-se muito além dos símbolos da cruz vazia ou das estruturas físicas dos templos, alcançando o íntimo da existência humana com o poder transformador de Deus.

Ser tocado pelo evangelho significa abraçar um estilo de vida em que a presença de Deus empodera cada aspecto do nosso ser. É compreender que crer nas boas-novas do Reino de Deus significa permitir que essa verdade viva nos molde, nos guie e nos preencha com esperança e propósito. Jesus manifestou-se em nosso meio para que, por meio dele, tivéssemos acesso a uma vida não somente renovada, mas abundante em todas as áreas.

Ele veio confirmar as promessas antigas e inaugurar um novo caminho, oferecendo a todos que nele creem a certeza de uma vida eterna. Para muitos, essa promessa pode parecer distante ou até incompreensível, mas a realidade de Jesus como o caminho para a verdadeira vida é inegável e está fundamentada em suas próprias palavras.

A verdadeira entrega a Jesus vai além dos atos de devoção visíveis. Trata-se de um encontro genuíno com ele, uma experiência viva que preenche os espaços vazios da alma com um amor que ultrapassa palavras e conceitos. Esse amor nos transforma de dentro para fora, garantindo que, em Jesus, não nos falte nada.

Portanto, se você está em busca por significado, por uma existência plena e genuína, a chave está na entrega total de sua vida a Jesus. Nesse encontro, descobrimos não apenas a plenitude de uma vida poderosa, mas uma vida eterna junto ao Pai.

Só em Jesus você encontra paz, alegria e salvação.

@juniorrostirola

365 **DEVOCIONAL**
274/365

LEITURA BÍBLICA
HEBREUS 10

PALAVRA-CHAVE
#SALVAÇÃO

ANOTAÇÕES

CONFIANÇA INABALÁVEL

Ó Deus, tu és o meu Deus, eu te busco intensamente; a minha alma tem sede de ti! Todo o meu ser anseia por ti, numa terra seca, exausta e sem água.

SALMOS 63.1

café com Deus pai

Deus está vendo você, e isso é suficiente.

@juniorrostirola

DEVOCIONAL 365
275/365

LEITURA BÍBLICA
HEBREUS 11

PALAVRA-CHAVE
#CONFIANÇA

Após ser ungido rei por Samuel e vencer o gigante Golias, Davi enfrentou os constantes ciúmes do rei Saul, forçando-o a fugir para preservar sua vida. Não só Saul o perseguiu como posteriormente seu filho Absalão tomou o trono para si, e Davi, novamente, precisou fugir.

Enquanto fugia de Saul, Davi compôs o salmo 63, expressando sua profunda intimidade com Deus, mesmo em meio ao sofrimento. Sua confiança mantinha-se inabalável, porque nutria diariamente um relacionamento íntimo com Deus e sabia que ele jamais o desampararia.

Desenvolver essa intimidade com Deus vai além de meras palavras; significa ouvir sua voz e mergulhar em sua presença, compreendendo que até mesmo as provações fazem parte de um plano dos céus para nos conduzir ao nosso destino profético. Deus, como um Pai amoroso, deseja ser nosso parceiro e socorro em meio a toda e qualquer situação. Com a vida de Davi, aprendo que nenhuma provação é grande demais a ponto de nos tirar as esperanças, pois a gratidão e a confiança que ele manifestava em momentos tão difíceis eram inspiradoras, mas só conseguiremos agir assim se confiarmos profundamente no Pai.

Viver a vontade de Deus muda radicalmente a nossa vida, transformando todas as áreas, pois o lamento e a murmuração dão lugar ao louvor e à gratidão, sentimentos que nos impulsionam em uma jornada de profundidade e conexão íntima com o Pai. A partir de hoje, eu o convido a ser como Davi, a ter um relacionamento estreito com Deus e fé para ressignificar todas as circunstâncias contrárias que enfrentar em sua vida, porque você não está só.

ANOTAÇÕES

ELE NUNCA O ABANDONARÁ

Por isso peguem agora a armadura que Deus lhes dá. Assim, quando chegar o dia de enfrentarem as forças do mal, vocês poderão resistir aos ataques do inimigo e, depois de lutarem até o fim, vocês continuarão firmes sem recuar.

EFÉSIOS 6.13 NTLH

É sabido que um ferreiro, ao produzir uma espada, precisa golpeá-la com seu martelo diversas vezes e submeter a lâmina a altas temperaturas e depois resfriá-la rapidamente. Quanto mais esse processo ocorrer, melhor será a qualidade da lâmina.

Trazendo para nossa realidade, os processos que enfrentamos nos tornam mais fortes e preparados, e isso vale para todas as áreas de nossas vidas. Os processos trazem amadurecimento, crescimento, e isso nos torna mais preparados para alcançarmos aquilo que Deus sonha para nós.

E justamente nos momentos em que enfrentamos esses processos, não podemos desanimar, mas sim correr em direção a Deus Pai, porque podemos confiar nele em meio às dificuldades e aflições da vida. Muitos ao enfrentar dificuldades, correm na direção oposta de Deus, mas o fato é que muitas vezes ele usa essas circunstâncias contrárias para nos aproximar dele.

Jesus em nenhum momento nos prometeu uma vida fácil, sem lutas ou aflições; pelo contrário, ele nos alertou e ensinou que haveriam aflições, e nos avisou antecipadamente, não para que entremos em desespero ou venhamos a desanimar, mas para que estejamos preparados e armados o tempo todo para enfrentar todas as adversidades que virão.

Quais lutas você tem enfrentado em sua vida? Eu já enfrentei maus diagnósticos de saúde, rupturas emocionais, perdas financeiras e até mesmo decepções com pessoas. Mas em todos esses momentos eu soube que tinha um Pai, corri para ele, e fui acolhido e reanimado para seguir adiante. Com você não será diferente, as dificuldades virão, mas se você buscar em Deus, ele é a solução.

café com Deus Pai

Quando você abre o seu coração para Deus, ele abre novos caminhos.

@juniorrostirola

365 DEVOCIONAL
276/365

LEITURA BÍBLICA
SALMOS 112

PALAVRA-CHAVE
#PROCESSOS

ANOTAÇÕES

UMA FÉ CRESCENTE

Ele respondeu: "Porque a fé que vocês têm é pequena. Eu lhes asseguro que se vocês tiverem fé do tamanho de um grão de mostarda, poderão dizer a este monte: "Vá daqui para lá", e ele irá. Nada lhes será impossível.

MATEUS 17.20

café com Deus pai

Não há limites para um Deus que tudo pode.

@juniorrostirola

DEVOCIONAL 365
277/365

LEITURA BÍBLICA
SALMOS 113

PALAVRA-CHAVE
#FÉ

ANOTAÇÕES

Os milagres de Jesus registrados na Bíblia desafiam as leis da lógica e a ciência humana: água transformada em vinho, pães multiplicados, cegos e paralíticos curados, e até ressurreição. Esses eventos, à luz da compreensão humana, são considerados impossíveis. As tentativas de explicação dentro dos limites lógicos e científicos são frustradas, revelando que, para Deus, os limites do possível, que tantas vezes nos aprisionam, são facilmente rompidos.

No texto que lemos, Jesus usa uma incrível comparação da fé com um grão de mostarda, que, apesar de inicialmente ser muito pequeno, cresce e se torna uma árvore imensa. Isso nos ensina que nossa fé deve estar em constante crescimento e desenvolvimento, até chegar ao ponto de, como Jesus disse, nada ser impossível para nós.

Deus Pai nos convida a remover as cortinas de nossos olhos, ultrapassando o campo das possibilidades humanas, onde a fé em Deus nos permite testemunhar o impossível tornando-se real diante de nossos olhos. As circunstâncias contrárias, quando associadas à fé, são o terreno ideal para o milagre se manifestar em nossa vida, transformando qualquer realidade.

Seja qual for a condição atual de sua vida, ainda que possa parecer sem solução, saiba que o impossível pode se concretizar, tornando seu milagre em realidade. A partir de hoje, quero que saiba que Deus Pai está cuidando de você, por isso não tenha medo, pois tudo é possível ao que crê.

A DIREÇÃO CERTA

Era assim que sempre acontecia: de dia a nuvem o cobria, e de noite tinha a aparência de fogo. Sempre que a nuvem se levantava de cima da Tenda, os israelitas partiam; no lugar em que a nuvem descia, ali acampavam.

NÚMEROS 9.16,17

café com Deus Pai

No deserto, o povo de Israel seguia uma nuvem, que era a manifestação da presença de Deus apontando a direção em que deveriam seguir. Hoje experienciamos uma orientação semelhante, por meio da presença do Espírito Santo em nós. Ele nos direciona diariamente, indicando quando avançar e quando parar. Estabelecer uma conexão íntima com o Espírito Santo nos permite uma jornada segura, em direção aos propósitos de Deus.

Assim como o povo hebreu era guiado pela nuvem, Deus nos guia por meio do Espírito Santo. Ele nos impulsiona para águas mais profundas e nos instrui a tomar decisões em nosso dia a dia, sejam elas grandes ou pequenas. Isso nos mostra que não estamos sozinhos, porque o Pai nos deixou um ajudador que nos conduz à sua vontade.

Certa vez, ao retornar de uma viagem, desatento, segui por um caminho errado. Não me ative ao GPS e, por distração, tive que dar meia-volta para prosseguir. Pode parecer uma experiência simples que quase todos já enfrentamos, mas muitas vezes nos deixamos levar pelos caminhos da vida e não damos ouvidos aos direcionamentos do Espírito Santo. No meu caso, pude retornar ao caminho original sem muitos prejuízos, mas por vezes, ao não atender a um direcionamento de Deus, podemos sair prejudicados.

Para onde você está indo? Qual voz tem orientado os seus passos? Refletir sobre a direção que estamos tomando é crucial. Saiba que Deus Pai está à disposição e deixou todo o necessário para trilharmos os caminhos dele para a nossa vida, mas, para isso, precisamos nos manter atentos. Esteja sensível à orientação do Espírito Santo e caminhe sempre na direção correta.

O mais importante na vida não é a velocidade em que estamos, mas a direção em que nos movemos.

@juniorrostirola

365 DEVOCIONAL
278/365

LEITURA BÍBLICA
SALMOS 114

PALAVRA-CHAVE
#DIRECIONAMENTO

ANOTAÇÕES

HUMILDADE PRECEDE HONRA

[...] levantou-se da mesa, tirou sua capa e colocou uma toalha em volta da cintura. Depois disso, derramou água numa bacia e começou a lavar os pés dos seus discípulos, enxugando-os com a toalha que estava em sua cintura.

JOÃO 13.4,5

café com Deus pai

A humildade não o faz melhor que ninguém, mas o torna mais parecido com Jesus.

@juniorrostirola

DEVOCIONAL 365
279/365

LEITURA BÍBLICA †
HEBREUS 12

PALAVRA-CHAVE
#HUMILDADE

ANOTAÇÕES

Jesus nos deixou exemplos extraordinários por meio de sua vida e atitudes para serem seguidas. Ele é nosso referencial máximo em todas as áreas, e a forma como exerceu sua liderança para com os discípulos e seguidores é impactante. Ele demonstrou o verdadeiro significado de ser um líder e grande humildade ao lavar os pés de seus discípulos, uma vez que lavar os pés era uma função associada à condição mais simples de um servo.

A atitude de Jesus revelou a importância de um líder agir com humildade. Em outro momento, João Batista reconheceu a grandiosidade de Jesus, ao dizer que não era digno de desamarrar as correias das suas sandálias. Ao mesmo tempo, essa grandiosidade era demonstrada por sua humildade em servir a todos.

Ao exemplificar que um líder não deve ser servido, mas sim servir, Jesus ensinou a todos sobre a importância de assumir uma postura humilde, independentemente da posição ou função. Ele nos deixou claro que uma pessoa não é superior a outra de maneira alguma, por isso todos merecem atenção, dedicação e respeito. Tudo isso é uma quebra de paradigma no mundo atual, onde o orgulho e o ego são marcas que costumam falar mais alto nas relações humanas, principalmente em relações de liderança.

A humildade deve ser uma marca na vida de todos aqueles que caminham com Jesus, porque assim impactaremos diversos ambientes, como família, trabalho ou por onde quer que passemos. Lembre-se: maior não é aquele que senta à cabeceira da mesa, mas o que puxa a cadeira. Quer ser grande? Sirva primeiro.

VENCENDO AS INQUIETAÇÕES

[...] "Não se preocupem com suas próprias vidas, quanto ao que comer; nem com seus próprios corpos, quanto ao que vestir. A vida é mais importante do que a comida, e o corpo, mais do que as roupas."

LUCAS 12.22,23

Em meio ao turbilhão de desafios e notícias desalentadoras que marcam nossos dias, muitos acabam sucumbindo ao desânimo e ao pessimismo. Parece que cada notícia ruim adiciona peso a uma carga já insustentável, ameaçando nossa saúde emocional, física e espiritual. No entanto, não devemos permitir que os momentos difíceis definam a totalidade de nossa existência. Por isso, devemos prestar atenção em relação à maneira como estamos alimentando nossa alma.

Temos o evangelho de Jesus como um farol de esperança na escuridão em que muitas vezes nos encontramos. Geralmente passamos o dia no trabalho, resolvendo pendências e solucionando problemas. Ao chegar em casa, em vez de descansarmos, passamos o tempo assistindo a jornais ou nas redes sociais. Nos deparamos a todo momento com notícias ruins ou idealizando padrões de vida irreais construídos na internet. O dia chega ao fim, e nossa alma foi alimentada apenas por ainda mais preocupações, comparação, pessimismo e medo.

O resultado de tudo isso é obviamente um coração inquieto e desanimado. Mas a boa notícia é que podemos fazer diferente. Ao investirmos nosso tempo em um relacionamento profundo com Deus, estaremos blindados contra as armadilhas deste mundo.

Pergunto-lhe neste dia: como você tem alimentado a sua alma? Rejeite tudo aquilo que não a edifica e preencha seu coração com um relacionamento intencional com o Pai. Troque a comparação pela oração, as más notícias pelas boas-novas do evangelho, e assim tenha sua alma transformada, cheia de paz, amor e esperança.

café com Deus pai

Os melhores dias chegam para aqueles que tomam as decisões mais acertadas.

@juniorrostirola

365 DEVOCIONAL
280/365

✝ LEITURA BÍBLICA
HEBREUS 13

PALAVRA-CHAVE
#ESPERANÇA

ANOTAÇÕES

UM ENCONTRO COM JESUS

café com Deus pai

Jesus parou e disse: "Chamem-no". E chamaram o cego: "Ânimo! Levante-se! Ele o está chamando". Lançando sua capa para o lado, de um salto, pôs-se de pé e dirigiu-se a Jesus.

MARCOS 10.49,50

Certamente, em sua cidade, há moradores de rua, pessoas que se encontram em um estado de extrema vulnerabilidade social e que acabam caminhando sem rumo, por estarem dominadas por problemas ou vícios, que acabaram cegando as esperanças de um futuro melhor ou de dar a volta por cima.

Bartimeu vivia nessa condição. Uma capa, possivelmente suja e malcheirosa, era sua casa, um refúgio improvisado para buscar algum conforto e abrigo.

Antes de se aproximar de Jesus, Bartimeu toma uma decisão radical: ele se livra de sua capa e vai na direção de Jesus. Gosto de imaginar essa capa como sendo nossos pecados, medos, vícios, ídolos, ou seja, tudo o que afasta uma pessoa de Jesus.

Essa capa simboliza aquilo que, apesar de ruim, nos concede alguma sensação de conforto e aceitação, mas que na realidade precisa ser lançado fora para que possamos mudar de vida efetivamente. Bartimeu compreendia que precisava deixar para trás sua identidade distorcida e seguir na direção de Jesus. Com isso, quero levar você a refletir a seu respeito. O que tem mantido você preso em uma vida contrária à vontade de Deus? Seria um vício, relacionamentos, amizades, pecados?

Convido você a fazer uma análise sobre aquilo que pode estar impedindo você de viver plenamente em Cristo. Porque, ao decidirmos lançar nossa capa e seguir em direção a Jesus, tudo muda. Há cura, libertação e transformação completa para sua vida, mas para isso é necessário tomar uma decisão. Saiba que Jesus está de braços abertos para mudar sua história.

Deixe para trás aquilo que o mantém escravo de você mesmo.

@juniorrostirola

DEVOCIONAL 365
281/365

LEITURA BÍBLICA
1PEDRO 1

PALAVRA-CHAVE
#MUDANÇA

ANOTAÇÕES

A BELEZA DO PERDÃO

Jesus disse: "Pai, perdoa-lhes, pois não sabem o que estão fazendo". Então eles dividiram as roupas dele, tirando sortes.

LUCAS 23.34

O perdão é uma poderosa decisão de liberação, semelhante ao ato de desamarrar uma embarcação, permitindo-nos soltar os laços de rancor e ressentimento que nos aprisionam. Inspiradoramente, existe uma árvore na Índia, o sândalo, cuja madeira, ao ser cortada, libera um aroma tão envolvente que até os instrumentos utilizados para talhar a árvore ficam impregnados com sua fragrância. Esse fenômeno natural espelha a beleza do perdão demonstrado por Jesus, que, mesmo sob a tortura, perdoava aqueles que o feriam, transformando o amargo de sua dor em redenção e salvação para a humanidade.

Cristo, em sua infinita graça, escolheu sofrer por nós, oferecendo perdão mesmo quando nada merecíamos. Se ele, sendo Deus encarnado, estendeu misericórdia, quem somos nós para reter o perdão ao nosso próximo?

Ao abraçarmos o perdão e o amor que Jesus nos deixou, somos convidados a ser como o sândalo, perfumando até mesmo aqueles que nos ferem, libertando-nos assim das cadeias do ressentimento e vivendo em uma liberdade plena e autêntica. Perdoar não surge de um mero sentimento ou impulso passageiro, mas de uma decisão consciente e firme. Sua vida não precisa ser definida pela dor ou pela amargura, mas pelo fato de você ter sido perdoado em Jesus.

Ao viver o perdão que Jesus nos oferece, abrimos as portas para uma vida de verdadeira liberdade. E este é o convite de Deus para você hoje: perdoe. Liberte-se das amarras do ressentimento e siga rumo a uma nova vida, repleta de novos começos e possibilidades.

café com Deus Pai

Às vezes, na vida, teremos que perdoar quem nunca foi capaz de pedir perdão.

@juniorrostirola

365 DEVOCIONAL
282/365

LEITURA BÍBLICA
1PEDRO 2

PALAVRA-CHAVE
#PERDÃO

ANOTAÇÕES

O CAMINHO DE VOLTA

Eu me porei a caminho e voltarei para meu pai, e lhe direi: "Pai, pequei contra o céu e contra ti. Não sou mais digno de ser chamado teu filho; trata-me como um dos teus empregados".

LUCAS 15.18,19

café com Deus pai

A paternidade já foi estabelecida por Deus, mas a filiação é uma escolha de cada um.

@juniorrostirola

DEVOCIONAL 365
283/365

LEITURA BÍBLICA
SALMOS 115

PALAVRA-CHAVE
#RETORNAR

ANOTAÇÕES

A parábola do filho pródigo é uma narrativa poderosa que reflete nossa jornada. Esse jovem mergulhou em uma vida de irresponsabilidades, acreditando que os dias de prazeres da carne seriam infinitos. Suas escolhas o conduziram a um estado de angústia tão grande que o fizeram desejar comer o alimento de porcos, uma figura da própria miséria, apontando para fome e desespero intensos.

A verdadeira crise do filho pródigo não estava apenas em suas ações, mas no vazio existencial que essas escolhas revelaram, um vazio que apenas o amor e o perdão incondicionais de um pai poderiam preencher. Se desde o princípio ele tivesse sua identidade firmada, nunca teria tido uma atitude de órfão e saído da casa do pai. Sua trajetória de retorno não é apenas um caminho de volta para casa, mas uma jornada de reconhecimento e aceitação de sua verdadeira identidade como filho amado.

Muitos de nós caminham por estradas marcadas pela imprudência e rebeldia, buscando prazeres mundanos para preencher vazios que só em Deus é possível. Ignoramos muitas vezes a nossa identidade de filho, não ouvindo a Deus nem mesmo aqueles que nos amam e se preocupam com nossa caminhada. Contudo, nossas escolhas acabam nos levando para caminhos longe da presença do Pai e, consequentemente, acumulamos feridas emocionais, vazios, traumas, dores e pecados, diante do que só o arrependimento e o caminho de volta nos fazem recomeçar uma nova vida.

Para quais caminhos suas escolhas o têm levado? É tempo de refletir, de rever suas decisões. Faça o caminho de volta para os braços do Pai, pois, independentemente do estado em que você se encontra, ele está de braços abertos para o receber com amor e leva-lo a um recomeço.

O CUIDADO DE DEUS

O SENHOR é o meu pastor; de nada terei falta. Ele me faz repousar em pastagens verdejantes e me conduz a águas tranquilas; restaura-me o vigor. Guia-me pelas veredas da justiça por amor do seu nome.

SALMOS 23.1-3

café com Deus Pai

Entre tantos tesouros que encontramos na Bíblia, o salmo 23 é muito especial, pois nos envolve em um retrato vívido do amor e da proteção de Deus para conosco. Davi, antes de ascender ao trono como rei de Israel, era um humilde pastor, mas já cultivava uma profunda conexão com Deus Pai, uma intimidade que não diminuiu com o passar dos anos.

Percebo que, mesmo no campo como um simples pastor aos olhos humanos, Deus já o enxergava como um grande rei. Mesmo esquecido e ignorado por seu pai terreno, era lembrado e valorizado por seu Pai celestial.

Esse salmo é um lembrete poderoso de que, mesmo nos sentindo invisíveis, negligenciados ou esquecidos, Deus está conosco e nunca nos abandona. Não é necessário buscar o reconhecimento ou a aprovação humanos, pois a verdadeira valorização vem de conquistar o coração de Deus. As palavras de Davi refletem verdades eternas, prometendo sustento, cuidado, renovação e orientação. A Palavra de Deus tem o poder de lavar nosso coração, renovar nossas esperanças e nos apontar o caminho certo, porque ela é viva, eficaz e transformadora.

Talvez a sensação de medo e a desesperança tenham dominado o seu coração, mas, a partir de hoje, permita-se ser conduzido por Deus como ovelha de seu rebanho. Ele é o único capaz de guiar você em direção a uma vida com propósito, repleta de amor e paz. Por isso, não perca mais tempo: Deus tem um caminho para você, e certamente a sua bondade e fidelidade o acompanharão todos os dias (Salmos 23.6)

A provisão e a proteção sempre fazem parte da vida daqueles que caminham com Deus.

@juniorrostirola

365 **DEVOCIONAL**
284/365

LEITURA BÍBLICA
SALMOS 116

PALAVRA-CHAVE
#PROTEÇÃO

ANOTAÇÕES

GUIADOS PELO AMOR

café com Deus Pai

Eu o instruirei e o ensinarei no caminho que você deve seguir; eu o aconselharei e cuidarei de você.

SALMOS 32.8

Quer ser grande? Nunca perca o coração de criança.

@juniorrostirola

DEVOCIONAL 365
285/365

LEITURA BÍBLICA
SALMOS 117

PALAVRA-CHAVE
#SINCERIDADE

ANOTAÇÕES

Somos todos filhos, cada um trazendo consigo uma história única, moldada pelas mãos de pais distintos. Alguns podem ter crescido sem orientação ou apoio, carregando o peso da orfandade, enquanto outros foram abençoados com pais exemplares, que ofereceram inspiração e um caminho a seguir. Independentemente de nossas origens, uma verdade universal nos une: Deus é o Pai supremo, sempre pronto a nos ensinar, guiar, aconselhar e cuidar.

Minha própria jornada foi marcada pela sensação de orfandade, um fardo que, em momentos, pareceu insuperável. No entanto, a relação que cultivei com Deus transformou minha realidade, mostrando-me que, acima de tudo, sou seu filho. Esse entendimento mudou tudo.

Hoje, quando olhamos para a infância, é importante refletir sobre o significado de ser criança e as memórias que formamos. Para alguns, essa fase pode ser lembrada como um tempo de incompreensão, birras e desobediência, marcado por negatividade. Contudo, na minha caminhada com Deus, encontrei a chance de redefinir essas memórias, não só para mim, mas para meus filhos, garantindo que eles tenham lembranças positivas que ecoarão por toda a vida.

Se a sua infância foi repleta de desafios, momentos que você preferiria esquecer, lembre-se de que é possível construir uma nova realidade com Deus. Decida ser essa mudança em sua geração. Transforme sua história de vida em uma fonte de inspiração, mostrando que, independentemente de nosso passado, podemos escolher um novo caminho, guiados e amparados pelo amor incondicional de Deus Pai.

PRESENÇA TRANSFORMADORA DE JESUS

"Restaurarei o exausto e saciarei o enfraquecido."

JEREMIAS 31.25

Iniciar o dia com Jesus é o alicerce para uma jornada extraordinária. Ao despertar, devemos convidar Deus Pai para guiar nossos passos, pois em Atos 17.28 está escrito que nele vivemos, nos movemos e existimos. E isso não se trata apenas de uma formalidade, mas de reconhecer que ele é o autor da vida e merece nosso amor e devoção diariamente.

Muitos vivem uma vida fragmentada e muito aquém de seu real potencial por negligenciarem a presença transformadora de Jesus. Embora ele esteja sempre conosco, reservar um tempo exclusivo para adorá-lo e buscar sua orientação é uma prática essencial. Afinal, foi ele quem redimiu nossa vida, nos reconciliou com Deus e abriu-nos portas para a eternidade ao enfrentar o sofrimento e triunfar sobre a morte.

Ao passarmos por angústias e aflições, Jesus se torna a âncora de nossa alma, não permitindo que nos percamos em meio às tempestades e aos mares revoltosos da vida. Nele encontramos não apenas alívio, mas também a certeza de que, mesmo nos momentos mais sombrios e difíceis, sua luz nos guia.

Por mais pesados que sejam os fardos da vida, saiba que ao lado de Jesus eles são aliviados. Não é mais necessário viver carregando os pesos de uma vida repleta de medos e paralisias, pois Jesus está à nossa porta, basta tomarmos a importante decisão de abri-la e deixar que ele entre, para então vivermos uma vida leve, abundante e segura.

Enquanto Jesus for a âncora, o seu barco estará seguro.

@juniorrostirola

365 DEVOCIONAL
286/365

LEITURA BÍBLICA
1PEDRO 3

PALAVRA-CHAVE
#ALÍVIO

ANOTAÇÕES

O SENTIDO DA VIDA

Na verdade, sei que o SENHOR *é grande, que o nosso Soberano é maior do que todos os deuses. O* SENHOR *faz tudo o que lhe agrada, nos céus e na terra, nos mares e em todas as suas profundezas.*

SALMOS 135.5,6

café com Deus pai

Sua vida só terá sentido quando Deus for o centro.

@juniorrostirola

DEVOCIONAL 365
287/365

LEITURA BÍBLICA
1PEDRO 4

PALAVRA-CHAVE
#ALCANÇAR

ANOTAÇÕES

Um dos maiores segredos acerca da fé consiste em podermos nos relacionar com Deus de tal maneira que abandonemos os falsos ídolos que jamais farão de nós seres completos e acolhidos. Adorar a Deus como a única fonte de ajuda e esperança é fundamental, pois é exatamente isso que ele é. Em momentos difíceis, nosso sistema de valores é abalado pelas situações a que estamos submetidos e nos voltamos para aquilo que é realmente importante. Para gerar um ambiente de fé, você precisa abandonar seus antigos ídolos e clamar a Jesus para que, como seu único e suficiente Salvador, ele aja a seu favor.

Sua melhor versão está em Deus, sua melhor jornada começa com Deus, sua esperança de vida está em Deus, e sua vida só faz sentido quando vivida do modo que Deus preparou.

Enquanto eu vivia do meu próprio jeito, minha vida era sem sentido e vazia. Caminhava até a escola sem esperança de aprender, via os garotos da minha idade com uma vida, enquanto eu apenas vagava sem entender o que de fato era viver.

Talvez sua vida esteja assim, sem esperança, sem alegria, sem rumo. Mas há esperança para você. Qual é o seu cenário? De escassez, miséria e desesperança? Ou é uma realidade favorável e próspera? O mais importante é que em Deus o impossível pode ser vivido, e o extraordinário alcançado. Renda-se completamente ao Senhor e viva o impossível.

FRUTIFICAR

"Eu sou a videira verdadeira, e meu Pai é o agricultor. Todo ramo que, estando em mim, não dá fruto, ele corta; e todo que dá fruto ele poda, para que dê mais fruto ainda.".

JOÃO 15.1,2

café com Deus Pai

Mesmo que você não veja as sementes, elas estão trabalhando para que você tenha uma grande colheita.

@juniorrostirola

365 DEVOCIONAL
288/365

LEITURA BÍBLICA
1PEDRO 5

PALAVRA-CHAVE
#PROCESSOS

No texto de hoje, vemos que Jesus usa a figura da videira com a intenção de nos ensinar a respeito da dinâmica do cuidado e do trabalho de Deus Pai para conosco. Assim como acontece com uma videira, nós passamos por processos de poda, os cortes que Deus faz em nossa vida, para que possamos frutificar ainda mais e, dessa maneira, consigamos viver todos os planos que Deus já preparou para a nossa vida.

O entendimento dessa verdade pode ressignificar nossa maneira de enxergar a vida e as dificuldades que enfrentamos. Talvez hoje você esteja passando por momentos difíceis, em que tem a impressão de que as coisas não podem piorar, tamanhas as dificuldades que têm se levantado contra você. Contudo, entenda que nesse tempo Deus está preparando você para o que pode ser a maior colheita da sua vida até aqui. Tenha calma, continue! Suporte o processo, porque haverá vitória ao final.

O processo muitas vezes é desconfortável, mas é fundamental para que os propósitos de Deus se cumpram em nossa vida. Saiba que todas as coisas cooperam para o bem daqueles que amam a Deus. Portanto, em meio a cada processo que você enfrenta, Deus Pai está com você, preparando-o para grandes colheitas, que impactarão não apenas a sua vida, mas também a de todos ao seu redor. Por isso, neste dia levante a cabeça e prepare-se, pois uma grande colheita vem aí.

ANOTAÇÕES

ALÉM DAS DIFICULDADES

Eis que alguns homens vieram trazendo um paralítico em uma maca e tentaram fazê-lo entrar na casa para posicioná-lo diante de Jesus. Não conseguindo fazer isso, por causa da multidão, subiram ao telhado e o baixaram na sua maca [...].

LUCAS 5.18,19

café com Deus pai

Em sua caminhada, Deus sempre levantará pessoas para ajudar você.

@juniorrostirola

DEVOCIONAL 365
289/365

LEITURA BÍBLICA
2PEDRO 1

PALAVRA-CHAVE
#PERSEVERANÇA

ANOTAÇÕES

A vida, com seus altos e baixos, tem a capacidade de nos testar até o limite. Mas, como a história nos mostra, não importa a magnitude da tragédia que enfrentamos; a presença constante de Deus promete uma saída, um novo amanhecer após a noite mais escura. Esse relato não é apenas sobre a cura física de um homem, mas sobre a restauração espiritual e emocional disponível a todos nós.

Ao nos aprofundarmos nessa história, vemos que a fé é a chave. A fé dos amigos do paralítico, que o levaram até Jesus, mostra-nos que a companhia certa é crucial. Eles não permitiram que a multidão ou qualquer outro obstáculo os detivesse. Em nossa vida, enfrentaremos barreiras, mas a determinação e a criatividade nos ajudarão a encontrar um caminho até Jesus.

Jesus, vendo a fé deles, não apenas curou o homem, mas também lhe perdoou os pecados, mostrando que nossa luta não é apenas contra as adversidades físicas, mas também contra as espirituais. É uma lembrança de que, acima de tudo, precisamos de restauração e salvação.

Nossa jornada pode estar cheia de desafios inesperados, mas a promessa de Deus é de estar conosco, guiando-nos e sustentando-nos. Portanto, precisamos enfrentar as dificuldades não como um ponto final, mas como uma vírgula que nos levará à continuidade da história, repleta de esperança, transformação e renovo. Avance com fé, sempre olhando para o alto, porque somente Jesus pode fazer você se levantar, superar o problema e continuar a caminhada.

DEUS PROVERÁ

"Observem as aves do céu: não semeiam nem colhem nem armazenam em celeiros; contudo, o Pai celestial as alimenta. Não têm vocês muito mais valor do que elas?"

MATEUS 6.26

café com Deus Pai

O sentimento de escassez tem se tornado cada vez mais presente na vida das pessoas. No entanto, confie que Deus está ao seu lado, pronto para protegê-lo e sustentá-lo com sua graça abundante. A graça do Pai não se limita somente à nossa salvação, mas permeia todas as áreas de nossa vida.

É crucial confiar e entregar totalmente sua vida a Deus — corpo, alma e espírito — e depender inteiramente dele. Ele sempre proverá o melhor para você, garantindo que nada lhe falte.

Em minha jornada com Cristo, vivi várias experiências de ensinamentos e desafios. Em determinado momento em minha trajetória, passei por um período difícil financeiramente, mas minha família e eu permanecemos fiéis ao Senhor. Em nenhum momento, murmuramos ou questionamos, mas simplesmente decidimos confiar que Deus estava no controle de tudo e que sua provisão viria na hora certa. Lembro-me de uma ocasião em que tínhamos só arroz em casa. Ao retornar ao meio-dia para o almoço, fiquei surpreso ao encontrar nossos armários repletos de alimentos, pois uma família foi tocada por Deus para fazer uma compra e nos doar. Fiquei completamente impactado com o cuidado de Deus, pois naquela compra tinha tudo o que você possa imaginar, menos o arroz que tínhamos em casa.

Deus cuida de nós nos detalhes, de maneira que muitas vezes nos surpreendemos. Eu não sei quais são as dificuldades que você pode estar enfrentando, as lutas que o tentam calar, sufocar e envergonhar, mas uma coisa tenho certeza: quando entregamos tudo nas mãos de Deus e confiamos nele, somos surpreendidos pelos detalhes do seu cuidado. Pois ele é um pai que ama seus filhos e tem prazer de abençoá-los. Independentemente de qualquer coisa, hoje Deus está cuidando de você.

O cuidado de Deus é presente na vida daquele que decidiu entregar tudo em suas mãos.

@juniorrostirola

365 **DEVOCIONAL**
290/365

✝ **LEITURA BÍBLICA**
SALMOS 118

PALAVRA-CHAVE
#PROVISÃO

ANOTAÇÕES

ESTEJA DISPONÍVEL

Certo dia o SENHOR *Deus disse a Abrão: — Saia da sua terra, do meio dos seus parentes e [...] vá para uma terra que eu lhe mostrarei. Os seus descendentes vão formar uma grande nação. Eu o abençoarei, [...] e você será uma bênção para os outros.*

GÊNESIS 12.1,2, NTLH

café com Deus pai

As promessas de Deus em nossa vida são limitadas pela nossa fé e visão.

@juniorrostirola

DEVOCIONAL 365
291/365

LEITURA BÍBLICA
SALMOS 119.01-78

PALAVRA-CHAVE
#DISPONIBILIDADE

ANOTAÇÕES

Em um momento decisivo da história, Deus se propôs a formar uma nação e, para isso, escolheu um líder improvável: Abraão. Aos olhos humanos, ele e sua esposa, Sara, já avançados em idade, e ela estéril, pareciam escolhas impossíveis para cumprir tal plano. No entanto, é dessa impossibilidade que surge a promessa de uma nação eleita. A escolha de Abraão nos ensina uma verdade profunda: Deus frequentemente escolhe o improvável para realizar seus propósitos mais grandiosos.

Talvez, aos olhos do mundo, você se sinta distante dos planos de Deus, com seus sonhos e promessas enterrados pelo tempo e circunstâncias. Mas a história de Abraão nos ensina que não há impossível para Deus. Ele é especialista em transformar o improvável em realidade, em mudar as variáveis da nossa existência, permitindo-nos viver o que parece inalcançável aos olhos humanos.

Não deixe o desânimo tomar conta, porque a fidelidade de Deus não é medida pela lógica humana; suas promessas se cumprem independentemente das probabilidades. Minha própria vida é um testemunho do ***"sim"*** a Deus, da capacidade de viver o inimaginável, não por ser o mais qualificado, mas por estar disponível.

Abraão não foi escolhido por sua perfeição, mas por sua disponibilidade e fé. Disponibilidade não significa ociosidade, mas um comprometimento profundo com os propósitos do Pai. E você, está disponível? Está pronto para dar seu "sim" a Deus, crendo que ele pode fazer o extraordinário em sua vida? Lembre-se: não é sobre ser perfeito, mas sobre estar disposto a ser moldado e usado por Deus para cumprir seus grandiosos propósitos.

UMA JORNADA EXTRAORDINÁRIA

Portanto, assim como um só pecado condenou todos os seres humanos, assim também um só ato de salvação liberta todos e lhes dá vida.

ROMANOS 5.18, NTLH

café com Deus pai

Diante de nós, a cada amanhecer, está a escolha entre a existência extraordinária que Deus nos oferece e uma vida mediana, carente de propósito e alegria. Viver o comum é despertar sem ver graça no mundo, uma condição que desafia a intenção de Deus para a nossa vida.

Eu conheço bem essa realidade. Aos treze anos, a vida me parecia insuportável. Cercado por um lar disfuncional, marcado por conflitos e violência, eu perdi o sentido de viver. A escola, que deveria ser um refúgio, era mais um campo de batalha, onde o *bullying* e a solidão me marcavam como o esquecido e isolado.

Contudo, essa trajetória de vida mudou radicalmente quando decidi entregar minha vida a Jesus. Foi aí que descobri que havia algo a mais para a minha vida. Deus já havia aberto os céus, bastava apenas eu reconhecer isso. Paulo, ao escrever aos romanos, lembra-nos de que, apesar da condenação herdada de Adão e Eva, Jesus ofereceu-nos libertação, justificação, perdão e cura por meio de seu sacrifício. Saiba que a vida nos oferece diversos caminhos, mas apenas um tem realmente o poder de transformar verdadeiramente nossa história, e esse caminho é Jesus. Escolher andar por ele é abrir as portas para o extraordinário, deixar o passado doloroso para trás e abraçar uma nova identidade, a de filhos de Deus.

A partir de hoje, entenda, você tem uma escolha: entregar-se plenamente a Jesus e viver os sonhos de Deus para sua vida, ou continuar da mesma maneira, longe dos caminhos dele e de uma vida abundante. Faça a escolha certa e, assim como eu, tenha a vida completamente transformada e a jornada ressignificada.

Quanto mais nos relacionamos com Jesus, mais nos tornamos semelhantes a ele.

@juniorrostirola

365 DEVOCIONAL
292/365

LEITURA BÍBLICA
SALMOS 119.79-176

PALAVRA-CHAVE
#RELACIONAMENTO

ANOTAÇÕES

ELE RENOVA SUAS FORÇAS

Mas aqueles que esperam no SENHOR renovam as suas forças. Voam bem alto como águias; correm e não ficam exaustos, andam e não se cansam.

ISAÍAS 40.31

café com Deus pai

A renovação que você quer está na mudança de vida que você precisa.

@juniorrostirola

DEVOCIONAL 365
293/365

LEITURA BÍBLICA
2PEDRO 2

PALAVRA-CHAVE
#VOAR

ANOTAÇÕES

Talvez você esteja se sentindo desgastado, cansado, mas não consiga identificar o motivo. Pode ser que esteja contente com seu trabalho, com a situação em sua casa, mas parece que mesmo assim o desânimo tomou conta. É possível que você esteja utilizando o combustível errado. No texto que lemos, o profeta Isaías deixa claro que, quando confiamos e esperamos em Deus, o cansaço e o desânimo não nos paralisam. Tudo isso porque o Pai dá vigor e forças a cada um de nós para que possamos prosseguir.

Quando nossos olhos estão totalmente voltados para o Pai, para cumprirmos o propósito que ele tem para nós, voamos alto como águias. Quando depositamos nossa confiança em Deus, chegamos a lugares que nunca imaginamos. Pode parecer contraditório, mas, ao reconhecer que não somos capazes sozinhos e que precisamos de Deus, passamos a confiar plenamente, e então experimentamos o extraordinário.

Pode ser que o seu cansaço seja um sintoma da ausência de propósito, de viver no modo automático. Se eu perguntar qual foi o motivo de você ter levantado hoje pela manhã, diria que foi apenas porque precisa trabalhar para sobreviver? Isso é pouco, e Deus não nos criou para isso.

Olhe para o alto, encontre seu propósito em Deus e passe a ter um novo combustível para os seus dias. Se focarmos nas dificuldades, não encontraremos motivos para continuar, mas, ao olharmos para o céu, sabemos que não estamos sozinhos e que há algo muito maior preparado para nós. A partir de hoje, entregue-se totalmente a Jesus e prepare-se para viver uma vida plena e abundante em Deus.

NO TEMPO CERTO

Entregue o seu caminho ao SENHOR*;*
confie nele, e ele agirá.

SALMOS 37.5

Todos fazemos planos e traçamos metas para um futuro melhor. Nosso objetivo, sem sombra de dúvida, é ter êxito naquilo que nos dedicamos a fazer, porque acredito que ninguém em sã consciência planeja o próprio fracasso. Entretanto, há momentos na vida que, mesmo planejando, não alcançamos nosso objetivo.

Para muitas pessoas, lidar com resultados negativos é um problema bastante difícil porque geralmente traz sensações de frustração e fracasso. No entanto, devemos nos lembrar de que Deus Pai é soberano, ou seja, ele tem o controle de todas as coisas e não deixa de ser mais nem menos poderoso se os nossos planos foram adiante ou não.

Contudo, isso não anula o fato de que muitas vezes cometemos erros, mas temos dificuldades em reconhecê-los. A dificuldade em lidar com as falhas faz que busquemos terceirizar o fracasso, culpando outras pessoas, ou até mesmo Deus.

Assim, precisamos aceitar e celebrar inclusive as respostas negativas, porque a Bíblia diz que todas as coisas cooperam para o bem daqueles que amam a Deus. Se as portas ainda não se abriram, tenha paciência; observe que pode ainda não ser o tempo. Talvez Deus Pai esteja gerando amadurecimento e preparando você para ir ainda mais longe. Costumo dizer que é no fim da pista que o avião decola.

Compreenda que ***"Para tudo há uma ocasião certa; há um tempo certo para cada propósito debaixo do céu: Tempo de nascer e tempo de morrer; tempo de plantar e tempo de arrancar o que se plantou"*** (Eclesiastes 3.1,2). Não se abale se as coisas não acontecerem no tempo que você planejou, mas entenda que o Pai está cuidando de tudo, e no tempo certo você viverá coisas ainda maiores do que um dia sonhou. Apenas permaneça fiel.

café com Deus Pai

Só porque Deus não está trabalhando no seu tempo, não significa que ele não está trabalhando em seu favor.

@juniorrostirola

365 **DEVOCIONAL**
294/365

LEITURA BÍBLICA
2PEDRO 3

PALAVRA-CHAVE
#PACIÊNCIA

ANOTAÇÕES

OUVIR E OBEDECER

Ao homem pertencem os planos do coração, mas do SENHOR vem a resposta da língua. Todos os caminhos do homem lhe parecem puros, mas o SENHOR avalia o espírito. Consagre ao SENHOR tudo o que você faz, e os seus planos serão bem-sucedidos.

PROVÉRBIOS 16.1-3

café com Deus pai

Não importa o que virá, o que importa é que Jesus está com você.

@juniorrostirola

DEVOCIONAL 365
295/365

LEITURA BÍBLICA †
HABACUQUE 1

PALAVRA-CHAVE
#BEM-SUCEDIDO

ANOTAÇÕES

"*Não planejar o futuro, é planejar o fracasso!*" Essa frase está viva em minha memória há muitos anos. Quantos sonhos e projetos para o futuro fizemos no último ano? E entre esses, quantos já aconteceram, e quantos foram abandonados? É comum projetarmos como estaremos no ano que vem, daqui a dez anos. Mas a pergunta é: Temos entregue a Deus nossos sonhos e planos para que ele os defina?

Muitos de nós buscam trilhar o próprio caminho, onde apenas visamos uma velhice confortável em um barco ou em uma casa de praia, olhando para as coisas deste mundo apenas, e esquecendo completamente do verdadeiro propósito, pois a vida é sobre Deus e as pessoas.

Quando eu estava no sétimo período do curso de Economia, tranquei e o troquei para estudar Teologia e me dedicar com mais afinco ao chamado de Deus. Fiz isso porque entendi claramente em meu coração que Deus Pai estava me direcionando a isso. Veja bem, não estou dizendo para você fazer o mesmo, mas sim para ouvir a Deus e entender o que ele tem para sua vida.

Não é errado nem condenável desejarmos uma vida boa, tranquila e confortável. Mas precisamos entender que quando corremos apenas atrás das bênçãos, nos cansamos e não as alcançamos, pois elas são, na verdade, a recompensa da obediência a Deus.

Convido você a inverter a ordem de algumas coisas em sua vida. Busque a obediência a Deus, e as bênçãos virão de uma maneira abundante. Entregue o rumo de sua vida continuamente a Jesus, pois ele é o Caminho, a Verdade e a Vida, capaz de conduzir você à verdadeira prosperidade, que não é simplesmente material, mas a satisfação completa em todas as áreas da vida.

ELE CUIDA DE TUDO

Ele muda as épocas e as estações; destrona reis e os estabelece. Dá sabedoria aos sábios e conhecimento aos que sabem discernir.

DANIEL 2.21

café com Deus Pai

Daniel compartilhou, no texto que lemos, a revelação crucial de que Deus é soberano, detentor de sabedoria e poder. Sua palavra está além do tempo; ele é quem estabeleceu todas as coisas, em sua infinita bondade e amor. Saber disso é essencial, porque não estamos lançados ao acaso, mas temos um Deus que tem tudo no controle de suas mãos.

Esta verdade, deve ser um alicerce para nossa alma, principalmente em momentos desafiadores, proporcionando alívio e tranquilidade. A Bíblia é repleta de relatos que ilustram a manifestação da soberania do Pai na vida de indivíduos e nações. Cada página dela é um testemunho de como Deus orienta os rumos da história.

Numa experiência pessoal, ao pastorear na cidade de Presidente Prudente, em São Paulo, no ano de 2007, me deparei com um episódio que me ensina sobre essa soberania. Ao mudar para uma casa alugada, um simples chuveiro com a resistência queimada se tornou palco de uma lição. Fiz uma oração que pareceu inicialmente sem resposta, mas a simplicidade de meu filho se revelou profunda. Ele disse: ***"Pai, desliga e liga".*** Esse simples ato desencadeou um milagre, uma lembrança que até hoje me vem à memória, dada a situação de necessidade em que nos encontrávamos, e ali Deus Pai me ensinou que intervém também nos detalhes da vida.

Saber que nada acontece sem a permissão de Deus é um chamado à confiança. Em meio às dificuldades, Deus Pai não apenas observa, mas cuida com carinho. Os pequenos milagres cotidianos são como seus lembretes amorosos, revelando que, em cada desafio, sua soberania se manifesta. Confie plenamente, porque ele está cuidando de tudo.

Sua impossibilidade hoje pode se tornar um milagre amanhã.

@juniorrostirola

365 **DEVOCIONAL**
296/365

✝ **LEITURA BÍBLICA**
HABACUQUE 2

PALAVRA-CHAVE
#CONFIAR

ANOTAÇÕES

SAIA DO COMUM

"Peçam, e lhes será dado; busquem, e encontrarão; batam, e a porta lhes será aberta. Pois todo o que pede, recebe; o que busca, encontra; e àquele que bate, a porta será aberta."
MATEUS 7.7,8

café com Deus Pai

Deus multiplica o azeite, mas espera que você busque as vasilhas.

@juniorrostirola

DEVOCIONAL 365
297/365

LEITURA BÍBLICA
SALMOS 120 E 121

PALAVRA-CHAVE
#FÉ

ANOTAÇÕES

Muitas vezes, nos acomodamos a uma vida mediana, satisfeitos e conformados se nada nos falta. No entanto, Deus Pai não deseja que estejamos na zona de conforto, vivendo no intermediário, pois nesse lugar não há crescimento, mas estagnação.

Devemos nos posicionar como a viúva descrita em 2Reis 4, que, à beira de perder seus filhos como escravos, agiu em obediência, correu atrás de vasilhas como o profeta havia pedido, e acabou vivendo um grande milagre de multiplicação, que salvou toda a sua casa. Da mesma forma, como os serviçais no casamento em Caná da Galileia obedeceram, sem perceber que o milagre já estava diante deles, devemos obedecer antes de testemunhar o milagre.

Não basta reconhecer a necessidade; devemos agir de acordo com o padrão celestial. A fé abundante, como a da viúva cuja vida foi transformada pelo Senhor por meio do profeta Eliseu, nos leva a agir em fé mesmo quando a situação parece impossível. A recompensa é proporcional à nossa disposição de nos posicionarmos, assim como a viúva recebeu conforme o número de vasilhas que coletou.

Saiba que os céus já estão abertos, e Deus é o maior interessado em fazer o melhor para seus filhos. Entretanto, a fé é o combustível que nos move até o milagre. Por isso, é essencial crer e nos posicionar, porque, quanto maior for a nossa medida de fé, mais desfrutaremos das bênçãos de Deus. Hoje, convido você a sair da sua zona de conforto e com fé colocar seus sonhos e pedidos diante do Pai, pois no tempo certo ele intervirá.

VALORIZE CADA MOMENTO

Quando os dias forem bons, aproveite-os bem; mas, quando forem ruins, considere: Deus fez tanto um quanto o outro, para evitar que o homem descubra qualquer coisa sobre o seu futuro.

ECLESIASTES 7.14

café com Deus pai

O tempo que temos neste mundo é tão breve e frágil quanto o piscar de olhos. A certeza que possuímos sobre o amanhã é o agora, pois o amanhã está além do nosso controle. Nesse contexto, é crucial viver o presente plenamente, aproveitando cada segundo e valorizando as oportunidades que Deus nos oferece. Infelizmente, muitos despertam para a vida apenas após notícias ou diagnósticos adversos, uma triste realidade.

A Palavra de Deus nos exorta a sermos sábios, considerando nosso tempo como uma oportunidade para vivenciar e apreciar cada momento concedido por Deus. Desde os simples instantes com aqueles que amamos até os abraços de gratidão, lágrimas de alegria ou de tristeza, cada momento merece ser vivido intensamente.

A vida neste mundo se resume a viver com amor e dedicação a Deus e às pessoas, aproveitando cada oportunidade, pois nunca sabemos quando será nosso último dia na terra. Precisamos estar atentos, conectados ao Pai, vivendo uma vida leve, sem ressentimentos e pesos.

Qual tem sido a sua abordagem em relação à vida? O estilo de vida que devemos levar é oferecer o nosso melhor a Deus e às pessoas a cada dia. Sejamos sábios, expressando empatia, perdão, declarando amor, oferecendo abraços e sorrisos. Não adie para amanhã o amor que você pode oferecer hoje, valorize cada momento da sua vida, pois a cada novo amanhecer Deus Pai lhe dá novas oportunidades.

Desperdiçar o tempo é desperdiçar a vida.

@juniorrostirola

365 **DEVOCIONAL**
298/365

LEITURA BÍBLICA
SALMOS 122

PALAVRA-CHAVE
#OPORTUNIDADES

ANOTAÇÕES

O TEMPO NÃO VOLTA

café com Deus Pai

E Deus continuou: — Jeremias, se você me chamar, eu responderei e lhe contarei coisas misteriosas e maravilhosas que você não conhece.

JEREMIAS 33.3, NTLH

Sua agenda revela suas prioridades.

@juniorrostirola

DEVOCIONAL 365
299/365

LEITURA BÍBLICA
SALMOS 123

PALAVRA-CHAVE
#ESCOLHAS

ANOTAÇÕES

A verdadeira conexão com o Pai é medida pelo tempo que lhe dedicamos. Em nossos dias corridos, muitas horas são inevitavelmente consumidas pelo trabalho, sustento de nossos lares. Mas e o tempo restante? Frequentemente, ele se esvai em trivialidades como navegar na internet, assistir à televisão, entre outras atividades pouco enriquecedoras. Uma reflexão sobre o tempo dedicado revelaria, surpreendentemente, anos desperdiçados de nossa vida. Em contraste, quantas horas semanais reservamos para Deus? A quantidade de tempo perdido em trivialidades evidencia que, de fato, dispomos de momentos preciosos para estar na presença do Pai.

Deus, em sua onipresença, está conosco sempre, até mesmo agora, enquanto mergulhamos nesta leitura devocional. Ele nos acompanha, pronto para responder ao nosso chamado. Frequentemente, apoiamos nossas faltas em desculpas, justificando nossa falta de tempo com ele. Mas, na realidade, ao negligenciar momentos com Deus, nossa relação com ele fica sem nutrição, semelhante a uma planta mal regada, incapaz de florescer.

O convite é claro: dedicar tempo de qualidade ao Pai, comprometer-se com sua obra, e encontrar um momento de recolhimento para um diálogo íntimo. O tempo investido no secreto com Deus reflete-se em nossa vida pública, em nossas ações e em nossa caminhada espiritual. Cultivar essa intimidade com Deus é reconhecer a preciosidade de cada momento concedido e usá-lo para fortalecer nosso vínculo com o Pai.

RECALCULE A ROTA

Desta forma sabemos que permanecemos nele, e ele, em nós: ele nos deu do seu Espírito.

1JOÃO 4.13

café com Deus Pai

Navegar pelos caminhos da vida sob a orientação de Deus é como entregar o controle a ele, permitindo que direcione nossa jornada por meio de uma ligação íntima e constante. Imagine nossa existência como uma grande viagem, sem a possibilidade de voltar ao ponto de partida. Percorremos diversas rotas, enfrentando encruzilhadas, terrenos acidentados, vales e planícies — tudo isso faz parte de nossa caminhada.

Nesse contexto, uma decisão mal tomada pode não apenas prolongar nossa viagem, mas também nos desviar completamente da meta final. É por isso que muitos recorrem ao GPS para garantir uma viagem segura, um dispositivo capaz de antecipar obstáculos e sugerir rotas alternativas para nos manter no caminho certo.

De forma similar, como a águia que, sem hesitar, escolhe as melhores correntes de ar para chegar mais rápido ao seu destino, somos chamados a estabelecer uma conexão profunda com Deus. Ele, nosso Pai, está pronto para nos mostrar os caminhos que conduzem à sua vontade, influenciando diretamente a direção que tomamos, conforme nossa disposição em ser guiados. Mesmo que nos encontremos desviados em trajetos secundários, sempre há a possibilidade de reencontrar a rota principal.

Talvez você tenha estado desatento e acabou se desviando da rota que Deus havia traçado para sua vida, mas a boa notícia é que ainda há tempo para retornar ao caminho certo. Deixe que Deus Pai guie seus passos e escolhas, porque há um caminho de paz, amor e transformação esperando por você.

Com Deus na direção, você não erra o destino.

@juniorrostirola

365 **DEVOCIONAL**
300/365

LEITURA BÍBLICA
HABACUQUE 3

PALAVRA-CHAVE
#ROTA

ANOTAÇÕES

CONFIE, O MILAGRE VAI CHEGAR

Então fizeram sinais a seus companheiros no outro barco, para que viessem ajudá-lo; e eles vieram e encheram ambos os barcos, a ponto de quase começarem a afundar

LUCAS 5.7

café com Deus pai

Quando você obedece a Palavra você vive o milagre.

@juniorrostirola

DEVOCIONAL 365
301/365

LEITURA BÍBLICA
1JOÃO 1

PALAVRA-CHAVE
#MILAGRE

ANOTAÇÕES

Pedro e outros pescadores enfrentaram uma noite de trabalho exaustivo sem sucesso. Como resultado de seus esforços contínuos, suas redes retornaram vazias, retendo apenas galhos secos e algas, sem peixe algum. Para eles, cuja subsistência e a de suas famílias dependiam inteiramente da pesca, aquela noite representava o ápice da frustração. Em nossa vida, tal situação não é estranha. Assim como certas profissões se extinguiram ao longo da história, deixando muitos com ***"redes vazias"***, também surgem novas oportunidades que demandam nossa adaptação.

Os discípulos, contudo, não permitiram que o desânimo os dominasse. Após uma palavra liberada por Jesus, eles voltaram com seu barco ao alto-mar, cumprindo todo o direcionamento que ele lhes dera. Em um ato de fé e obediência, caminhando sobre a palavra liberada, tiveram uma pesca inesperada, chegando a pedir ajuda por tamanha quantidade de peixes. Assim, tiveram não só a sua realidade transformada, como também a de todos aqueles que fizeram parte do milagre ajudando a puxar as redes.

Se hoje você se encontra em uma situação similar, com ***"redes vazias"***, pelos desafios em seu trabalho ou na vida pessoal, considere este momento como um convite para permitir que Jesus entre no seu ***"barco"*** e libere sobre você uma palavra de bênção, com o coração aberto. Assim, sua direção pode ser o início de uma virada milagrosa, trazendo abundância onde antes havia escassez.

UM NOVO COMEÇO A CADA MANHÃ

De manhã ouves, SENHOR*, o meu clamor; de manhã te apresento a minha oração e aguardo com esperança.*

SALMOS 5.3

café com Deus Pai

Já parou para pensar que a cada manhã Deus nos dá um novo começo? Algo que me chama a atenção é o fato de o salmista deixar claro que clamava e orava a Deus todas as manhãs. Ele nutria um relacionamento diário com o Pai, dando a ele as primícias de seu dia. Davi é o autor desse salmo e foi um rei muito próspero, um homem segundo o coração de Deus. Tudo isso porque constantemente buscava a vontade do Pai e se submetia a ela.

Deus tem planos para todos os seus filhos e deseja que sejam salvos e vivam coisas extraordinárias. Contudo, eu e você temos escolhas. Davi nutria um profundo relacionamento com Deus, e isso o levou a grandes vitórias e conquistas, pois Deus o guiava. Mas entendo que, se ele não se submetesse a Deus nem o buscasse, acabaria mal, assim como ocorreu com Saul.

Trazendo isso para a nossa vida, minha pergunta é: como está seu relacionamento com Deus? Na mesma medida em que nos aproximamos dele, nos afastamos daquilo que nos faz mal. Muitas vezes, queremos mudanças, mas continuamos com os mesmos hábitos. Costumo dizer que o que não nos custa nada não nos levará a lugar algum. Entenda: Deus quer guiar sua vida, suas decisões, ele pode e deve ser o centro de tudo, mas isso depende de você.

Busque a Deus de maneira intensa e sincera, permitindo que ele guie sua vida; caso contrário, você será movido pelo seu próprio entendimento e por sua própria vontade. Há uma escolha diante de nós, que tem poder para mudar nosso destino para sempre. Saiba que Deus tem grandes propósitos para sua vida. Entregue-se completamente a ele e veja sua realidade ser transformada por completo.

Os melhores dias vêm para aqueles que fazem a melhor escolha.

@juniorrostirola

365 DEVOCIONAL
302/365

LEITURA BÍBLICA
1JOÃO 2

PALAVRA-CHAVE
#RECOMEÇO

ANOTAÇÕES

SEJA PERSEVERANTE

Por isso não desanimamos. Embora exteriormente estejamos a desgastar-nos, [...] pois os nossos sofrimentos[...] estão produzindo para nós uma glória eterna que pesa mais do que todos eles.

2CORÍNTIOS 4.16,17

café com Deus Pai

O que você chama de atraso, Deus chama de processo.

@juniorrostirola

DEVOCIONAL 365
303/365

LEITURA BÍBLICA
1JOÃO 3

PALAVRA-CHAVE
#PROCESSOS

ANOTAÇÕES

Em alguns momentos da vida, nossos sonhos parecem distantes e inalcançáveis, levando embora a alegria e trazendo medo e dúvida. Já vivi essa experiência diversas vezes, mas a verdade é que não podemos desanimar. No texto que lemos, Paulo deixa claro que os processos fazem parte da vida, pois geram em nós algo extraordinário.

Nada na vida é conquistado sem sacrifício. Até mesmo as borboletas precisam fazer um esforço exaustivo para saírem do casulo antes de alçar voo. Compreenda que a luta que travamos é um trajeto necessário entre nossos objetivos e o êxito, e o último esforço ou tentativa pode ser o que falta para alcançar a vitória. Enfrento diariamente desafios como qualquer pessoa, mas hoje sei que não estou sozinho, pois caminho com Jesus, e ele jamais nos abandona, quer nos momentos bons, quer nos ruins.

Tenho aprendido que Deus Pai tem propósito em todas as coisas, e a vida não é como uma linha reta, uma caminhada estável; pelo contrário, é como uma montanha russa, repleta de altos e baixos. Entretanto, apesar das circunstâncias variarem, nossa fé precisa ser crescente, pois a vitória está reservada àqueles que permanecem firmes, confiando plenamente em Deus.

Não permita que o desânimo tome conta e acabe paralisando seus sonhos e projetos, mas mantenha-se convicto de que algo está sendo gerado em seu coração em meio aos processos. Ao olharmos para nós mesmos, não veremos soluções ou saídas, mas, ao fixar os olhos em Jesus, podemos ter a certeza de que, por fim, tudo cooperará para o nosso bem.

LUZ NA ESCURIDÃO

Por essa razão, torno a lembrar-lhe que mantenha viva a chama do dom de Deus que está em você mediante a imposição das minhas mãos.

2TIMÓTEO 1.6

Com certeza, ao chegar em casa na escuridão, automaticamente você procura o interruptor para acender a luz. Essa ação rápida ocorre porque você conhece o local do interruptor, um gesto automático que evita tropeços na escuridão. Não é diferente quando temos Jesus em nossa vida. Ele é nosso guia, nossa luz nos dias mais escuros, e manter essa luz acesa depende apenas de nós.

Essa luz deve, em nós, refletir na vida dos que estão ao nosso redor, iluminando-os também. O mundo pode ser um lugar muito duro e difícil, e essa chama que habita no coração daqueles que caminham com Jesus é como uma fogueira em meio ao frio, faz que os que estão ao redor se aproximem para se aquecer. É assim que deve ser conosco: com o Espírito Santo em nossa vida, temos algo diferente a oferecer às pessoas, que faz com que elas vejam Jesus em nós.

Essa chama precisa ser alimentada diariamente por meio de uma vida de intimidade com Deus. Quanto mais a alimentamos, mais refletimos o caráter e o amor de Jesus. Do mesmo modo, essa chama também pode ser apagada, por meio da apatia, do pecado e pelos rumos errados que tomamos em nossa vida.

Escolha hoje manter a luz brilhando intensamente em sua vida, como uma lanterna em seu caminho. Mantenha a chama sempre acesa por meio de uma vida devocional intensa. Cuide para que nada distraia você e faça que ela se apague, pois assim você será como um farol na escuridão, guiando muitas vidas em direção a Jesus.

Seja luz no dia escuro de alguém.

@juniorrostirola

365 DEVOCIONAL
304/365

LEITURA BÍBLICA
SALMOS 124

PALAVRA-CHAVE
#LUZ

ANOTAÇÕES

café com Deus Pai

CRIE **MEMÓRIAS** QUE FAÇAM A VIDA **VALER** A **PENA**.

@juniorrostirola

Assista ao vídeo com a palavra e oração para este mês.

novembro

café com Deus pai

01 | NOV

O TEMPO CERTO

Disse Marta a Jesus: "Senhor, se estivesses aqui meu irmão não teria morrido".

JOÃO 11.21

café com Deus pai

Na narrativa emocionante de Marta, Maria e Lázaro, encontramos uma cena marcante: a chegada de Jesus quatro dias após o falecimento de Lázaro. A dor e o lamento das irmãs, acreditando na chegada tardia do Mestre, refletem nossos próprios momentos de desespero, quando precisamos de uma intervenção em meio às adversidades.

Com isso, aprendo que nossa percepção de tempo é limitada para a grandeza e o poder transformador de Jesus. Na minha história, durante um período sombrio, enfrentei diversas adversidades familiares e desafios pessoais, me sentia em um beco sem saída. Eu realmente desejei a morte, pois não via a menor possibilidade da minha situação mudar. Foi aí que conheci Jesus. Quando parecia não ter mais jeito ou saída, ele interveio e mudou tudo.

O amor e o poder de Jesus não conhecem barreiras. Nos momentos mais sombrios, ele está conosco para restaurar nossos sonhos mais profundos, trazer cura para nossas feridas e reconciliação para nossas famílias. A chave para testemunhar milagres é justamente confiar, não interrogar ou calcular, porque com Jesus nunca é tarde demais.

Em tempos de espera ou dor, somos convidados a fortalecer nossa fé, lembrando-nos de que Jesus sempre tem um propósito, mesmo quando sua chegada parece tardia aos nossos olhos. Talvez você já tenha perdido as esperanças, mas hoje eu o convido a renová-las. Entregue tudo nas mãos de Jesus, confie plenamente e obedeça, porque com ele você está seguro, e não é tarde demais para testemunhar um grande milagre.

Hoje não é tarde para Deus agir em sua vida.

@juniorrostirola

365 **DEVOCIONAL**
305/365

LEITURA BÍBLICA
SALMOS 125

PALAVRA-CHAVE
#INTERVENÇÃO

ANOTAÇÕES

O CAMINHO DA TRANSFORMAÇÃO

Eles me responderam: - Aqueles que sobreviveram ao cativeiro e estão lá na província passam por grande sofrimento e humilhação. O muro de Jerusalém foi derrubado, e as suas portas foram destruídas pelo fogo.

NEEMIAS 1.3

café com Deus pai

Enquanto você fugir dos problemas, nunca haverá solução.

@juniorrostirola

DEVOCIONAL 365
306/365

LEITURA BÍBLICA
SALMOS 126

PALAVRA-CHAVE
#TRANSFORMAÇÃO

ANOTAÇÕES

Você sabia que perguntar pode ser muito importante? Para conhecer uma situação, precisamos fazer questionamentos acerca dela. No texto que lemos, Neemias faz uma pergunta a respeito da atual situação de Jerusalém, e a resposta que ele recebe é de fato desagradável e triste, mas o moveu em direção a um importante posicionamento.

No entanto, é justamente ao confrontar a realidade que encontramos o caminho para a mudança. Como Neemias, devemos ter a coragem de fazer as perguntas difíceis, mesmo que as respostas sejam dolorosas. É por meio desse processo que identificamos as raízes de nossos problemas e podemos agir de forma decisiva para a transformação.

Não devemos nos deter diante das dificuldades, mas buscar a sabedoria dos céus para discernir nossa realidade e encontrar soluções. Assim como Neemias reconstruiu os muros de Jerusalém, podemos reconstruir os alicerces da nossa vida, fortalecidos na fé e na determinação. Por isso, não podemos nos abalar com as notícias, mas fazer com que as circunstâncias contrárias sejam como trampolins que nos impulsionem a grandes transformações.

Saiba que, ao enfrentar a verdade de frente, ainda que dolorosa, abrimos espaço para a transformação e o crescimento. Convido você a encarar os desafios de uma maneira diferente: em vez de permitir que eles paralisem você, entregue-os a Deus e confie nele, porque ele os usará para impulsioná-lo, fazendo você chegar ainda mais longe.

CLAME POR ELE

Quando ouviu que era Jesus de Nazaré, começou a gritar: "Jesus, Filho de Davi, tem misericórdia de mim!".

MARCOS 10.47

café com Deus pai

Ao deixar Jericó, Jesus cruzou o caminho de Bartimeu, um homem cuja cegueira física não havia ofuscado a luz da fé em seu coração. Conhecendo Jesus pelo que ouvira, Bartimeu não hesitou em clamar: *"Jesus, Filho de Davi, tem misericórdia de mim!"*. Sua voz, embora uma entre muitas, carregava a convicção de que aquele encontro poderia transformar sua vida.

Nossa era é marcada pela superabundância de informações, com mensagens que nos alcançam de todos os lados. Entre elas, há vozes como a de Bartimeu, clamando não por atenção passageira, mas por um toque transformador. Essas vozes ecoam as dores e esperanças de almas que, apesar de cercadas por multidões, sentem-se isoladas em suas lutas.

Em alguns momentos de meu passado, eu me vi em Bartimeu, com a alma clamando por auxílio num mundo que frequentemente tenta abafar a voz da nossa súplica. No entanto, descobri, assim como Bartimeu, que Jesus escuta além do ruído da multidão. Quando o mundo parecia surdo ao meu clamor, foi a voz de Jesus que respondeu, trazendo luz à escuridão que me cercava.

Portanto, se sua alma grita por socorro, lembre-se da história de Bartimeu. Jesus está atento aos clamores que brotam do mais profundo do nosso ser. Ele ouve, ele responde, e está pronto para intervir. Não permita que as vozes ao redor o silenciem; clame a Jesus e permita-se ser ouvido. Em meio aos ruídos da vida moderna, o seu clamor é fundamental para a mudança de que você precisa, pois só em Jesus há cura, esperança e transformação.

Aquele que clama a Deus jamais fica sem resposta.

@juniorrostirola

365 **DEVOCIONAL**
307/365

LEITURA BÍBLICA
1JOÃO 4

PALAVRA-CHAVE
#CLAMOR

ANOTAÇÕES

UM CORAÇÃO GRATO

O Senhor vive! Bendita seja a minha Rocha!
Exaltado seja Deus, o meu Salvador!

SALMOS 18.46

café com Deus pai

Tudo o que falta em você e para você, sobra em Jesus.

@juniorrostirola

DEVOCIONAL 365
308/365

LEITURA BÍBLICA
1JOÃO 5

PALAVRA-CHAVE
#GRATIDÃO

ANOTAÇÕES

Viver em gratidão e louvor a Deus vai muito além de um simples *"obrigado"* dito após recebermos algo. É uma postura de vida, uma atitude que deve permear cada dia de nossa existência, não apenas em momentos de evidente alegria ou recebimento, mas até mesmo nas coisas mais simples do nosso dia a dia. Desde cedo, aprendemos a agradecer automaticamente, mas a verdadeira gratidão é profunda e contínua, sendo expressa independentemente das circunstâncias atuais.

Ver a felicidade e a saúde de nossos filhos, sentir o amor em um olhar compartilhado com o cônjuge, saborear uma refeição, independentemente de sua simplicidade, e até enfrentar um dia de trabalho exaustivo, mas estar sob o teto de sua própria casa, são oportunidades de reconhecer as bênçãos em nossa vida.

Tudo o que possuímos é fruto da imensa graça de Deus, mas há uma dimensão da gratidão que é acessada mediante o reconhecimento do sacrifício de Jesus, pois Deus Pai entregou seu único Filho para morrer por nós e nos concedeu assim algo muito superior às coisas terrenas, a vida eterna.

Que seu respirar seja um constante lembrete da bondade e da fidelidade de Deus, pois a verdadeira felicidade não está nos bens materiais conquistados por esforço próprio, mas em ter conosco a presença de Jesus, o autor e consumador da nossa fé. Independentemente do que você esteja vivendo, seja grato, não permita que a insatisfação tome o lugar da gratidão em seu coração e nunca perca Jesus de vista, pois quem tem Jesus tem tudo.

PERMANEÇA FIEL

E a mulher reclamou a Elias: "Que foi que eu te fiz, ó homem de Deus? Vieste para lembrar-me do meu pecado e matar o meu filho?"

1REIS 17.18

café com Deus pai

Manter a visão e o coração alinhados em meio a momentos difíceis não é tão simples. Quando enfrentamos dificuldades que nos afligem, automaticamente nos sentimos inseguros e com medo, e nossa fé acaba sendo abalada.

Pense naquela mulher que havia recentemente provado de um grande milagre, em que seu alimento tinha sido multiplicado, ao se deparar agora com a morte de seu filho. Ela se desespera, sua fé vacila e a desesperança acaba tomando conta em meio ao trágico acontecimento. Ela não conseguia olhar para trás e lembrar-se daquilo que Deus havia feito por ela pela instrumentalidade do profeta Elias.

Não podemos permitir que as tempestades da vida obscureçam nossa visão. No desenrolar da história, Elias aparece, clama a Deus, e o menino é ressuscitado. Nossa fé pode ser colocada à prova, mas não podemos desanimar; antes, compreender que tudo é possível ao que crê. Durante esses anos, vivi diversas situações em que minha fé foi provada. Confesso que não são momentos fáceis, mas, quando permanecemos fiéis, provamos do milagre de uma maneira surpreendente, assim como ocorreu com a viúva.

Não sei o que você tem enfrentado, mas tenho certeza de que seu problema não é grande demais para Deus. Não permita que as batalhas da vida enfraqueçam sua fé; pelo contrário, que o leve a depender do Senhor e confiar nele ainda mais. Saiba que, quando os dias nublados cessarem, há um dia ensolarado chegando em sua vida, porque o choro pode até durar uma noite, mas a alegria vem pela manhã.

Não permita que os dias nublados o façam esquecer de um Deus que está sempre presente na sua vida.

@juniorrostirola

365 **DEVOCIONAL**
309/365

LEITURA BÍBLICA
2JOÃO 1

PALAVRA-CHAVE
#DESCANSAR

ANOTAÇÕES

PROTEJA SUA MENTE

Finalmente, irmãos, tudo o que for verdadeiro, tudo o que for nobre, tudo o que for correto, tudo o que for puro, tudo o que for amável, tudo o que for de boa fama, se houver algo de excelente ou digno de louvor, pensem nessas coisas.

FILIPENSES 4.8

café com Deus Pai

Não seja governado pelas opiniões alheias; seja governado pelos céus!

@juniorrostirola

DEVOCIONAL 365
310/365

LEITURA BÍBLICA †
3JOÃO 1

PALAVRA-CHAVE
#IDENTIDADE

ANOTAÇÕES

A mente, muitas vezes, pode sabotar a nós mesmos. Nossos pensamentos têm muito poder sobre a nossa vida, fazendo que venhamos a encarar a caminhada como algo hostil e ameaçador. Acabamos caindo em armadilhas mentais e mentiras que nos paralisam e impedem de irmos adiante.

Por muito tempo, eu acreditei na mentira de que não sabia correr nem andar. Quando via pessoas atrás de mim na rua, esperava que elas passassem para eu poder continuar. Acreditava que todos, a todo momento, estavam olhando para mim e me julgando. O medo nos paralisa, levando ao fracasso, à insegurança, ao receio do julgamento alheio e ao temor da escassez ao iniciar projetos ou dar novos passos na vida. Esses receios escurecem nossa visão, impedindo-nos de enxergar as oportunidades que o Pai coloca em nosso caminho. Rendemo-nos antes mesmo de começar a batalha.

Por isso, silenciar a negatividade em nossa mente é crucial. Não podemos mais dar ouvidos às mentiras e aos maus pensamentos que nos acorrentam e que se instalam em nossa vida por meio de traumas do passado. Em Deus, temos a força necessária para rejeitar todas as mentiras e seguir adiante, totalmente curados. Quando descobri que minha verdadeira identidade não estava naquilo que falavam a meu respeito, mas sim no que Deus Pai pensava sobre mim, tudo mudou.

Quando temos nossa identidade firmada em Deus, experimentamos o extraordinário. O Pai deseja transformar seus pensamentos, mas para isso decida por uma mente renovada pela Palavra de Deus, e assim viverá plenamente o chamado que ele designou para a sua vida.

UMA FÉ OUSADA

e lhe disse para abrir a janela que dava para o leste e atirar. O rei o fez, então Eliseu declarou: "Esta é a flecha da vitória do SENHOR, *a flecha da vitória sobre a Síria! Você destruirá totalmente os arameus, em Afeque".*

2REIS 13.17

Nos últimos dias de Eliseu, o profeta enfrentava uma enfermidade mortal. Em meio a esses momentos sombrios, o rei Jeoás o visitou, buscando consolo e sabedoria diante de uma guerra prolongada contra os sírios. Eliseu, cuja vida foi marcada por manifestações sobrenaturais, deu ao rei uma instrução simbólica: pegar um arco e flechas e atirar como um ato profético. Quando Jeoás executou o gesto, Eliseu proclamou aquela flecha como o sinal da vitória sobre os sírios. No entanto, a hesitação do rei em atirar mais do que três vezes revelou uma falta de fé e ousadia, limitando assim as vitórias que Deus lhe daria.

Esse episódio ilustra uma verdade profunda sobre nossa própria jornada espiritual. Frequentemente, recebemos direcionamentos e promessas de Deus, mas a falta de fé restringe a plenitude da atuação do Pai em nossa vida. Deus anseia por nos abençoar abundantemente, não apenas em aspectos isolados, mas em toda a nossa existência, chegando até as gerações futuras.

No entanto, somos nós que, por nossas escolhas e ações, determinamos a magnitude dessas bênçãos, porque há uma interação entre a vontade de Deus e o nosso posicionamento, que define aonde chegaremos.

Somos chamados a enxergar além do visível e olhar com os olhos da fé. O Reino dos céus está ao nosso alcance, aguardando que nos movamos com confiança e coragem. Saiba que o milagre, a vitória e a transformação dependem não só de uma palavra de Deus, mas também de nossa resposta audaciosa a essa palavra. Por isso, mova-se com fé em direção às promessas e faça sua parte, pois Deus, da parte dele, nunca falhará.

A fé não interroga nem calcula; simplesmente confia.

@juniorrostirola

365 DEVOCIONAL
311/365

LEITURA BÍBLICA
SALMOS 127

PALAVRA-CHAVE
#OUSADIA

ANOTAÇÕES

A BUSCA PELA SABEDORIA

Se algum de vocês tem falta de sabedoria, peça-a a Deus, que a todos dá livremente, de boa vontade; e lhe será concedida.

TIAGO 1.5

Seja humilde para reconhecer seus erros, inteligente para aprender com eles e sábio para corrigi-los.

@juniorrostirola

DEVOCIONAL 365
312/365

LEITURA BÍBLICA †
SALMOS 128

PALAVRA-CHAVE
#SABEDORIA

A busca pela sabedoria é uma escolha que edifica cada passo da jornada. Quando agimos de maneira sábia, não nos perdemos em confusões nem caímos em armadilhas, mas nos expressamos com clareza e autenticidade. Percebo que a sabedoria não se mistura com a rispidez, mas sim com a paciência e o cuidado.

No texto que lemos, Tiago deixa claro que é da vontade de Deus nos fazer sábios, pois a sabedoria abre portas e, quando aliada ao esforço e à dedicação, tem o poder de nos levar muito longe. Algo interessante a pontuar é que ninguém nasce sábio, mas adquire essa característica. Deus é a verdadeira fonte da sabedoria, e ao nos relacionarmos com ele, por exemplo, lendo sua Palavra, nos tornamos cada vez mais sábios.

Quanto mais buscamos a Jesus, mais parecidos com ele nos tornamos, pois nosso coração se molda ao caráter e à bondade de Cristo e, com o auxílio do Espírito Santo, amadurecemos e somos aprimorados. Ao me tornar pai do João Pedro e da Isabella, busquei ser intencional nos conselhos que dava a eles, a fim de que tomassem as melhores decisões em sua vida, conforme crescessem. Vejo que com Deus não é diferente: ele nos ensina e aconselha de diversas maneiras, para que possamos chegar ainda mais longe.

Deus quer a todo momento nos ensinar e desenvolver características positivas em nós, a fim de que sejamos preparados para cumprir a missão que ele confiou a cada um. "Se algum de vocês tem falta de sabedoria, peça-a a Deus, que a todos dá livremente, de boa vontade; e lhe será concedida (Tiago 1.5).

ANOTAÇÕES

NÃO SE LIMITE ÀS COISAS TERRENAS

Estava sendo levado para a porta do templo chamada Formosa um aleijado de nascença, que ali era colocado todos os dias para pedir esmolas aos que entravam no templo. Vendo que Pedro e João iam entrar no pátio do templo, pediu-lhes esmola.

ATOS 3.2,3

café com Deus Pai

Na cultura judaica, a prática de doar aos necessitados era honrosa e comum, especialmente nos tempos bíblicos. Por isso, diante da majestosa porta do templo em Jerusalém, muitos mendigos se reuniam, buscando auxílio. Entre eles, um se destacava, alguém cuja história a Bíblia registra.

Esse homem enfrentou uma vida de súplicas, nascido com uma deficiência que o deixava incapaz de trabalhar. Sua rotina diária consistia em pedir esmolas na porta do templo, sem perspectiva de mudança.

Então, Pedro e João cruzaram seu caminho e o desafiaram: *"Olhe para nós!"* e ofereceram àquele homem algo muito mais valioso do que ele havia pedido. Pedro disse que não tinha prata nem ouro, mas declarou sua cura em nome de Jesus. Muitas vezes, olhamos para Cristo, mas nossos olhos vagueiam entre ele e os problemas que enfrentamos. Semelhantemente ao pedinte, queremos apenas uma esmola quando Cristo tem uma vida abundante para nos dar.

Às vezes, o que buscamos não é o que recebemos, mas Deus sempre nos surpreende com algo melhor. Para aquele homem, o dinheiro não era a solução definitiva; um milagre, porém, mudaria toda a sua vida. Hoje você enfrenta uma escolha semelhante: sujeitar-se à condição de pedinte ou erguer-se e andar firme nas promessas que Jesus tem para você. Não se trata apenas de receber algo tangível, mas de encontrar verdadeira transformação, uma nova vida em Cristo que transcende qualquer circunstância terrena.

Hoje é o dia em que Deus Pai quer trazer cura e paz ao seu coração e o levar a viver uma nova vida.

@juniorrostirola

365 DEVOCIONAL
313/365

LEITURA BÍBLICA
SALMOS 129

PALAVRA-CHAVE
#RESTAURAÇÃO

ANOTAÇÕES

RECONHEÇA SUAS FRAQUEZAS

Quando o meu coração estava amargurado e no íntimo eu sentia inveja, agi como insensato e ignorante; minha atitude para contigo era a de um animal irracional.

SALMOS 73.21,22

café com Deus pai

Quanto maiores formos em humildade, mais próximos estaremos da grandeza.

@juniorrostirola

DEVOCIONAL 365
314/365

LEITURA BÍBLICA
PROVÉRBIOS 1

PALAVRA-CHAVE
#HUMILDADE

ANOTAÇÕES

Algo que chama a minha atenção na fala do salmista é sua humildade em assumir suas limitações e seus defeitos. Esta atitude deve ser uma marca em nossa vida e esta deve ser uma virtude em cada um de nós: reconhecer que precisamos melhorar.

Quando não temos humildade, é impossível enxergar nossas fraquezas, e isso torna-se ainda mais grave quando interfere em nossos relacionamentos, pois muitas vezes, por não percebermos nossos defeitos, acabamos tornando mais difícil a convivência com outras pessoas, ou até mesmo passamos a enxergar os nossos defeitos nelas.

Em meus atendimentos como pastor, me deparo com diversas situações semelhantes, principalmente ao atender casais. E isso não é algo fora do comum, pois me lembro de que, quando me casei, eu e minha esposa, Michelle, tínhamos hábitos totalmente distintos. Em alguns momentos, isso gerou atrito, principalmente porque trouxemos para o nosso casamento coisas que aprendemos em nossas casas, e que divergiam, causando críticas e discussões. Mas com humildade e amor fomos capazes de reconhecer nossos defeitos e nos tornarmos cada dia pessoas melhores um para o outro.

Precisamos ser humildes, pois só assim estaremos mais próximos de Jesus, pois a arrogância não tem lugar na vida daqueles que buscam viver em comunhão com Deus e com as pessoas. Então, hoje mesmo tire um momento para se autoavaliar e seja sincero com você mesmo. O que você precisa mudar? Quais atitudes suas precisam ser reavaliadas? Quais feridas precisam ser curadas? Quem você precisa perdoar?

Entenda que todos nós estamos em processo de melhoramento, e por meio de um coração humilde e sincero viveremos as transformações necessárias conforme os padrões de um verdadeiro filho de Deus.

SEJA SÁBIO

Para ser sábio, é preciso primeiro temer a Deus, o SENHOR. Ele dá compreensão aos que obedecem aos seus mandamentos. Que o Senhor seja louvado para sempre!

SALMOS 111.10, NTLH

café com Deus Pai

Salomão, um rei notável, foi agraciado com sabedoria extraordinária, uma unção divina que o destacou como um grande rei. Seu reinado, marcado por crescimento e influência, refletiu a grande sabedoria que carregava. No entanto, mesmo após saber o que agradava ou não a Deus, desviou-se do caminho certo, adotando uma série de atitudes que desagradaram profundamente o coração do Senhor.

Isso nos ensina que devemos manter uma vigilância constante para que não venhamos nos desviar da vontade do Pai. Ouvimos a voz de Deus, mas, às vezes, baseamos nossas decisões apenas em nossa perspectiva, confiantes em nossa própria sabedoria. A armadilha mais perigosa é aquela que não percebemos, levando-nos sutilmente à autossuficiência, distorcendo o destino planejado por Deus e comprometendo os dons que ele nos concedeu. Por isso, é importante em todo o tempo manter nosso coração humilde e dependente dele.

É crucial vigiar e manter o alinhamento com o Pai, reconhecendo que a verdadeira sabedoria não reside em nosso entendimento. Por isso, devemos fundamentar nossas escolhas na sabedoria proveniente de Deus, não em nossa visão limitada.

A verdadeira sabedoria surge de um relacionamento com o Pai, por meio do conhecimento adquirido de sua Palavra, que nos orienta para tomarmos as melhores decisões em nossa vida. Por isso, é essencial estar alerta, com o coração constantemente alinhado, pronto para nos arrepender de nossos erros e, com coragem, recomeçar sempre que necessário.

Só há sabedoria em um coração disposto a aprender.

@juniorrostirola

365 **DEVOCIONAL**
315/365

LEITURA BÍBLICA
PROVÉRBIOS 2

PALAVRA-CHAVE
#ALINHAMENTO

ANOTAÇÕES

FORTALECIDOS POR DEUS

Mandou buscar José e lançou-o na prisão em que eram postos os prisioneiros do rei. José ficou na prisão, mas o Senhor estava com ele e o tratou com bondade [...]

GÊNESIS 39.20,21

café com Deus pai

Grandes batalhas, grandes vitórias!

@juniorrostirola

DEVOCIONAL 365
316/365

LEITURA BÍBLICA
PROVÉRBIOS 3

PALAVRA-CHAVE
#PROCESSOS

José foi um homem que enfrentou diversos processos difíceis, mas Deus sempre esteve com ele. A sua perseverança foi recompensada, a ponto de ele ter sido posto como governador do Egito, e ali pôde salvar a vida de muitos, por meio das estratégias que Deus deu a ele.

Certamente você já deve ter visto em filmes ou documentários de história, uma espada sendo usada em combate ou em processo de fabricação por um ferreiro. Mas você sabia que, para que a espada se torne um instrumento forte e eficaz, ela é submetida a altíssimas temperaturas, sofre centenas de golpes de martelo para remoção das impurezas, e depois a lâmina é resfriada? Esse processo é repetido diversas vezes, e, quanto maior o número de vezes, melhor será a espada.

Fazendo um paralelo com nossa vida, muitas vezes passamos por processos, assim como José, não é verdade? Precisamos entender que por meio deles somos forjados e preparados para viver algo ainda maior. Isso me mostra que não nascemos prontos, mas, ao nos submetermos à vontade de Deus, tornamo-nos aquilo que ele nos criou para ser.

As circunstâncias contrárias jamais significarão omissão de Deus em nossa vida, muitas vezes ele até nos permite passar por elas, mas no final acaba extraindo o melhor de nós. Eu sou prova viva disso. Passei por momentos tão difíceis na minha vida e vejo que em cada um deles Deus esteve presente. Assim como a espada, eu e você, ao passarmos pelo processo, somos preparados para enfrentar os grandes desafios da vida.

Ainda que você enfrente momentos difíceis, saiba que nada foge ao controle de Deus e que toda luta que enfrentamos nos forja para vivermos a plenitude do nosso propósito. A batalha de hoje o está preparando para a vitória de amanhã. Não desista!

ANOTAÇÕES

ELE É UM BOM PAI

O Senhor é justo em todos os seus caminhos e é bondoso em tudo o que faz. O Senhor está perto de todos os que o invocam, de todos os que o invocam com sinceridade. Realiza os desejos daqueles que o temem; ouve-os gritar por socorro e os salva.

SALMOS 145.17-19

café com Deus pai

Alcançar a vitória em nossa vida muitas vezes depende de um elemento crucial: o alinhamento dos nossos planos com os planos de Deus. Todos nutrimos sonhos, que acalentamos em nosso coração. Contudo, a frustração e o desânimo frequentemente nos visitam quando esses sonhos parecem inatingíveis ou se afastam cada vez mais da realidade. Essa sensação de estagnação, mais vezes do que gostaríamos de admitir, surge do descompasso entre nossa vontade e os desígnios de Deus para nós. O que almejamos pode não ser exatamente o que Deus tem em mente.

Como a criança que anseia por dirigir o carro do pai, mas o pai não permite porque sabe que isso não terminaria bem, não recebemos certas "chaves" antes do tempo certo ou sem a maturidade necessária, por mais que desejemos e por mais que nosso Pai nos ame. Ele, em sua sabedoria, sabe quando não estamos prontos para certas responsabilidades ou bênçãos, evitando assim que nos prejudiquemos.

Portanto, estar em sintonia com Deus, buscando entender e aceitar seus planos para nós, é fundamental. Isso exige oração constante, reflexão e uma comunicação aberta com Deus. Por meio dessa conexão, adquirimos a visão e a compreensão necessárias para que nossos caminhos se iluminem e nossos objetivos se alinhem com o propósito maior que ele desenhou para cada um. Cuide de não se perder em desejos que não servem para você. Saiba que só em Deus você encontra a verdadeira satisfação e realização no que ele tem preparado para nós.

A bondade de Deus se reflete no amor incondicional que ele tem por nós.

@juniorrostirola

365 **DEVOCIONAL**
317/365

✝ **LEITURA BÍBLICA**
PROVÉRBIOS 4

PALAVRA-CHAVE
#BONDADE

ANOTAÇÕES

ELE VÊ O SEU CORAÇÃO

O SENHOR, contudo, disse a Samuel: "Não considere a sua aparência nem sua altura, pois eu o rejeitei. O SENHOR não vê como o homem: o homem vê a aparência, mas o Senhor vê o coração".

1SAMUEL 16.7

café com Deus pai

Um coração alinhado com Deus se destaca em um mundo de aparências.

@juniorrostirola

DEVOCIONAL 365
318/365

LEITURA BÍBLICA
SALMOS 130

PALAVRA-CHAVE
#INTERIOR

ANOTAÇÕES

A visão molda nosso entendimento do mundo e influencia nossas decisões de maneira profunda. Antes mesmo de ouvir ou interagir com algo, nossa mente já começa a formar conclusões com base no que vemos. Por exemplo, ao visitar um restaurante, é comum escolhermos o prato com base na aparência das imagens no menu. Da mesma forma, em um museu ou galeria de arte, é pela visão que experimentamos e entendemos as obras expostas, interpretando-as antes mesmo de nos aproximarmos.

O episódio do profeta Samuel ungindo o novo rei de Israel é um exemplo emblemático desse princípio. Essa história nos lembra de que a visão divina vai além das aparências externas e das primeiras impressões. Deus enxerga o coração e conhece o verdadeiro potencial de cada um, mesmo antes de ser manifestado.

Assim como lemos, é possível perceber que Deus nos conhece completamente, sondando as profundezas do nosso coração, não se deixando levar pelas aparências, como nós muitas vezes fazemos. Samuel acabou se deixando levar pelo porte físico de um dos filhos de Jessé, o qual não havia sido escolhido pelo Senhor, mas sim o então improvável aos olhos humanos, Davi.

Como você tem se enxergado? Muitas vezes, preocupamo-nos excessivamente com nossa aparência exterior, enquanto nosso interior está destruído, mas o fato é que Deus valoriza muito aquilo que está em nosso coração. Deus Pai tem uma visão profunda a seu respeito, repleta de grandes sonhos. Ele o ama tanto que inclusive o criou à imagem e semelhança dele. Por isso, ainda que o mundo não veja seu verdadeiro valor, saiba que você tem um Pai que conhece e valoriza profundamente o seu coração.

UMA NOVA REALIDADE

Bendito seja o Deus e Pai de nosso Senhor Jesus Cristo, que nos abençoou com todas as bênçãos espirituais nas regiões celestiais em Cristo.

EFÉSIOS 1.3

café com Deus Pai

Na vida passamos por diversas fases, e talvez você não saiba, mas durante um período da minha adolescência eu não queria mais viver. Nada mais fazia sentido pra mim, pois eu vivia em uma família totalmente disfuncional. Situações corriqueiras como ir a escola, ou me relacionar com as pessoas eram coisas muito difíceis, pois eu era extremamente introvertido em virtude do que passava em casa. Hoje consigo entender que meu comportamento era reflexo do meio em que eu vivia.

Por longos anos vivi assim, ferido e sem propósito. Mas quando fui convidado para ir a uma igreja, tudo mudou. Ali me senti amado por Deus e passei a entender que eu não havia nascido para dar errado ou para sofrer, mas que fui planejado e sonhado pelo Pai. Desde então, passei a entender que era possível viver algo diferente e extraordinário, desde que eu resolvesse trilhar um caminho diferente de meu pai, que era violento em virtude do alcoolismo, mas que eu deveria olhar para Deus, e ter nele meu verdadeiro referencial sobre como ser uma pessoa diferente, para ser um bom filho, e futuramente marido e pai.

O intuito deste testemunho é impulsionar você a saber que não importa o que você tenha enfrentado no passado, isso não define seu presente. Há alguém mais poderoso do que as suas dificuldades e mazelas, e que é capaz de alcançar sua vida e transformá-la completamente. Há uma nova realidade disponível para você, mas tenha fé, se aproxime de Deus Pai. Hoje, ele quer transformar sua realidade, portanto abra seu coração, entregue a ele o controle de tudo, e esteja pronto para viver a realidade de um filho amado por ele.

Somente Deus é capaz de curar suas feridas e levá-lo a uma nova realidade.

@juniorrostirola

365 DEVOCIONAL
319/365

LEITURA BÍBLICA
SALMOS 131

PALAVRA-CHAVE
#ENTREGA

ANOTAÇÕES

ELE É A RESPOSTA

café com Deus Pai

"Pois nele vivemos, nos movemos e existimos" [...]

ATOS 17.28

Tudo depende da nossa resposta diante da dificuldade: crer ou desanimar.

@juniorrostirola

DEVOCIONAL 365
320/365

LEITURA BÍBLICA
SALMOS 132

PALAVRA-CHAVE
#PROPÓSITO

ANOTAÇÕES

Mesmo que existam bons livros e filmes contando histórias incríveis e motivadoras, eles podem no máximo nos inspirar, mas não podem definir o verdadeiro propósito para o qual nascemos, porque essa não é uma resposta que pode ser dada genericamente, mas que só pode ser conhecida ao nos relacionarmos com Deus Pai.

Digo isso porque muitas pessoas hoje estão buscando o seu propósito de vida em diversos lugares e, quanto mais correm atrás dessa resposta, mais se cansam e se sentem vazias por não encontrá-la. Você precisa entender que seu propósito de vida só é encontrado em Deus. A partir do momento em que você para de procurar ao redor e descobre que ele sempre esteve próximo, ao seu alcance, tudo muda. Não precisamos percorrer longas distâncias ou fazer por merecer para que ele se revele a nós.

A partir do momento em que reconhecemos Jesus como Salvador de nossa vida e passamos a viver para agradar a Deus, temos acesso às respostas que há tanto tempo procurávamos. No texto que lemos, Paulo estava tentando explicar isso aos cidadãos de Atenas, e alguns deles creram naquele momento. Entenda, sem estar conectado ao Pai, a vida não faz sentido. Em minha vida, foi assim: até os meus treze anos de idade eu vivia sem perspectivas, sem sonhos e sem propósito. Mas, ao me entregar a Jesus, tudo mudou.

Não sei por onde você tem andado ou o que tem procurado, mas posso garantir que quem tem Jesus tem tudo. Decida viver tudo aquilo que o Pai sonhou para a sua vida, não perca mais tempo correndo atrás do vento, pois a resposta que você precisa está mais próxima do que você imagina.

TUDO É POSSÍVEL PARA DEUS

Mesmo assim não duvidou nem foi incrédulo em relação à promessa de Deus, mas foi fortalecido em sua fé e deu glória a Deus, estando plenamente convencido de que ele era poderoso para cumprir o que havia prometido.

ROMANOS 4.20,21

café com Deus pai

No texto que lemos, Paulo se refere a Abraão como alguém que foi fiel a Deus, por isso grandes promessas se cumpriram por meio de sua vida. Um homem de avançada idade, com sua esposa igualmente idosa, que aos olhos humanos encontravam-se sem esperanças de gerar descendentes, se veem diante de uma promessa que lhes dizia que seriam pais de multidões. Pode ter soado improvável no primeiro momento; contudo, pela fé e confiança em Deus, a promessa se cumpriu, e muito além do que poderiam imaginar.

Muitas vezes, o que está ao nosso redor, ao alcance de nossos olhos, não é o suficiente para sustentar a nossa fé. Lembro-me de certa vez, quando eu tinha treze anos, estava em uma casa de oração, e uma mulher desconhecida se aproximou de mim e, com autoridade, disse que me levantaria na terra para levar uma mensagem de cura e vida que romperia as fronteiras, chegando a um número incontável de pessoas.

No entanto, encarando a minha realidade de um jovem improvável, introvertido, com grandes dificuldades, limitações e sequelas de uma vida difícil, seria impossível aos olhos humanos visualizar e acreditar nas palavras daquela mulher. Mas Deus tinha um propósito muito maior do que eu imaginava, e eu decidi caminhar sobre as palavras que ele vinha me falando. Hoje, eu posso ver com os meus olhos físicos o que um dia parecia impossível.

Neste exato momento, Deus está falando diretamente ao seu coração que as circunstâncias, as dificuldades e as limitações não são capazes de impedir o agir dele. Simplesmente creia nas promessas do Senhor sobre a sua vida, pois no tempo determinado elas se cumprirão, e os seus olhos verão o impossível se tornar realidade.

O impossível não está no dicionário de Deus.

@juniorrostirola

365 **DEVOCIONAL**
321/365

LEITURA BÍBLICA
PROVÉRBIOS 5

PALAVRA-CHAVE
#PROMESSAS

ANOTAÇÕES

É TUDO SOBRE ELE

Pois dele, por ele e para ele são todas as coisas. A ele seja a glória para sempre! Amém.

ROMANOS 11.36

café com Deus Pai

Não é sobre você, mas sobre revelar a grandeza de Deus.

@juniorrostirola

DEVOCIONAL 365
322/365

LEITURA BÍBLICA
PROVÉRBIOS 6

PALAVRA-CHAVE
#FIDELIDADE

ANOTAÇÕES

Na trajetória da vida, a compreensão fundamental reside na percepção de que tudo provém de Deus, o criador e doador de todas as coisas. Tudo passa pelas mãos dele, evidenciando que ele controla a história. Nós, como mordomos, não somos proprietários, mas recebemos a confiança dos céus para zelar por aspectos diversos na vida e desenvolvê-los, como relacionamentos, família, vida financeira, enfim. Precisamos entender que tudo o que temos vem de Deus, não de nós.

A responsabilidade do mordomo é evidente quando compreende sua função de administrar com zelo e fidelidade, reconhecendo que não é dono, mas um administrador, que por sua vez não pode ser negligente com aquilo que tem em suas mãos. Pode parecer curioso nesse primeiro momento para você, mas saiba que a Bíblia diz que não pertencemos a nós mesmos. Até mesmo nosso corpo é de Deus, por isso devemos cuidar adequadamente dele.

Ter esse entendimento claro em nossa vida é essencial para compreendermos quem somos e o que estamos fazendo nesta terra, pois o mundo a todo custo tenta nos dizer que a vida gira em torno de nós mesmos, mas a verdade é que é tudo sobre Deus e o próximo.

A verdadeira riqueza não está no que se vê fisicamente, mas no coração. Existem pessoas que são tão pobres, tão pobres, que tudo o que têm é o dinheiro; interiormente vazias, sem propósito e identidade. Saiba que a vida é uma jornada em que somos administradores daquilo que Deus Pai vai gradativamente confiando a nós, por isso é essencial sermos fiéis e dignos de tamanha graça e bondade.

VERDADES QUE LIBERTAM

Tu mesmo ordenaste os teus preceitos para que sejam fielmente obedecidos.

SALMOS 119.4

café com Deus Pai

Deus deixou sua Palavra para que compreendêssemos sua vontade e seus princípios. Ele os instituiu para nos ajudar a conhecê-lo, pois somos limitados, ainda mais quando comparados a um Deus eterno e onisciente. Às vezes, queremos obedecer-lhe apenas em parte, mas o fato é que essa não é a vontade de Deus para a nossa vida.

Para obedecer completamente ao Pai, precisamos entender que ele não muda ou flexibiliza suas verdades. De igual modo, é necessário compreender que Deus tem perspectivas muito maiores que as nossas. Independentemente do que podemos acabar por ouvir durante a nossa vida, não podemos nos esquecer de que a verdadeira fonte está em apenas um lugar: a Palavra de Deus.

O mundo é repleto de ideias, visões e opiniões que mudam constantemente. Diariamente, a ciência traz novas descobertas que alteram entendimentos anteriores. A Bíblia, porém, é imutável e há mais de dois mil anos não precisa de atualizações, pois continua sendo a verdade de Deus Pai. O fato é que muitas vezes as pressões externas tentarão nos fazer ir de encontro às verdades de Deus, mas isso ocorre desde o jardim do Éden, quando o Inimigo enganou Eva, contrariando as palavras que Deus havia dito. Saiba que Deus não muda, tampouco a sua Palavra!

Nela há verdade para quem só ouviu mentiras ao longo da vida, há vida para quem tinha uma sentença de morte, e um caminho de esperança para quem estava perdido. Essas promessas são para todos nós e nos conduzem a uma vida próspera, abundante e cheia de paz. Troque todas as mentiras que você acabou acreditando a seu respeito pelas verdades de Deus.

A verdade sempre prevalecerá diante da mentira.

@juniorrostirola

365 **DEVOCIONAL**
323/365

LEITURA BÍBLICA
PROVÉRBIOS 7

PALAVRA-CHAVE
#VERDADE

ANOTAÇÕES

SURPREENDIDOS

café com Deus pai

Pedro e João olharam bem para ele e, então, Pedro disse: "Olhe para nós!" O homem olhou para eles com atenção, esperando receber deles alguma coisa.

ATOS 3.4,5

Não há realidade que em Deus não seja transformada.

@juniorrostirola

DEVOCIONAL 365
324/365

LEITURA BÍBLICA †
PROVÉRBIOS 8

PALAVRA-CHAVE
#POSICIONAMENTO

ANOTAÇÕES

Pedro e João, a caminho do templo para um momento de oração, se depararam com uma cena cotidiana: um paralítico à porta, pedindo esmolas. Esse homem, confinado às margens da sociedade por sua deficiência física, era figura conhecida por aqueles que frequentavam o templo.

O que se seguiu, porém, foi um episódio de extraordinária transformação. Movidos pelo Espírito Santo, Pedro e João perceberam que aquele dia seria diferente. Em vez de uma esmola passageira, ofereceram algo de valor eterno: a cura, por meio do nome de Jesus Cristo. Esse milagre não apenas mudou a vida do homem, mas também serviu como um poderoso testemunho do amor e do poder de Deus, gerando fé e temor em todos os que estavam à volta.

Esse relato nos inspira a questionar: estamos vivendo rotinas tão automáticas que muitas vezes parecemos com o paralítico, não fisicamente, mas espiritualmente paralisados, por não atentarmos para a Palavra de Deus e seus princípios? Nesse tipo de realidade, o vazio e a tristeza se instalam, a angústia se torna presente, o pecado acaba sendo corriqueiro, e achamos muitas vezes que tudo isso é normal, mas a verdade é que precisamos avaliar nossas atitudes, mudar a rota e seguir atentos para o que realmente importa.

Aquele paralítico esperava apenas receber esmola de Pedro e João, mas, por eles estarem no centro da vontade de Deus e serem ousados, entregaram muito mais do que esmolas. Não sei quais são suas paralisias, o que você precisa do Senhor hoje, mas quero ser ousado e declarar sobre a sua vida um tempo de cura, libertação e transformação. Levante-se para o novo.

CONSTRUA UM LEGADO

"Obedeçam aos seus decretos e mandamentos que hoje eu lhes ordeno, para que tudo vá bem com vocês e com seus descendentes, e para que vivam muito tempo na terra que o Senhor, o seu Deus, lhes dá para sempre."

DEUTERONÔMIO 4.40

café com Deus Pai

Ao refletirmos sobre a última década, percebemos transformações significativas em nossa vida. Comparar quem éramos há dez anos com quem somos hoje revela não apenas mudanças físicas, mas principalmente uma evolução em nossa personalidade e maturidade. Se pudéssemos transmitir toda a bagagem de experiências e conhecimentos adquiridos para o nosso eu do passado, ele viveria as mesmas situações que viveu? Cometeria os mesmos erros?

A velocidade do tempo destaca a urgência de semearmos um legado duradouro, que influencie positivamente as gerações futuras. A cada dia que chega, temos novas oportunidades para nos aprimorarmos. Apesar do corpo físico se cansar com mais facilidade conforme os anos se passam, tornamo-nos cada vez mais maduros e preparados.

Todos estamos em um constante processo de melhoramento, independentemente da idade. Quando caminhamos em obediência a Deus, respeitamos os processos e amadurecemos de forma ainda mais rápida e saudável. Aquilo que deixaremos para as futuras gerações corresponde ao nosso nível de entrega e obediência a Deus hoje, pois obedecer nos conduz ao caminho das promessas.

Que seus dias sejam dedicados a honrar o propósito que Deus Pai confiou a você e que, desse modo, você prepare bem o terreno para as futuras gerações, por meio de um legado de amor, obediência e entrega a Deus. Creia na fidelidade e no cuidado do Pai, respeite os processos e assim construa um legado sólido que ecoará positivamente nas próximas gerações.

Legado é quando você deixa nas pessoas aquilo que construiu.

@juniorrostirola

365 DEVOCIONAL
325/365

LEITURA BÍBLICA
SALMOS 133

PALAVRA-CHAVE
#LEGADO

ANOTAÇÕES

A FIDELIDADE DE DEUS

Todavia, lembro-me também do que pode me dar esperança: Graças ao grande amor do SENHOR *é que não somos consumidos, pois as suas misericórdias são inesgotáveis.*

LAMENTAÇÕES 3.21,22

café com Deus Pai

Com Deus a bordo do nosso barco, não há tempestade que nos abale.

@juniorrostirola

DEVOCIONAL 365
326/365

LEITURA BÍBLICA
SALMOS 134

PALAVRA-CHAVE
#ESCUDO

ANOTAÇÕES

Manter a perspectiva de fé nos momentos mais árduos pode parecer uma tarefa difícil, mas é plenamente possível. Quando enfrentamos adversidades que nos abalam, mentiras ressoam em nossa mente, tentando nos fazer acreditar que já não há mais jeito ou que tudo está perdido.

Quando, porém, estamos firmados em Deus e na sua Palavra, conseguimos superar esses momentos, pois nossa fé está bem alicerçada. Diante das tribulações, é essencial saber que não estamos sozinhos, mas que temos um Pai presente e fiel, que não desampara seus filhos. Entretanto, quando permitimos que as tempestades obscureçam nossa visão, esquecemos de tudo aquilo que Deus fez em nossa vida; de cada livramento, milagre e intervenção que experimentamos no passado.

Trazer à memória o que pode nos dar esperança é essencial e um mandamento bíblico. Portanto, sempre que enfrento situações difíceis, busco lembrar-me de cada milagre que já vivi, e isso enche o meu coração de paz e confiança. Saiba que a fidelidade de Deus está associada ao amor que ele tem por nós, por isso ela não falha nem muda.

Convido você a reconhecer toda a bondade que Deus Pai já dispensou sobre sua vida, pois todos temos — por mais árdua e difícil que seja a atual fase de sua vida — motivos de sobra para agradecer e confiar. Lembrar-se daquilo que pode lhe dar esperança é uma incrível chave para vencer toda e qualquer circunstância contrária por meio da fé em Deus. Quero encorajar você a, nos momentos mais desafiadores, fazer o exercício de escrever todos os motivos pelos quais pode ser grato a Deus. Você pode ter certeza de que haverá muitos, e isso o renovará e o impulsionará a prosseguir com a confiança de que ele está cuidando de tudo. Em todo o tempo, Deus Pai é seu escudo e guia, o socorro bem presente na hora da angústia.

QUANDO NINGUÉM VÊ VOCÊ

Então perguntou a Jessé: "Estes são todos os filhos que você tem?" Jessé respondeu: "Ainda tenho o caçula, mas ele está cuidando das ovelhas". Samuel disse: "Traga-o aqui; não nos sentaremos para comer enquanto ele não chegar".

1SAMUEL 16.11

A intensidade é uma característica crucial. Devemos aplicá-la a tudo o que nos propusermos a fazer em nossa vida. Mas, se não estiver acompanhada da humildade, pode nos levar ao caminho errado. A história de Saul ilustra bem isso, pois ele foi escolhido rei de Israel por suas características. Era um homem imponente e habilidoso guerreiro. Em contraste, Davi não era conhecido por isso, mas era corajoso e humilde.

Percebo que a verdadeira essência e o caráter são percebidos quando ninguém está olhando. Davi, no anonimato, protegia um rebanho, enfrentava ursos e leões e saía vitorioso. Suas obras eram feitas em segredo, onde Deus forjava seu coração e caráter, para que ele se tornasse, como conhecemos, um homem segundo o coração de Deus.

Em Mateus 6.2, Jesus nos ensina a importância de sermos discretos em nossas obras. Não é necessário criar alardes ou nos esforçar para anunciar nossos feitos, porque o mais importante é o fato de os céus estarem cientes de tudo. A recompensa da humildade e da generosidade não está associada a receber aplausos ou reconhecimento humano, mas a replicarmos o caráter de Jesus, colocando em prática seus ensinamentos, em obediência à Palavra.

Talvez você sinta que não tem recebido o devido reconhecimento por boas coisas que tem feito, seja no trabalho, seja na família ou entre amigos. Mas hoje convido você a ressignificar esse sentimento, sabendo que a Bíblia diz que os olhos do Senhor estão atentos sobre toda a terra. O Pai está vendo você, e ele mesmo tem forjado seu caráter. No tempo certo, assim como Davi, você entenderá, pois os céus estão vendo você.

café com Deus Pai

O secreto que só Deus vê gera recompensas que só ele concede.

@juniorrostirola

365 **DEVOCIONAL**
327/365

LEITURA BÍBLICA
SALMOS 135

PALAVRA-CHAVE
#RECONHECIMENTO

ANOTAÇÕES

FÉ PARA VENCER

Senhor, no meio da aflição te buscaram; quando os disciplinaste sussurraram uma oração.

ISAÍAS 26.16

café com Deus Pai

A maior prova de confiar é enfrentar as dificuldades sem perder a esperança.

@juniorrostirola

DEVOCIONAL 365
328/365

LEITURA BÍBLICA
PROVÉRBIOS 9

PALAVRA-CHAVE
#BATALHAS

ANOTAÇÕES

Buscar a Deus não nos isenta de enfrentar tempestades na vida; pelo contrário, elas são certas e servem como o palco onde nossa fé é verdadeiramente revelada. Acreditar em Deus não é prerrogativa para uma existência sem desafios; Jesus mesmo nos preveniu dizendo que teríamos aflições neste mundo. Saiba, portanto, que o caminho até a promessa não é necessariamente plano, mas repleto de desníveis, onde passaremos por vales e montes.

Por isso, nossa lealdade a Deus não deve ser condicional, limitada aos momentos de calmaria. É nas adversidades que nossa fé é mais profundamente testada e demonstrada. Reclamar ou questionar os propósitos de Deus diante dos reveses não só revela uma compreensão frágil da fé, como também nos entrega à derrota, o que evidencia a necessidade de amadurecimento.

Fortalecer a fé é essencial, como quem aumenta as defesas de uma fortaleza, preparando-se para resistir às batalhas que virão. Quando enfrentamos dificuldades, é crucial lembrar que Deus não prometeu removê-las de nosso caminho; em vez disso, ele oferece força para que as enfrentemos, paz para aceitar as perdas e a certeza de que, com ele ao nosso lado, nenhuma barreira é intransponível. Deus já triunfou sobre o mundo, e essa vitória é também prometida a nós.

Portanto, que nossas orações não sejam pedidos por um caminho desprovido de lutas, mas sim por coragem e força para enfrentar cada desafio, sabendo que o Pai está conosco, garantindo-nos não a ausência de problemas, mas a presença constante de sua força e controle sobre cada um deles.

OLHE PARA O LUGAR CERTO

"Os olhos são a candeia do corpo. Se os seus olhos forem bons, todo o seu corpo será cheio de luz. Mas, se os seus olhos forem maus, todo o seu corpo será cheio de trevas. Portanto, se a luz que está dentro de você são trevas, que tremendas trevas são!"

MATEUS 6.22,23

café com Deus Pai

Se os seus olhos não estiverem vendo o que Deus está vendo, a sua visão nunca será a visão dele.

@juniorrostirola

365 DEVOCIONAL
329/365

LEITURA BÍBLICA
PROVÉRBIOS 10

PALAVRA-CHAVE
#VISÃO

A visão é um sentido que nos conecta ao mundo e vai além da mera capacidade de ver. É por meio dos olhos que interpretamos a realidade, moldamos nossas ações e decidimos o curso de nossa vida.

O que vemos e como escolhemos ver determina nossa jornada entre experiências enriquecedoras ou desafiadoras. Tenho aprendido que a maneira como percebemos a nós mesmos, os outros e, sobretudo, Deus influencia diretamente nosso viver cotidiano.

Na simplicidade desse entendimento, temos uma verdade profunda: a primeira visão ao acordarmos pode definir a perspectiva de todo o nosso dia. Se nossos olhos se voltam imediatamente para o tumulto das redes sociais ou as últimas notícias, nos alinhamos com essa frequência. Contudo, ao abrir o dia com a Palavra de Deus, buscando comunhão em sua presença, nossa perspectiva se transforma, e é fato que isso influenciará todo o nosso dia.

Os olhos, projetados para focar um único ponto por vez, não captam plenamente duas cenas simultaneamente. Jesus nos ensina que, ao direcionarmos nossa visão com clareza e propósito, nos alinhamos à perspectiva dos céus. Mas, se optarmos por uma visão distorcida ou negativa, nosso trajeto pode se tornar obscuro e tumultuado.

Ao amanhecer no dia de hoje, para onde você direcionou seu olhar? Convido você a mudar suas perspectivas e voltar os olhos primeiramente para Deus Pai. Ao acordar, ore, agradeça, peça capacitação e proteção para o seu dia e o daqueles que você ama; tire um tempo para ler a Palavra e fazer seu devocional, pois assim não há dúvidas de que você viverá uma verdadeira transformação de vida.

ANOTAÇÕES

AINDA HÁ TEMPO

Então ele disse: "Jesus, lembra-te de mim quando entrares no teu Reino". Jesus lhe respondeu: "Eu lhe garanto: Hoje você estará comigo no paraíso".

LUCAS 23.42,43

café com Deus pai

Jesus é o Caminho, a Verdade e a Vida. Só nele encontramos salvação.

@juniorrostirola

DEVOCIONAL 365
330/365

LEITURA BÍBLICA
PROVÉRBIOS 11

PALAVRA-CHAVE
#OPORTUNIDADES

ANOTAÇÕES

Nos momentos finais antes de sua morte, Jesus estava entre dois homens crucificados. Um, com o coração endurecido, zombava e blasfemava contra ele. No entanto, o outro, ciente de que Jesus não estava ali por seus próprios pecados, buscou perdão, reconheceu Jesus como Salvador e rendeu sua vida a ele. Na cruz, encontrou redenção e perdão, tendo as portas do Reino dos céus abertas para ele.

Para experimentarmos a restauração completa em nossa vida, invariavelmente precisamos reconhecer quem é Jesus. Embora saibamos pouco sobre a vida desse homem crucificado ao lado de Jesus, seu ato na cruz evidencia que mesmo no pouco tempo que tinha ele tomou uma decisão que mudou tudo.

Mesmo próximo ao fim, a salvação para a vida daquele homem foi garantida por Cristo. Isso nos revela que nunca é tarde demais para termos nossa condição de filho de Deus restaurada. Enquanto houver vida em nós, podemos reconhecer nossos pecados, depositar ao pé da cruz o peso de nossas transgressões e vivenciar a restauração em nossa jornada, garantindo a salvação. Com isso, aprendo que nunca é tarde demais para buscarmos transformação em nossa vida, porque tudo o que Jesus exige de nós é um genuíno arrependimento e a disposição de mudar.

Ao deixarmos Jesus para depois, negligenciamos nossa salvação e vivemos uma vida muito aquém dos planos que Deus tem para nós. A cada novo amanhecer, ele nos dá uma nova oportunidade, por isso não perca mais tempo. Jesus está de braços abertos, pronto para ressignificar sua trajetória e transformar sua vida.

COMUNHÃO À MESA

Quando Jesus chegou àquele lugar, olhou para cima e lhe disse: "Zaqueu, desça depressa. Quero ficar em sua casa hoje". Então ele desceu rapidamente e o recebeu com alegria

LUCAS 19.5,6

café com Deus Pai

Em meio aos diversos lugares de uma casa, nenhum exerce tamanha importância para a comunhão quanto a mesa. Ali não apenas nos reunimos para alimentar o corpo, mas é também o ponto de encontro para momentos de celebração e tomadas de decisão que moldam nossa vida. A história de Zaqueu ilustra isso vividamente: ao buscar Jesus, ele não apenas teve a oportunidade de vê-lo, mas acabou sendo convidado para uma refeição, permitindo uma conexão profunda com o Senhor, que transformou sua vida.

Minha jornada também me levou a valorizar esses momentos, desde simples cafés com a família até reuniões para discutir planos para o Reino. Lembro-me de uma época em que tais encontros eram desconhecidos para mim, mas agora sentar à mesa tornou-se algo de muito valor. É uma oportunidade para gerar ideias, expressar carinho e apreciar uma boa xícara de café.

Hoje percebo que muitas famílias não têm dado o devido valor à comunhão à mesa, mas é nesse ambiente que nos tornamos íntimos e abrimos nosso coração uns aos outros. A comunhão é uma prerrogativa essencial para uma vida saudável, pois Deus nos criou para isso, não para o isolamento.

Assim como Zaqueu criou memórias preciosas ao buscar Jesus, busque você também essas experiências. Que sua busca por Deus Pai resulte em uma vida plena de momentos marcantes, construindo lembranças que serão tesouros para você e sua família. Pois a mesa não é apenas um lugar onde comer, mas um lugar de comunhão onde a vida se enriquece e as conexões se fortalecem.

A solução para as suas necessidades não é encontrada em brigas e lutas, mas na comunhão à mesa.

@juniorrostirola

365 DEVOCIONAL
331/365

LEITURA BÍBLICA
PROVÉRBIOS 12

PALAVRA-CHAVE
#COMUNHÃO

ANOTAÇÕES

A ESCOLHA CORRETA

Quando Jesus ia saindo, um homem correu em sua direção e se pôs de joelhos diante dele e lhe perguntou: "Bom mestre, que farei para herdar a vida eterna?".

MARCOS 10.17

café com Deus pai

Escolher Jesus paralisa aquilo que está paralisando você.

@juniorrostirola

DEVOCIONAL 365
332/365

LEITURA BÍBLICA
SALMOS 136

PALAVRA-CHAVE
#ESCOLHA

ANOTAÇÕES

Em um encontro crucial, um jovem abastado questiona Jesus sobre a vida eterna, revelando a busca por algo que iria muito além desta existência. Embora ele observasse os mandamentos e se julgasse íntegro, algo essencial ainda lhe faltava.

Você já experimentou momentos em que teve de tomar uma decisão que mudaria sua vida para sempre? Esse jovem encontrava-se justamente em uma situação como essa, mas algo lhe faltou para que tomasse a decisão correta. O amor que esse homem tinha pelas riquezas terrenas ficou à frente de seu amor por Deus, pois ele não foi capaz de atender ao pedido de Jesus.

Ao se encontrar com Jesus, o jovem rico é confrontado em amor, e sua maior fraqueza então é exposta. Entretanto, isso ocorreu não para que o homem se envergonhasse, mas para que fosse transformado. O fato é que Jesus não nos confronta para nos abater, mas para gerar mudança em nós. Por isso, é essencial termos maturidade para encarar nossos erros e renovarmos nossa mente segundo a Palavra de Deus, para que possamos seguir Jesus livres de todo o peso.

O olhar de Jesus para você é repleto de amor, graça e perdão. Seguir Jesus é a chave para uma vida plena, mas ele nos chama a uma mudança total de nossas prioridades e valores e entrega completa do nosso coração a ele. Esteja disposto a amá-lo e a entregar tudo o que for necessário para segui-lo, pois a jornada que passamos a trilhar com Jesus é única, cheia de amor, paz e transformação.

EM JESUS HÁ ESPERANÇA

[...] Jesus disse ao paralítico: "Tenha bom ânimo, filho [...]"

MATEUS 9.2

Em nossa natureza humana, há dias em que acordamos sobrecarregados por sentimentos desanimadores, que tentam nos arrastar para baixo, afastando-nos do nosso verdadeiro propósito. As circunstâncias ao redor e as palavras que acabamos permitindo que tomem lugar em nosso coração podem nos levar à desmotivação. Contudo, Jesus, em sua infinita misericórdia e amor, nos recorda diariamente que ele é a nossa força e o autor da nossa vida.

As oscilações emocionais são naturais do ser humano, influenciadas por humor, pensamentos, comportamentos e atitudes, mas elas podem impactar profundamente tanto a vida pessoal quanto a profissional. Muitas vezes, nos encontramos distantes de nossa melhor versão, porque permitimos que as circunstâncias da vida nos paralisem.

Lembro-me, ao longo da minha jornada, de ter ouvido pessoas duvidarem da minha capacidade, dizendo que eu não conseguiria, tentando me desmotivar. Minha realidade na época parecia confirmar essas palavras. Mas Jesus tinha um plano diferente para minha vida. Ele me permitiu ouvir suas verdades a meu respeito, e hoje, graças a isso, posso testemunhar o cumprimento de suas promessas.

Este é um convite para que você reconheça a sua verdadeira força, que reside na fé e na certeza de que, independentemente das circunstâncias, há um propósito maior e um caminho de superação e esperança, que só são encontrados ao nos entregarmos totalmente a Jesus e permitirmos, assim, que ele transforme completamente a nossa vida. Não desista, tenha bom ânimo!

café com Deus pai

Sem Jesus, a vida não faz nenhum sentido.

@juniorrostirola

365 DEVOCIONAL
333/365

LEITURA BÍBLICA
SALMOS 137

PALAVRA-CHAVE
#SUPERAÇÃO

ANOTAÇÕES

AVANÇANDO COM FÉ

Disseram-lhe: "Jesus de Nazaré está passando". Então ele se pôs a gritar: "Jesus, filho de Davi, tem misericórdia de mim!".

LUCAS 18.37,38

café com Deus Pai

Quem tem atitude vive o milagre.

@juniorrostirola

DEVOCIONAL 365
334/365

LEITURA BÍBLICA
SALMOS 138

PALAVRA-CHAVE
#POSICIONAMENTO

O texto que lemos conta a história de um homem cego, que ao saber que Jesus estava passando perto dele, teve uma atitude ousada: Pôs-se a clamar por misericórdia. É fascinante imaginar o tamanho da motivação interna que o guiou para que tomasse essa decisão, a sua fé.

Na maratona da vida, saiba que nossa atitude será o primeiro passo para grandes conquistas. Costumo dizer que os que saem na frente governam, pois tomam atitudes que os colocam na condição de receber grandes bênçãos. Aquele cego tinha suas limitações, mas pela fé procedeu de forma que o levou a ver e viver o milagre que tanto desejava, a cura para sua cegueira. Entretanto, ele estava cercado por pessoas pessimistas, que tentaram impedi-lo de receber a atenção de Jesus, contudo ele não se acovardou por isso, mas perseverou pois sabia que Jesus era o único capaz de curá-lo.

Entenda que a fé ativa as intervenções de Deus, e essa fé que falamos não é um sentimento, mas sim uma decisão e um posicionamento. E isso traz respostas do Pai, pois tudo é possível para aqueles que creem.

Quais são suas necessidades? Qual é o milagre que você tanto precisa? As circunstâncias só serão um problema em sua vida se você deixar com que elas dirijam seus pensamentos e atitudes. Deus pode fazer coisas extraordinárias em nosso favor, mas tudo depende do seu posicionamento de fé diante das adversidades. Mesmo que você não receba o apoio que esperava das pessoas ao redor, saiba que sua atitude em clamar por Jesus, o levará a viver grandes milagres.

ANOTAÇÕES

O SEU
PROBLEMA É O
PASSAPORTE
PARA VOCÊ
IR ALÉM DO
IMAGINÁVEL.

@juniorrostirola

Quero convidar você a uma ***reflexão*** sobre como foi seu ano até aqui.

- Como foi sua experiência com ***Café com Deus Pai?***
- Quais desafios você enfrentou?
- O que precisa ser mudado?

Quero lembrar você que o ano ainda não acabou!

Deus Pai pode realizar muito ainda neste último mês.

Costumo dizer que só acaba quando termina. Amém?

Há 31 dias para você viver o ***extraordinário*** ainda este ano!

Separe um tempo para refletir e escrever como se fosse uma carta para Deus Pai.

Vamos juntos!

reflexão

café com Deus pai

NA VIDA TEREMOS QUE **PERDOAR** QUEM NUNCA FOI CAPAZ DE PEDIR **PERDÃO**.

@juniorrostirola

Assista ao vídeo com a palavra e oração para este mês.

dezembro

café com Deus pai

ELE NUNCA NOS ABANDONA

Na minha angústia clamei ao SENHOR*;*
e o SENHOR *me respondeu, dando-me*
ampla liberdade.

SALMOS 118.5

Em nossa jornada, estamos constantemente lutando contra o *"tic-tac"* do relógio. Muitas vezes, nos encontramos tão exaustos que parecemos funcionar no piloto automático, desatentos aos caminhos que percorremos. Em meio a esse esgotamento, quando parece que estamos prestes a ceder, é exatamente nesse ponto que Deus nos concede alívio.

Isso me faz lembrar do poema Pegadas na areia, em que o narrador percebe que, durante as fases mais desafiadoras de sua vida, via apenas as pegadas de uma pessoa na areia, não mais de duas, como se ele estivesse sozinho; no entanto, descobre que na verdade eram as pegadas de Deus carregando-o nos braços.

Assim, quando nos sentimos abandonados na dor, não é sinal de que Deus nos deixou; é, na verdade, uma indicação de que ele está nos sustentando de forma que sozinhos jamais conseguiríamos. O silêncio de Deus em nossas lutas pode ser comparado à quietude de um professor que observa seus alunos durante uma prova; ele pode até estar em silêncio, mas permanece presente, pronto para nos apoiar no momento certo.

Se você se sente isolado, desesperançoso, sem energia ou motivação para seguir em frente, saiba que não está sozinho na caminhada da vida. Não somos super-heróis, por isso precisamos escolher confiar na fidelidade e nas promessas de Deus, pois em Hebreus 13.5 está escrito: *"[...] 'Nunca o deixarei, nunca o abandonarei'"*. Convido você a se apropriar dessas verdades e seguir com perseverança, superando cada desafio, pois você não está sozinho.

café com Deus pai

Não é porque você está passando pela tempestade que Deus saiu de cena.

@juniorrostirola

365 DEVOCIONAL
335/365

LEITURA BÍBLICA
PROVÉRBIOS 13

PALAVRA-CHAVE
#AMPARO

ANOTAÇÕES

O VERDADEIRO AMOR DE UM PAI

O amor não se alegra com a injustiça, mas se alegra com a verdade. Tudo sofre, tudo crê, tudo espera, tudo suporta.

1CORÍNTIOS 13.6,7

café com Deus pai

A vida pode machucar, mas em Deus sempre haverá cura.

@juniorrostirola

DEVOCIONAL 365
336/365

LEITURA BÍBLICA
PROVÉRBIOS 14

PALAVRA-CHAVE
#RESILIÊNCIA

ANOTAÇÕES

Por muito tempo, vivi sem entender por que a vida era tão difícil para mim. Precisei superar muita coisa para estar aqui hoje compartilhando a minha história com você. Como qualquer órfão de pai vivo, esperei, sonhei e busquei estar com meu pai biológico. Lembro-me da única vez em que tive a oportunidade de estar ao lado dele: o dia em que me chamou para tomar um refrigerante no bar onde ele frequentemente bebia. Aquela foi a primeira e única vez, porque, logo em seguida, ele me deixou para estar na companhia da bebida e dos seus amigos. Por muito tempo, aquela foi a experiência mais importante da minha vida com meu pai.

Estou contando um pouco do meu testemunho para ensinar algo que aprendi: todos temos que amar, mesmo sem entender, porque esse é o grande mandamento de Deus. Minha mãe sempre dizia que, apesar de tudo, meu pai era um homem bom. Eu não entendia na época, mas ali ela me ensinava a não guardar mágoas, a amar sem ressalvas.

Talvez suas lembranças da infância em seu lar sejam distantes daquilo que você sempre sonhou, assim como foi comigo. Mas hoje posso gerar momentos bons e marcantes na vida dos meus filhos, como eu gostaria de ter vivido. Aprendi, no entanto, a entregar aquilo que recebi de Deus Pai, pois sempre fui amado por ele.

Ainda que a vida até aqui não tenha sido da maneira que você sonhou e não tenha recebido o amor que esperava, saiba que você não precisa agir da mesma forma. Deus Pai nos amou de tal maneira que entregou seu único Filho para que fôssemos salvos. Nesse ato, ele nos ensinou a amar. A partir de hoje, não pague na mesma moeda, mas ame assim como você é amado pelo Pai.

NÃO ANDE EM CÍRCULOS

Quem é o homem que teme o SENHOR*?*
Ele o instruirá no caminho que deve seguir.
Viverá em prosperidade, e os seus descendentes herdarão a terra.

SALMOS 25.12,13

café com Deus Pai

Relembrar os dias de escola pode despertar uma série de sentimentos. Para alguns, são memórias de alegrias e conquistas; para outros, lembranças de isolamento e sonhos esquecidos. A escola era um palco onde os papéis se distribuíam: o aluno popular, sempre cercado de amigos, contrastando com o estudante dedicado, muitas vezes invisível e solitário.

Eu me vi na pele do esquecido, o jamais escolhido para os times, vivendo à margem, sem perspectivas. No entanto, apesar das memórias dolorosas, sei que aprendi muito naquele tempo, e, apesar da dor que enfrentava, hoje Deus Pai usa minha história de superação para abençoar outras vidas, que já viveram ou vivem algo semelhante.

O único capaz de transformar nossa história é Jesus, e foi ele mesmo quem mudou a minha. Passei a encarar as dificuldades de maneira diferente, à luz da Bíblia, entendendo que todas as coisas cooperavam para o meu bem e que cada tribulação poderia se tornar um grande testemunho que glorificaria ao Pai. O mundo oferece muitas soluções para os nossos problemas, mas apenas um encontro real com Jesus é capaz de transformar para sempre a realidade de uma pessoa, de uma família, e até de uma geração.

Independentemente das dificuldades que você enfrenta, a solução continua sendo Cristo. Ele é o único capaz de fechar feridas, curar qualquer doença e mudar realidades. Com ele, não mais andamos em círculos, mas caminhamos em direção a um futuro transformado, repleto de amor, graça, alegria e paz.

Se a jornada estiver pesada, manter seu olhar firme em Jesus trará paz.

@juniorrostirola

365 **DEVOCIONAL**
337/365

✝ **LEITURA BÍBLICA**
PROVÉRBIOS 15

PALAVRA-CHAVE
#AVANCE

ANOTAÇÕES

UM NOVO HORIZONTE

Caindo em si, ele disse: "Quantos empregados de meu pai têm comida de sobra, e eu aqui morrendo de fome! [...] voltarei para meu pai, e lhe direi: Pai, pequei contra o céu e contra ti. Não sou mais digno de ser chamado teu filho; trata-me como um dos teus empregados".

LUCAS 15.17-19

café com Deus pai

O arrependimento genuíno sempre será o melhor caminho para quem quer mudar a rota do erro.

@juniorrostirola

DEVOCIONAL 365
338/365

LEITURA BÍBLICA
PROVÉRBIOS 16

PALAVRA-CHAVE
#ARREPENDIMENTO

A vida é feita de escolhas, e cada uma traz consigo consequências. Dessa forma, toda vez que decidimos fazer alguma coisa, seja um ato planejado ou uma atitude impensada, temos que compreender que haverá repercussões. Portanto, devemos refletir e buscar em Deus discernimento para nossas decisões, pois muitas delas podem gerar resultados que mudarão nosso destino; ou seja, aquilo que decidimos em poucos instantes, pode ecoar por longos anos em nossa vida. Por isso, devemos reconhecer a importância de estarmos no centro da vontade de Deus Pai.

A parábola do filho pródigo narra a história de um homem que após uma sequência de erros, caiu em si e teve a oportunidade de ponderar suas decisões, escolhendo arrepender-se e voltar para a casa do pai. Comigo e com você não é diferente. Quantas vezes erramos esta semana? Mas, pior do que errar é não reconhecer nossos erros, por isso lhe convido neste momento a fazer como o filho pródigo, se arrepender das escolhas erradas e voltar para a presença do Pai. Pois ele sempre está de braços abertos para nos perdoar, independentemente do que fizemos ou por onde andamos no passado, o arrependimento genuíno nos dá acesso a uma nova oportunidade.

Hoje você tem a oportunidade de rever suas escolhas e ser assertivo daqui para frente. Quando tomamos a decisão de nos arrepender, mudar a rota e nos entregarmos a ele, tudo muda. Saiba que um novo horizonte está esperando por você logo à frente, e ele está repleto de paz e de grandes oportunidades. O arrependimento sincero sempre te colocará no caminho certo.

ANOTAÇÕES

AVANÇANDO CORAJOSAMENTE

Disse-lhe Jesus: "Não lhe falei que, se você cresse, veria a glória de Deus?".

JOÃO 11.40

Nos Evangelhos, encontramos diversos relatos de vidas transformadas após um encontro pessoal com Jesus. Bartimeu, a mulher do fluxo de sangue, a mulher samaritana, o paralítico de Betesda — todos testemunharam essa transformação. E, assim como eles, todos nós podemos ter nossa vida mudada para sempre por Jesus.

O que nos separa dessa oportunidade muitas vezes é apenas a atitude de crer verdadeiramente em Jesus. Bartimeu gritou, a mulher do fluxo de sangue se lançou no meio da multidão, a mulher samaritana simplesmente creu quando Jesus revelou sua identidade, e o paralítico de Betesda disse sim quando Jesus o desafiou.

Se você deseja viver uma transformação em sua vida, esteja preparado para ter uma atitude ousada, pois devemos fazer tudo aquilo que está ao nosso alcance, assim como estes e tantos outros exemplos com que nos deparamos nas Escrituras. A fé move o sobrenatural e nos faz viver o extraordinário, mas há também a nossa parte nesse processo.

Você tem estado acomodado, esperando de braços cruzados algo acontecer, ou tem se posicionado em fé para materializar a mudança que tanto deseja? Devemos dar nosso melhor, ao mesmo tempo que precisamos entregar tudo a Deus e confiar nele. Não espere os céus se abrirem para você, pois eles já estão abertos, por isso dê o primeiro passo, concentre-se no que está ao seu alcance, posicione-se em fé e veja a transformação que você tanto precisa chegar à sua vida.

café com Deus Pai

Os céus sempre estarão abertos para aqueles que dão o primeiro passo ao encontro de Jesus.

@juniorrostirola

365 **DEVOCIONAL**
339/365

LEITURA BÍBLICA
SALMOS 139

PALAVRA-CHAVE
#AVANCE

ANOTAÇÕES

O CUIDADO AMOROSO DE DEUS

O SENHOR *é o meu pastor; de nada terei falta. Em verdes pastagens me faz repousar e me conduz a águas tranquilas; restaura-me o vigor. Guia-me nas veredas da justiça por amor do seu nome.*

SALMOS 23.1-3

café com Deus Pai

Quanto mais intimidade temos com Deus, mais provamos da sua vontade.

@juniorrostirola

DEVOCIONAL 365
340/365

LEITURA BÍBLICA
SALMOS 140

PALAVRA-CHAVE
#INTIMIDADE

ANOTAÇÕES

Nesse salmo, percebemos a profunda intimidade que Davi tinha com Deus. Sua declaração não é apenas uma frase de fé, mas um testemunho de total entrega e dependência. Davi entendeu que a intimidade com Deus significa depender inteiramente dele, assim como uma ovelha depende do seu pastor para provisão, proteção, abrigo e direção.

Davi nos ensina que a verdadeira intimidade com Deus envolve uma dependência absoluta. Ao desenvolver essa conexão íntima, começamos a ouvir sua voz, compreender sua Palavra e discernir seu propósito, inclusive nos momentos difíceis. Intimidade gera um sentido de pertencimento, quando reconhecemos Deus como nosso Pai, percebemos seu amor e sua vontade de ser nosso parceiro na vida, provendo, protegendo, abrigando e guiando.

Deus deseja muito mais do que nos ver realizando grandes feitos; ele quer que entendamos nossa verdadeira identidade como seus filhos. Deus nos chama para um propósito significativo e tem um destino profético a revelar em nossa vida. No entanto, tudo isso se inicia quando nos entregamos a um relacionamento íntimo com ele.

Assim como Davi, também podemos desfrutar da provisão, da proteção, do abrigo e da direção de Deus. Ele deseja ser nosso pastor e guia. O convite é para uma entrega completa a esse relacionamento de intimidade com o Pai. Ao abraçarmos essa conexão profunda, passamos a vivenciar a plenitude do que Deus tem para nós, encontrando segurança e propósito debaixo de seu cuidado amoroso.

VOCÊ ESTÁ NOS PLANOS DE DEUS

Depois de rejeitar Saul, levantou-lhes Davi como rei, sobre quem testemunhou: "Encontrei Davi, filho de Jessé, homem segundo o meu coração; ele fará tudo o que for da minha vontade"

ATOS 13.22

café com Deus pai

Davi, destinado a ser rei, começou sua jornada como um humilde pastor, esquecido atrás dos rebanhos. Sua história revela o cuidado do Pai conosco, pois Deus tinha um propósito único para cada momento de sua vida. Mesmo esquecido e rejeitado pela família, Davi estava presente nos planos de Deus, desconhecendo as grandes coisas que o aguardavam.

Em Deus, encontramos a verdade sobre nossa origem, identidade e o significado de nossa história. E isso é relevante porque muitas vezes nos sentimos perdidos em nossa vida, como se estivéssemos em um beco sem saída. Eu mesmo já me senti assim inúmeras vezes.

Meu pai era alcoólatra, e passamos por lutas impensáveis em nossa vida. Chegamos ao ponto de, por vezes, termos de dormir sob uma árvore, lutando contra os insetos, pois, se ficássemos dentro de casa, meu pai nos agrediria. Mas, apesar de tudo isso, descobri que a vida tinha mais a oferecer. Ao encontrar minha identidade em Deus, comecei a viver conforme quem realmente eu nasci para ser. Decidi não me limitar pelas circunstâncias, porque, se você desconhece sua identidade, não saberá para onde está indo.

Davi precisou passar por diversos processos para que seu coração fosse forjado, a ponto de ele se tornar um homem capacitado para viver os propósitos de Deus. Não sei quais lutas você tem enfrentado ou qual é a estação atual de sua vida, mas saiba que você foi separado por Deus para um propósito maior do que você imagina, porque, ainda que a multidão diga não, saiba que você está presente nos planos de Deus para esta geração.

Muitos não entenderão o que você é capaz de entender em Deus.

@juniorrostirola

365 **DEVOCIONAL**
341/365

✝ **LEITURA BÍBLICA**
SALMOS 141

PALAVRA-CHAVE
#IDENTIDADE

ANOTAÇÕES

PERMITA-SE SER MOLDADO

café com Deus pai

Samuel então apanhou o chifre cheio de óleo e o ungiu na presença de seus irmãos, e a partir daquele dia o Espírito do SENHOR *apoderou-se de Davi. E Samuel voltou para Ramá.*

1SAMUEL 16.13

O processo é tão importante quanto a promessa.

@juniorrostirola

DEVOCIONAL 365
342/365

LEITURA BÍBLICA
PROVÉRBIOS 17

PALAVRA-CHAVE
#PROCESSOS

Quando Samuel ungiu Davi como rei, algo extraordinário começou a se desenrolar na vida desse jovem pastor. Davi abraçou com fé as palavras proféticas liberadas sobre ele e, sob essa nova unção, o Espírito Santo passou a orientá-lo, desvendando os contornos de um destino grandioso que Deus tinha traçado para sua vida.

À primeira vista, tudo parecia seguir como antes: Davi continuava a cuidar das ovelhas de seu pai, sem imaginar que, naquele cotidiano aparentemente normal, estava sendo forjado para a realeza. Cada dia no campo, enfrentando desafios como a defesa de seu pequeno rebanho contra ursos e leões, e até enfrentando Golias, eram etapas cuidadosamente orquestradas por Deus para prepará-lo para governar Israel.

Saiba que, do mesmo modo, as promessas que Deus lhe fez se cumprirão. Entretanto, o tempo do processo é tão importante quanto o cumprimento delas. Contudo, para que esses sonhos se concretizem, existe um tempo determinado por Deus, um período de preparação. Tudo o que você vive tem um grande propósito quando você está alinhado com a vontade do Pai, pois o tempo de preparo é necessário para moldar nossas intenções e forjar o nosso coração.

Portanto, hoje convido você a enfrentar os processos de maneira diferente, pois, para alcançarmos as promessas, precisamos passar por eles sem desanimar, fugir ou reclamar. Saiba que é Deus quem está esculpindo seu caráter e preparando-o para um futuro extraordinário. Creia!

ANOTAÇÕES

FÉ OUSADA

Jesus respondeu: "Mulher, grande é a sua fé! Seja conforme você deseja". E naquele mesmo instante a sua filha foi curada.

MATEUS 15.28

café com Deus pai

Certamente, esse é um dos testemunhos de fé mais marcantes registrados nos evangelhos. É impressionante imaginar a admiração de Jesus diante de tamanha fé. Uma mulher, habitante de uma terra impregnada da cultura pagã, reconhece o poder salvador de Jesus e clama a ele pela cura de sua filha.

Assim como essa mulher enfrentava um contexto de desesperança total, eu também já estive nessa posição. Houve dias em minha vida em que tudo parecia impossível. No entanto, minha realidade mudou quando dei passos de fé em direção ao impossível. Quando Jesus se manifesta, a atmosfera se transforma.

Todos nós precisamos dar um passo de fé, o que significa caminhar sem ter a certeza do chão à nossa frente, confiando em que Deus proverá. Lembro-me do dia em que vi o terreno onde hoje está sediada a Igreja Reviver, em Itajaí. Aos olhos humanos, era impossível construir o que temos hoje e viver essa realidade. Mas, assim como aquela mulher sabia onde encontrar a esperança de que precisava, eu também sabia que o Senhor estava comigo a cada decisão.

Não sei qual é o seu impossível. Mas sei que um ambiente de fé é o terreno fértil para milagres acontecerem. Basta você clamar. Não importa o cenário em que você se encontra, sua resposta diante das circunstâncias pode desencadear o milagre e trazer à existência o que ainda não existe. Suas atitudes o posicionam para receber a promessa.

Sua atitude de fé provocará o milagre que você precisa.

@juniorrostirola

365 **DEVOCIONAL**
343/365

✝ **LEITURA BÍBLICA**
PROVÉRBIOS 18

PALAVRA-CHAVE
#FÉ

ANOTAÇÕES

CUIDE DO SEU CORAÇÃO

Pois onde estiver o seu tesouro, aí também estará o seu coração.

MATEUS 6.21

café com Deus pai

Não se distraia com coisas que o levam para longe daquilo que Deus já lhe mostrou.

@juniorrostirola

DEVOCIONAL 365
344/365

LEITURA BÍBLICA
PROVÉRBIOS 19

PALAVRA-CHAVE
#RENÚNCIA

O coração humano é uma obra-prima da criação, complexo e profundo. Quando Deus fala sobre o coração, ele se refere ao núcleo dos nossos sentimentos e desejos, ao que verdadeiramente nos motiva. Naturalmente, somos inclinados a valorizar aquilo que nos é importante, mas é crucial reconhecer que certos apegos podem nos distanciar de Deus. Devemos ficar vigilantes para não permitir que nosso coração seja capturado por armadilhas que nos afastam do Senhor.

Existem aqueles cujo coração está alinhado com o coração de Deus, vivendo em conformidade com a vontade dele. Contudo, há também os que se prendem excessivamente a bens materiais, à busca por *status* ou riqueza. Alguns estão ancorados a um passado doloroso, a decepções que os impedem de seguir adiante, enquanto outros se veem presos por amizades que, embora não sejam nocivas por si sós, os desviam de seu propósito divino.

Não tema o desapego. Encontramos plenitude em Deus quando nosso coração está em sintonia com o dele. Esse alinhamento transforma sentimentos de rejeição, solidão e tristeza em alegria, revelando a força de um Deus onipotente. Faça uma pausa e reflita profundamente: a que o seu coração está verdadeiramente apegado? Busque aquilo que tem valor eterno, que dará sentido à realização dos propósitos de Deus em sua vida. Se for necessário desapegar-se de algo que o distancia de Deus, faça essa escolha sem hesitar e experimente os dias mais abençoados da sua existência.

ANOTAÇÕES

GRATIDÃO

Ao vê-los, ele disse: "Vão mostrar-se aos sacerdotes". Enquanto eles iam, foram purificados. Um deles, quando viu que estava curado, voltou, louvando a Deus em alta voz.

LUCAS 17.14,15

A maneira pela qual percebemos o mundo ao nosso redor tem um impacto profundo na dimensão da nossa fé e na clareza com que vislumbramos o sobrenatural. Em uma narrativa bíblica, dez leprosos se deparam com Jesus e clamam por cura. Ele, com sua graça e misericórdia, atende ao pedido deles, e eles são curados.

Essa passagem ilustra como uma perspectiva de fé e esperança pode expandir nossa visão espiritual, permitindo-nos enxergar além dos limites humanos. Jesus enxergava esses homens não como prisioneiros de suas condições, mas como indivíduos plenos de saúde e futuro. Ele nos ensina a olhar para além das adversidades da vida, com uma visão de futuro direcionada pelo Espírito Santo.

Nesse relato, apenas um dentre os dez leprosos retorna para expressar sua gratidão e louvor, recebendo este, além da cura, a bênção da salvação. Essa passagem nos lembra de que a gratidão e a adoração abrem portas para milagres ainda mais extraordinários.

Em sua vida, você tem expressado gratidão por tudo aquilo que Jesus tem feito? Entre os dez leprosos, todos receberam cura, mas apenas um a salvação, e foi justamente o que expressou gratidão. Olhe além dos problemas, das dificuldades e dos desafios, porque todos temos motivos para agradecer. Não veja Jesus apenas como alguém que pode resolver seus problemas, mas sim como aquele que o resgatou e dará a você a vida eterna ao lado dele, porque o que Jesus tem a nos oferecer é sempre além das nossas expectativas.

Atitudes de gratidão são multiplicadoras de bênçãos.

@juniorrostirola

365 DEVOCIONAL
345/365

LEITURA BÍBLICA
PROVÉRBIOS 20

PALAVRA-CHAVE
#GRATIDÃO

ANOTAÇÕES

A VERDADE SOBRE VOCÊ

café com Deus pai

Levanto os meus olhos para os montes e pergunto: De onde me vem o socorro? O meu socorro vem do Senhor, que fez os céus e a terra.

SALMOS 121.1,2

Traga para o seu mundo a presença de Deus e descubra o verdadeiro mundo preparado para você.

@juniorrostirola

DEVOCIONAL 365
346/365

LEITURA BÍBLICA
SALMOS 142

PALAVRA-CHAVE
#VERDADES

Ao ancorar seu coração e sua mente nas promessas de Deus, você se arma com uma confiança inabalável. Com isso, enfrente cada desafio sabendo que o medo não tem lugar em você. Arme-se com uma perspectiva de vitória, rejeitando quaisquer sussurros de incapacidade que tentem invadir seus pensamentos.

Lembro-me de uma época, na minha juventude, quando as sombras da dúvida lançadas por mentiras enganadoras me fizeram questionar meu valor e propósito. Eu estava enredado em uma visão distorcida da vida, incapaz de ver além das adversidades. Na escola, nas poucas vezes em que tentei jogar futebol com os rapazes, eles diziam que eu não sabia andar, que eu não sabia correr... Consequentemente, fiquei limitado por muitos anos, acreditando nessas afirmações, a ponto de nunca entrar em campo (lembro que nasci no país do futebol). Isso me fez sofrer muito.

No entanto, minha trajetória mudou radicalmente quando escolhi substituir pensamentos de derrota e desesperança por declarações de fé e ações de gratidão a Deus. Foi ao rejeitar as mentiras e acreditar nas verdades de Deus sobre minha vida que encontrei a verdadeira liberdade e entendi o verdadeiro propósito para o qual nasci.

Não siga o caminho que uma vez trilhei e fiquei paralisado por muito tempo. Em vez disso, erga os olhos para Deus, reconhecendo quem você é, escolhendo o caminho da verdade que é Jesus, pois ele o vê com olhos de possibilidade; você é muito mais do que suas circunstâncias atuais sugerem. Em Cristo, você já é mais do que vencedor.

Só assim você viverá a sua identidade de filho, cumprindo o propósito e alcançando vitórias que já foram conquistadas na cruz.

ANOTAÇÕES

VENCENDO O DESERTO

Lembre-se de como o SENHOR, o seu Deus, os conduziu por todo o caminho no deserto, durante estes quarenta anos, para humilhá-los e pô-los à prova, a fim de conhecer suas intenções, se iriam obedecer aos seus mandamentos ou não.

DEUTERONÔMIO 8.2

café com Deus pai

O deserto pode parecer um lugar de sofrimento e dificuldade, mas na realidade pode ser uma oportunidade ímpar para Deus moldar nosso coração. É justamente na dificuldade que aprendemos a depender do Pai, pois as circunstâncias contrárias são um terreno fértil para a manifestação dos milagres.

No deserto, temos duas opções: ouvir os apontamentos do Espírito Santo, que deseja nos conduzir ao aprimoramento e consequentemente à promessa, ou murmurar e sepultá-los. Quando as coisas vão mal, somos tentados a reclamar, criticar ou apontar culpados, quando na realidade a postura correta seria levantar a cabeça, identificar possíveis erros, realinhar a direção e continuar a caminhada. Saiba que sua vida reflete os hábitos que você cultiva. Se você se render ao pessimismo e à reclamação, colherá escassez, e sua passagem pelo deserto se estenderá, até que haja uma mudança em seu coração, porque o deserto é lugar de passagem, não de morada.

Se você assumir uma postura de gratidão e adoração a Deus em meio aos vales da vida, tudo se tornará mais leve, levando-o a novos níveis. Encare todas as situações como se fossem oportunidades de crescimento e desenvolvimento, porque de fato são, e é dessa forma que Deus Pai trabalha em nosso coração.

Todos passaremos pelo deserto; o próprio Jesus o enfrentou e saiu vitorioso. Contudo, a forma como nos comportamos definirá onde iremos chegar. A partir de hoje, ressignifique os processos que você tem enfrentado, deixe a murmuração de lado e mantenha-se firme, com um coração grato e adorador, pois ao fim desse processo algo novo chegará em sua vida.

Há pessoas que não vão adiante porque tudo o que sabem fazer é murmurar.

@juniorrostirola

365 **DEVOCIONAL**
347/365

† **LEITURA BÍBLICA**
SALMOS 143

PALAVRA-CHAVE
#SUPERAÇÃO

ANOTAÇÕES

QUANDO OS OLHOS SE ABREM

Então os olhos deles foram abertos e o reconheceram, e ele desapareceu da vista deles. Perguntaram-se um ao outro: "Não estavam ardendo os nossos corações dentro de nós, enquanto ele nos falava no caminho e nos expunha as Escrituras?"

LUCAS 24.31,32

café com Deus pai

Ao receber a visão de Deus, você precisa agir em direção ao que ela te mostrar.

@juniorrostirola

DEVOCIONAL 365
348/365

LEITURA BÍBLICA †
SALMOS 144

PALAVRA-CHAVE
#MUDANÇA

ANOTAÇÕES

Toda vez que você tem um encontro com Jesus, e se deixa ser tocado por ele, você muda, melhora, avança, e prova de algo novo. Essa experiência não foi diferente da dos discípulos, pois nesta passagem vemos Jesus aparecendo a alguns deles depois da ressurreição, enquanto estes estavam viajando de Jerusalém para Emaús.

Sempre que você se permitir ser guiado por Jesus, será conduzido ao seu propósito, longe disso, você está a um passo de se frustrar ao trilhar caminhos que não agradam a Deus. Isso aconteceu comigo anos atrás, quando eu alimentava o sonho de ser bancário, e por isso cursava a faculdade de Economia, porém após um encontro com Deus Pai, ele revelou seus planos para mim, e por isso precisei reprogramar minha rota, trancando a faculdade de Economia prestes a me formar, para iniciar o curso de Teologia.

Naquela época muitas pessoas questionaram minha decisão, e até me criticaram, mas quando temos um encontro genuíno com Deus, ele nos aponta a direção em que devemos seguir. Ser bancário e cursar economia foram passos que tomei sem consultar a Deus, sem estar alinhado à sua vontade, mas no meio do caminho Deus Pai me revelou a seu plano, e como aqueles homens que estavam a caminho de Emaús, mudei completamente meu rumo.

O caminho que você tem percorrido até hoje é o que Jesus escolheu para você? Se não sabe a resposta, pergunte a ele. Peça a Deus para que ele tome o controle de sua vida, e o conduza em direção aos propósitos dele, ainda que isso signifique dar meia-volta, e mudar de caminho. Com ele sempre valerá a pena!

O QUE DE FATO VALE A PENA

a fim de que não haja divisão no corpo, mas, sim, que todos os membros tenham igual cuidado uns pelos outros.

1CORÍNTIOS 12.25

café com Deus pai

Ao ler uma reportagem tempos atrás, vi que a política tem sido uma das maiores causas de rupturas familiares. Nesse sentido, os anos subsequentes àqueles em que ocorrem as eleições tendem a começar com maior índice de famílias em desarmonia.

Além das discordâncias políticas, desentendimentos relacionados a futebol, religião ou qualquer outra coisa acabam se tornando motivos para divisão e rompimento. Precisamos entender que unidade não se trata de pensar da mesma maneira, mas caminhar em direção ao mesmo propósito. Os pensamentos e opiniões precisam ser respeitados, e discordâncias são naturais, entretanto não devem ser motivo para distanciamento ou agirmos de forma rude com quem pensa diferente de nós. Isso acaba só nos prejudicando!

Amor e respeito são os principais requisitos para viver em unidade, mas isso não quer dizer que precisamos nos moldar a opiniões alheias, inclusive quando fogem dos princípios de Deus, porém jamais devemos promover divisão por isso. Afinal, se queremos ser luz, promoveremos um ambiente familiar pautado na confiança, no amor e no perdão. Divisões na família acabam afetando a todos e geram marcas profundas.

Talvez você tenha se afastado de pessoas próximas por uma divergência de opinião em algum momento, onde você focou só naquela situação, e isso acabou gerando outros problemas, como mágoa, angústia, um sentimento de vazio, de tristeza talvez, levando-o a se esquecer de toda uma caminhada e dos bons momentos. Quero lembrá-lo de que tudo na vida passa, mas o que permanece é o amor! Desafio você a dar o primeiro passo e reparar os laços que foram rompidos. Permita que o amor de Deus restabeleça a paz e a união em sua família. Nada melhor do que amar em todo tempo e viver em paz com todos.

No final da sua história, o que mais vai valer a pena é quanto você amou.

@juniorrostirola

365 DEVOCIONAL
349/365

LEITURA BÍBLICA
PROVÉRBIOS 21

PALAVRA-CHAVE
#RESTAURAÇÃO

ANOTAÇÕES

A CHAVE PARA SER ABENÇOADO

Todas estas bênçãos virão sobre vocês e os acompanharão, se vocês obedecerem ao Senhor, ao seu Deus.

DEUTERONÔMIO 28.2

café com Deus pai

Entenda que Deus supre todas as suas necessidades quando você caminha com fé e obediência.

@juniorrostirola

DEVOCIONAL 365
350/365

LEITURA BÍBLICA
PROVÉRBIOS 22

PALAVRA-CHAVE
#BÊNÇÃO

ANOTAÇÕES

Você acredita que possa ser abençoado? Meu desejo é que você saiba que sim, pois temos um Deus presente que tem prazer em abençoar os seus filhos.

Então, como eu e você devemos agir para termos uma vida abençoada e próspera? Convém lembrar que prosperidade não é sinônimo de ter muito dinheiro, e sim não ter falta de nada. A resposta para essa pergunta Jesus nos deu em Lucas 11.28, ao declarar que felizes são aqueles que ouvem a palavra de Deus e lhe obedecem!

Para sermos abençoados, precisamos ser obedientes a Deus, e isso deve nos levar a seguir sua Palavra. Nela o Senhor colocou tudo aquilo que agrada o coração dele e, consequentemente, nos aproxima da vontade dele para a nossa vida. Ou seja, a obediência é uma prerrogativa das bênçãos e dos milagres.

Contudo, não se engane: não é como uma troca de favores, como quando você diz a uma criança que, se ela comer toda a refeição, ganhará a sobremesa. Nosso relacionamento com Deus não é baseado em barganha, mas em princípios que ele estabeleceu e que estão contidos na Bíblia. Deus os estabeleceu porque, por meio da obediência a eles, nos afastamos de tudo aquilo que fará mal à nossa vida e, consequentemente, nos afastará dele.

Saiba que Deus tem grandes coisas para derramar sobre a sua vida, porque ele tem prazer em abençoar seus filhos. Entenda que você serve a um Deus perfeito, que conhece profundamente o coração do homem e sabe o que é melhor para cada um de nós, por isso se submeta à vontade do Pai, obedeça a cada orientação dele e desfrute de todas as bênçãos que ele tem preparado para você.

ENXERGANDO ALÉM

E Eliseu orou: "SENHOR, abre os olhos dele para que veja". Então o SENHOR abriu os olhos do rapaz, que olhou e viu as colinas cheias de cavalos e carros de fogo ao redor de Eliseu.

2REIS 6.17

café com Deus Pai

Ou você se limita à sua visão, ou você rompe com a visão de Deus.

@juniorrostirola

365 **DEVOCIONAL**
351/365

LEITURA BÍBLICA
PROVÉRBIOS 23

PALAVRA-CHAVE
#VISÃO

A visão humana é um fenômeno fascinante, limitada às cores e formas que a retina capta e o cérebro processa, permitindo-nos dessa forma discernir pessoas e objetos. Contudo, essa capacidade visual nem sempre reflete a realidade completa das situações ao nosso redor. Há momentos, entretanto, que nossa visão não é eficaz em compreender plenamente uma situação; por exemplo: Você já entrou em um ambiente e imediatamente sentiu uma atmosfera pesada ou confusa, como se a paz estivesse ausente?

A história de Eliseu e seu servo ilustra essa questão. Eliseu ora para que os olhos do seu servo sejam abertos, revelando a necessidade de enxergarmos além do comum. Sua vista pode ser a maior inimiga da sua visão, pois às vezes há algo além do óbvio à nossa frente. Essa narrativa nos ensina a importância de um relacionamento profundo com Deus para discernir a realidade em sua totalidade.

O servo de Eliseu, inicialmente, só via o exército inimigo, um perigo iminente. No entanto, pela intervenção divina, ele pôde ver que, ao redor deles, havia um exército celestial muito maior. Esse momento de revelação simboliza a abertura dos olhos espirituais, permitindo-nos compreender que, além da realidade física, existe um mundo espiritual atuante.

Deus deseja nos levar a enxergar além do que é visível, mas isso só é possível por meio de uma intimidade com o Pai. Quando abrimos nossos olhos para o que é espiritual, mudamos nossa perspectiva e passamos a nos preparar melhor para enfrentar os desafios, sabendo que, ainda que as circunstâncias pareçam difíceis, pelos olhos espirituais, Deus sempre nos mostra uma saída.

ANOTAÇÕES

AUTENTICIDADE

Não se amoldem ao padrão deste mundo, mas transformem-se pela renovação da sua mente, para que sejam capazes de experimentar e comprovar a boa, agradável e perfeita vontade de Deus.

ROMANOS 12.2

Quando você sabe quem é em Deus, a opinião alheia não o paralisa.

@juniorrostirola

DEVOCIONAL 365
352/365

LEITURA BÍBLICA
PROVÉRBIOS 24

PALAVRA-CHAVE
#AUTENTICIDADE

ANOTAÇÕES

Que nível de dedicação revelamos em nosso relacionamento com Deus? É bem verdade que as coisas da vida são passageiras, os relacionamentos e os interesses costumam ser rasos, e você é definido muito mais pelo que aparenta ser do que pelo que você verdadeiramente é em seu coração.

Percebo que muitas vezes, no desejo de sermos aceitos e incluídos, perdemos nossa identidade e nos tornamos até orgulhosos, pois fazemos o inverso daquilo que Jesus nos instruiu. Em vez de reconhecermos nossas fraquezas, as jogamos debaixo do tapete, pois, caso alguém as descubra, pode acabar manchando nossa imagem. Assim, acabamos relativizando muitas coisas e buscando justificativas para nossos erros e pecados, e isso se estende ao nosso relacionamento com Deus Pai.

Não somos perfeitos e sem falhas, mas Deus nos dotou do potencial de nos tornarmos cada dia melhores, por meio de sua graça. Fomos feitos para adorá-lo e obedecer a ele, pois a nossa prioridade na vida é estar no centro da vontade de Deus. Trazer essa realidade para a nossa vida é viver os céus na terra.

Deus quer de nós um coração simples e humilde. Saiba que não deixaremos de ser amados por sermos menos adequados aos padrões convencionais. Você foi criado para ser autêntico, com base na identidade que Deus Pai lhe concedeu. Ele nos ama do jeito que somos e nos colocou no mais elevado lugar de prioridade em seu coração ao nos enviar seu Filho, Jesus. Não se submeta ao padrão imposto pelas pessoas que queiram definir você, mas, naturalmente, se amolde ao padrão dos céus e viva a liberdade de ser quem você de fato é.

É PRECISO CONFIAR

"Ouça, ó Israel. Hoje vocês vão lutar contra os inimigos. Não se desanimem nem tenham medo; [...] pois o SENHOR, o seu Deus, os acompanhará e lutará por vocês contra os inimigos, para lhes dar a vitória."

DEUTERONÔMIO 20.3,4

café com Deus pai

O povo foi fortalecido com essa linda verdade, pois, mesmo sem ter ainda alcançado a terra prometida, o período no deserto foi marcado por diversas batalhas. A Bíblia nos mostra que a perspectiva com a qual encaramos uma situação pode definir nosso destino. Podemos encarar os desafios de forma otimista, com fé e confiança em Deus, ou com murmuração e pessimismo, e isso influenciará completamente nossos resultados.

Jesus disse que o homem não viveria só de pão, mas de toda palavra que sai da boca de Deus (Mateus 4.4). Dias atrás, lendo um texto do grande evangelista F. F. Bosworth, ele falava acerca de pessoas que se questionavam por não terem fé para a sua cura. Ele disse: *"Alimentam o corpo com três boas refeições por dia, e o espírito com um só lanche frio por semana"*.

Frequentemente, nos rendemos antes mesmo de a batalha começar, pelo fato de não estarmos alimentados espiritualmente, pois nos preocupamos com tantas outras coisas e não atentamos para cuidar e alimentar o nosso espírito, caindo no desânimo, alegando que tudo dá errado. A fé é uma construção, e aquilo que falamos revela o que temos em nosso coração, pois declarar a Palavra de Deus materializa as suas promessas. A fé professada tem o poder de mudar as circunstâncias que aos olhos humanos são impossíveis, mas aos olhos de Deus não. No entanto, é essencial nos lembrarmos de que o mesmo Deus que conduziu seu povo no deserto deseja guiar nossa vida também em direção a uma terra prometida.

Ainda que as circunstâncias digam não, continue firme, entregue tudo a ele, pois em breve você chegará ao seu destino. É hora de remover as lentes do pessimismo e encarar o mundo e suas adversidades com coragem, fé e determinação de verdadeiros vencedores, o que de fato somos.

Precisamos de fé para vencer e de coragem para conquistar.

@juniorrostirola

365 **DEVOCIONAL**
353/365

LEITURA BÍBLICA
SALMOS 145

PALAVRA-CHAVE
#FÉ

ANOTAÇÕES

PESSOAS PRECISAM DE VOCÊ

Perguntou Nicodemos: "Como alguém pode nascer, sendo velho? [...] Respondeu Jesus: "Digo-lhe a verdade: Ninguém pode entrar no Reino de Deus, se não nascer da água e do Espírito".

JOÃO 3.4,5

café com Deus pai

Seja luz no dia escuro de alguém.

@juniorrostirola

DEVOCIONAL 365
354/365

LEITURA BÍBLICA
SALMOS 146

PALAVRA-CHAVE
#COMPARTILHAR

ANOTAÇÕES

Nicodemos, um homem instruído em diversas áreas do conhecimento, certamente percebeu que Jesus não falava de modo literal, mas estava fazendo uma analogia. Mesmo assim, sua busca por entendimento demonstrava uma fome genuína por saber. Primeiramente, Jesus desperta Nicodemos da escuridão de suas dúvidas sobre o novo nascimento e, em seguida, aprofunda sua compreensão desse conceito fundamental.

Na busca por conhecimento, é natural que as pessoas façam diversas perguntas a respeito de determinado assunto que as interessa, e nós devemos agir de maneira sábia e paciente com essas pessoas. Precisamos de sensibilidade para identificar os "Nicodemos" ao nosso redor — na escola, no trabalho, na família ou onde quer que estejamos.

As pessoas têm muitas dúvidas a respeito de Deus e da Bíblia, por isso é essencial estarmos preparados para esclarecê-las, a fim de atraí-las para ainda mais perto do Pai, compartilhando de seu amor, graça e bondade. Mas, para isso, precisamos estar preparados para apontar a direção correta a essas pessoas.

Gestos simples, como parar para ouvir alguém ou compartilhar palavras de encorajamento, podem ser tudo o que alguém precisa para tomar uma decisão por Jesus. Somos chamados não para reter, mas para propagar o evangelho, a boa notícia que nos trouxe salvação. Convido você a investir tempo nas pessoas que estão ao seu redor, pois, assim como Jesus parou para ouvir e conversar com Nicodemos sábia e pacientemente, podemos ter a mesma atitude e, assim, transformar vidas ao nosso redor.

ORAR É IMPORTANTE

Então, chegou Jesus com eles a um lugar chamado Getsêmani e disse a seus discípulos: Assentai-vos aqui, enquanto vou além orar.

MATEUS 26.36, ARC

Assim como toda construção precisa de um firme fundamento, a oração é o alicerce que sustenta nossos projetos e aspirações. Semelhante ao arquiteto, que planeja antes de construir, nós também devemos nos conectar com Deus antes de empreender qualquer empreitada. Jesus é nosso modelo, e ele nos ensina a importância da oração íntima e constante. Ele buscava ao Pai constantemente. Isolava-se para não ser distraído ou interrompido e compartilhava seus anseios mais profundos.

A oração genuína é um diálogo direto com o Criador, de maneira simples, humilde e sincera, não como simples repetições, mas sim como uma conversa de um filho com seu pai. Ao orarmos, nos aproximamos de Deus, temos conforto para nossa alma e alívio em nossas emoções.

O Espírito Santo nos ajuda em nossas fraquezas, nos direciona em nossos pedidos e nos guarda de quedas e tentações. Contudo, a oração não é apenas um meio de solicitar bênçãos, mas também de buscar sabedoria para construir um futuro próspero e alinhado com a vontade de Deus.

Precisamos crer a todo momento que Deus tem o melhor para a nossa vida. Por isso, ao agirmos de acordo com sua vontade, precisamos ter a convicção de que o melhor virá. Não necessariamente o melhor da nossa perspectiva, mas da de Deus, pois no fim das contas tudo contribuirá para o nosso bem. Talvez até hoje você esteja no controle da sua vida. Tudo que você precisa é confiar plenamente e mergulhar na presença do Pai a ponto de depender somente dele. Não há nada melhor do que entregar tudo nas mãos dele.

café com Deus pai

Ore, descanse e confie, pois em Deus você encontra refrigério e paz.

@juniorrostirola

365 DEVOCIONAL
355/365

LEITURA BÍBLICA
SALMOS 147

PALAVRA-CHAVE
#ORAÇÃO

ANOTAÇÕES

VOCÊ É FILHO

"Ele, porém, respondeu ao seu pai: 'Olha! Todos estes anos tenho te servido e nunca desobedeci às tuas ordens. Entretanto, tu nunca me deste nem um cabrito para eu festejar com os meus amigos'."

LUCAS 15.29

café com Deus Pai

Seja íntimo de Deus Pai a ponto de desfrutar de tudo aquilo que já está disponível.

@juniorrostirola

DEVOCIONAL 365
356/365

LEITURA BÍBLICA
PROVÉRBIOS 25

PALAVRA-CHAVE
#FILIAÇÃO

ANOTAÇÕES

Talvez você já conheça a parábola do filho pródigo, mas hoje quero trazer uma reflexão a respeito do filho que ficou em casa, ao lado do pai. Esse homem permaneceu fiel e dedicado, discordando firmemente da postura de seu irmão; entretanto, quando este volta para casa, fica claro que a comparação acabou ferindo o coração do filho que permaneceu com o seu pai.

O filho mais velho, em seu descontentamento, reflete uma grande angústia ao confrontar o pai, apenas para receber uma resposta repleta de amor e revelação. O pai disse: *"Meu filho, você está sempre comigo, e tudo o que tenho é seu"* (Lucas 15.31). Esse diálogo evidencia a essência da paternidade divina, porque muitas vezes estamos ao lado do Pai, tendo acesso a tudo, mas acabamos permitindo que mentiras entrem em nossa mente, fazendo-nos agir como órfãos.

Pode ser que, como o filho mais velho, você se sinta emocionalmente distante, lutando com a sensação de isolamento e a frustração de ver os sonhos adiados. O verdadeiro desafio é perceber que, mesmo estando na casa do Pai, podemos nos sentir desconectados se permitirmos que comparações e mentiras tomem posse do nosso coração.

Saiba que você é um filho e que, ao lado do Pai, deve desfrutar da presença dele. A casa do Pai é um lugar onde você não apenas sobrevive, mas cresce, desenvolve-se, amadurece, floresce e frutifica, pois você tem acesso à herança. Por isso, rejeite toda comparação e usufrua da presença transformadora do Pai em sua vida, deixando de lado toda mentalidade de orfandade e se posicionando verdadeiramente como filho.

LEVANTE-SE

Jesus disse: "[...] Vá, porém, a meus irmãos e diga-lhes: Estou voltando para meu Pai e Pai de vocês, para meu Deus e Deus de vocês". Maria Madalena foi e anunciou aos discípulos: "Eu vi o Senhor!" E contou o que ele lhe dissera.

JOÃO 20.17,18

café com Deus Pai

Em meio às tempestades da vida, quando tudo parece perdido, a história de Cristo nos ensina que o impossível se torna possível para aqueles que depositam sua fé nele. Os apóstolos enfrentaram um momento de desolação. Seus sonhos com o Mestre pareciam desvanecer em memórias de um passado não tão distante. Contudo, a ressurreição de Jesus e o encontro de Maria Madalena com ele resgatam a esperança, trazendo uma mensagem revigorante de fé e renovação.

Frequentemente, nos vemos munidos de promessas divinas e orientações claras, mas, no limiar do milagre, o medo e os desafios nos paralisam. Quem nunca se viu despertando para mais um dia sob a sombra de um desânimo profundo, em que as dificuldades parecem intransponíveis, testando nossa fé, a ponto de querermos nos isolar do mundo?

Todos nós temos nossos desertos pessoais, momentos em que a solidão nos envolve. Contudo, na mensagem que Maria Madalena entrega aos discípulos, encontramos uma verdade eterna e consoladora: não estamos sós. Essa mensagem nos lembra de que, apesar dos desafios e da sensação de isolamento, Deus está conosco. As dificuldades que hoje parecem insuperáveis serão superadas se mantivermos nossa fé firme, inabalável, diante das adversidades.

Portanto, mesmo nos dias mais sombrios, quando a esperança parece apenas uma chama vacilante, lembremo-nos de que, com fé em Cristo, somos capazes de transcender as barreiras do impossível. Cada passo dado na fé nos aproxima de testemunhar os milagres que o Pai tem reservado para nós. Este é o momento de reavivar a fé, de se levantar contra o desânimo e de caminhar rumo à realização das promessas de Deus em nossa vida.

O amor de Deus Pai é imensurável e faz suportar todas as situações que possam abater você.

@juniorrostirola

365 **DEVOCIONAL**
357/365

✝ **LEITURA BÍBLICA**
PROVÉRBIOS 26

PALAVRA-CHAVE
#ÂNIMO

ANOTAÇÕES

café com Deus pai

EM FRENTE

Não que eu já tenha obtido tudo isso ou tenha sido aperfeiçoado, mas prossigo para alcançá-lo, [...] esquecendo-me das coisas que ficaram para trás [...], prossigo para o alvo, a fim de ganhar o prêmio do chamado celestial de Deus em Cristo Jesus.

FILIPENSES 3.12-14

Você não pode mudar seu passado, mas tem o poder de mudar seu destino.

@juniorrostirola

DEVOCIONAL 365
358/365

LEITURA BÍBLICA
PROVÉRBIOS 27

PALAVRA-CHAVE
#FUTURO

ANOTAÇÕES

A busca pela perfeição nos dias de hoje continua a impor padrões inalcançáveis para muitos. Isso resulta em uma crescente insatisfação consigo mesmo, gerando frustração e desânimo, já que poucos conseguirão atender aos padrões impostos pelo mundo.

Frequentemente, traçamos planos para nossa carreira, conquistas materiais e segurança financeira para o futuro, mas dedicamos pouco espaço ao que realmente importa: ouvir a Deus e caminhar na direção do que ele deseja para nós. Entenda que devemos, sim, fazer planos, mas sempre saber que a resposta certa vem do Senhor (Provérbios 16.1).

Há alguns anos, ao fazer aniversário, fiz uma retrospectiva da minha vida, refletindo sobre minhas conquistas, erros, pontos positivos e áreas que poderiam ser melhoradas. Concluí que ainda tenho muito a realizar em Deus, mas prossigo firmemente, cada dia mais maduro e sensível à voz do Pai. Durante essa experiência, percebi como é importante olhar para o passado com a perspectiva correta, não preso ou desejando voltar para lá, mas sim para aprender com nossos erros e decisões que tomamos.

Saiba que seu passado não define quem você é; Deus, sim. Por isso, não olhe mais para trás com pesar, mas com gratidão, pois os processos que você enfrentou e venceu contribuíram para você ser quem você é hoje. Viva o presente com intensidade e siga em direção ao futuro que Deus preparou para você, pois com ele ao seu lado você pode ter a certeza de que o melhor ainda está por vir.

É NATAL

Porque um menino nos nasceu, um filho nos foi dado, e o governo está sobre os seus ombros. E ele será chamado Maravilhoso Conselheiro, Deus Poderoso, Pai Eterno, Príncipe da Paz.

ISAÍAS 9.6

café com Deus Pai

A alegria de receber presentes de pessoas que amamos é imensurável, especialmente quando esses gestos simbolizam carinho e amor. No entanto, o Natal, em sua essência, está muito além da materialidade dos presentes. O verdadeiro significado dessa data reside na celebração de um presente dado por Deus a nós, o seu próprio Filho, Jesus.

Ele, nosso Salvador, veio ao mundo na forma mais humilde, nascido em uma estrebaria, entregou a si mesmo em uma cruz para nos libertar do domínio das trevas e do pecado, nos reconciliou com Deus e abriu o caminho para a vida eterna. Sua jornada na terra não foi fácil, entretanto seu sofrimento não foi em vão.

A perseguição e a morte não puderam deter Jesus, e seu amor incondicional nos convida diariamente a um relacionamento acolhedor e transformador. Jesus é o presente definitivo, cujo valor não pode ser medido, aquele que deve influenciar eternamente nossa existência e marcar profundamente a nossa vida. Todos nós temos acesso a essa nova realidade inaugurada por Jesus, mas nem todos usufruem dela, por isso não perca mais tempo.

Neste dia, convido você a refletir sobre o verdadeiro significado do Natal. Que a boa comida, a alegria e a troca de presentes sejam abundantes e especiais em sua família, mas que não ofusquem a beleza do verdadeiro significado dessa data. Deus entregou seu melhor a cada um de nós, por isso temos motivos de sobra para festejar. Neste dia especial, celebre, pois o Filho de Deus veio ao mundo, morreu e ressuscitou para que cada um de nós tivesse acesso à verdadeira vida.

Nosso maior presente não veio em uma caixa envolta em laço de fitas, mas em uma estrebaria.

@juniorrostirola

365 **DEVOCIONAL**
359/365

LEITURA BÍBLICA
PROVÉRBIOS 28

PALAVRA-CHAVE
#VIDA

ANOTAÇÕES

QUEM CONFIA VIVE MILAGRES

O SENHOR ouviu o clamor de Elias, e a vida voltou ao menino, e ele viveu. Então Elias levou o menino para baixo, entregou-o à mãe e disse: "Veja, seu filho está vivo!"

1REIS 17.22,23

café com Deus Pai

O diagnóstico ruim é a oportunidade para Jesus fazer o milagre.

@juniorrostirola

DEVOCIONAL 365
360/365

LEITURA BÍBLICA
SALMOS 148

PALAVRA-CHAVE
#MILAGRES

ANOTAÇÕES

Quantas vezes, diante de desafios, perdemos a esperança e nos entregamos ao desânimo? Não podemos nos paralisar diante das circunstâncias contrárias. A viúva que acolheu Elias se viu em uma situação desesperadora e aparentemente sem solução, mas Deus Pai operou um milagre.

Com essa passagem, lembro-me de um momento desafiador após o nascimento de nosso filho João Pedro. Minha esposa, Michelle, enfrentou uma doença gravíssima, conhecida como púrpura, que a deixou hospitalizada. Amamentar nosso bebê tornou-se impossível. Em meio a hemorragias e à incapacidade de falar por causa da baixa contagem de plaquetas, Michelle encontrou forças, clamou e louvou a Deus em uma madrugada no hospital, sabendo que apenas um grande milagre poderia livrá-la da morte, e recebeu sua cura.

Talvez sua vida pareça estar desmoronando diante de seus olhos e para você não restam atitudes a tomar. Diante das circunstâncias, muitas vezes, fica difícil prosseguir, e acabamos desistindo de lutar, mas quero encorajar você a entregar sua situação a Deus Pai e crer que ele intervirá. Saiba que nesses momentos o melhor que podemos fazer é confiar, porque ele não desampara seus filhos e tem propósito em todas as coisas.

Lembro-me muito bem de que em nenhum momento vi minha esposa reclamar, mas sim adorar a Deus e confiar nele. Portanto, em meio às lutas, troque a tristeza, a angústia, a murmuração e a paralisia pelo louvor a Deus. Abra espaço para ver o sobrenatural diante dos seus olhos, pois essa sua grande luta pode se transformar em um lindo testemunho, como foi o de Michelle.

COISAS MAIORES VIRÃO

Confiem para sempre no SENHOR, pois o SENHOR, somente o Senhor, é a Rocha eterna.

ISAÍAS 26.4

café com Deus Pai

Ao refletir sobre as histórias eternizadas na Bíblia, observamos o fechamento de ciclos e a conclusão de jornadas. Encontramo-nos agora em um momento de transição, pois nos aproximamos do final de mais um ano. Olhando para trás, convido você a refletir sobre o que você plantou e o que colheu neste ano.

Lembro-me de um réveillon particularmente transformador em minha vida. Eu orava por uma esposa, alguém com quem compartilhar a vida, quando no último dia de 1999 encontrei Michelle. Foi um encontro decisivo, marcado por amor à primeira vista, e apenas um mês depois começamos a namorar. Até hoje, caminhamos lado a lado. Naquele dia, coisas extraordinárias aconteceram, que mudaram o rumo da minha vida para sempre.

Como você está terminando este ano? Para aqueles que confiaram e caminharam ao lado do Pai, com certeza encerrarão o ano melhor do que iniciaram, e os que andaram distantes de Deus têm uma nova oportunidade de alinhar sua vida aos propósitos dele para o próximo ano.

Estamos findando um ciclo e iniciando outro, e Deus Pai pode ainda fazer algo nestes últimos dias, pois ele sempre tem novos sonhos e novas realizações preparadas para seus filhos. Foi assim comigo. No último dia do ano, Deus ouviu a minha oração. O fato é que a decisão de fazer com que as coisas se concretizem é totalmente sua. Minha oração e desejo é que esse final e início de um novo ano sejam repletos de bênçãos, que sua fé seja renovada e que sua esperança permaneça inabalável. Acredite, grandes coisas estão por vir!

Lembre-se de celebrar suas conquistas; não se cobre a ponto de se esquecer dos avanços.

@juniorrostirola

365 **DEVOCIONAL**
361/365

LEITURA BÍBLICA
SALMOS 149

PALAVRA-CHAVE
#CONQUISTA

ANOTAÇÕES

VEJA ALÉM DAS CIRCUNSTÂNCIAS

[...] pois há um tempo para todo propósito, um tempo para tudo o que acontece.

ECLESIASTES 3.17

café com Deus Pai

A cada perda no percurso, Deus nos dá uma nova chance de continuar rumo a um recomeço.

@juniorrostirola

DEVOCIONAL 365
362/365

LEITURA BÍBLICA
SALMOS 150

PALAVRA-CHAVE
#CONTINUE

ANOTAÇÕES

Este ano que está chegando ao fim pode ter sido marcado por perdas e desafios para você, transformando-o numa jornada difícil. Mas não podemos permitir que os episódios difíceis da vida nos impeçam de enxergar as coisas boas que aconteceram. O dom da vida é algo incrível concedido por Deus a nós. Poucos reconhecem, mas estar vivo por si só já é uma grande bênção e uma graça extraordinária.

Entendo que viver é muito mais do que apenas existir. Costumo dizer que a vida é muito mais do que apenas passear no shopping. Momentos de lazer e conforto são essenciais, mas estamos aqui com um propósito extraordinário concedido por Deus, e usufruímos diariamente de diversas bênçãos. Por isso, não podemos permitir que as distrações ou os maus momentos roubem de nosso coração a gratidão pelo que Deus Pai já fez em nossa vida. A cada nascer do sol, temos novas oportunidades, novas portas são abertas, e há uma nova esperança surgindo. A Bíblia diz que graças ao sacrifício de Jesus podemos andar em novidade de vida.

Saiba que você foi escolhido pelo Pai, separado para fazer coisas grandiosas, porém é necessário entender que todo o seu potencial está em Deus. Apenas conectado a ele você viverá seu propósito e terá forças para prosseguir, apesar das lutas.

Viva o hoje com o coração grato, amando, abençoando, perdoando e celebrando cada momento vivido. Porque, apesar das batalhas, você já é um vencedor, pois Jesus conquistou na cruz a verdadeira vitória e nos conduzirá com ele à vida eterna. Alegre-se, porque o melhor de Deus ainda está por vir.

UM ENCONTRO TRANSFORMADOR

Depois disso o Senhor designou outros setenta e dois e os enviou dois a dois, adiante dele, a todas as cidades e lugares para onde ele estava prestes a ir.

LUCAS 10.1

Como filhos de Deus, somos convocados para um propósito que abraça não apenas as pequenas preocupações da vida diária, mas que vai além dos limites do ordinário. Não estamos aqui na terra apenas para cumprir um ciclo de obrigações, mas para deixar uma marca profunda e duradoura no mundo ao nosso redor.

Aos 13 anos, iniciou-se uma jornada transformadora em minha vida, ao conhecer Jesus. Vindo de uma família marcada pelo alcoolismo e pela violência, cresci como o caçula. A desordem e a turbulência eram constantes, fazendo de mim um menino isolado e solitário.

No entanto, à medida que mergulhava na fé, uma mudança profunda começou a ocorrer dentro de mim. Percebi que seguir a Cristo não era apenas um conjunto de rituais vazios, mas um chamado para enxergar o mundo com os olhos da compaixão e agir com amor e coragem. O Reino de Deus vai além dos encontros semanais; ele exige uma resposta prática e transformadora em meio às necessidades da humanidade.

Portanto, não podemos nos contentar com uma espiritualidade superficial. Devemos ser agentes ativos de mudança, prontos para enfrentar os desafios do mundo com esperança e determinação. Cada um de nós foi designado por Deus para ser parte de sua obra redentora, contribuindo para o Reino de Deus.

Precisamos viver cada dia com fervor e propósito, conscientes de que somos chamados para algo maior do que nós mesmos, para que nossa vida seja uma testemunha viva do poder transformador de Jesus, inspirando outros a se juntarem a nós nessa jornada de fé.

Sua atitude pode mudar a vida de alguém. Compartilhe o amor de Deus hoje!

@juniorrostirola

365 **DEVOCIONAL**
363/365

† **LEITURA BÍBLICA**
PROVÉRBIOS 29

PALAVRA-CHAVE
#EMPATIA

ANOTAÇÕES

NOVOS CICLOS

O fruto da justiça semeia-se em paz para os pacificadores.

TIAGO 3.18

A cada estação existe uma nova porção da provisão de Deus.

@juniorrostirola

DEVOCIONAL 365
364/365

LEITURA BÍBLICA
PROVÉRBIOS 30

PALAVRA-CHAVE
#PORÇÃO

À medida que o ano se encerra, nos encontramos na véspera de um novo ciclo, um momento em que o novo rapidamente se transforma em velho, e o tempo parece escorregar por entre nossos dedos. Estamos prestes a dar boas-vindas a um novo ano, um período para deixar para trás o que não nos serve mais, assim como a borboleta deixa seu casulo para poder voar. No entanto, é essencial sermos gratos pelas recordações.

Pensando nisso, convido você a uma reflexão profunda: quais sementes você plantou ao longo do ano que deseja continuar a cultivar? As ações, palavras e comportamentos são sementes lançadas nas relações que temos, e as colheitas que desfrutamos são o resultado direto dessas escolhas. Agora é a hora de ponderar sobre esses frutos, contemplar os resultados e planejar os próximos passos.

Cada ciclo na vida é composto por começo, meio e fim, mas é crucial que haja crescimento e evolução pessoal. Ao refletir sobre quem éramos no começo do ano e quem somos agora, notaremos que deve ter havido mudança. Esse processo de autoanálise não apenas destaca quanto evoluímos, mas também nos faz perceber onde erramos e o que precisamos mudar para o próximo ano.

Que as reflexões deste fim de ano nos inspirem a preparar o terreno para o que está por vir, plantando sementes de bondade, esperança e amor, que certamente florescerão e se multiplicarão, enriquecendo a nossa vida e a das pessoas ao nosso redor. Que a mudança de ano seja para você como uma porta para novas possibilidades a serem sonhadas e vividas com Deus.

ANOTAÇÕES

A BOA PARTE

Respondeu o Senhor: "Marta! Marta! Você está preocupada e inquieta com muitas coisas; todavia apenas uma é necessária. Maria escolheu a boa parte, e esta não lhe será tirada".

LUCAS 10.41,42

café com Deus Pai

Celebrar vai além das grandes festas: é reconhecer cada passo dado em nossa trajetória. No apagar das luzes deste ano, teremos inúmeros motivos para agradecer e celebrar, não apenas pelas vitórias alcançadas, mas porque temos um Pai que caminha conosco e que não nos abandonou em momento algum. Isso já é suficiente para renovar nossas expectativas para o que virá.

Mesmo que estejamos finalizando mais um ciclo, ao virar das páginas da vida sempre há um novo capítulo escrito por Deus, preparado para cada um de nós. Não sabemos o que o futuro nos reserva, mas sabemos que há esperança em um novo horizonte, pois, ainda que as estações mudem, Deus Pai continua sendo o mesmo, e sua bondade não tem fim.

Este ano teve os seus desafios, momentos de lágrimas e também de muita alegria, mas você chegou até aqui e decidiu não trilhar os caminhos da vida de maneira solitária. Buscou a Deus e diariamente decidiu tomar um café com Deus Pai para conhecê-lo melhor. Escolhas como essa falam muito a respeito de como será seu próximo ano, pois, assim como Maria, você escolheu a boa parte e não permitiu que os afazeres do dia a dia roubassem seu tempo com o Pai.

Há um novo tempo prestes a se iniciar em sua vida, por isso convido você a elevar suas expectativas, pois Deus tem algo extraordinário preparado para você. Mas, para viver a plenitude do novo ano, faça boas escolhas. Decida se aproximar ainda mais do Pai, caminhe em obediência e entregue seu melhor a ele. Abrace o novo de Deus, e vamos juntos nessa extraordinária jornada de fé.

Que a sua meta seja estar cada dia mais próximo de Deus.

@juniorrostirola

365 **DEVOCIONAL**
365/365

LEITURA BÍBLICA
PROVÉRBIOS 31

PALAVRA-CHAVE
#ESCOLHA

ANOTAÇÕES

Que **bom** que você chegou ***até aqui!***

Tenho certeza de que, ao longo deste ano, você teve muitas experiências com Deus Pai ao abrir este livro. Vamos tirar um momento para recordá-los?

Houve um dia em que a leitura foi a resposta exata para o que você buscava?

E aqueles momentos em que a palavra diária trouxe alento, paz, direção...

Sabe por que isso aconteceu?

O Pai estava cuidando de você nos detalhes, convidando-o para estar na intimidade com ele. Este amoroso cuidado conduzirá sua vida sempre que você permitir.

Uma simples pausa para um café nunca mais foi igual depois que ***Encontrei um Pai.*** Tudo à minha volta ganhou sentido quando descobri o amor de Deus, que é incondicional!

VAMOS TOMAR CAFÉ JUNTOS ANO QUE VEM

Meu querido, foi bom demais viver momentos únicos com Deus Pai e você! Em 2026, não será diferente, pois o próximo ***Café com Deus Pai*** já está disponível para vivermos mais 365 dias.

Ei, olha onde você pode me encontrar todos os dias também:

@juniorrostirola

Compartilho muitos conteúdos edificantes por lá.

Deus te abençoe!

Junior Rostirola